회복적 정의의 정치학

회복적 정의는 사회를 어떻게 변혁하는가?

회복적 정의의 정치학
– 회복적 정의는 사회를 어떻게 변혁하는가

지은이	앤드류 울포드, 아만다 네룬드
옮긴이	김복기, 고학준
초판발행	2022년 2월 22일
펴낸이	배용하
책임편집	배용하
등록	제364-2008-000013호
펴낸곳	도서출판 대장간
	www.daejanggan.org
등록한곳	충남 논산시 매죽헌로 1176번길 8-54
대표전화	전화 : 041-742-1424 전송 : 0303-0959-1424
분류	회복적정의 I 갈등해결 I 사회
ISBN	978-89-7071-577-3 (93360)

이 책의 한국어 저작권법은 Fernwood Publishing과 단독 계약한
대장간에 있습니다. 기록된 형태의 허락 없이는 무단 전재와 복제를 금합니다.

 값 25,000원

회복적 정의의 이론과 실재 사이에 소통의 벽이 있다.
이론적 통찰은 실제 돌아가는 회복적 정의 프로그램의
공감을 충분히 이끌어내지 못하고 있다.

우리는 회복적 정의의 정치적 맥락과 정치적 의미를
이론적으로 조사함으로써 이 소통의 벽을 허물 수 있다고 보며,
이 과정이 회복적 정의가 나아갈 길을 전략적으로 개념화하는데
일조할 것이라고 생각한다.

회복적 정의의 정치학

회복적 정의는 사회를 어떻게 변혁하는가?

앤드류 울포드 • 아만다 네룬드

김복기 • 고학준 옮김

용어 설명

회복적 정의가 한국사회에 소개되기 시작하면서, 용어의 번역에 대한 서로 다른 의견이 존재해왔다. 사용하는 영역과 맥락에 따라 달리 번역되는 경우가 있으므로, 이 책에서는 다음과 같이 용어를 사용하였다.

Restorative justice 회복적 정의 / 회복적 사법. 패러다임, 운동, 철학을 의미할 때는 회복적 정의로 통칭하였고, 사법 영역에서는 회복적 사법으로 옮겼다.

Transformative restorative justice 전환적/변혁적 회복적 정의. 이 책의 저자들이 회복적 정의가 가져야 할 핵심적인 특성으로서 꼽는 transformative는 '더 좋게 완전히 바꾸는'이라는 뜻이다. 회복적 정의가 지금까지 해온 방식이나 방향을 스스로 바꾼다는 의미로써 사용될 때는 '전환적'으로, 둘러싼 조건과 환경을 혁신적으로 변화시킨다는 맥락으로 쓰일 때는 '변혁적'으로 옮겼다

Restorative meeting / restorative justice meeting 회복적 대화 모임 / 회복적 정의 대화 모임. 원문에 두 가지로 표현되어 있다. 원문이 표현한 대로 앞의 것은 회복적 대화모임으로, 뒤의 것은 회복적 정의 대화모임으로 번역하였다.

Restorative process / restorative justice process 회복적 과정 / 회복적 정의 과정

Restorative practices / restorative justice practices 회복적 실천 / 회복적 정의 실천

Restorative practitioner / restorative justice practitioner 회복적 실천가 /회복적 정의 실천가. 맥락에 따라 practitioner는 실천가 혹은 실무자를 혼용하였다. 비슷한 맥락에서 회복적 정의에 대한 신념을 가진 사람이라는 뜻의 Restorativist를 회복주의자로 옮겼다.

Restorative program / restorative justice program 회복적 프로그램 / 회복적 정의 프로그램

Community 공동체 / 지역사회 / 지역 공동체. 공동체는 너무나 중요한 함의가 들어있는 용어로 문장의 맥락에 따라 미묘한 뜻을 놓치기 쉽거나 혼동을 일으키기 쉽다. 가령 국가(state)의 상대어로 community를 사용할 경우, 공동체로 번역하면 그 공동체가 구체적으로 어떤 공동체인지 불분명하므로 지역사회 혹은 지역 공동체라는 말로 옮겼다.

Aboriginal 선주민 / 토착민. 원주민으로 번역을 해왔지만, 이 책에서는 선주민으로 옮겼다. 맥락에 따라 토착민으로 번역하기도 했다.

First Nations 선주민 부족

Indian 인디언. 인디언은 선주민의 잘못된 표현이지만, 법에 명기된 용어 등은 그냥 인디언으로 두었다.

Victim 피해자 / 희생자. 피해자와 희생자를 혼용해서 사용하지만, 이 책에서는 주로 피해자로 번역하였다. 어떤 사건이나 갈등으로 인해 피해를 입은 사람을 '피해자' 혹은 '희생자'로 번역하였다.

Offender 가해자 / 범죄자 / 피의자 / 행위자. 어떤 사건이나 갈등에 있어 피해를 입힌 쪽을 지칭하는 용어들이며, 주로 가해자로 번역하였다. 앞의 피해자라는 용어와 함께 피해자—가해자로 짝을 이루어 사용하는 경우가 많다. 그러나 이는 독자들의 이해를 돕기 위해 단순화한 표현으로 현실에서는 피해자와 가해자를 구분하기 쉽지 않다. 피해자—가해자라는 이분법적인 오해와 한계를 극복하기 위해 "영향을 받은 사람/영향을 준 사람"으로 표현하기도 하며 양측 모두를 "당사자"로 부르기도 한다.

Facilitator 진행자. 회복적 정의 실천 프로그램을 운영하는 사람으로 분쟁 조정의 경우에 '조정자'로 번역하기도 하지만, 이 책에서는 모두 '진행자'로 번역하였다.

Mediator 조정자. 중재자나 진행자로 번역하는 경우들이 있으나 이 책에서는 조정자로, Mediation은 중재가 아닌 조정으로 옮겼다.

Sentencing circle 양형서클

추천의 글

이재영 원장

(사)한국회복적정의협회/한국평화교육훈련원 KOPI

우리 시대에 회복적 정의 패러다임이 던지는 파급은 결코 적지 않다. 가정에서 아이들을 양육하는 가정교육 양식에서부터 형사사법 영역에서 범죄를 다루는 문제까지, 또한 학교나 직장에서 발생하는 공동체 내 갈등에 대응하는 방식과 불의했던 과거의 문제를 다루는 과거사 청산 작업에 이르기까지 사회의 다양한 영역에서 회복적 정의가 실험되고 있다. 이제는 이런 흐름이 쉽게 줄어들거나 심지어 없어지게 될 것이라고는 상상하기 어려운 현실이 되었다. 전 세계적으로 보더라도 2010년 이후 회복적 정의 관련 논문이나 책, 정기 간행물의 숫자가 폭발적으로 늘어나고 있고, 곳곳에서 열리는 대륙별 회복적 정의 정례모임의 참가자가 매년 가파르게 증가하고 있는 현실을 보아도 알 수 있다.

이제 회복적 정의는 단순히 사법의 한계를 극복하기 위해 등장한 사법절차 안의 보완재가 아니라 하나의 사유와 철학이 내포된 패러다임이고 쉽게 사그라들지 않는 사회적 현상으로 자리를 잡아가고 있다. 그런 점에서 회복적 정의는 많은 기회와 도전을 동시에 접할 수 밖에 없고, 많은 논의의 장이 열리고 실천의 모습이 다양해지고 넓어질수록 회복적 정의는 더 다채롭게 해석되고 받아들여질 것이다. 이것이 프로그램이 아닌 사회운동이자 패러다임으로써 회복적 정의가 갖는 특성이기도 하다.

회복적 정의 운동이 탄생한 이래로 '회복적 정의를 어떻게 이해하고, 어떤 모습으로 구현되어야 하는가'라는 질문은 계속해서 논의되어 왔고 앞으로도 계속해서 논의될 주제임이 틀림없다. 회복적 정의 실천 영역에 발을 디딘 사람이라면 누구나 자신이 가고 있는 길이 과연 회복적 정의의 가치대로 잘 가고 있는지 고민하게 되고, 그 효율성과 방향성 사이에서 길을 잃지 않기 위해 부단히 노력하게 된다. 이런 현장의 고민을 해결하기 위해 회복적 정의 실천가들에게 필요한 것이 바로 숲을 바라볼 수 있는 거시적 안목이다. 땅을 파서 나무를 심고 물을 주고 잔가지를 쳐 가꾸는 일에 집중하다보면 나무들이 무성하게 자라며 만들어 놓은 숲 전체의 모습을 보지 못할 수도 있다.

『회복적 정의의 정치학』에서 울포드 교수와 네룬드 교수는 이런 미시적 관점이 줄 수 있는 위험성을 통찰력 있게 분석하고 있다. 이들은 회복적 정의의 개념을 현실에 구현함에 있어 단지 비공식적이고 참여적이고 치유적이라는 특성 만에 집착하지 말아야 한다고 지적한다. 오히려 **회복적 정의의 구현에 필요한 정치적 사회적 맥락을 깊이 이해하면서 실천과 연구가 이뤄져야** 한다고 주장한다. 이들은 회복적 정의가 사회구조와 정치적 맥락이 야기한 문제를 해결하는 더 효율적인 또는 더 혁신적인 도구로 인식되는 것을 경계해야 한다고 말한다.

사실 회복적 정의는 그 탄생에서부터 표면적 현상의 문제보다는 좀 더 근본적 관점에 문제를 제기하고 있었다는 점을 기억해야 한다. '기물을 파손한 문제 청소년들을 어떻게 해야 더 효과적으로 선도할 수 있을까'라는 미시적 관점의 질문을 넘어, 왜 '가해자들은 자신이 피해를 준 사람들의 피해를 인식하지 못하고 그들에게 직접적 책임을 지지 않는가'라는 사법절차의 근본적 피해자 소외현상을 지적한 것이었다. 그리고 피해회복과 관계와 공동체의 회복을 목표로 하기보다는 오로지 가해자의 강제적 책임수행에만 몰두해온 정의 패러다임의 한계를 극복하고자 하는 사회변혁적 운동으로 발전해 온 것이다.

따라서 지금의 회복적 정의 실천도 표면에 나타난 문제만을 다룬다거나 그러한 성과를 섣불리 평가하지 말아야 한다. 오히려 문제를 야기한 구조적, 정치적 맥락을 전환시키기 위해 회복적 정의는 존재해야 한다. 이것이 울포드 교수와 네룬드 교수가 『회복적 정의의 정치학』를 통해 회복적 정의 운동의 영역에서 기여하고 싶어 하는 사람들에게 전하고 싶은 메시지이다. 그리고 이들은 한발 더 나아가 회복적 정의가 추구하는 가치가 사회적 정치적 변화로 나타나도록 회복적 정의 운동 자체가 정치 프로젝트가 되어야 한다고 주장한다. 결국 회복적 정의 운동의 확산 자체가 새로운 사회운동이 일어남을 의미하고, 이는 곧 새로운 정치운동으로 귀결될 수밖에 없을 것이라는 주장이다. 여기에서 말하는 정치는 전통적 정당정치를 의미하기 보다는 깨어있는 개인들의 인식의 변화가 만들어 낸 총화적 삶의 방식을 의미한다고 봐야 한다. 그런 점에서 이 책이 주는 메시지는 매우 혁명적이다.

회복적 정의 실천의 현장에서 우리는 회복적 정의는 프로그램이 아니라 패러다임이고, 약도가 아니라 나침반이라고 이야기 하곤 한다. 그리고 그런 이해는 실천가들이 당장의 의미 있는 결실을 보지 못해 낙담될 때, 무엇을 위해 이런 수고를 하고 있는지 방향을 잃을 때, 회복적 정의는 비현실적이라고 비난받을 때 큰 위로를 준다. 나는 이 책이 던져주고 있는 고민의 지점들을 곱씹으며 회복적 정의를 지지하며 그 실현을 위해 애쓰는 실천가들이나 비판적 관점에서 회복적 정의를 바라보는 사람들에게 모두 필요한 자료라고 생각한다. 회복적 정의를 처음 접하는 사람들에게는 어려울 수 있겠으나, 실천가들과 연구자들 그리고 회복적 정의에 대한 조금의 관심이라도 있는 분들이라면 충분히 읽고 탐구해 볼 만한 가치가 있는 책으로 추천하고 싶다.

책 번역을 위해 오랜 시간 씨름했을 역자들의 수고가 한국 사회의 회복적 정의 발전에 꼭 필요한 귀중한 자료를 더할 수 있게 해준 것에 회복적 정의 운동에 참여해온 한 사람으로서 깊이 감사를 전하고 싶다. 부디 이 책이 많은 회복적 정의 실천 현장에서 바른 길로 안내하는 길라잡이가 되길 바라며….

2022. 2. 17

1974년 엘마이라 사건이 있은 지 50년이 다 되어 간다. 두 명의 청소년이 술을 먹고 밤새 일으킨 난동은 역설적이게도 다음 날 아침 이들의 인생에는 새로운 빛을, 역사에는 회복적 정의라는 새벽빛을 밝혀 주었다. 다른 수백, 수천 건의 재물손괴 사건들처럼 공동체를 파괴한 소년들을 법대로 처리하고 나면 그만일 사건이 한 사람의 질문에 의해 역사적 사건이 되었고, 회복적 정의를 언급할 때면 빼놓을 수 없는 이정표로 자리하게 되었다. 당시 두 명의 청소년을 두고 마크 얀치가 판사에게 한 말은 사실이었다. 실제로 "가해자들이 피해자들을 만나는 것이 문제해결 차원에서 가치 있는 일"이 되었다.

"가해자들이 피해자들을 만나는 일"은 기존의 형사사법, 특별히 응보적 사법에서는 있을 수 없는 일이다. 피해자의 안전을 위해 가해자와 피해자를 분리한다는 것은 두려움에 사로잡혀 있는 당사자들이나 경찰, 법조인들에게 는 당연한 일이며, 지금도 그렇다. 그래서 일단 깨어진 관계는 이 전에 사이 가 어땠는지와는 상관없이 만날 수도 없고 만나서도 안 된다고 법적으로 규정되어 있다.

마크 얀치의 말을 들은 판사는 그러한 일은 이상적이기는 하나 현실적이지는 않다고 말했다. "아주 좋은 생각이긴 한데, 이전에 그러한 선례가 있었는지 모르겠다"는 게 그의 설명이었다. 아무리 좋은 일이라도 선례가 없으므로 시도할 수 없다는 식의 태도는 이 세상에 편만해 있다. 그러기에 수많은 좋은 생각과 변혁적인 제안들이 빛을 보지 못한 채 사라지고 만다. 그러나 뜻밖에도 "이미 사례가 존재하는 일만 한다면, 어떻게 새로운 아이디어가 출현하여 세상을 바꿔나가겠는가?"라는 마크 얀치의 질문이 받아들여졌고, 회복적 정의는 그렇게 세상에 얼굴을 내밀게 되었다. 1974년, 초기 피해자 가해자 화해 프로그램victim offender reconciliation program, VORP이 캐나다 온타리오주의 키치너-워털루에서 멀지 않은 엘마이라Elmira에서 시작되었다.

시계를 돌려 2022년의 대한민국을 보자. 회복적 정의가 소개된 지 20년이라는 세월이 흘렀다. 학생생활교육, 관계중심 대화 교육 등으로도 불리는 회복적 정의는 안전한 대화공간 확보, 회복적 대화, 자발적 참여, 면대면 만남, 사후 대책으로 이어지는 일련의 과정을 창출해 냈다. 학교에서는 회복적 학생생활교육으로 확대되고 있으며, 법원에서는 회복적 사법이라는 이름 아래 소년사법이나 교정제도로, 경찰청에서는 회복적 경찰활동으로 실천되고 있다.

이렇게 회복적 정의가 여기저기 다양한 모습으로 적용되는 과정 중에 하워드 제어 교수의『우리 시대의 회복적 정의』가 소개되고, 이재영 원장의 수고로『회복적 정의, 세상을 치유하다』라는 책이 출간되었다. 소중한 여러 자료에 이어 회복적 정의의 큰 틀을 다시 들여다볼 수 있는 책을 한 권 더 소개하는 일은 여간 보람 있는 일이 아닐 수 없다.

이 책『회복적 정의의 정치학』은 서클이나 공동체 치유 및 회복에 관심 있는 사람이라면 꼭 읽어야 할 필독서로서 현장은 물론 회복적 정의 패러다임 이해에 적잖은 유익을 가져다줄 것이다. "비판적 고찰critical introduction"이라는 원서의 부제가 일러주듯이 이 책은 그냥 회복적 정의가 좋은 것이라고만 소개하지 않는다. 오히려 회복적 정의에 대한 장밋빛 희망을 안고 실천하는 사람들에게 장미에 가시가 있으며 가시가 있기에 장미가 더 아름다울 수 있음을 알려주는 책이기도 하다.

저자들이 서문에서 분명하게 밝히고 있듯이 이 책은 페미니스트 관점으로 회복적 정의를 비판함으로써 회복적 정의의 새로운 면모를 드러내는 동시에 변화의 가능성을 열어주었다. 그동안 끊임없이 논의된 회복적 정의와 기존 사법과의 관계 속에서 발생하는 다양한 주제들을 비판적 사회학 연구조사라는 전문적인 방법을 사용하여 다루었다. 독자층을 전문가 그룹으로 제한하지 않고, 회복적 정의에 관심이 있는 사람과 실천가는 물론 사회학에 근거하여 회복적 정의에 대한 비판적 시각을 가져야 할 필요가 있는 사람들에게까지 넓혀놓았다. 회복적 정의를 이야기하는 모든 사람이 읽어야 한다는 큰 목표를 잡았지만 저자들은 "이 책이 읽기 쉽다는 의미는 아니다."라고 대놓고 말한다. 여기에 더해 책의 제목에 '정치학'이라는 단어를 사용함으로써 이 책을 읽는 것이 만만치 않은 과제임을 명시했다. 그러나 역설적으로 일단 읽기만 하면 그 가치를 보장받을 수 있을 것이라는 암시를 던지고 있기도 하다.

회복적 정의 실천가들이 이 책을 꼭 읽어야 하는 가장 큰 이유는 회복적 정의의 이론과 그 이론이 실현되는 실제 현장 사이의 격차를 줄여주기 때문이다. 이는 그동안 많은 사람이 던져왔던 질문이며, 응보적 정의와 회복적 정의 사이에서 자주 제기되는 궁금증 또한 많이 해결해 줄 것이라 여겨진다.

또한 이 책은 회복적 정의와 관계를 맺고 있는 모든 사람을 '성찰'의 장으로 초대한다. 저자들은 회복적 정의의 가치들이 옳다고 전제하지만, 안타깝게도 갈등을 의미 있게 해결하고 싶어 하는 사람들의 열망을 모두 다 충족시켜주지는 못했다고 지적한다. 즉 회복적 정의가 이런저런 사회의 틀, 정치적 프레임, 여러 상황과 제약 속에 갇혀 제대로 실현되지 못하고 있음을 지적한다.

어찌되었든 이 책은 회복적 정의를 하나의 고정된 개념이 아니라, 시대 속에서 끊임없이 변화하고, 변혁을 불러일으켜 왔으며, 여전히 변화무쌍하고 논쟁적일 수밖에 없는 에토스신념라고 규정한다. 그러기에 이 책은 단순히 회복적 정의에 대한 이해를 도모하는 입문서라기보다는 회복적 정의를 정치학이라는 역동적인 자리에 등장시킴으로써 독자들과 회복적 정의 실천가들을 끊임없는 토론의 현장으로 초대한다. 이러한 성찰과 에토스를 고찰해나가며 두 세대를 지나온 회복적 정의의 큰 흐름을 제시한 뒤, 우리가 알고 있는 다양한 법제도와 프로그램들, 가령 조정, 피해지 기해자 화해 프로그램VORP, 가족간대화모임, 서클 방식, 진실과화해위원회 등의 프로그램들이 회복적 정의의 유형들로 자리하고 있다는 사실도 보여준다. 그뿐만 아니라, 회복적 정의의 중요한 주체들로 자리하는 피해자, 가해자, 진행자 및 공동체의 정체성에 대해 살펴보면서 각 주체가 가져야 할 회복주의 혹은 회복적 정체성에 대한 이해를 도모하기도 한다.

이 책에서 결코 놓치지 말아야 할 것은 책 전체에 반영되어 있는 페미니스트 관점이다. 회복적 정의의 맥락에서 우리가 어떻게 세상을 다시 해석하고 바라보아야 할지를 젠더, 인종, 성소수자, 사회 계급, 나이, 지배구조, 신자유주의 등의 관점을 통해 들여다 보도록 초청한다. 즉 회복적 정의란 무엇인가라는 입문자적 관점을 넘어 회복적 정의의 문화, 의미 그리고 정치학을 통해 회복적 정의가 어떻게 작동하는가를 바라보게 하며 더 깊은 곳으로 나가도록 초청한다.

비판적 시각을 통해 회복적 정의 실천가들이 꼭 점검해야 할 내용을 다루었다는 점에서도 이 책은 탁월하다. 기술적 비판이라는 이름 아래 회복적 정의 발달에 따른 사소한 변경이나 수정을 통해 고칠 수 있는 내용을 살펴봄으로써 회복적 정의가 놓치고 있는 것과 오류가 무엇인지 보여주고 있으며, 본질적 비판이라는 이름 아래 회복적 정의가 시작될 때부터 드러낸 모순과 위험, 그리고 이와 관련된 회복적 정의의 정신을 재평가와 재창조라는 방식을 통해 날카롭게 비판하고 있다. 이는 회복적 정의가 앞으로 나아갈 수 있도록 돕는 변혁적인 방법이며, 결국 공동체 내의 폭력을 제거하고 우리가 취할 수 있는 변혁적 정의, 그리고 전환적 정의를 이뤄내기 위해 회복적 정의가 기여할 수 있는 지점이 어디인지 제시하고 있다.

범죄학을 공부하는 학생들을 대상으로 쓴 것이기에 읽기 쉽지 않은 책인 만큼 번역도 쉽지 않았다. 법학에 문외한인데다 전공자도 아닌 사람이 번역한 탓에 번역투의 문장을 읽어야하는 독자들에게 죄송스러운 마음이 앞선다. 한글로 쓰는 평상시의 글쓰기도 번역서처럼 읽힌다고 하는데 실제로 책을 번역해 놓으니 이러한 번역자의 민낯을 도저히 숨길 도리가 없다. 그럼에도 불구하고 이렇게 또 한 권의 번역서를 내놓는 이유는 그만큼 회복적 정의에 대한 비판적 시각이 필요하기 때문이고, 어려운 책읽기 뒤에서 불현듯 출현하는 깨달음과 지혜의 존재를 확신하기 때문이다. 이런 심정을 담아 회복적 정의를 실천하고자 노력하는 실천가들, 회복적 정의를 다루는 경찰, 법조인들이 꼭 읽어야 할 이 책을 내어놓는다.

끝으로 『회복적 정의의 정치학』 한국어판이 나오도록 애써준 배용하 대표
와 긴 시간 심혈을 기울여 함께 번역하며 문장을 거듭나게 해준 고학준 님, 용
어 정리에 고견을 주신 이재영 원장님, 통일강원연구원의 강혁민 박사님, 5
장의 용어를 감수해 주신 김재희 박사님께 진심으로 감사드린다. 부디 단편
적인 지식, 혹은 방법론이나 도구로서 회복적 정의가 오해될 수 있는 현재 상
황에서 건설적인 비판은 이런 것이라는 모습을 보여주는 책이 되기를 바란
다.

2021년 12월
김복기

차 · 례

서문과 감사의 말

이 책2판을 출간하기 위해 엄청난 분량을 다시 작업하였다. 변혁적transfor-mative 정의는 항상 미완의 프로젝트이다. 변혁적 정의는 적극적으로 세상과 소통해야 하지만, 생각을 날카롭게 다듬고 사각지대를 발견하기 위해 때로는 비평의 장으로 움츠러들어야 한다. 어떤 주제에 관해 인식의 지평을 넓히고 새롭게 도전하기 위해 또 다른 훌륭한 저자를 데려오는 일보다 더 좋은 방법이 있을까? 이 책의 초판은 앤드류 울포드가 회복적 정의를 연구하고 가르치고, 또 그 세계에 직접 참여한 경험에 기반한다. 그러나 그의 관점은 아만다 네룬드의 저술을 읽고, 그녀와 적극적으로 대화하면서 성장하고 발전했다. 그렇게 아만다 네룬드는 이 책에 새로운 통찰력과 경험을 제공하는 두 번째 저자로 참여하게 되었다. 첫 번째 책도 상호교차적 접근방식intersectional approach을 통해 회복적 정의의 정치학을 이해하는 것에 우호적이었지만, 초판에서 이 방식은 배경 지식으로만 머물러 있었다. 하지만 2판에서 아만다 네룬드는 본인의 연구 분야인 페미니스트 관점의 범죄학을 접목시키며 회복적 정의의 정치학이 지닌 상호교차성을 더 잘 드러내고 있다.

이 책의 공동 저자들은 모두 회복적 정의에 관해 어느 정도 상반된 감정을 가지고 있다. 우리는 비판적 태도를 취하는 학자로 훈련을 받아왔으며, 범죄학과 사회법 연구 분야의 여러 주제에 대해 질문을 제기하는 사회비판이론에 근거한 통찰도 가지고 있다. 하지만 다른 한편으로 우리는 형사사법제도에 어쩔 수 없이 참여해야 하는 사람들을 실제적으로 도우려고 애쓰고 있다. 회복적 정의가 이러한 사람들을 변화시킬 수 있다고는 하지만, 이들은 여전히 형사사법제도에 속해 있다. 이렇듯 이 책에는 회복적 정의를 대하는 우리의 상반된 태도가 오롯이 반영되어 있다. 우리는 범죄에서 비롯된 피해를 해결하는 데 관련된 당사자들이 직접 참여해야 한다고 강조하는 회복적 정의에 여러 문제를 제기해왔지만, 또 한편으로 우리는 회복적 정의가 그간 이루어온 것보다 더 많이 발전하고 진보하도록 여지를 남겨두었다.

이 책은 우리가 지난 16년 동안 캐나다의 매니토바대학과 맥이완대학에서 회복적 정의에 초점을 맞추어 범죄학을 가르쳐온 결과물이기도 하다. 이 책에서 우리는 회복적 정의 개념이 무엇인지에 관해 입문 수준의 비판적 사회학 연구조사 내용을 생략했다. 조지 파브리치와 같은 학자들의 연구는 회복적 정의의 개념화와 실행 분야에 있어서 비판적 사회학에 입각한 이론적 통찰력을 제공하지만, 엄밀히 말해 이는 상급 학생들을 위한 연구라 하겠다. 이와 대조적으로, 이 책은 회복적 정의와 관련된 일에 관해 일반적으로 관심이 있는 사람들과 실천가들은 물론 대학교 2, 3학년 학생들이 사회학에 근거하여 회복적 정의에 관한 비판적 시각을 갖게 하려는 목표가 있다. 그렇다고 이 책이 읽기 쉽다는 의미는 아니다. 우리는 학생들이 이 책에 나오는 어휘들을 통해 그들의 배움의 수준을 향상시키고, 이론적이고 복잡한 개념들을 제대로 이해할 수 있도록 밀어붙이고 있다. 그러나 이론적 개념을 명확하게 소통하려고 노력할지언정 지나치게 단순화되어 그 중요성이 희석될만큼 개념들을 축소하지는 않았다.

이 책의 2판을 써야겠다고 마음을 먹게 된 또 다른 이유는 『회복적 정의의 정치학』에 대한 고민이 여전히 부족하기 때문이다. 회복적 정의에 관한 이전의 많은 연구에 정치학적 고려가 없었다고 말하려는 것은 아니다. 그러나 대부분의 저자들은 정치학의 개념을 매우 좁게 잡고 회복적 정의가 정치적 현실 속에서 존재한다는 점만 이야기할 뿐, 정작 회복적 정의가 그 자체로 어떤 특정한 형태의 정치에 연루되어 있다는 사실은 지적하지 않고 있다. 더 나아가 회복적 정의의 이론과 실재 사이에 소통의 벽이 있다. 이론적 통찰은 실제 돌아가는 회복적 정의 프로그램의 공감을 충분히 이끌어내지 못하고 있다.Gavellides 2007 우리는 회복적 정의의 정치적 맥락과 정치적 의미를 이론적으로 조사함으로써 이 소통의 벽을 허물 수 있다고 보며, 이 과정이 회복적 정의가 나아갈 길을 전략적으로 개념화하는데 일조할 것이라고 생각한다

우리는 모든 프로젝트는 성찰성reflexivity이라는 어떤 지점에서 시작해야만 한다는 신념 아래 이 서문을 쓰고 있다. '회복적 정의란 무엇인가?' 그리고 '회복적 정의가 추구하는 비전은 무엇인가?' 라는 질문에 관해 설명해야 하는 저자들로서 이 연구의 근간이 되는 전제들이 무엇인지를 서문에서 밝히고 반추해보는 일은 매우 중요하다. 왜냐하면, 분명코 이러한 전제들이 이 책이 제시하는 사실과 해석에 크게 영향을 끼치기 때문이다. 솔직히 우리가 대놓고 인

정하고 싶은 것은 개인과 공동체가 그들의 특별한 필요에 민감하게 반응하는 회복적 정의의 접근방식으로부터 인간적으로 꼭 필요한 유익을 얻고 있다는 점과 여러 관점에서 볼 때 회복적 정의의 가치들이 꽤 올바르게 느껴진다는 사실이다. 그러나 안타깝게도 갈등을 의미 있게 해결하고 싶어 하는 이러한 열망이 이를 제대로 실현하지 못하게 가로막는 사회·정치적 틀 안에 놓여 있다는 엄연한 현실도 충분히 고려하고 이해해야 한다. 이것이 바로 우리가 함께 이 책을 쓰면서 언급해야 할 첫 번째 기본 틀이다. 두 번째 기본 틀은 이 세상을 정적이라기보다는 동적으로 보기 좋아하는 시각과 관련되어 있다. 어떤 사람들은 완벽한 형태론이 제시하는 분석적인 명료함과 극도의 절제됨에 이끌리는 반면, 우리는 과정과 변화를 위한 개념적 모델을 그리는 데 항상 여지를 남겨두어야 한다는 목표를 설정하였다. 우리가 일상을 살아갈 수 있을 만큼 세상은 충분히 규칙적이고 구조화되어 있으나, 동시에 세상은 끊임없이 변화하기 때문에 우리 또한 주어지는 상황에 맞추어 행동과 생각을 수정해야 한다. 이에 우리는 소위 대안적 정의라고 불리는 것의 경계선이 분명하게 정해져 있지 않다는 사실을 증명하고, 또 회복적 정의라는 세상을 창조하고 또 재창조하기 위해 논쟁과 토론의 여지를 남겨두고자 했다.

이 원고는 선도적으로 이 책을 써보라고 제안했던 웨인 앤소니에게 많은 빚을 지고 있다. 또한, 우리는 특별히 제시카 앤소니, 베벌리 라흐, 데비 매더스, 존 반데르 우즈 등을 비롯한 펀우드출판사 팀의 탁월한 수고에도 감사드린다. 캐나다의 사회과학 및 인간 연구조사 위원회Social Sciences and Humanities Research Council of Canada와 매니토바 대학교가 연구조사 및 이 책에 필요한 재정을 지원하였음을 밝힌다.

이 책은 다이앤 크로커, 밥 라트너, 브라이언 호지빈, 조지 파블리흐, 프랭크 코너, 젠스 마이어헨리히, 롭 발리스, 노엘 디트리히, 그래간 밀리노비치, 엘리자베스 코막, 스티브 브리키, 피터 라카리, 아담 뮬러, 스트루안 싱클레어, 그리고 수 많은 사람과의 대화에 은혜를 입었다. 또한, 키어리 헤일리와 익명의 두 독자가 우리의 초기 원고를 다듬고 증보하도록 건설적인 제안을 해주었다. 아주 멋진 이야기로 이 원고를 시작할 수 있도록 허락해 준 르네 뒤로셰에게도 엄청난 빚을 졌다.

저자 앤드류는 지지를 보내주고 생기를 불어넣어준 제시카와 엘라 울포드에게 감사한다. 공동저자 아만다는 회복적 정의의 잠재력과 한계, 그리고 부당함에 대해 함께 심사숙고해주는 많은 학생에게 감사한다. 아울러, 아만다는 지지와 격려를 아끼지 않은 프레이저와 애비에게도 감사를 표한다.

앤드류 울포드, 아만다 네룬드

1

회복적 정의의 정치학이란 무엇인가?

르네 뒤로셰는 17개 교도소를 전전하는 수감자로 23년이라는 긴 세월을 보냈다. 그는 17세의 나이에 무장 강도죄로 교정기관에 발을 들여놓았다. 당시 형사 법정은 제대로 그를 교정하겠다는 명목 하에 '뒤로셰 씨'를 성인 신분으로 고소하기로 결정했다. 하지만 르네 뒤로셰는 준비가 되어 있지 않았다. 폭력적인 아버지가 있는 대가족에서 자란 뒤로셰는 대담하고 위험한 행동을 통해 원하는 것을 얻는 방법을 터득했다. 비록 누군가를 신체적으로 해치고 싶지는 않았지만, 자신이 얼마나 다른 사람들에게 감정적, 그리고 금전적 피해를 주고 있는지도 크게 개의치 않았다.

르네 뒤로셰는 1963년에 석방되었지만, 같은 해 교도소에 다시 들어갔다. 그는 새로 산 엽총을 공중을 향해 발사하면서 상점 안으로 걸어 들어갔다. 뒤로셰는 다시 체포되었고, 이번에는 14년형을 선고받았다. 감옥에 있는 동안 그는 경험 많은 수감자들로부터 많은 것을 배웠고, 감옥에서 배운 새로운 범죄 지식을 시험하기 위해 가석방되기를 간절히 기다렸다. 마침내 가석방으로 풀려났을 때, 그는 자신이 습득한 지식을 시험해 보았으나 이내 실패했고, 채

넉 달이 되지 않아 다시 체포되었다. 이번에 그는 몇몇 동료들과 함께 기관총을 구입한 뒤 은행 강도를 저질렀다. 강도질 중 뭔가 잘못되어 총격전이 벌어졌다. 뒤로셰 씨는 자신과 다른 사람들이 다칠 위험이 있다는 생각은 하지 않고 경찰과 총격전을 벌였다. 그날 은행 강도 중에 총에 맞아 죽지 않고 생존한 사람은 자신밖에 없었다.

겨우 25세의 나이에 22년 형을 선고받은 뒤로셰 씨는 감옥의 동료 수감자들로부터 큰 존경을 받았다. 이내 그는 경찰을 향해 총을 쏜 "미친 프랑스인"으로 알려졌다. 그러나 이번에는 자신의 악명을 무시하고, 제대로 된 교육을 받고자 노력했다. 감옥에 있는 동안 그는 나중에 결혼할 여자와 사랑에 빠지기도 했다. 세 번째로 감옥에서 석방된 뒤로 그는 법을 준수하는 삶을 살려고 노력했지만, 몇 번의 나쁜 직장과 사업 실패를 겪으며 뒤로셰는 아내와 두 아이를 부양하기 위해 범죄 조직에 신세를 질 수밖에 없음을 깨닫게 되었다. 그는 이러한 어려운 상황을 헤쳐나가기 위해 자신이 가장 잘 아는 범죄로 다시 돌아갔고, 당시 캐나다 역사상 가장 큰 강도 사건에 가담했다. 1985년 7월 8일 뒤로셰는 그의 파트너들과 함께 화폐를 실어 나르는 브링크스 트럭을 털었다. 그는 트럭을 턴 돈으로 집을 사고 애완동물 가게를 열었다. 그는 6개월 뒤에 마지막으로 체포되었다.

뒤로셰 씨가 자신을 바꾸려고 애쓰기 시작한 것은 바로 이 시점에서부터였다. 그는 매니토바에 있는 스토니 마운틴 교도소에서 교도소 심리학자를 만나 자신의 범죄에 관한 책임을 지고 자신이 다른 사람들에게 끼친 위해를 인정하는 법에 관해 배우게 되었다. 마침내 감옥에서 석방되자, 그는 다른 사람들을 돕는 일에 전념했고, 후에 '생명의 전화'라든가 '매니토바 존 하워드 협회', 그리고 '세인트 레너드 협회'와 같은 기관들과 함께 수감자들의 인생을 되돌리는 일을 하였다.

미래의 범죄 행위를 저지하기 위해 범법자들을 엄하게 대하는 응보적 처벌 방식은 뒤로셰의 삶을 고치는데 전혀 도움이 되지 않았다. 르네 뒤로셰에게 감옥은 종종 아주 편안한 집과 같았고, 실제로 스스로 범죄 경력을 떨쳐버리기 위해 자신을 변화시킬 준비를 하기 전까지는 그렇게 느꼈다. 이 지점에서 다음과 같은 의문들이 생긴다. 뒤로셰 씨에게 좀 더 빨리 깨달음을 줄 수 있는 정의에 관한 또 다른 접근법은 없었을까? 만약 그런 것이 있다면, 우리 사회는 사람들에게 정의에 대해 다르게 생각해보도록 준비시키고, 자신의 삶을 변화시킬 수 있는 유의미한 기회를 제공해야 하지 않을까? 그리고 우리는 이러한 변화를 위해 기꺼이 사회를 개혁할 준비가 되어 있는가?

회복적 정의

이러한 질문에 대답하기 위해 가장 먼저 해야 할 일은 우리가 정의에 관해 생각할 때 가장 먼저 떠오르는 것이 무엇인지 살피는 것이다. 뒤로셰 씨가 저지른 것과 비슷한 범죄에 관한 이야기를 들을 때 우리에게 가장 먼저 나타나는 본능적 반응은 설령 그 결과가 아무리 역효과를 가져온다고 할지라도 전형적으로 처벌을 요구하는 모습이다. 실제로 정의와 관련해서 징벌 혹은 처벌이라는 개념은 우리 안에 깊이 뿌리내려 있다. 이는 옳고 그름에 관한 관념, 그리고 정의로운 일에는 상을, 정의롭지 못한 일에는 처벌을 내려야 한다는 개념을 어릴 때부터 끊임없이 되풀이해서 배워왔기 때문이다. 이러한 조건은 형사사법이라는 문화적 신화 혹은 통념에 의해 끊임없이 강화된다. 우리 문화가 공동으로 드러내는 동기는 결국 선천종적인 선은 보상을 받고 악은 처벌받는다는 것이다. 이것은 우리가 어릴 때, 영웅들이 싸움 현장에 나타나, 악당들에게 처벌이라는 대가를 치르게 하는 것을 보면서 배운 내용이다. 감옥형을 선고받은 사람을 공개적으로 언급할 때, 그리고 성공한 공직자들의 고된 업적에 관해 언급할 때, 암묵적으로 사람들은 그 행위에 걸맞게 대접을 받아야 한다는 개념을 떠올린다. 이처럼 정의는 문화적으로 이것 아니면 저것과 같은 이분법으로 자리해왔고, 당연히 승자와 패자가 있어야 하는 것처럼 여겨왔다. 이러한 상황에서 피해를 받은 사람들과 해를 끼친 사람들이 저마다 서로 다른 필요를 가지고 있다는 사실을 고려하고, 그 필요를 채우기 위해 정의에 대한 새로운 개념을 떠올리고 퍼뜨리는 일이 얼마나 어려운지 상상해 볼 필요가 있다. 이러한 프로젝트에는 단순히 상투적 문구나 반짝이는 아이디어 이상의 뭔가가 필요하다. 그것이 바로 정치다. 사회 깊숙이 자리잡은 정의에 대한 지배적인 개념들에 도전하고 현존하는 사회 권력 구조에 맞서기 위한 전략과 계획이 곧 정치다. 회복적 정의는 정치적인 환경 안에서 공감을 얻고 성공을 이끌어낼 필요가 있는 사상이다. 더 나아가 회복적 정의는 메시지를 사회 전체에 효과적으로 퍼뜨리고 사회 변혁에 이바지할 수 있도록 합법적이고 강력한 정치력을 개발해야 한다. 그러나 이 모든 것에 앞서 우리는 "회복적 정의란 무엇인가?"라는 질문과 먼저 씨름해야 한다.

회복적 정의는 우리 시대 형사사법제도에서 아주 빈번하게 사용되는 용어다. 범죄자의 재통합, 피해자 치유, 지역사회에서의 범죄 대처와 같이 다양한 목표를 지향하는 형사사법 프로그램들이 점점 더 회복적 정의라는 언어를 통해 그들의 원칙과 사명을 설명한다. 또한, 회복적 정의는 공식적인 사법 영역에서 점점 더 많은 인정을 받고 있다. 영국과 웨일스의 '1999년 청소년 정의 및 범죄 증거법1999 Youth Justice and Criminal Evidence Act'이나 '2003년 캐나다 청소년 범죄 사법2003 Canadian Youth Criminal Justice Act'은 각각의 청소년 사법제도 안에 회복적 실천이 가능한 공간을 마련하였다.Crawford and Newburn 2002; Charbonneau 2004 2002년, 유엔은 회복적 정의를 범죄 피해에 대처하기 위한 합법적이고 유익한 수단으로 권장하면서 회복적 정의를 범죄 문제에 적용하도록 지침을 발표했다.UN 경제 및 사회 위원회 2000, UN 2007 참조 2015년 유럽연합EU은 '피해자 권리지침Victims' Rights Directive'에 회복적 정의를 포함했고, 캐나다는 새로운 '피해자 권리장전Victims' Bill of Rights'에 회복적 정의에 관한 정보를 받을 권리를 포함했다. 이처럼 회복적 정의는 최근 몇 년 동안 정치적으로 크게 인정받았고, 형사사법제도 안에서 실행 가능한 대안으로써 검토되고 있다. 이러한 경향은 전 세계적으로 싹트고 있는 수많은 회복적 정의 프로그램들을 통해 분명하게 드러나고 있다.

회복적 정의를 받아들이려는 수요가 형사사법제도 안에서만 늘어나고 있는 것은 아니다. 학교 내의 회복적 정의는 범죄를 저지른 청소년을 학교로 재통합하는 것에서부터 따돌림괴롭힘, 왕따과 같이 매일 발생하는 다양한 문제를 다루기 위해 사용된다.Morrison 2006 이렇게 다방면으로 적용 가능하기 때문에 어디까지가 회복적 정의 이론이고 어디까지가 실천 영역인지를 정의 내리기 쉽지 않다. 회복적 정의의 핵심이 무엇인지 정의하는 준거 틀은 형사사법제도를 넘어 다양한 행위자와 피해까지 포용해야 한다.

갈수록 커지는 유명세에도 불구하고, 아니 어쩌면 그 유명세 때문에 회복적 정의가 무엇인지 명쾌하게 정의 내리기 쉽지 않다. 예를 들어, 특정 범죄가 끼친 피해를 해결하는 데 피해자, 가해자, 그리고 공동체 모두가 관여하는 '참여적 실천participatory practice'으로 회복적 정의를 설명하기도 한다. 토니 마셜1999년 5월은 더 직접적으로 "특정 범죄에 어떤 식으로든 연관된 모든 당사자들이 모여 발생한 범죄의 여파와 향후 끼칠 영향을 함께 풀어가는 과정"이라고 이야기한다.

시골 동네 사람들이 마을회관에 모여 무단 침입 같은 범죄 사건을 토론하는 이미지가 떠오를 수 있다. 범법자들은 마을 공동체 앞에 서서 깊은 수치심을 느끼며 머리를 조아리고 있다. 피해자들도 자신을 지지해주는 주민들과 함께 자리하고 있다. 여기서 오가를 대화는 통해 독창적인 해법이 나온다. 진심으로 미안해하는 가해자는 피해 복구를 돕겠다고 피해자에게 제안하고, 공동체는 그들을 공동으로 지원하며 하나가 된다. 피해자는 마음속 증오나 두려움을 털어버리고 용서를 베푼다. 이런 아름다운 이야기는 하나의 가능성일 뿐 회복적 정의의 일반적인 결과나 실천 사례는 아니다.Daly 2003 많은 경우, 범법자들이 보여주는 뉘우침의 속도는 매우 느리고, 피해자들은 대화모임에 참여하기를 꺼리며, 지역사회는 이 모든 과정에 대체로 무관심하거나 아예 무지하다.

회복적 정의 프로그램들은 위와 비슷한 문제들을 해결하기 위해 실천 방식을 다양하게 변화시키면서도 회복적 정의의 개념적 준거 틀을 벗어나지 않도록 노력한다. 예를 들어, 피해자와 공동체의 직접적인 참여가 없어도 자신의 행동에 책임을 지고 행동을 변화시킬 준비가 되어 있는 범법자와 함께 일하기로 선택할 수 있다. 사건의 주요 이해관계자가 참여하지 못하는 문제를 해결하기 위해 피해자 대행즉, 유사한 사건의 피해자로서 자신의 피해 경험을 가해자에게 전달할 수 있는 사람이나 피해자가 작성한 진술서로 대체하기도 한다. 프로그램 진행자들이 지역사회를 대신해 범죄 때문에 생기는 두려움과 불신에 대해 가해자와 소통할 수도 있다. 그러나 이렇게 변용된 회복적 정의 프로그램은 마샬이 정의한 회복적 정의, 즉 범죄를 모두가 함께 풀어간다는 정의에서 벗어나게 된다.

그렇기에 회복적 정의에 관한 보다 더 유연하고 정확한 정의는 이런 정도가 될 것이다. "회복적 정의는 이용 가능한 자원들을 사용해 범죄로 촉발된 피해에 영향을 받는 당사자들의 필요를 충족시키고자 한다." 이러한 설명은 회복적 정의의 적응성을 잘 드러내지만 정확성이 부족하다는 점에서 그다지 만족스러운 정의는 아니다. 이 정의를 따르면 회복적 정의가 다른 형사사법 방식과 어떻게 구별되는가? 형사 법정도 이러한 설명에 부합할 때가 있지 않은가?

예를 들어, 법정 심리를 기다리는 두 사람이 있다고 상상해 보자. 피고인과 변호사는 자신들의 운명이 어떻게 될까 궁금해하며 초조하게 앉아 있다. 피해자는 증인으로 설 준비가 되어 있으며, 피고인 때문에 겪은 피해를 알리기 위한 진술을 준비했다. 피해자는 법정 심리를 위한 진술서를 작성하며 사건이 발생한 후 따라오는 혼란스러운 감정을 구체적으로 명시함으로써 감정적으로 약간의 도움을 받기도 했다. 그런데 재판이 시작되기 바로 전, 검사가 피해자에게 다가와 유죄협상안plea bargain을 고려하고 있다고 알려준다. 검사는 피고인이 저지른 행동에 관해 책임지는 태도를 보였고, 술과 분노 조절 장애를 관리하는 치료를 받기 시작했으며, 지역사회에 위협이 되는 모습으로 인식되지는 않는다고 설명한다. 피해자는 먼저 피고인이 자신의 삶을 긍정적으로 바꾸려고 노력한다는 사실에 안도한다. 그리고 법정에서 받게 될 스트레스를 피할 수 있다는 사실에 기뻐하며 유죄협상에 동의한다는 의견을 밝히 고물론 검사는 피해자의 동의 없이도 유죄협상을 진행할 수 있다 피해자는 문제가 해결되었다는 안도감과 함께 법원을 떠난다. 이것도 회복적 정의일까? 만약 그렇다면, 어떻게 적대적인 환경이라고 알려진 형사 사법제도 안에서 회복의 순간이 일어날 수 있다는 말인가?

아마도 이 지점에서 어떤 개념을 정의할 때 우리가 무엇을 해야 하는지 잠시 되돌아보면 좋을 것이다. 이 책을 읽고 있는 많은 학생은 아마도 다가오는 시험을 잘 치르기 위해 여러 페이지를 뒤적거리며 명료한 설명을 찾아 밑줄을 치며 좀 더 완벽하게 시험을 준비하고자 애쓸지 모른다. 그러나 우리는 무엇보다 여러분에게 인내심을 가지라고 말하고 싶다. 회복적 정의에 관해 지금까지 들은 그 어떤 것도 암기하지 말라. 우리가 제공한 정의들은 단지 설명하기 위한 것으로, 그러한 정의는 복잡한 현상을 간단히 캡슐 속에 집어넣으려 한 것이고, 가장 기본적인 특성들만 축소하여 설명한 모습이며, 그렇게 함으로써 실천에 필요한 유동성과 유연성을 희생시킨 것이기 때문이다. 더욱이 그런 정의는 회복적 정의에 대한 우리의 이해를 방해하기도 한다. 무언가에 관해 정의를 내리는 일은 그 자체로 정치적이다. 여기서 정치적이라는 표현을 쓰는 이유는 세상이 어떠한지, 혹은 어떻게 되어야만 하는지에 관한 특정한 관점이 그 정의에 반영되어 있기 때문이다. 예를 들어, 회복적 정의를 정의 내리는 사람이 형사사법제도에서 어떤 위치에 있느냐에 따라 그 강조점이 달라진다. 피해자 권리 운동을 하는 사람은 가해자 재사회화 일을 하는 사람보다는 피해자의 안전과 참여와 관련된 회복적 정의의 특성들을 강조하는 경향을 보이게 마련이다. 그리고 학교와 같이 형사사법제도 밖에서 회복적 정의를 사용하는 사람은 범죄와 관련해서 회복적 정의를 규정하던 지금까지의 경향을 거부할 수도 있다.

주어진 정의를 일일이 암기하던 방식에서 어떤 개념에 대한 감을 익혀가는 방식으로 방향을 전환해보자. 우리는 규칙과 게임의 비유를 통해 이러한 방향 전환이 어떻게 이루어지는지 좀 더 잘 이해할 수 있을 것이다. 아이스하키를 스케이트를 신은 다섯 명의 선수와 한 명의 골키퍼로 구성된 한 팀이 다른 팀보다 더 많은 골을 넣는 게임이라고 설명할 수 있는데, 이러한 설명을 들어도 아이스하키가 도대체 어떤 경기인지 그 느낌이 잘 와닿지 않는다. 후킹스틱으로 상대방 선수를 거는 반칙, 진로 방해, 비신사적 행위와 같이 특정 규칙에 대한 설명을 들어도 마찬가지다. 심지어 이런 규칙에 대한 해석은 심판의 성향이나 시즌 상황에 따라 달라지기도 한다. 특히 플레이오프 기간에는 심판이 규칙을 더 너그럽게 적용한다 아이스하키가 어떤 경기인지 감을 잡으려면 빠른 전환과 높은 에너지 레벨에 적응해야 하고, 경기의 흐름을 탈 수 있어야 하고, 훈련과 연습을 통해 엄청난 속도에 반응할 수 있어야 한다. 마찬가지로, 우리는 개념들에 대해서도 감을 잡아야 한다. 회복적 정의는 그 정의가 무엇인지 암기하는 것에 의해서가 아니라, 회복적 정의가 추구하는 이상, 회복적 정의가 이 세상에서 드러내 보이려는 비전, 그리고 사회에서 일어나는 현상에 회복적 정의가 반응하며 변화해가는 다양한 모습들을 맛볼 때 훨씬 잘 이해될 수 있을 것이다.

회복적 정의가 실재하는 어떤 유의미한 것이라면, 그 핵심에는 적대적인 방식으로 정의를 이해하는 접근법과는 명확히 구별되는 무언가가 있을 것이라고 생각해볼 수 있다. 회복적 정의를 그냥 비공식적이고, 치유적이며, 참여적인 것이라고 설명하는 것은 충분하지 않다. 이 모든 요소를 위의 유죄협상안 예에서도 찾을 수 있기 때문이다. 이 예시에서 양측의 대리인들은 비공식적으로 유죄협상을 위해 교섭을 벌였고, 가해자는 치유의 길을 가고 있었고, 피해자에게는 조금이나마 참여 기회가 제공되었다. 여기에서 개념의 명확성을 위해, 회복적 정의가 추구하는 몇몇 이상적인 특성을 살펴보자.

1. 개방적이고 적극적인 참여: 의무는 아님에도 불구하고, 회복적 정의는

모든 이해 당사자들이 참여하도록 열려있다. 더 나아가, 참가자들이 단순한 조언 차원에 머물지 않고 대화의 과정과 결과에 관해 실질적인 발언권을 갖는다는 점에서 아주 적극적인 참여의 형태를 띤다. 위에서 언급한 유죄협상의 예를 들자면 피해자는 증인으로 나서고, 나중에 유죄협상 관련하여 자문도 받게 되지만, 사법절차 과정을 변경하거나 좌우할만한 제안이나 정보를 제공할 수 없다는 의미에서 여기서 피해자의 역할을 적극적 참여라고 표현하기는 어렵다.

2. **권한 부여를 통한 역량 강화:** 회복적 정의에 참여하는 사람들에게 이러한 적극적인 역할을 부여하는 이유는 그들이 주인 의식을 갖고 전체 과정을 끌고 갈 수 있게 하기 위함이다. 참여자들은 앞으로 회복적 정의의 과정이 어떻게 전개될지 결정하고, 회복적 정의의 핵심이라고 부를 수 있는 의사 결정 과정에 참여하게 된다. 이상적으로는 참여자들이 해결책에 뭔가 이바지하게 함으로써 그들이 회복적 정의에 기반한 해결책을 수행하는 행위주체가 되게 한다. 앞선 유죄협상 사례에서 피해자는 안도할 뿐 그의 권한이나 역량이 강화된다고 보기는 어렵다. 피해자가 문제 해결에 개인적으로 이바지한 것은 없으며, 다만 자신을 공격한 사람이 이제 긍정적인 방향으로 가고 있기 때문에 가까운 미래에 같은 잘못을 또 저지르지 않을 것 같다는 점에서 약간 마음이 편해지는 것 뿐이다. 이 경험을 토대로 미래에 마주할 갈등에 보다 더 잘 대처할 수 있는 어떤 역량을 키우지는 못한 것이다.

3. **만족 및 관계의 치유 과정 제공:** 회복적 정의의 정당성은 국가의 지원이나 국가가 계획한 결과를 성취하는 모습에서 나오지 않는다. 회복적 정의

의 주요 목적은 공동 협의를 통해 만족스러운 해결책을 만들어냄에 있어, 사건으로 인한 피해를 치유하는 과정에 당사자들이 처음부터 직접 참여하는 데 있다. Llewllyn and Howse 1998 간단히 말해서 회복적 정의는 부정적인 사건에서 뭔가 긍정적인 것을 만들어낼 기회를 참가자들에게 부여한다. 틀림없이, 위에서 설명한 유죄협상은 당사자들에게 어느 정도 만족감을 가져다주었다. 그러나 고소당한 사람이 분노와 알코올 문제에 관해 스스로 도움을 구했던 것처럼 그 만족감 중 상당 부분이 관계적인 프로세스를 통해서라기보다는 당사자들의 독립적인 행동을 통해 나온 것이라는 점이 중요하다. 관계 프로세스는 기존의 관계를 적극적으로 이용하고 새로운 관계를 만들며 상호관계적으로 참여하는 것을 의미한다.

회복적 정의에서 추구하는 이러한 이상적인 특성은 특정 프로그램의 회복성을 평가하는 기본적인 틀을 제공한다. 하지만 우리는 여전히 특이한 상황이 일어날 때를 대비해야 한다. 회복적 정의를 구체적으로 적용할 때, 이러한 이상적 특성에 도달할 수 없게 되거나, 혹은 그런 이상적 특성을 일시적으로 포기해야 하는 순간들이 발생할 수 있다.

1991년 미네소타에서 가이 설리번과 짐 스완슨에 의해 18세 된 딸 캐린을 잃은 돈과 메리 스트루퍼트의 사례를 살펴보자. 가이 설리번과 짐 스완슨은 총으로 캐린을 위협하여 그들의 밴에 태운 뒤, 숲이 우거진 지역으로 데려가 그를 강간하고 살해했다. 두 명의 용의자가 체포되고 기소되었지만, 스트루퍼트 부부는 아무것도 수행된 것이 없다는 느낌을 받았고, 따라서 돈은 선고가 내려진 후 화해 선택 사안으로 회복적 정의를 고려하게 되었다. 회복적 정의 대화모임을 갖기로 선택한다고 해서 판사가 설리번과 스완슨에게 이미 선고한 형이 바뀌지는 않는다. 오히려 이 사례에서 회복적 정의 프로그램은 주로 피해자들이 회복의 여정을 밟는 단계로서 범법자들에게 질문을 던지도록 하기 위한 것이었다. 설리반은 스트루퍼트 부부와 만나기로 동의했고, 매우 감정적이고, 때로는 답답한 만남들이 이어졌다.Konowal 1997 참조

앞에서 언급한 회복적 정의의 이상적 특성들로 돌아가 보자. 돈은 모임이 진행되는 과정 내내 회복적 정의에 관해 대체적으로 긍정적인 태도를 유지하였는데, 메리는 어떤 힘을 얻거나 만족감을 느끼는 순간을 경험조차 하지 못했다. 예를 들어, 설리번이 스트루퍼트 부부에게 캐린이 마지막으로 자신을 도와달라고 간청했다는 말을 했을 때, 메리는 그 순간 거기 서서 아무것도 하지 않은 설리반의 모습을 상상하며 그 생각에 압도당했고, 그를 향해 강한 분노를 느꼈다. 그러나 가이 설리반과 처음 만남을 가진 지 10년 뒤, 메리는 위니펙의 군중들에게 설리번을 용서했다고 말했다. 메리는 설리번이 문맹을 극복했다는 사실을 알게 되었을 때 그 순간 자신이 설리번을 매우 자랑스럽게 여기고 있다는 사실을 발견하며 자신이 설리번을 용서했다는 사실을 깨달았다.

실제로 작동하는 회복적 정의의 모습이 어떠한지 면밀히 살피다 보면 사람들은 회복적 정의의 이상적인 특성들이 갖는 한계에 맞닥뜨리게 된다. 스트루퍼스 부부의 회복적 정의에 관한 경험은 열려있고, 참여적이며, 그들에게 힘을 부여해 주고, 만족감과 치유를 가져다 준 것으로 묘사할 수 있었지만, 모임 내내 시종일관 그렇게 느낀 것은 아니었다. 치유받기 전에 깊이 상처를 받는 순간들이 있었지만, 결국 치유는 일어났다. 문제가 있는 소통으로 특징지어지는 대화들로 인해 힘을 부여받기 전에 좌절감을 먼저 겪어야 하는 순간들이 많았고, 설리반과 상호작용을 하는 동안 스트루퍼스 부부에게 만

족감이 즉각적으로 일어나지도 않았으며, 결과 또한 보장된 것도 아니었다. 물론 위에서 언급한 회복적 정의의 이상적인 특성과 마찬가지로, 분석적 범주들은 단지 우리의 생각하는 방식에 관한 지침으로 의도된 것일 뿐, 실제 세계에서 완벽하게 실현될 것이라고 받아들여서는 안 된다. 그러므로 이러한 회복적 정의의 이상적인 특성들을 보완하고, 실제 적용 상황에서의 그 한계가 무엇인지 잊지 않기 위해 회복적 정의의 **형태학적 기본 특성들**을 확립시켜야 한다. 형태학적 특성들이란 우리에게 회복적 정의의 유연성 혹은 모형변환적 성격을 우리에게 일깨워주는 다음의 내용들을 말한다.

1. **회복적 정의는 맥락과 상황에 영향을 받는다**: 회복적 정의는 "이거 하나만 있으면 모든 것을 다 해결할 것이다"라는 식으로 접근하기보다는 특정한 유해 상황에 알맞게 그 실행방식을 조정하여 적용해야 한다. 범죄는 재산과 사람에 관한 가벼운 범죄부터 인종청소와 같은 대량학살이나 엄청난 규모의 파괴에 이르기까지 사건들의 다양성을 묘사하기 위해 무수한 의미를 지닌 용어다. 우리가 그러한 광범위한 사건들에 맞는 결과들을 도출해내고 거기에 맞는 과정들을 명확하게 규정할 수 있는 회복적 정의의 개념을 개발할 수 있으리라고 기대하는 것은 순진한 생각이다. 이는 오염물질의 확산에 대한 규제 위반처럼 범죄로 지정된 것 너머의 피해를 다루어야 하는 회복적 프로그램의 경우에 더 명확한 사실로 드러난다. 그러므로 회복적 정의를 다중적이고 복잡한 상황에 적용해야 할 때, 회복적 프로그램은 다양한 모습으로 변화할 것이다. 또한, 회복적 정의의 실행과정과 결과 모두 특정한 문화적 맥락 속에 적해야 한다. 예를 들어, 회복적 정의를 채택하는 다양한 문화들 중 감옥을 포함해 모든 형태의 처벌이 부적절하다고 거부하는 공동체도 있을 수 있고,

공동체로부터 추방하는 것과 같은 식의 처벌을 회복적 대화모임이 가져다주는 매우 합리적인 결과로 받아들이는 곳도 있을 수 있다.

2. 회복적 정의는 과정이다. 회복적 정의는 미리 정해진 단선적 과정을 따르지 않는다. 그 대신 대부분의 경우는 각 당사자에게 경험했던 부정적인 상황으로부터 새로운 긍정적인 의미를 창출할 기회를 제공하고 이를 통과하게 하는 과정이다. 이러한 과정적 특성을 고려할 때, 내가 원하는 어떤 구체적 결과를 회복적 정의를 통해 이루려고 하는 것은 불가능하다. 회복적 정의 진행자facilitator는 회의가 어떻게 진행되기 원하는지(예를 들어 당사자들이 사건을 설명하고 감정을 표현하는 것에서부터 문제 해결로 넘어간다든지 이상적인 대본을 염두에 두고 회복적 대화모임에 들어가는 것이 좋을 것이다. 그러나 이를 향해 가는 과정이 되다 안 되다, 혹은 앞으로 갔다 뒤로 갔다 하는 식으로 변덕스럽게 전개될 수 있다는 사실을 알고 준비해야 한다.

3. 회복적 정의는 협상의 장이 될 수도 있고, 열띤 논쟁과 이견의 대상이 될 수도 있다. 회복적 대화모임의 참여자들이 그들의 갈등을 해결하고자 쉽게 서로를 받아들일 거라는 보장은 없다. 회복적 대화모임의 결과는 해결점에 도달하기가 어렵고, 종종 그 지점에 도달하기까지 끊임없이 논쟁적인 협상을 벌여야 한다. 이 세 번째 특성은 회복적 정의를 어떻게 정의 내릴 것인가에 대한 불화와 논쟁을 더욱 쉽게 받아들이도록 도와준다. 사회운동으로서의 회복적 정의는 그 의미나 정체성을 협상하는 끊임없는 과정에 있기 때문에 '이것이 회복적 정의다'라고 총칭할만한 하나의 정의가 존재하지 않는 것이 당연하다.

4. 회복적 정의는 살아있는 모델이다. 그것은 어떤 단일화된 모습이 아니라, 이해관계자들의 적극적인 참여에 기초하여 만들어진 정의의 방식을 분명하게 설명하기 위해 지속해서 진화하는 사상이다. 현재 우리가 회복적 정의로 이해하는 것은 아마도 미래에 이해하는 회복적 정의와 똑같지 않을 것이다. 우리는 미래의 도전에 부응하기 위해 발전하고, 개혁하고, 또는 수정되어가는 모습으로 회복적 정의를 이해하게 될 것이다. 또한, 우리는 자신의 목적을 이뤄나가기 위해 뭔가를 펼쳐보려는 정치세력에 의해 회복적 정의의 본래 의미가 희석되거나 거세당하는 모습을 볼지도 모른다.

회복적 정의의 의미를 희석하려는 위협은 우리가 염두에 두어야 할 이상 한 가지를 더 떠올리게 한다. 그러나 이 이상을 모든 형태의 회복적 정의에 적용할 수는 없는데, 그 이상은 바로 회복적 정의의 **전환성**이다.Morris 1994; Sullivan and Tifft 2001 여기서 전환성, 혹은 변혁성이란 회복적 정의가 개인적인 변화뿐 아니라 여러가지 사회적인 지배 형태를 변화시키기 위해 필요한 조건들을 만들어간다는 의미이다. 실제로 회복적 정의는 단순히 초기 회복적 정의 대화모임을 촉발하는 범죄나 갈등 그 이상의 것에 관심을 가져야만 한다. 그것은 개인과 집단이 자신의 삶과 세계를 평가하고, 이러한 영역에 변화를 가져오도록 기회를 증진하는 모습이어야만 한다. 즉 불의에 관해 말하고, 많은 사람의 삶을 개선하기 위해 기회를 증진하는 모습이어야 한다. 우리는 스트루퍼트 부부와 가이 설리반의 사례에서, 참가자들이 매우 부정적인 사건을 다루면서도 뭔가 긍정적인 것을 만들 수 있다는 것을 보았다. 이것은 긍정적인 태도나 삶의 방식이 사랑하는 사람을 잃는 것만큼 매우 부정적인 어떤 것을 극복하게 할 수 있다고 말하기 위함이 아니다. 그러나 우리는 부정적인 경험을 하면서도 개인적으로, 또 사회적으로 개선에 관한 희망을 품고 그것으로부터 배울 수는 있다. 회복적 정의는 변화와 전환이라는 목적을 증진할 수 있어야 한다. 그것은 개인적으로 더 나은 배움에 헌신하는 것처럼 일상 속의 변화와 전환 형태를 띨 수 있다. 또한 대규모 폭력의 여파로 회복적 정의가 채택되어야 할 때, 혹은 사람들이 자신의 삶에 영향을 미치는 사회 문제에 관해 좀더 폭넓게 논의하고 대안과 전략을 만들기 위해 회복적 정의 대화모임을 사용해야 할 때처럼 사회적 변화와 전환이라는 형태를 띨 수도 있다. 점점 분명해지겠지만, 우리는 불의를 가능하게 하는 바로 그 조건들을 다루기 위해 전환적인 회복적 정의를 지향하고 선호한다.

다음의 예는 회복적 정의의 전환적 가능성을 잘 설명해주는 동시에 그 변혁에 필요한 정치의 역할을 보여준다. 남아프리카공화국 진실과화해위원회 SATRC는 인종 차별제도 아래 저질러진 해악에 관한 대중적 경각심을 일깨우고, 집단 치유를 위한 사회 전반의 대화를 불러일으킬 의도로 조직되었다. 수년간 인종차별을 해온 아파르트헤이트 정부는 동등한 권리와 자유를 요청해 왔던 흑인 남아프리카인들의 요구들을 억압하기 위해 폭력과 고문을 사용해왔다. 피해자들이 국가 폭력 행위를 상대로 정의를 추구하였으나, 그들의 주장은 묵살되었다. 당국은 가족 구성원을 잃거나 인종 차별적 폭력으로 심각한 상처를 입은 사람들에게 그들의 불평은 근거가 없다고 말했다. 이러한 배경 때문에 사람들은 아파르트헤이트의 진실에 관한 폭로 자체가 전환적 효과를 가져올 것이라고 믿었고, 진실과화해위원회가 이러한 변혁의 주요한 수단이 되어야만 했다. 진실과화해위원회는 정치적 타협의 산물이었다는 부분도 반드시 언급해야만 한다. 1994년 아파르트헤이트 정부가 무너지고 넬슨 만델라의 아프리카국민회의African National Congress가 집권했을 때, 새 정부는 아주 까다로운 문제를 마주했다. 끔찍한 잘못을 저지른 사람들이 남아공 사회에서 여전히 엄청난 권력을 쥐고 있는데 어떻게 이들의 과거 잘못을 정의롭게 처리할 수 있을까? 예를 들어, 공무원 조직, 사법부, 군부가 여전히 백인들의 손에 들어가 있는 상황에서 만약 새로운 정부가 이러한 사람들을 너무 많이 법정에 세우면, 내전이 터질 수도 있다. 진실과화해위원회가 이야기하는 정의의 방식이 그나마 더 나은 대안으로 인식되는 정치적 상황이었기 때문에 진실과화해위원회가 존재할 수 있었던 것이다.Adam 2001 더 나아가, 정치적 타협의 산물인 진실과화해위원회는 아파르트헤이트 과거사를 다루는 메커니즘을 만들 때 희생자들이 요구할 수 있는 정의 실현 사항에 제한을 두었다. 구체적으로는 심각한 인권 침해 사안들만 진실과화해위원회 청문회에서 다루어졌다. 제도적인 경제, 사회적 불평등으로 인해 남아프리카공화국의 백인들이 누린 지위, 부동산, 부, 기회는 청문회 대상이 아니었다.

이러한 측면에서는 회복적 절차가 내포하고 있는 전환적 잠재력이 지배적인 정치적 상황에 의해 축소되었다. 전환적 잠재력에 부응하기 위해서 회복적 정의는 스스로 속한 공간에서 작동하는 정치적 상황들에 관해 더 깊이 이해할 필요가 있다. 그렇게 해야 회복적 정의가 전략적으로 정치 변혁의 한 형태로서 자리잡을 수 있다.

회복적 정의의 정치학

회복적 정의는 정치적 과정이다. 회복적 정의는 최소한 네 가지 의미에 있어서 **정치적**이다.

1. 회복적 정의는 정치적인 맥락 안에 존재한다. 정치적 환경은 시대에 따

라 회복적 정의의 실천에 우호적이거나 적대적이거나 무관심할 수 있으며, 이러한 상황은 회복적 정의 개념적 발전에도 영향을 미친다. 형사사법제도가 '작동'하는 방식인 제도와 기관들 뿐 아니라, 형사사법제도가 '생각'하는 방식인 지배적 정치 담화 및 이념이 회복적 정의와 같은 대안적 정책이 어떻게 받아들여지고 작동될지에 영향을 미친다.

2. 이러한 정치적 맥락은 구조화된 맥락이기도 하다. 이것은 이미 사회적 패턴이나 경향으로 끊임없이 우리의 사고와 행동을 결정하는 지배적인 방식으로 형성되어 있다는 의미다. 여기에는 가부장적, 인종적, 이성애중심적, 정착민에 의한 식민통치적, 계급 중심적이거나 기타 지배 구조들이 교차적인 형태로 포함된다. 회복적 정의가 그 자체로 선한 의도를 갖고 있다 하더라도 이러한 압력들로부터 예외적으로 자유로울 수는 없으므로, 회복적 정의가 이런 구조화된 맥락 속에 있다는 점을 잊지 말아야 한다. 회복적 정의가 성차별적, 인종차별적, 이성애 중심적, 정착민 중심적인 방식으로 이론화되고, 입법화되고, 적용되거나 실행될 수 있다. 그러나 회복적 정의에는 이러한 지배 구조 패턴을 전복하고 붕괴시킬 가능성 또한 존재한다.

3. 회복적 정의는 행동의 변화, 개인의 치유, 공동체의 활성화를 열망한다는 점에서 그 자체가 통치 형태라고 할 수 있다.Pavlich 2005 이러한 특성은 사회의 평화를 보장하고, 여러 형태의 갈등을 해결하는 비용을 최소화하는 것과 같은 정부의 목표를 보완해준다. 이뿐만 아니라, 사회적 통제에 도움이 되기 때문에 회복적 정의는 지배적인 사회관계를 재생산하는 임무를 담당하게끔 포섭될 위험에 끊임없이 직면하게 된다. 형사사법제도에 의해 무시될만

한 경범죄를 저지른 범죄자를 가볍게 처벌하는 방식으로 회복적 정의를 이용하는 경우가 여기에 해당한다. 그러한 경우 회복적 정의의 목표는 긍정적인 사회관계를 형성하는 데 이바지하는 것이 아니라 잘 통제되지 않는 집단을 더 잘 규제하고 다스리는 데 머물기 쉽다.

4. 회복적 정의는 더 넓은 사회 정의와 변혁적 목표들을 실현하기 위해 정치를 동원할 필요가 있다. 때때로 "회복주의자들"Walgrave 2004로 언급되는 회복적 정의 옹호론자들은 정계라고 부르는 정치판에서 길을 헤쳐나갈 수 있어야 한다. 회복적 정의가 정치를 제대로 동원하지 못할 경우 처하게 될 위험 중 하나는 다른 정치 활동을 하는 사람들이 회복적 정의를 적절히 이용하고 그들이 목표하는 바를 위해 도구로 사용할 수 있다는 점이다. '인권'과 같이 윤리적으로 민감한 다른 개념들도 이와 같은 방식으로 오용되는 경우가 많았다. 인권은 이론적으로는 비정치적 개념이지만 2003년 미국의 이라크 침공이나, 2011년 나토 주도의 리비아 침공의 예처럼 정치 세력들은 자신들의 전략적 이익을 위한 전쟁을 합리화하고 정당화하는데 인권을 운운한다.

회복적 정의를 제대로 이해하기 위해서 우리는 회복적 정의의 원칙과 실천의 특징이 될만한 정의의 이상적인 모습들을 넘어 전환적인 회복적 정의를 구현하기 위해 직면해야 하는 어려운 정치적 환경도 고려할 필요가 있다. 그러나 이런 맥락에서 정당정치와 정부라는 좁은 의미의 정치가 아니라, 현재의 일상생활은 물론 거버넌스를 형성하는 경제, 사회, 문화의 정치화된 권력을 폭넓게 이해해야 한다. 이와 같이 넓은 의미의 정치라는 개념은 항상 존재하는 권력과 지배력을 의미한다. 이러한 세력들은 정치, 경제, 국가/군사 엘리트들로서 경제적, 문화적 통제와 같은 현 국가의 일들을 자기 멋대로 주무르고 유지하려고 한다. 더 나아가 회복적 정의는 범죄 문제를 다루거나 대중적 지지를 얻기 위해 정치인들이 토론하는 정치적 대상이 아니다. 오히려 중요한 사회적, 정치적 변화를 이끌어내기 위한 사회운동으로서 회복적 정의를 정치 프로젝트라고 불러야 할 것이다.

회복적 정의를 사회 운동으로 언급한다고 해서Daly and Immarigeon 1998 ; Sullivan and Tifft 2001 ; Johnstone and Van Ness 2007 회복적 정의 프로그램들이 완전히 하나로 통일된 집단으로 구성되었다거나, 회복적 정의의 철학들이 하나의 사상 체계로 동질되게 묶여있다는 뜻은 아니다. 분명하게 말하자면 회복적 정의는 이러한 상황에 해당하지 않으며, 대부분의 사회운동에도 속하지 않는다. 사회운동은 그 운동이 무엇에 관한 것인지에 관한 다양한 해석과 운동에 관한 다른 수준의 헌신을 가진 행위주체들의 네트워크이며, 그들이 추구하는 이상을 일상생활에서 적용하고, 큰 이상들과 연계된 의미를 놓고 협상하는 네트워크이다. 마리오 디아니Mario Diani 1992 : 1에 따르면, 사회운동은 "공유하는 집단 정체성을 기반으로, 정치적, 문화적 갈등들을 다루는 개인과 그룹 그리고 기관의 다원성에 관해 비공식적으로 상호작용하는 네트워크"이다. 이처럼, 사회운동은 하나의 단일 그룹이나 기관이 아니라, 그들의 운동에 관한 정의, 이슈나 불만족스러운 표현, 행동주의 그리고 프로그램 실행의 과정과 연관을 맺고 있는 개인과 집단 대리인들을 주체로 내세운다. 예를 들어, 환경운동에 있어서, 우리는 환경을 무시하고 환경에 피해를 주는 행위 때문에 야기되는 위험성에 관해 명확한 견해를 밝히고, 어떻게 우리가 이러한 문제들을 해결할 수 있는지 그 방안을 제안하는 수많은 기관과 개인들을 볼 수 있다. 그러나 우리는 환경운동을 지지하는 사람들이 가진 관점의 스펙트럼이 상당히 넓다는 사실을 쉽게 발견할 수 있다. 환경운동이라는 큰 우산 아래에 속해 있는 그룹들은 '지구 먼저Earth First'와 같이 벌목작업을 저지하기 위해 상당히 급진적이고 파괴적인 조치를 취하는 단체에서부터 '데이비드 스즈키 재단David Suzuki Foundation'과 같이 정부와 협력하여 일하고자 하는 단체에 이르기까지 다양하다. 다양한 그룹들이 서로 대화하기 위해 노력할 수 있지만, 이러한 대화는 결코 끝나지 않는다. 숲을 완전히 밀어버리는 것과 같이 어떤 긴급현안 앞에서 반대성명서나 정책 제안서를 가끔 함께 내는 형태를 제외하고는 이 단체들은 어떤 합의점을 도출하지 못한다.

회복적 정의 운동에서도 이런 다양성이 존재한다. 법률가, 이론가, 그리고 기관들이 다음과 같은 질문들을 놓고 열띤 논쟁을 벌인다. 회복적 정의를 공식적인 형사사법제도와 함께 시행할 수 있는가? 아니면 완전히 분리된 제도적 틀이 필요한가? 회복적 정의 과정에 가해자, 피해자, 그리고 지역사회 구성원이 참여하는 것은 얼마나 중요한가? 회복적 정의를 결과와 과정 중 무엇에 근거하여 정의해야만 하는가? 회복적 정의는 가치 체계인가 일련의 실천인가? 어떤 종류의 실천이 회복적 정의의 "진정한" 형태라고 말할 수 있는가? 회복적 정의의 "결함"에 관한 목록을 보려면 Gavrielides 2007: 36-43, Daly 2006: 135 참조 이 중 어떤 한 질문에 대한 특정한 답이 회복적 정의 운동이 무엇인지를 결정한다기 보다는 이러한 질문들에 대한 해답을 서로 협의하고 함께 찾아가는 과정이 바로 회복적 정의 운동이다. 그러므로 이 책에서 우리는 이러한 질문에 관해 답을 하는 대신에, 회복적 정의 참여자들이 진지하게 고려했던 다양한 사안을 비판적인 시각으로 따라가 보거나 경우에 따라서는 새로운 관점을 추가하는 방식을 추구하고자 한다.

사회 운동으로서 회복적 정의의 의미는 다음과 같은 참여자들에 의해 다루어지고 있다.

1. **정부 기관**: 군이 정부 기관을 회복적 정의 사회운동의 일부로 간주할 필요는 없겠지만, 국가와 관련 기관들은 재정 지원이나 사건 의뢰와 같은 도움을 통해 회복적 정의가 실행될 수 있는 기반을 제공하기에 그 영향력이 크다. 회복적 정의 프로그램에 관한 많은 경제적·행정적 지원은 연방, 주또는도 및 지방 정부로부터 제공된다. 이러한 지원책들은 각자 특정한 목표를 갖고 있으며, 또한 혹시라도 지원한 프로그램 때문에 나쁜 평판예를 들어 회복적 정의 프로그램을 마친 가해자가 다시 중범죄를 저지르는 경우을 얻게 될까봐 조심스러워한다. 그러므로 회복적 정의를 수행하는 기관들은 정부의 지원이 무조건적으로 계속될 것이라고 생각하고 이에 의존해서는 안 되며, 지속적이고 자유롭게 운영하기 위해서 종종 '유나이티드웨이The United Way', 사회단체들을 위해 기금을 모금하고 지원하는 비영리기관-역자주나 개인 독지가들과 같은 비정부 기관으로부터 경제적 지원을 받아야 한다. 이러한 경우에는 비정부 투자기관들이 회복적 정의와 관련해서는 정부 기관의 역할을 감당하게 된다.

2. **회복적 정의 실행 전문기관들**: 회복적 정의 실행 전문기관들은 그것이 정부 지원을 받든 비영리기관으로 운영하든 실제 존재하는 회복적 정의 프로그램을 수행하는 단체들이다. 이들은 회복적 정의를 실천함으로써 회복적 정의가 무엇인지 보여주는 매우 중요한 역할을 한다. 또한, 이들은 정부당국이 회복적 정의에 관해 요구하는 사항들을 협상하고 해결하는 어려운 임무를 수행한다. 여러 회복적 정의 지지자들이 제시하는 것처럼 이들은 여전히 회복적 정의 원칙에 충실하려고 애쓰면서, 정부 당국이 그들에게 부과한 요구를 협상하는

어려운 과제를 직면하고 받아들여야 한다.

3. 회복적 정의 옹호론자들: 이 그룹은 종종 카리스마 넘치는 실무자들, 학문적 이론가들, 그리고 그 밖의 회복적인 정의 옹호자들로 구성되며 회복적 정의의 의미예를 들어, '회복적 정의의 본질적인 가치와 실천사항은 무엇인가? 진짜 회복된다는 의미와 그 결과는 무엇인가?'와 같은 질문들에 관해 적극적으로 토론하는 사람들이다. 이들은 회복적 정의 컨퍼런스에 적극적으로 참여하고, 이 주제에 관한 책을 쓰며, 회복적으로 접근할 때 얻을 수 있는 혜택에 관해 대중을 설득하는 사람들이다.

4. 관심 있는 제3자들: 회복적 정의는 고립된 사법 활동 영역으로 존재하는 것이 아니다. 회복적 정의의 적용은 피해자의 권리, 수감자의 권리, 가정폭력, 그리고 감옥 폐지론과 같이 여기에서 일일이 다 언급할 수 없으나 매우 다양한 분야에서 일하는 활동가들과 실무자들의 일에 유의미한 영향을 끼친다. 그러므로 이들이 내어놓는 비판이나 지지가 회복적 정의라는 사회운동의 일부로 자리하는 것은 그리 놀랄 일이 아니다. 예를 들어, 국립 범죄 피해자 센터의 수장 허먼Susan Herman, 2004은 회복적 정의에 관한 사상을 지지하면서도 그것이 형사사법제도처럼 보이기 때문에 여전히 가해자 중심적인 과정으로 표현되고 있다는 사실에 대해 걱정을 표했다. 이러한 비판은 피해자의 필요에 관한 관심 부족과 가해자 재통합에 관한 프로그램의 일부를 지나치게 강조했다는 논쟁을 회복적 정의 내부에 불러일으켰다. 이는 회복적 정의를 좀 더 피해자 중심적인 모델로 정의하려는 시도로 이어지고 있다.

5. **프로그램 참여자**: 회복적 정의 운동의 가장 주요한 대상이자 직접 참여하는 사람들인 피해자, 가해자, 학생, 지역사회 구성원의 목소리는 전체적인 운동 차원에서는 무시되어 왔다. 회복적 정의에서는 결코 그래서는 안 된다. 참여자들로부터 표출된 회복적 정의에 관한 만족 혹은 불만족은 회복적 정의가 무엇이고, 또 무엇이어야만 하는지에 관한 광범위한 논의의 일부가 되어야 한다.

한 개인이 두 범주 사이를 오가거나 여러 범주에 속해 있는 자신을 발견할 수 있다는 점을 명시하고자 한다. 그러나 이러한 유연성과 중복의 가능성에도 불구하고 회복적 정의의 전 분야에 걸쳐 완전한 합의를 이루기란 쉽지 않으며, 여러 범주 사이에 긴장이 존재한다. 예를 들어 정부 당국은 종종 재범률을 낮추고 사법 비용을 절감하는 국가 목표를 충족하려고 회복적 정의를 구현하고자 하는 반면, 찬성론자들은 개인과 지역사회의 필요를 충족시키려는 것과 같은 목표를 강조하면서 회복적 정의의 가치와 원하는 결과를 보다 전체적인 관점에서 보는 경향이 있다. 그러므로 위에서 언급한 바와 같이, 회복적 정의 실행기관들은 제3자나 참여자들로부터 의견을 받아들이는 한편, 회복적 정의의 다양한 참여자 그룹들이 드러내는 관점들을 탐색해야 한다.

회복적 정의가 변혁적 사회운동이 되려면 이러한 광범위한 역동성 안에 존재하는 보수적인 성향들에 관해 저항해야만 한다. 예를 들어, 대개 제한적이지만, 전형적으로 집행 당국은 자신들이 회복적 정의를 지지하기는 하지만 이것을 통해 사회 변화의 촉진을 추구하려 들지는 않을 것이다. 왜냐하면, 정부 당국은 성격상 현상 유지에 관심이 많으며, 회복적 정의를 현상 유지, 혹은 기껏해야 조금 나아지게 하는 수단으로 보기 때문이다. 그러므로 회복적 정의의 정치가 가장 결정적으로 잘 실현되는 때는 모두가 변혁의 목표를 존중할 때이다. 네 가지의 정치적 특성을 다시 차용하자면, 회복적 정의의 변혁적 정치란 다음과 같은 의미를 띨 것이다.

1. **회복적 정의가 작동하는 정치적 맥락 평가하기.** 현 정부와 기부자들의 생각을 이끌어 가는 정책의 이론적 근거는 무엇인가? 우리는 신자유주의 정치를 강조하고, 그것이 현대 사회의 형사사법에 끼친 영향을 강조하고자 한다. 회복적 정의처럼 신자유주의 또한 맥락에 따라 다양하게 적용될 수 있는 유연한 이념이다. 그러나 신자유주의는 수익성과 유동성이라는 다국적 기업과 투자자들의 요구에 맞춰 지역적 맥락을 만들어 나가려고 시도한다. 신자유주의자들은 정의에 대해서도 여러가지 접근법이 서로 경쟁하는 구도를 선호하며, 어떤 하나의 개념만 바구니에 담으려 하지 않는다. 경범죄의 경우, 가해자들이 자신이 저지른 행동에 관해 더 많이 책임을 지게 하는 방식으로서 회복적 정의와 같이 비공식적이고 비용이 덜 드는 방법을 선호한다. 그래야 재범률이 떨어지기 때문이다. 그러나 재범이나 중범죄의 경우, 신자유주의자들은 최소 의무 형량, 무관용 조치, '엄벌주의'와 같이 국가 권력을 최대한 강력하게 가해자에게 적용하는 방식을 택할 때가 많다. 이러한 상황에서 회복적 정의 옹호론자들은 포섭이라는 끊임없는 위협에 대해 경각심을 가져야 한다. 다르게 표현하자면 국가 기관이 징벌적 형사사법체계의 보조수단으로써 단지 작은 사건들만을 다루는 방식으로만 회복적 정의를 지지하고 채택할 수 있다는 염려가 존재한다. Hogeveen and Woolford 2006

2. **지배 구조의 재생산을 거부하기.** 인종 차별화, 젠더화, 계급화, 이성

애 중심적, 정착민에 의한 식민통치와 같은 편견들은 회복적 정의 과정에 쉽게 도입된다. 끊임없이 지속되는 이러한 지배 패턴의 일반적인 속성을 고려할 때, 언제든지 이러한 일이 쉽게 일어날 수 있다는 사실을 예상할 수 있어야 한다. 회복적 정의 운동은 이러한 지배의 패턴을 벗어나 있다고 너무 쉽게 가정해서는 안 되며, 이러한 것들은 회복적 정의 실행과정에서 직접 언급되어야 한다. 예를 들어, 선주민 피해자와 가해자들과 함께 일하는 회복적 정의 프로그램은 선주민 사법 실천과 유사성을 공유하는 회복적 정의 전략들을 사용하는 것이 선주민 전통을 존중하는 것이라고 느낄 수 있다. 그러나 이렇게 선주민 전통을 빌려오는 것은 백인 서비스 제공자들이 선주민의 지식을 가져다가 다시 포장하여 선주민 "내담자들"에게 다시 전달하는 문화적 전유 cultural appropriation의 한 형태가 될 수 있다. 이런 일이 일어나면, 선주민들의 재산을 몰수하는 정착민-식민 제도들이 전복되어 사라지기보다는 도리어 강화된다. 만약 회복적 정의의 실천이 공공장소에서 여성과 남성이 어떻게 행동해야 하는지 그 성역할에 관한 기대를 비판적으로 다루지 못한다면, 가부장적 지배와 관련해서도 똑같은 일이 일어날 수 있다. 예를 들어 가정 폭력의 경우 공동체가 학대 받은 배우자를 "그 남자 옆에 있도록" 함으로써 계속 괴롭히도록 허락한다면, 회복적 정의는 시대를 역행하는 퇴행 세력이 될 수 있다. 더 나아가 이러한 구조들은 미래의 복잡성을 더해가면서, 겹쳐지고 서로를 더 강화하기도 한다. 정착민 이성가부장적, 즉 정착민, 가부장, 식민 지배자, 남성, 이성애자 중심이라는 맥락 속에서 회복적 프로그램이 운영될 때 이러한 맥락이 참가자들의 경험을 규정할 것이다. Arvin, Tuck, Morrill 2013

3. 회복적 정의는 거버넌스의 한 형태를 구성한다. 형사사법의 접근법으

로서 회복적 정의는 국가가 규정한 규범을 위반하는 행위자들을 다루는 수단이 된다. 그러므로 회복적 정의는 제멋대로 행동하는 개인들을 다스리는 임무에 어쩔 수 없이 몰두하게 된다. 이러한 이유로, 회복적 정의는 국가의 명령을 뛰어넘는 나름의 거버넌스를 생각하고 적용하는 방법들을 발견할 필요가 있다. 그렇지 않으면 회복적 정의는 국가에 포섭될 위험에 처하게 될 수도 있다. 정부가 규정하는 잘못된 행위 또는 범죄와 범죄자들에 대해 상정하는 것들에 의존하지 않는 독립적인 기초를 세우기 위해 회복적 정의가 그 이론과 실천을 스스로 성찰할 때 이러한 포섭에 저항할 수 있다.

4. 사회운동으로서 회복적 정의는 사회적 변화를 돕거나 막기 위해 일반 대중이 희망을 갖고 표출하는 불공정한 문제점을 분명히 말한다. 사회를 응보적 정의의 기준에서 회복적 정의의 기준으로 전환하기 위해 회복적 정의의 메시지를 확산하고, 더 많은 대중에게 넓은 반향을 일으키기 위해 정치적 참여를 전략적으로 이끌어 낼 필요가 있다. 이탈리아의 마르크스주의자인 안토니오 그람시1971는 저 유명한 "기동전war of movement"과 "진지전war of position"을 동시에 전개할 필요성에 관해 말했다. 기동전이 군사적 통제를 이루기 위한 병력 배치로 구성된다면, 진지전은 사람들의 정신과 마음을 얻어 싸움에서 이기기를 바란다. 그람시의 관점에서 볼 때 사회는 지배계급의 헤게모니에 의해 확립되는데, 헤게모니란 우리가 모두 세상 안에서 보고 행동하는 방식에 드리워져 있는 지배적인 세계관이다. 지배계급은 헤게모니를 증진시킴으로써 그들의 관심사를 일반 상식으로 전환할 수 있게 되고, 그렇게 지배계급의 목표와 목적들을 자연스럽고 피할 수 없는 것처럼 보이게 한다. 이러한 관점에 따르면, 사회 변화에는 지배세력을 타도하는 것 이상의 뭔가가 필요

하다. 사람들은 자기 주변의 세상에 관해 생각하는 방식을 변화시키려는 노력이 필요하다. 간단히 말해서, 회복적 정의의 진지전은 처벌이 범죄에 관한 자연스러운 반응이라는 가정을 극복하게 한다. 그러나 이러한 가정은 사회에서 여성의 위치, 인종적 위계질서, 정착민의 식민지 강탈의 합법성에 관한 여러 다른 전제들과 맞물려 있다. 예를 들어, 엘리자베스 코맥과 길리언 발포어 Elizabeth Comack and Gillian Balfour 2004는 인종, 성별, 계급, 사회적 공간에 관한 의견교환이 기소 여부를 결정해야 하는 법정 변호사에게 어떻게 영향을 미치는지 보여주었다. 이러한 방식으로 형성된 지배 구조는 어떤 사람이 저지른 잘못이 기소되고 처벌될 것인지에 관한 확률을 알려준다. 전환적 진지전은 회복적 정의가 처벌 관행을 어떻게 바꿀 것인가라는 좁은 영역을 넘어 이러한 연결고리들을 살펴보게끔 한다.

정치와 정의

회복적 정의에 관한 많은 글은 회복적이 된다는 의미가 무엇인지에 초점을 맞춘다. 회복적이 된다는 의미를 찾는 것이 중요하긴 하지만, 사실 더 절박한 관심사는 정의에 관한 것이다. 도대체 회복적 정의는 어떤 근거로 그것을 정의라고 주장하는가? 정의롭다는 것은 무엇을 의미하는가? 이러한 질문에 관한 심도 있는 논의가 없다면 회복적 정의는 비지식적이거나 잘못된 전제들에 기초하여 운영될 위험성이 있기 때문에 이미 존재하는 거버넌스 관계들을 변화시키기보다는 도리어 강화할 가능성이 훨씬 더 커진다. 즉, 회복적 정의의 원칙과 실행을 위한 근거에 있어 타인과 자신에게 모두 정직하지 못하게 되는 셈이다. 이러한 실패는 회복적 정의의 개념이 너무 순진하고 지나치게 관념적인 토대 위에 있다는 인식으로 이어진다.

정의에 관한 이러한 질문에 관해서는 나중에 더 많은 관심을 쏟을 것이다. 현재로서는 정의를 "서로 상반되는 주장들의 늪에서 빠져나오는 길"을 제공함으로써 문제를 해결하는 수단이라는 뜻으로 보겠다.Fisk 1993:1 정의는 두 가지 기본 방식으로 그러한 갈등을 해결할 수 있다. 첫째로, 실질적 정의 이론은 우리에게 정의를 결정하는 도덕적인 틀을 제공한다. 다시 말해, 정의 이론은 우리에게 정의의 내용이나 실체가 무엇인지 결정하도록 안내해 준다. 그것은 "무엇이 옳은가?"라는 질문에 관한 답을 제공한다. 이와는 대조적으로, 절차상 정의 이론은 정의의 실체에 관한 그 어떤 처방도 제공하지 않는다. 대신에 정의 이론은 공정하고 합의된 결정들을 내릴 수 있는 절차를 규정해준다. 그들은 "어떻게 하면 우리가 옳다고 한 것에 관해 공정한 결정을 내릴 수 있을까?" 질문하도록 도움을 준다. 비록 회복적 정의가 종종 과정이나 절차로 묘사되지만마샬의 정의 참조, 정의 실천에 이미 정의라는 실질적인 특성이 깊이 내재되어 있다.Pavlich 2007

정의에 관한 접근법이 실질적이든 절차적이든 간에, 여전히 정의로운 결정은 어떻게든 정치 너머에 존재한다는 기대감이 있다. 예를 들어, 철학자 임마누엘 칸트에게서 영감을 받은 전통적인 정의의 개념에 있어 정의로운 개인은 자신을 일상적인 세계에서 분리하고, 도덕적 결정을 내릴 수 있도록 성찰적인 태도를 취하도록 기대되고 있다. 그런 과정에서 정치의 평범한 세계는 개인적으로 의사를 결정하는 사람의 주의를 산만하게 하는 소음이 될 뿐이므로 차단되어야 한다. 그러나 이러한 정의가 추구하는 이상은 현실과 동떨어진 경우가 많다. 위르겐 하버마스Jürgen Habermas 1990가 주장했듯이, 철학자와 법관은 자신들이 사회 세계 위에 혹은 밖에 있다고 더이상 가정할 수 없기 때문에 따라서 정의의 요구조건에 관한 판단을 내릴 수 있는 위치에 있을 수도 없다고 했다. 우리는 상시 사회 세계에 깊숙이 들어가 있기 때문에 그 영향력을 편의에 따라 배제할 수 없다. 대신에 우리는 삶 자체가 정치적일 수밖에 없는 개인들이 정의를 협상해가는 소통과 참여의 세상에 남겨지게 되었다.

이처럼, 정의는 정치와 불가분의 관계에 있으며, 더 나아가 정의를 추구하기 위해서는 정치가 필요하다. 특정한 정치적 상황 속에 놓여 있는 참여자들이 각자 협상 테이블로 가져오는 주장들을 협상하는 과정을 수반한다는 점에서, 그리고 이러한 주장들은 각자 사회적으로 구축한 세계관이라는 측면에서 정의는 정치와 떼려야 뗄 수가 없다. 정의는 정치를 필요로 하는데, 이는 정의에 관한 대안적 비전을 진전시키거나 새로운 사법절차를 제정하기 위해서는 정치적 논쟁과 토론에 참여해야 하기 때문이다. 이처럼, 정의는 현재의 정치적 상황을 평가하고, 또 다른 세상에 대한 비전을 발전시키기 위해 전략을 세우는 비판적이면서도 동시에 소통해야 하는 프로젝트이다.

토론을 위한 질문

1. 학생으로서 회복적 정의의 실천에 관한 감각을 얻는 것과 그에 관한 정의를 암기하는 것 사이의 차이점은 무엇인가? 우리는 왜 당신이 후자보다 전자에 더 집중하기를 바라는가?

2. 회복적 정의에 관한 확실한 정의를 내리지 않는 데서 오는 장점과 단점은 무엇인가?

3. 각 지역에서 활동하는 몇몇 사회운동 그룹의 구체적인 사례를 들어보라. 회복적 정의에 관해 관심이 있으나 다르게 표현된 구체적인 방식을 들어보라.

2

어떤 사건들이 회복적 반응을 이끌어내는가?

회복적 사법 절차는 어떻게 시작되는가? 전형적인 사례에서는 범죄 행위가 저질러지고, 용의자가 체포되며, 용의자에 관한 무언가가 그들을 회복적 사법 절차를 밟기에 적합하도록 만든다. 아마도 피고는 자신들의 행동에 관해 즉각적으로 책임을 지거나, 아니면 가까운 가족이나 좋은 공동체의 지지를 _{론 그러한 기준은 수많은 편견을 초래할 수 있다. 예를 들어 "좋은 가족"은 양 부모가 다 있는 백인 중산층이라는 특정한 모습으로 이해될 수 있다}를 받고 있을 수 있다. 그러한 이유들과 함께 이 사람은 대안적 사법 선택을 위한 믿을만한 후보자로 간주된다. 전형적으로 그들은 경찰, 판사, 변호사, 상담자 또는 다른 형사사법의 게이트키퍼gatekeeper, 즉 형사사법제도의 진행 여부를 결정하는 충분한 권위나 의사 결정권을 가진 어떤 사람에 의해 회복적 사법 프로그램으로 넘겨진다.

그러나 우리가 돈과 메리 스투르퍼트의 사례에서 살펴본 것처럼_{1장 참고}, 피해자들도 회복적 정의 과정을 시작하자고 제안할 수 있다. 이 사례에 있어 돈은 형사사법제도의 대응에 관해 만족하지 못하였고, 대신 가이 설리반과 판결 후 만남을 갖기로 하면서 회복적 사법 프로그램으로 방향을 바꾸었다.

회복적 사법 조정을 제안할 수 있는 사람들은 아주 많다.

또한, 피소된 사람을 회복적 정의 프로그램에 넘길 수 있는 경우도 다양하다. 그러나 중요한 것은 일단 그들이 회복적 정의 과정에 들어가면, 대부분은 자신들은 책임을 받아들이고, 그렇게 "고발된" 사람으로서 자신의 지위를 순순히 받아들인다는 점이다. 회복적 정의를 소개하는 데는 다음과 같이 몇 단계를 거쳐야 한다.

1. **기소 전 단계**: 경찰관들과 다른 게이트키퍼들은 때때로 가벼운 범죄의 가해자들에게 회복적 정의 프로그램에 관심을 두게 할 권한을 부여받는다. 상점에서 물건을 훔치는 것 같은 경우에, 회복적 정의 프로그램은 형사 기소라는 부담을 주지 않고 청소년들의 행동을 교정할 수 있다.

2. **기소 후 단계**: 회복적 정의 대화모임은 기소 후, 그러니까 정식 양형 절차가 시작되기 전에 개최될 수 있다. 이는 분쟁 사건들이 무엇인지 분명하게 규정하는 데 도움이 될 수 있으며, 회의에서 도출된 권고안에 의해 양형을 선고하는 판사에게 전달될 수 있다. 특별히 이 과정을 통해 대안적 조치나 사법 담당 외의 제재를 부과할 수도 있다. 캐나다에서 이루어지는 대부분의 회복적 정의 신청은 기소 전 혹은 기소 후 단계에서 이루어진다. 2016년 회복적 정의에 관한 연방–지방–지역 실무위원회

3. **판결 중**: 회복적 정의 대화모임은 판결의 목적으로도 시작될 수 있다. 여기서 참가자들은 가해자가 구제를 받을 수 있는 적절한 전략과 제재방식을 결정한다. 많은 사례에서, 참가자들은 중독 혹은 분노 조절 같은 프로그램의

가해자를 돕기 위해 지역사회 내에서 시행 가능한 프로그램의 종류에 관해 다양한 사법 전문가의 안내를 받게 될 것이다. 또한, '캐나다의 권리 및 자유헌장'의 조항을 포함한 정식 법률 표준에 부합하도록 판사가 합의한 제재 조항이 무엇인지 분명하게 하고, 추천된 결과를 승인해야 하는 경우가 많다.

4. 판결 후: 피해자와 가해자는 판사가 양형 판결을 내린 후에 조정 회의에서 만날 수 있다. 가해자는 교정기관에 수용되거나 지역사회에 거주할 수 있다. 이 과정에서 회복적 정의 대화모임은 그들의 양형 수행과 아무런 관련이 없다. 이 모임은 집행유예 심리를 진행하는 데 잠정적으로 참고 가능한 긍정적 변화와 책임에 관한 가해자의 헌신을 입증하는 정도에 해당한다. 이러한 모임에서 가장 중요한 것은 그러한 회의들은 사건 관련 당사자들에게 한 번도 묻지 않았던 질문들예를 들어, "왜 그런 일을 저질렀습니까?"을 다룬다는 점이다.

5. 재통합: 어떤 프로그램들은 가해자들이 지역사회에 재통합되도록 돕고자 할 때 회복적 정의 원칙을 사용한다. 여기에는 다양한 전과자들이 수감생활을 마치고 다시 일상생활로 되돌아가는 변화의 과정을 돕는 '존 하워드 및 엘리자베스 프라이 협회'John Howard and Elizabeth Fry Societies'와 같은 기관이 있다. 또한, 특별히 '범죄자와 함께 일하는 지지와 상호책임의 서클'Circles of Support and Accountability, 또는 COSA도 포함되는데, 이 서클은 재범 방지에 도움을 줄 수 있는 지지자들로 이루어진 사회 네트워크를 만드는 수단으로 사용된다.

'노바스코샤 회복적 정의 프로그램'Nova Scotia Restorative Justice Program, NSRJP은 우리가 위에서 개괄한 모든 단계에서 참여자들을 전문가에게 보내도록 제안한 프로그램의 한 예이다. NSRJP는 캐나다에서 가장 포괄적이면서도 제도화된 회복적 정의 프로그램 중 하나이다. 이 프로그램은 노바스코샤 주(州)의 법무부와 국민안전보위부의 전액 자금 지원과 권한을 부여받고 있으며, 청소년과 성인 모두를 위해 회복적 정의 옵션들을 제공한다. 노바스코샤 경찰은 기소 전에 회복적 정의를 부과할 수 있으며, 법정 변호사는 협의가 입증된 후/판결 전에 이를 부과할 수 있으며, 마지막으로 교정국 혹은 피해자담 당국에 속한 직원이 판결 후에 부과할 수 있다. 각각의 전문가에게 보내려 할 때 사안의 정도는 사례마다 다르며, 가벼운 범죄 경우는 유일하게 기소 전에만 부과할 수 있다. 갈등의 단계에 따라 프로그램들을 어떻게 실행해야 하는지 조정할 수 있는 한편 단계마다 시행할 수 있다는 측면에서 회복적 정의 프로그램의 유연성이 더 잘 드러난다. 프로그램들이 갈등으로 진입하는 단계에 따라 그들의 실행 정도를 조정해야 하므로 프로그램의 유연성을 좀 더 입증해야 한다. 사전 재판회의와 사후 재판회의 사이에는 큰 차이가 있는데 사전 재판회의는 판사와 변호인에게 사건과 관련한 다양한 내용을 알리는 회의이며, 사후 재판회의는 피해자의 질문에 답하고 당사자들을 화해시키기 위해 마련된 회의이다.

회복적 정의를 촉발하는 사건들

위와 같은 소개 단계에서는 회복적 정의를 시작하려는 사람이나 게이트키퍼들과 접촉만 한다. 이것이 대부분 현재 형사사법제도 아래에서 진행되는 회복적 과정을 시작하는 방식이다. 그러나 한 걸음 물러서서 다음과 같은 좀 더 근본적인 질문을 던져볼 필요가 있다. 즉 어떤 종류의 사건들이 회복적 반응을 필요로 하는가? 이것은 어떤 종류의 범죄, 갈등, 피해, 위반, 잘못된 행위, 혹은 불의에 회복적 정의로 대응할 필요가 있는가라는 질문이다. 회복적 정의를 국가의 다양한 형사법 규정들이 금지하는 피해 행위들에만 제한적으로 시행할 것이라고 가정하는 것은 문제가 있다. 회복적 정의를 그러한 제한에 묶어 두는 것은 '정의'가 의미하는 것이 무엇인지 제대로 묻지도 않은 채 법이 규정하는 것만 다룬다는 기존의 전제를 깔고 있다. 간단히 말해서, 회복적 정의는 그 대상이나 목표를 형사사법제도로부터 독립적으로 떼어놓고 규정할 필요가 있다. 비판적 범죄학자들이 우리에게 오랫동안 경고해 왔듯이, 형법은 전체를 아우르는 집단의 양심이나 합의를 반영하는 것이 아니라, 오히려 특정한 정치적 상황의 산물이다. 우리는 범죄를 자연발생적인 결과로 간주할 수 없으며, 오히려 범죄가 사회적 산물이라는 점을 기억해야 한다. 예를 들어, 의학적 처방전 없이 암페타민을 사용하는 것과 같은 어떤 사건들은 형법 아래에서 범죄로 규정되는 반면, 비슷하게 해로운 과도한 알코올 소비와 같은 행동들은 범죄로 규정되지 않는다. 회복적 정의 프로그램을 진행하며 동급생을 괴롭힌 혐의로 기소된 학생의 주머니 속에 들어있는 25mg의 각성제에만 관심을 집중하는 것은 가장 중요한 피해의 본질을 무시하는 행위가 된다. 그렇다고 회복적 대응 방안이 모든 범죄에 적합한 것은 아니다. 매니토바 주에서 마리화나 식물을 키우는 사람은 법을 위반한 것이지만, 이러한 행위로 인해 누군가가 피해를 입었다는 분명한 사실이 없는 한, 굳이 회복적 정의 대화모임을 개최하여 이 범죄와 그 행위가 지역사회에 끼친 영향을 토론할 필요는 없다. 정치적으로 부과된 형법을 지나치게 의존하여 초래된 윤리적 혼란을 피하기 위해서, 회복적 정의는 스스로 길을 개척할 필요가 있고, 그 자신의 용어를 명확하게 정의할 필요가 있다.

　게다가, 회복적 정의의 변혁적 접근법에 관한 열망은 형법상 인정되지 않는 유해한 사건들을 고려하는 곳까지 나아간다. 예를 들어, 성 불평등, 인종 차별주의, 또는 불공평한 경제 분배라는 구조적 해악은 종종 회복적 정의의 소재가 되는 일상적인 사회 갈등에 뿌리를 두고 있다. 회복적 정의의 어떤 개념은 이러한 문제를 포함하여 여러 가지 문제를 논의하기 위해 굳이 회복적 대화모임을 개최하지 않아도 된다고 하는데, 이러한 시각은 사회 변혁에 그다지 많은 영감을 줄 것 같지 않다.

범죄

회복적 정의를 필요로 하는 대부분의 사건은 범죄다. 전형적으로 우리는 국가에 의해 범죄자로 지정되고 국내법 또는 국제형법에 따라 성문화된 어떤 구체적인 행동을 범죄로 규정한다. 그러나 회복적 정의는 공식적인 형사사법 제도Criminal Justice System에 관한 대안제도Zehr 1990, 1995 또는 심지어 대척제도 Sullvan and Tifft 2001임을 주장하는 정의 패러다임이라는 점에서 출발점 자체가 기묘하다. Pavlich 2005 참조 출발점부터 공식적 형사사법이라는 법적 위치로 받아들여짐으로써, 회복적 정의는 형사사법이라는 생각의 방식을 재생산해내는 역할을 하고 있다. 2005년 Pavlich에서 인용: 11-15

1. **피해의 위계**: 공식적 형사사법제도로서의 회복적 정의는 오염물질의 확산과 같은 피해들보다 재산 손괴죄와 같은 피해를 더 특별하게 본다. 위에서 언급한 바와 같이, 형사법규는 중립적이거나 비정치적인 경우가 매우 드물다. 어떤 것을 범죄로 성립시키는 과정은 종종 국가의 정치적 관심사뿐만 아니라 특정한 형태의 잘못을 형법 안에서 풀어내고자 엄청난 노력을 기울이는 정치적 로비와 관련되어 있다. 놀랄만한 사례는 캐나다 형법이 대량학살의

범죄를 정의하는 방식에 잘 드러나 있다. "집단 구성원들을 살해"하거나 "어떤 정체성이 분명한 집단을 멸절하기 위해 계산된 방식으로 그룹의 생활 조건을 의도적으로 공격하는" 의도적 파괴행위로 정의하고 있다. 캐나다의 법은 법 규정의 측면에 있어서 대량학살에 관한 국제협약을 그대로 반영하고 있다. 그러나 캐나다는 여기에 "한 집단에 속한 자녀들을 다른 집단으로 강제이송"하는 내용을 담은 유엔 대량학살 방지 및 처벌에 관한 협약1948년을 대량학살 조항에 포함하지 않고 있다. 왜 캐나다가 자국법에 이 조항을 소개하지 않았는지 그 이유를 생각해 볼 수 있을까? 대상그룹 구성원들의 언어 사용을 금지하는 행동을 포함한 문화적 인종청소라는 보다 폭넓은 내용이 유엔 대량학살 협약Woolford 2019에 포함되지 않도록 적극적으로 반대한 국가 중 캐나다가 포함되어 있다는 점도 특별히 언급할 필요가 있다.Woolford 2019

2. 피해자와 가해자의 정체성: 피해와 가해의 정도나 책임 여부는 때로는 매우 복잡하고 이중적임에도 불구하고, 공식적 형사사법제도로서의 회복적 정의는 종종 피해자와 가해자의 정체성을 축소시키기도 한다. 즉, 피해자와 가해자라는 꼬리표는 때로 갈등 상황의 역학관계를 설명하기에 너무 단순하기 때문이다.Nelund 2017 참조 예를 들어, 항상 그렇지는 않지만, 때로 엄청난 피해를 입었던 개인들이 범죄를 스스로 저지르기도 한다. 이본 존슨Yvonne Johnson의 이야기는 한 가지 범죄행위 뒤에 숨겨져 있는 고통의 폭이 어떤지 보여준다.Wiebe와 Johnson 1999 참조 1989년 9월 14일, 이본 존슨은 아동 성추행범으로 추정되는 남자를 살해한 혐의로 1급 살인죄로 25년형을 선고받았지만, 그는 이 사건 이전에 할아버지, 아버지, 오빠나, 낯선 사람에 의해 당한 성폭행을 포함하여 수년간 가난과 중독, 학대에 시달렸다. 그 원칙에 충실하다

면, 희생화 과정과 잘못된 행동에 많은 수준과 층위가 존재하는 이러한 사례에 관해 회복적 정의는 거기에 맞는 민감한 언어를 사용해야 한다.

3. 형사사법기관의 지위와 권한의 증대: 경찰 요원, 판사, 변호사들은 회복적 정의에 사람을 보낼지 말지 결정하는 게이트키퍼로서, 프로그램 소개를 통해 새로운 권력을 축적한다. 많은 사람이 이 게이트키퍼로서의 권한을 돌봄과 도움을 주는 차원에서 사용하기 원하지만, 공식적인 형사사법제도로서의 회복적 정의는 사회적 목적보다는 형사사법제도나 혹은 자체적 욕구를 충족시키는 방식으로 전개될 가능성이 있다. 예를 들어, 청소년 사법은 회복적 정의를 사용하여 덜 심각한 사건을 신속하게 처리하고, 재범자들과 같은 특정 청소년 범죄자들을 더 엄격하게 다루는 데 더 많은 재원을 지출하도록 만들 수 있다. 더욱 문제가 되는 것은, 특정 인종에 속하거나 가난한 청소년 범죄자 집단이 동등한 기회를 부여받지 못하고, 더 쉽게 범죄의 대상으로 지목되고, 고발되고, 기소될 가능성이 크다는 데 있다.

4. 현상 유지를 가능하게 하는 비저항적 행동을 조장하기: 비록 우리는 종종 평화적이고 타협하는 행동에 높은 가치를 두지만, 극단적으로는 그러한 행동을 수동적이고 복종적이라고 여기며, 결국 사회적인 변화에 관한 동기를 감소시킬 위험이 있다고 여길 수 있다. 어떤 사회든 그것이 인종적 불평등과 관련된 것이든, 혹은 환경의 무분별한 파괴에 관한 것이든 개인이 사회질서를 분열시키기 위해 일어서야 할 때가 있다. 갈등해결을 순종적이고 덜 적극적인 대중을 참여시키기 위한 도구로 사용해서는 안 된다.

회복적 정의 프로그램은 공평한 사회 참여의 형태 안에서 사법 결정을 내림으로써 사회변혁을 추구하고 지역사회가 사회규범을 결정하도록 해나가기 때문에, 회복적 정의 과정을 통해 기존 형사사법을 긍정하는 것은 심각한 문제가 된다. 회복적 정의가 기존에 존재하는 제도의 전제조건들을 당연하게 받아들이면서 어떻게 공식적 형사사법제도를 변혁할 수 있을까? 시작부터 편협한 형사사법에 초점을 맞춤으로써 회복적 정의의 잠재력에 한계를 그어버리는 것이 문제다. 범죄가 회복적 정의를 촉발시키는 주된 매개가 될 때, 공식적 형사사법제도에 매여 우리가 옳다고 생각하는 것과 틀렸다고 생각하는 것에 관해 폭넓게 재고해볼 여지를 감소시킨다. 예를 들어, 한 지역에서 서로 다른 인종 간 갈등 상황이 범죄행위로 이어지기 전에 회복적 정의가 관심을 가져야 할까? 범죄가 발생하기 전에, 그러한 문제의 초기 단계부터 회복적 정의가 관여하는 것이 가장 현실적이고 예방적인 방법일 것이다.

피해

어떤 사람들은 회복적 정의를 필요로 하는 이상적인 사건은 범죄가 아닌 피해라고 제안한다.Mika and Zehr 2003 범죄 대신 고통이라는 광범위한 주제로 범죄학의 관심을 돌려놓은 평화주의 범죄학Pepinsky and Quinney 1990의 발자취를 따라 일부 회복적 정의 옹호론자들은 인간에 의해 경험되는 범죄적 혹은 비범죄적 피해의 모든 형태에 관해 진정한 관심을 두어야 한다고 말해왔다. 그러나 범죄를 회복적 정의를 필요로 하는 사건으로 이해하기에는 그 의미가 너무 협소한 데 비해, 피해는 범위가 너무 넓다. 이 말은 회복적 정의로 접근하기에는 잘 맞지 않는 피해가 많다는 뜻이다. 아파트 단지를 무너뜨리는 지진과 같은 자연재해가 발생했을 때, 한 개인이 건물 붕괴의 원인이 되는 안전한 건축을 하지 않았다는 차원의 토론을 하기 위해 그들의 집주인과 회복적 정의 대화모임을 가질 수는 있다. 그러나 이 사람이 지진으로 발생한 일에 관한 조정 모임을 개최할 수는 없을 것이다. 그럼에도 불구하고, 회복적 정의가 지진으로 인한 트라우마로부터 이 사람을 치유하는 역할을 감당할 수 있다고 제안함으로써 치유를 위해 피해자를 상담하고 다른 사람들에게 접근할 수 있다. 회복적 정의는 사람들 사이의 실제적 또는 잠재적 관계에 의존하는 정의를 다루는 **관계적** 접근방식relational approach이다. 다른 말로 표현하자면, 회복적 정의는 대인관계에서 생긴 피해에 관해 상세하게 대응한다. 즉, 두 사람 혹은 그 이상의 개인 사이의 상호작용을 통해 야기되는 피해를 다룬다. 여기에서 말하는 상호작용에는 강물이나 하천에서 일어난 오염물질과 같은 인간 이외의 물질에 관한 피해 등도 고려되고 포함될 수 있으나, 그 인간 이외의 물질에 관한 필요는 여전히 그것과 관계를 맺고 있는 인간 행위자들에 의해 표현되어야 한다. 인간 이외의 행위자에 관한 회복적 정의 가능성에 관한 논의는 6장을 참고할 것

갈등

또 다른 사람들은 범죄가 갈등의 한 형태이기 때문에, 회복적 정의를 갈등해결이라는 좀 더 넓은 항목 아래에 위치시켜야 한다고 주장한다. 이러한 접근방식은 닐스 크리스티Nils Christie1977의 연구에서 시작되었는데, 그는 갈등을 지역사회가 "잃어버린" 재산의 한 형태라고 제안하였다. 지역사회가 이러한 자원을 잃게 되면, 그들은 자신의 문제를 창의적으로 해결하는 능력과 골치 아픈 사건으로부터 새롭고 희망적인 뭔가를 세우는 능력을 잃게 된다.3장 참고 다른 이론가들은 대부분의 범죄적 피해를 공식적으로 금지된 갈등의 한 형태일 뿐이라고 주장하면서 전통적으로 이러한 생각을 지속시켜 왔다. 이런

논리에 따르면, 가게에서 농구화 한 켤레를 훔친 것과 같은 재산범죄는 정말 농구화 비싼 값을 매겨 이익을 얻으려는 가게 주인과 돈은 없지만 신발을 갖기 원한 젊은 범죄자 사이의 갈등에 불과하다. 마찬가지로 마약 범죄는 금지된 물건이 가져다주는 효과를 느끼기를 원하는 마약 복용자와 마약을 금지한 국가 간의 갈등일 뿐이다.

이러한 사례들은 회복적 정의를 필요로 하는 사건으로서 갈등을 이해하는 것이 오스틴 투르크Austin Turk 1969의 범죄에 관한 비당파적 갈등 이론과 유사할 수 있음을 암시한다. 투르크는 범죄를 정의함에 있어 법을 규정하고 해석하고 집행하는 당국과, 동일한 법을 따르거나 저항하는 주체들 사이에 빚어지는 갈등의 한 형태라고 제안하였다. 그러나 갈등을 범죄로 볼 경우, 갈등의 개념은 투르크가 이해하고 있는 용어를 넘어 매우 광범위한 행동들을 포괄하는 것으로 확장된다. 이때 어떤 갈등이 회복적 관심을 받을 만한 가치가 있고 어떤 갈등이 그렇지 않은지를 분별하는 것은 매우 어려워진다. 이러한 접근 방법은 마치 갈등을 해결해야만 하는 문제처럼 보이게 할 수 있다. 좀 더 광범위한 갈등해결 문헌에 자주 언급되는 것처럼Kriesberg 2008, 어떤 갈등은 새롭거나 강화된 적대 행위가 잠재적으로 발생하거나, 또는 고착된 불의가 지속되는 것이기 때문에 갈등이 그 역할을 감당하기도 전에 억지로 빨리 해결하려고 들지 말아야 한다. 이것은 어떤 정치적, 역사적, 문화적, 사회적 조건이 존재할 때 갈등이 무르익어야 평화 구축이 가능하기 때문에, 갈등 해결의 적기와 갈등을 무르익게 하는 주제로 나누어 이야기하기도 한다.Aggestam 1995; McEvoy and Newburn 2003 예를 들어, 갈등을 너무 일찍 해결하면, 피해를 본 집단이 너무 무기력해서 범죄자와의 공정한 해결을 달성하지 못할 수 있다. 이러한 맥락의 이야기로서, 1930~40년대 일본군에 의해 성노예가 된 한국과 중국을 위시한 여러 나라의 생존하는 "위안부"들이 일본의 민간자본으로 마련된 배상금과 비공식적인 사과를 거절한 예를 들 수 있다. 그들의 주장은 그들에게 가해진 부당함에 관해 일본 사회 내에 대화가 시작되어야 하고, 그 결과로 위안부를 자발적인 "매춘부"라고 부르는 민족주의자들의 역사 부인에 종지부를 찍자는 것이다. 위안부 사례에 있어 갈등은 이들이 받아들일 만한 해결책이 도출될 수 있는 수준까지 고조되지 못했다. 그래서 남은 "위안부"와 지지자들에게는 보다 의미 있는 결과를 위해 지속해서 투쟁하는 것 말고는 대안이 없다. 이러한 상황에서 타협을 기대하는 것은 시기상조다. 왜냐하면, 일본이라는 국가에 이 잘못을 저지른 직접적인 책임이 있으며, 따라서 보상 문제에 관해 생존자들과 직접 협상할 필요가 있다는 분쟁의 기본 전제를 일본 정부가 받아들이려 하지 않기 때문이다.

분쟁 해결 전문가들 또한 "건설적인" 갈등과 "파괴적인" 갈등 Deutsch 1973; Kriesberg 2008 사이의 특징을 구별하는데, 전자는 적대자 간에 최대의 이익과 최소의 피해를 이끄는 반면, 후자는 양자에 고통을 가져다준다. 갈등에는 목적이 있다고 말할 수 있다. 남아프리카 "땅의" 주민들이 아파르트헤이트가 가져다준 모욕에 항의하기 위해 거리를 점령했을 때, 많은 사람은 이 갈등이 정말로 정의로운 것이며, 조기 해결을 시도하는 것은 무책임한 행동이 될 것이라고 주장했다. 대신에 아파르트헤이트 조직의 통치자들은 그들의 갈등을 평화적으로 해결하기 위해 협상 테이블로 나오기까지 수년 동안 지역과 국제적 시위로 인해 깊이 고민해야만 했다.

규범 위반

회복적 정의의 상호관계적 차원을 고려할 때, 사람들은 회복적 정의가 규범 위반과 관련이 있다고 말할 수 있을 것이다. 규범이란 집단에 속한 개인의 활동을 안내하는 집단행동 지침을 말한다. 이러한 규범, 그리고 위반에 대응하여 취해지는 제재는 공식적일 수도 있고 비공식적일 수도 있다. 이러한 규범은 형법과 같은 법령으로 기록되거나, 예의범절과 같은 사회화 과정을 통해 집단에 관한 질문으로 드러날 수도 있다. 예를 들어, 버스를 탄 젊은 사람이 검은색 펠트 마커를 사용하여 앞 좌석에 낙서할 경우, 그들은 공적인 규범을 위반한 것으로, 그것은 형법 조항을 위반한 것이 되어 공식적인 제재를 받을 수 있다. 한편 버스 안에서 노인이나 임산부에게 자리를 양보하지 않으면 비공식적인 규범을 어긴 셈이다. 그러한 위반은 공식적인 처벌을 받지 않겠지만, 버스 안의 다른 승객들의 못마땅한 시선규범과 법 사이의 차이에 관해서는 Weber 1946; Simmel 1908; Durkheim 1984 c. 1933을 참조 할 것과 같은 비공식적인 제재로 이어질 수 있다.

규범 위반을 촉발하는 사건으로 바라볼 때, 회복적 정의는 규범적 질서를 위반하는 무수한 사례에 대응할 수 있다. 재산범죄나 대인간 폭력은 틀림없이 공적인 규범 위반에 해당하겠지만, 부주의하게 오염물질을 확산하거나 욕설에 의한 상처도 위반이기는 마찬가지일 것이다. 후자의 경우, 동급생을 모욕하기 위해 인스타그램이나 스냅챗을 사용하는 것은 그것이 괴롭힘, 협박, 강탈과 같은 기존의 형사법 위반 기준에 부합하지 않는다면 공식적으로 규범 위반에 해당하지 않을 수 있다. 그러나 이러한 행위는 대상이 된 사람에게 틀림없이 엄청난 상처를 입힐 것이다. 대충 추측하기보다 실제 달하우지 치과대학의 스캔들Dalhousie Dentistry Scandal, DDS로 알려진 사례를 살펴보자. 2014년, 치과대학 4년 차 여성 학우들은 남학생들이 "DDS 2015 졸업자 모임"이라는 비공개 페이스북 그룹을 갖고 있다는 사실을 알게 되었다. 이 페이스북 그룹은 여성을 괴롭히고, 여성 혐오적 내용을 자주 게시했다. 여학생들이 처음 이 그룹을 알게 된 것도 동료 여학우들 이름을 올려놓고 누구와 "증오섹스"를 하겠냐는 설문조사를 멤버들에게 돌렸던 사건이었다. 이 목록에 들어간 여학생들이 느낀 배신감과 혐오감으로 인한 피해가 상당해서 이들은 달하우지 대학의 성희롱 정책에 따라 사건을 접수했다. 이에 관한 반응으로서 대학은 회복적 정의 과정을 밟도록 제시하였고, 이 제안에 따라 페이스북 그룹에 속한 13명 중 12명, 그리고 치과대에 속한 또 다른 3명의 남학생, 그리고 페이스북에서 대상이 되었던 9명 중 6명의 여학생과 또 다른 8명의 치과대 여학생이 참여하기로 했다. 많은 사람이 달하우지 치과대에 만연한 성차별적 문화를 제재하는 데 필요하고 유용한 과정이라고 생각했다. 박스 2.1에 나타나 있는 참가자들의 성명서를 볼 것 그러나 어떤 사람들은 적절하지 못한 행동이었지만 그렇게까지 강하게 비난 받을 만한 행동은 아니라며 과잉 대응이라고 느꼈다. '달하우지 치과대학 여성혐오, 성차별, 그리고 동성애 혐오에 관한 대책위원회 최종 보고서'는 회복적 정의 과정이 마녀사냥이라고 공공연히 비난하는 내용의 투고가 할리팩스 주요 신문사의 편집장에게 전달되었음을 밝히고 있다. 이와 같이 다양한 해석에 대해 알아보려면 보고서 박스 2.1을 참고할 것

박스 2.1 달하우지 대학교 치과대 프로그램에서의 회복적 정의

보고서 발췌글: 참가자들의 성명서

달하우지 치과대 2015 졸업반을 대상으로 한 회복적 정의 과정 참가자들로서 우리는 이 과정을 끝내면서 다시 글을 씁니다. 바꿔 말하자면, 저희들이 참여했던 회복적 정의 공식 과정이 거의 끝나갑니다만, 우리 모두는 이 과정을 거치면서 배운 교훈들을 우리가 치과대학을 졸업한 후 아주 오랫동안 간직하게

될 것이라고 생각합니다. 지난 5개월간의 여정을 돌이켜 보면, 우리는 개인뿐 아니라, 집단으로서 얼마나 멀리 왔는지 알게 되었습니다. 우리는 페이스북에서 무슨 일이 일어났는지, 그리고 우리 학교 내의 문화와 분위기를 정면으로 마주하면서 서로를 지지하고 도전해 왔습니다. 정말로 불편하고, 어렵고, 복잡한 대화들은 우리에게 성차별, 동성애 혐오, 차별이라는 사회적, 문화적 이슈들에 관해 깊이 탐구하도록 요구하였고, 이러한 것들이 어떻게 서로를 후원하고 건강해야 할 공동체의 기초들을 파괴해 나가는지 깊이 고민하게 해주었습니다. 우리가 이러한 문제들을 만들어내지 않았지만, 우리는 관계와 공동체 안에서 이러한 문제들을 꾸준히 용인해왔고 영구화해왔다는 사실을 이해하게 되었습니다. 우리는 사람들이 서로에게 얼마나 해롭고 파괴적으로 행동할 수 있는지, 그리고 어떻게 사람들이 서로를 무너뜨릴 수 있는지 뼈아프게 경험하고 있습니다. 우리는 의식적으로 서로를 지지하는 법을 배웠고, 공동체를 세우고 서로를 세워나가기 시작했습니다. 우리 치과대학 학과 공동체와 많은 개인적인 관계가 이러한 공적인 분열을 견뎌냈기 때문에, 이 과정 내내 우리는 정상으로 되돌아가는 것이 아니라 미래를 위한 새로운 "정상"을 만들어나가는데 촛점을 맞추고자 했습니다.

출처 : 2015년 5월 달하우지 대학교 치과대학이 시행한 회복적 정의 과정 보고서.
이 보고서는 Jennifer J. Llewellyn, Jacob MacIsaac, 그리고 Melissa MacKay가 참가자를 대표하여 작성함.

보고서 발췌글: 발생한 사건의 의미에 관한 견해들

작업 초기에 우리는 그 사건들에 관해 매우 광범위하고 종종 상반되는 이해가 있음을 알고 충격을 받았다. 여성을 대상으로 한 성추행에 관해 너무 자주 의견이 분열되었는데 생각보다 훨씬 더 다양한 이해가 존재했다. 피해자가 받은 영향과 행위의 중대성을 생각해볼 때 대응이 충분하지 않았다고 보는 견해가 있었고, 반대로 가해자의 의도로 추정되는 것에 비추어볼 때 대응이 너무 지나쳤다는 견해도 있었다. 페이스북 게시물의 문제점에 대한 해결책이 개인적인 처벌이냐 제도적인 변화냐에 대한 논쟁도 격렬하게 벌어졌다. 효과적인 대응을 위해 두 요소가 다 필요하다는 태도를 취한 사람들도 어느 것이 우선되어야 하는지 합의하지 못했다. 페이스북에 올린 게시물의 내용과 그 게시물들이 치과 대학에 대해 보여주는 점, 그리고 소셜 미디어와 강간 문화의 영향이라는 더 큰 주제에 대해서도 해석이 엇갈렸다. 우리는 또한 학교의 대응과 이러한 문제들을 다루는 대학의 능력에 관해서도 다양한 견해를 들을 수 있었다.

출처: 여성학, 성차별, 그리고 동성애 혐오에 관한 달하우지 대학교 치과대학 대책
위원회 Task Force on Misogyny, Sexism and Homophobia 팀 보고서.

회복적 정의를 담당하는 많은 일반 실무자들에게는 이 '규범 위반'이라는 정의가 충분할 수 있다. 그들에게 주어진 목표는 사회질서를 유지하고 이러한 일들을 현상유지 차원으로 되돌려놓는 것이다. 그러나 변혁적 개념으로서의 회복적 정의를 고수하는 사람들에게 이러한 규범 위반이라는 정의는 다분히 문제가 있다. 사실, 회복적 정의를 필요로 하는 사건으로서 규범 위반이라는 개념에 주어지는 비판은 갈등의 개념에 관해 주어지는 비판과 다르지 않다. 특히 규범 위반에 회복적 정의의 근거를 두는 것은 규범적 사회질서의 가치를 당연히 여긴다는 의미이며, 이러한 질서를 위반하거나 무시하는 일이 때로는 충분히 정당하거나 심지어 필요할 수도 있다는 사실을 간과한다는 의미다. 로자 파크스의 이야기가 그 좋은 예이다. 1955년 12월 1일, 앨리바마주 투스케지 출신의 흑인 재봉사인 로자 파크스는 버스에서 백인 승객에게 자리양보를 거절했다. 이 시기에, 미국 남부지역에서의 인종 분리주의는 아주 일반적인 규범이었는데, 아프리카계 조상을 둔 사람들이 유럽 전통을 가진 사람들에게 존경을 표해야 했기 때문이다. 이러한 규범을 위반함으로써, 로자 파크스는 몽고메리 버스 보이콧의 도화선이 되었는데, 이 사건은 마틴 루터 킹 주니어와 미국 시민권운동에 영감을 준 영향력 있는 사건 중 하나가

되었다. 그러므로 만일 규범 위반 행위를 시정해야 하는 무엇인가로 당연하게 여긴다면, 그리고 이에 따라 기존의 상태로 되돌려놓으려 한다면, 회복적 정의는 로자 파크스의 행동이 불의한 상황에 맞선 정의로운 행동이라고 인정하지 못할 것이다. 이러한 의미에서 규범 위반을 회복적 정의의 촉발 사건으로 보는 시각은 잠재적으로 보수적인 편견을 가질 수 있다.

규범들은 사회적으로나 정치적으로나 법률로 구성되기 때문에 비판의 대상이 될 수 있어야 한다. 규범이 공동체나 어떤 사회 조직이 만들어 낸 합의를 반영하는 경우도 있지만, 현재의 권력 관계와 시류를 반영할 가능성도 다분하다. 이러한 이유로 회복적 정의는 기존의 규범, 갈등 또는 범죄를 대상으로서 그냥 받아들일 수 없다. 왜냐하면, 이 경우 선하든 악하든 지배적인 사회 규범을 재생산하는 데만 봉사하게 되기 때문이다. 대신에 회복적 정의는 적극적이면서도 비판적으로 규범과 피해들을 평가할 수 있는 지침을 심사숙고하여 세울 필요가 있다.

불의

우리는 지금 어떤 난관에 봉착한 것 같은 느낌이 든다. 범죄만 회복적 정의를 촉발해야 한다는 것은 너무 협소한 정의다. 이는 공식적으로 범죄라고 보는 상황에 대한 것으로 회복적 정의를 제한하기 때문이다. 반대로 갈등, 피해, 그리고 규범 위반을 회복적 정의를 촉발하는 사건으로 보기에는 너무 광범위하다. 이전에는 범죄가 아니었던 행동들에 대해서까지도 사회통제망이 확대되는 상황, 즉 우리가 뒤에서 "그물망 넓히기"로 부를 상황이 벌어질 수 있기 때문이다.

불의는 회복적 정의가 촉발될 사건을 정의하기 위한 바람직한 틀을 제공한다.Sharpe 2004 참조 제1장에서 우리는 정의가 무엇인지에 관해 아주 기본적인 설명을 제시했지만, 그러한 관념에 대해 좀 더 심도 있게 조사할 필요가 있다. 특별히 정의라는 사상은 어떤 특정한 형태의 잘못, 즉 불의가 존재하기 때문에 정의를 소환할 필요가 있다는 전제를 깔고 있다. 그렇다면 불의란 무엇이며, 회복적 정의의 이러한 불의에 어떻게 반응해야 하는가?

존 스튜어트 밀, 임마누엘 칸트 또는 존 롤스가 채택한 것과 같은 정의에 관한 자유주의적 원칙 아래, 불의는 종종 공공의 선이나 보편적인 권리를 침해하는 것으로 여겨진다. 예를 들어, 존 스튜어트 밀의 공리주의 이론1993년 [1861년]에 따르면, 사회에 가장 유용한 것이 도덕적으로 좋은 것이라 여겨진다. 그러므로 불의는 사회질서를 어기는 사건들로 이를 비효용성이라고 한다. 은행 강도나 노상강도와 같은 범죄를 저지르는 것은 이기적이고 공공의 선을 해치는 행동이 된다. 따라서 공리주의자들은 그러한 범죄행위를 저지하기 위해 범죄를 처벌하는 것에 관심을 둔다.

칸트와 롤스는 정의그리고 불의의 내용또는 본질 – 제1장 참조을 규정하기보다는 정의로운 결정에 도달하기 위한 이상적인 절차를 설명하는 쪽에 속한다. 이것은 칸트에 의한 "정언 명령"을 포함하는데, 이 명령은 그것에 의해 영향을 받는 모든 사람이 승인하지 않는 규범은 무효화시키는 원칙이다.Kant 1873; Habermas 1990 참조 이것은 일부 혹은 모든 개인이 그 사회를 지배하기 위해 규범을 실제로 선택하고 토론하도록 요구하는 것이 아니라, 의사결정자들이 다양한 이해관계를 성찰하고 그들의 결정에 집단적으로 동의할 가능성을 살펴보도록 하는 것이다. 그러나 이러한 접근방법은 불의에 관한 공통된또는 보편적인 이해와 불의를 고치기 위해 과연 어떤 종류의 정의가 필요한가에 대한 공통의 이해를 가정한다. 그렇다고 우리 모두가 불의에 관해 비슷한 개념을 갖고 있을까? 당신을 침해하는 것인 무엇인지 잠시라도 생각해보라. 그리고 그러한 침해를 다른 세대나 다른 문화에서 온 사람들과 비교해 보라. 이러한 침해에 관한 예민함이 항상 보편적으로 공유되는가? 어떤 사람들은 종교나 문화 그룹을 넘어 밖에 있는 사람과 결혼하는 것을 크나큰 침해라고 여기지만, 어떤 사람들은 현대의 다원화된 사회에서 이러한 다국가, 다인종 간 결혼을 관행으로 본다. 따라서 피해를 주고 상처를 입히기 때문에 불의라고 볼 수도 있는 모든 상황에 대해 한 개인이 모든 것을 생각할 수 있다고 믿거나, 그리고 그런 상황에서 각자의 신념에 따른 부분을 명확히 구분해 모두가 동의할 수 있는 해결책을 도출할 수 있다고 믿는 것은 상당히 의심스럽다.

　롤스1993는 다양한 문화와 하위문화들 사이에 차이가 존재하며 서로 다를 수 있음을 인정한다. 그러기에 정의에 관해 그는 "정치적" 모델로서 현대 헌법 민주주의만이 적합하다고 주장한다. 권리에 기초한 헌법 민주주의의 본질은 개인에게 정치적 평등과 자유를 제공해야만 한다는 것이 전제되어 있다. 실제로 롤스1993: 52의 이러한 원칙은 "자유인과 평등한 사람 사이의 공정한 협력 체제가 보장된 사회"에 관한 우리의 이해에 깊이 뿌리내려있다. 이와 같이 롤스는 평등과 자유의 권리 침해로 표현되는 특정한 형태의 불의로 자신의 관심을 제한하고 있다. 그는 개인들로 구성된 집단과 개인은 서로 다른 능력을 소유하고 있으며 때로 선에 관해 다루기 힘든 비전을 소유하고 있다는 사실을 무시하지 않는다. 그러나 헌법 민주주의의 조건은 우리를 성찰적 평형 혹은 반사평형으로 인도한다. 성찰적 평형에서 정의에 관한 어떤 엄밀한 정치적 개념은 민주주의 사회 안에 있는 아주 고유하고 중요한 자유와 평등이라는 우리의 신념과 일치해야한다.Rawls 1971 갈등이 발생할 때, 그 갈등에 개입하는 사람들은 개인적으로나 문화적으로 그들이 갖고 있는 특정한 선의 개념에서 벗어나, 그들이 속한 사회의 근본적인 정치적 가치들이 무엇인지 생각해야 한다. 개인은 "원래 입장" 즉, 정치제도의 요건에 따라 무엇이 공평한지 결정할 수 있는 자신의 특별한 삶 이외의 견해를 모색함으로써 갈등을 해결해야 한다. "원래 입장"이라는 총체적 면모는 "무지의 베일"인데, 롤스는 이것을 스스로 부과하는 무지self-imposed ignorance라고 언급하였다. 즉 스스로 부과하는 무지는 개인들이 사회 세계의 직접적인 조건에서 벗어날 수 있게 해줌으로써 자신들이 제도적인 갈등 맥락의 필연적인 부분임을 알게 하고, 그래서 소위 말하는 갈등해결의 어떤 상황에서 힘의 불균형으로 인해 공평성이 위협받지 않게 해야 한다.

좀 더 구체적으로 말하자면, 우리는 민주주의 사회에서 판사에게 이상적인 모델을 제공하는 것으로 롤스의 정의 이론을 이해할 수 있다. 예를 들어 캐나다 대법원의 베벌리 맥라클린2004 연방판사는 판사의 역할을 다음과 같이 설명하였다.

> 판사의 역할은 우리 사회가 제기하는 법적 분쟁을 가능한 한 인간적으로 공평하게 해결하는 것이어야 한다. 판사의 기능은 정의뿐만 아니라 민주주의의 기본이다. … 민주주의에서 시민들은 온전한 신뢰와 함께 자신들의 논쟁과 주장을 공정한 조정자인 판사 앞으로 가져갈 권리를 부여받았다. 그러나 판사는 두려움이나 치우침이 없이 공평하게 그 문제를 결정해야 한다.

여기서, 판사는 법규에 충분히 규정되어 있는 정의를 시행하는 로봇과 같은 존재로 제시되지 않는다. 그 대신 법규는 불확실한 상태며, 판사는 부당한

편견이나 실수로부터 자유로운 상태에서 공정한 결정을 내릴 수 있도록 최선을 다해야 한다. 판사는 중립적인 견해를 취함으로써 공정하고 치우침이 없이 갈등을 해결하고 있음을 보장하고, 시민들의 권리를 보호하고 있음을 확신시켜 주어야 한다.

표면적으로 이것은 우리 자유 민주주의 사회의 정의와 불의의 본질을 결정하는 공정한 방법으로 나타난다. 모두가 그러한 사회에서 사는 것에 동의했다고 가정하기 때문에, 사람들은 우리가 이러한 공통의 가치들을 중심으로 뭉칠 수 있다고 생각할 것이다. 그러나, 이러한 입장은 그들의 사회적 상황에서 한 발짝 물러나 모든 사람이 원하는 최상의 이익들이 무엇인지 공정하게 성찰하는 한 개인의 능력에 너무 많이 의존하고 있다. 그러나 우리는 법의 세계에서 판결이란 권력을 가진 사람들의 문화적, 사회적 추론들을 전제로 하는 "인간적인 과정"Hogarth 1971 참조이라고 알고 있다. 그러한 개인들에게 사회 세계에 깊이 관여하고, 사상을 실현해나가고 있고, 직관적인 신념들을 가진 상태로부터 자신을 제거하라고 요구하는 것은 편견으로 연결될 수밖에 없다. 예를 들어, 페미니스트 운동가들은 판사와 법 입안자에게 그들의 남성 중심의 가부장적인 편견이 그들이 규정하고 집행하는 정의에 영향을 미쳤다고 설득하는 데 수많은 세월을 보내왔으며, 여전히 페미니스트 운동가들은 법의 세계에 남성 중심의 전제들이 만연해있음을 지적하며 일하고 있다. 예를 들어, 1973년 대법원에 제시된 '머독 대 머독Murdoch v. Murdoch'의 사례에 있어, 아이린 머독은 전남편이 취득하고 유지하도록 도왔던 재산 일부를 돌려받을 권리가 있다고 법원에 청원서를 냈다. 그러나 대법원은 그녀의 주장을 받아들이기는 커녕, 그녀의 전남편 소유권을 인정하면서, 아이린 머독이 "바느질, 요리, 청소, 잔디 깎기, 트럭 운전, 건초 제조, 동물 뿔자르기, 말에 낙인찍고 말을 진정시키기" 등의 일을 잘한 것이 "결혼이라는 테두리 안에서 아내로서 평범하게 수행한 일"이라고 판결한 앨버타 하급법원의 의견에 동의했다. Supreme Court of Canada 1975

또한, 롤스의 정의와 불의에 관한 모델은 회복적 정의를 안내하기에 불충분하다는 점을 언급할 필요가 있다. 왜냐하면, 이 모델은 정의에 관한 일들을 성찰할 때, 판사들이 차지하고 있는 매우 유사한 역할들을 의사 결정자들에게 맡김으로써 전통적인 사법제도를 부추기고 있기 때문이다. 의사소통 과정으로서 회복적 정의는 대화에 강조점을 두고 있다는 사실을 뒷받침할 수 있는 이론적 틀이 필요하다. 더 나아가, 우리가 기존의 세계관에 도전하고, 변혁적 변화에 우리 마음을 열어놓기 쉽게 하는 것은 바로 대화와 소통을 통해서다.

정의에 관한 진보적인 철학을 추구할 때 발생하는 도전은 그들이 주로 정의 자체보다 불의에 관한 정치적인 정의를 내린다는 점이다. 비록 롤스와 같은 학자들이 선봉에 서서 많은 것을 인정하였지만, 우리는 경쟁적인 행정과 서로 다른 문화가 교차하는 환경 안에서 발생하는 불의를 다루어야 하는 당혹스러운 도전을 더 자주 직면하고 있는데, 이러한 환경에서 규범이 무엇이며 그들이 위반하는 것들이 무엇인지에 관한 공유된 합의는 아직 존재하지 않는다. 그렇다면 우리는 선주민과 퀘벡과 부족이 자기 결정권을 주장하면서도 국가의 일치를 추구해야 하는 캐나다와 같은 나라에서 어떻게 그렇게 광범위한 합의를 이루어낼 수 있을까? 이러한 이유로 우리는 끊임없이 협상해야 하는 정의및 불의 개념에 관해 열린 자세를 갖게 하는 이론들로 눈을 돌려야 한다.

위르겐 하버마스1984, 1990는 규범과 정의의 본질이 협상적 성격에 있음을 강력히 주장하였다. 하버마스에게 이성과 논쟁은 우리 세상에 꼭 필요한 요소들이다. 의사소통할 때, 인간의 이성적인 능력에 본질적으로 결함이 있는 것처럼 주장한다고 할지라도, 우리는 우리의 견해를 다른 사람들에게 이해시키려할 때 똑같은 능력, 즉 인간 이성을 사용할 필요가 있다. 따라서 사람들이 이성의 힘을 부정하려 할 때, 사람들은 즉각적으로 "실행모순performative contradiction"에 휘말리게 된다. 여기서 실행모순이란 이성의 힘에 반대되는 합리적인 논쟁의 표현이 바로 이성의 힘을 통해 드러난다는 뜻이다. 뜻이다. 따라서 하버마스는 이성적인 논쟁을 윤리적 의사소통 시스템을 구축하는 보편적 실행이라고 이해한다.

하버마스는 정의에 관한 합의에 도달하기 위한 이상적인 근거는 옳고 그름 또는 무엇이 정의롭고 무엇이 불의한지에 관한 합리적인 토론에 관여하려는 사람들의 적극적인 참여라고 주장한다. 이처럼 하버마스는 자신의 접근법을 즉, 칸트와 롤스의 경우와 마찬가지로 개인의 독백이나 사고 과정에 근거한 독백적인 것으로 보기보다는 대화에 근거한 상호대화적인 접근방식으로 규정하면서, 칸트와 롤스가 제시한 정의 이론과 자신의 의사소통 윤리 이론을 구별한다. 의사소통에 근거한 대화를 규범적 일치를 끌어내는 매개로 기능하게 하기 위해서는 다음과 같은 조건이 마련되어야 한다.

1. 말하고 행동할 능력이 있는 모든 주체는 담화에 참여할 수 있다.
2. a) 모든 사람은 어떤 주장이든 이의를 제기할 수 있다. b) 모든 사람은 담화를 위해 어떤 주장이라도 소개할 수 있다. c) 모든 사람은 자신의 태도, 욕구 및 필요를 표현할 수 있다.
3. 내적 또는 외적 강요에 대해 위의 1과 2에 규정된 자신의 권리를 표

명하지 못하도록 막아서는 안된다. Habermas 1990: 89

이러한 절차적 조건들이 충족될 때, 이어지는 담론은 옳고 그름에 관한 동의나 규범적 합의로 발전된다. 이에 뒤이어, 하버마스1990: 65는 "영향받은 모든 사람이 각 사람의 이익그리고 인식의 대안적 가능성을 알고 있는 사람들이 선호하는 결과로서의 이익을 만족시키기 위해 예상할 수 있는 일반적인 관찰에 관한 결과와 부작용을 받아들일 수 있을 때" 규범은 유효하다고 말한다. 담화 혹은 의사소통의 윤리는 규범이 검증되는 과정에 달려있다. 여기에서 "실용적인 담론의 참여자들로서 그들의 능력에 영향을 받는 모든 승인을 충족시키는 또는 충족시킬 수 있는 규범만이 유효하다고 주장할 수 있다"Harbermas 1990: 66 칸트나 롤스가 내세우는 모델과는 달리, 실제적인 공개 담론을 위해서는 무엇이 정의롭고 무엇이 부당한지를 정의할 필요가 있다. 여기서 하버마스가 "실용적 담화"에 관해 말하고 있다는 점을 언급하는 것은 매우 중요하며, 실제 토론에 모든 이해관계자들이 관여할 가능성은 낮다는 것을 인정해야 한다. 필요한 것은 그들 또는 그들의 대표자들이 실제 토론에 참여할 기회를 얻는 것이다.

이 틀에서 불의는 미리 정해진 어떤 것이라기보다는 협상해야 할 문제로 이해할 수 있다. 이런 식으로 노상강도, 폭행, 혹은 부모에 관한 정서적 폭력 등과 같은 특정한 사건이 회복적 정의 대화모임의 시작점이 될 수 있지만, 그러한 사건의 의미와 경계는 실제 회의 안에서 논의되도록 남겨져야 한다. 다른 말로 표현하자면 회복적 과정은 기타 관련된 불의한 일뿐만 아니라, 어떤 불의한 특정 행위가 일어났는지에 관해 이상적인 모습으로 대화를 진행해야 한다. 따라서 모인 집단은 그들의 세상 안에 존재하는 고통의 형태에 관해 더 깊이 느끼고, 이러한 관점에서 특정한 문제를 되돌아볼 수 있어야 한다. 또한, 회복적 정의 대화모임은 이러한 표준을 무조건 방어하기 위한 것이라기보다는 지역사회의 규범적 표준이 무엇인지 공개적으로 토론할 기회를 제공하도록 해야 한다. 그러한 원칙에 기초할 때, 회복적 정의 모임은 로자 파크스에게 앨라배마의 인종차별법을 따르라고 납득시키려할 게 아니라, 이러한 불공평한 기준에 관해 좀 더 폭넓은 공동의 질문을 가능하게 도와 줄 것이다.

담화 윤리에 관한 하버마스의 이론은 정의나 불의에 관한 비전을 제시한 것으로 유연한 회복적 정의 과정에 매우 적합하다. 그러나 그의 이론은 회복적 접근방식에 관해 몇 가지 어려움이 있음을 제시한다. 예를 들어, 하버마스가 시도한 이론에 있어서, 개인이 의사소통의 현장 상황에 들어갈 때 그들이 가진 특정한 인생관을 고수할 것으로 예측한다. 만약 우리가 일상의 삶에서 씨름하는 일들에 너무 몰입한 나머지 일반적인 선을 생각하지 않는다면, 합의를 이루겠다는 기본적인 목표는 실현 불가능하게 된다. 우리의 특정한 필요들이란 일반 선에 관한 추상적 관념에 의해서만 형성되는 것이 아니라, 우리의 일상생활에 의해 형성되기 때문에, 이러한 관점은 참여자들의 특정한 요구에 관한 열린 과정을 제공한다고 자부하는 회복 철학을 불완전하게 만든다. 다른 이론가들은 하버마스의 담화 윤리 이론을 개정하여, 모든 특별한 경험과 정체성을 가진 개인이라는 "특별한 타자"가 규범적 논의에 관여할 수 있다고 보았다.Benhabib 1992 이러한 하버마스의 접근방식을 정제하여, 합의를 강조하기 보다 토론을 활용하여 정의에 관한 우리의 시야를 넓히고 다른 사람들의 구체적인 필요성에 관해 배우는 수단으로 활용하는 것이 더 중요하다.

의사소통 윤리에 관한 벤하빕의 수정은 "돌봄보살핌의 윤리"라는 개념을 향하게 한다. 역사적으로 말하자면, 돌봄의 윤리는 정의에 관한 남성적인 윤리와 반대되는 개념이다. 도덕적 발달에 관한 심리학자 스탠리 콜버그의 연구는 캐롤 길리건Carol Gilligan 1982에 의해 비판을 받았는데, 판사의 중립성이나 객관성이 아니라 도덕 발달의 정점으로 정의에 관한 남성적인 접근방법에 특권을 부여함으로써 남성적인 편견을 드러냈기 때문이다. 이와는 대조적으로 길리건은 여성들의 돌봄을 자신들의 주된 윤리적 초점으로 삼는데, 이는 그들이 직접적인 돌봄의 관계에 있는 사람들의 특정한 필요를 습득하는 것과 관련이 있다. 어머니는 자식의 비행에 직면했을 때 객관성을 유지하려고 노력하기보다는 오히려 자식이 범죄한 동기와 그들의 감정을 이해하고 싶어 한다. 길리건의 돌봄의 윤리에 관한 개념화는 이후 돌봄의 윤리라는 것이 본질적으로 여성성을 전제하고 있다는 점과 어떻게 그런 윤리가 일상생활에서 여성성과 모성을 구체적으로 실행하도록 기대하고 강요할 수 있는지에 관한 비판을 받았다.Bartky 1990 그러나 다른 사람의 특정한 욕구를 이해하려드는 경향을 본질주의, 즉 여성이 타고 난 여성적인 특성 때문에 어떤 특정한 윤리에 지배받는다는 가정으로 묶어서 매도할 필요는 없다. 이는 아기를 목욕물과 함께 버리는 행위다. 실제로 교차성 페미니즘은 지배 구조의 상호연결, 이야기의 증진, 관점에 근거한 방법론이라는 개념화를 통해 특정한 필요를 이해하는 방법들을 제공했다. 교차성 페미니즘에서 이끌어내야 하는 가장 기본적인 통찰력은 우리가 여성이라고 할 때 그 정체성이 단수가 아니라 집합적이라는 점이다. 대신에 개인은 우리의 사회를 가로지르는 다수의 지배 패턴 안에 위치한다. 법률학자 킴벌리 크렌쇼Kimberlé Crenshaw 1991는 페미니스트들이 여성에 관해 이야기할 때 그들이 말하는 여성은 종종 **백인** 여성에 관한 이야기이며, 동시에 비판적인 인종 학자들이 아프리카계 미국 사람들이라고 할 때 그들이 의미하는 바는 종종 아프리카계 미국인 **남성**들을 지칭하는 것이라고 주장하였다. 그 어느 관점도 아프리카계 미국 여성들이 처한 독특한 방식을 제대로 포착하지 못하고 있다. 사람들이 한 영역에서 특권을 누리는 동안 다른 영역에서는 불이익을 받을 수 있다. 또한, 어떤 이들은 여러 형태의 부당함을 동시에 경험할 수 있으며, 이러한 불의의 교차점이 고통받는 독특한 이야기를 만들어내기도 한다.Burgess-Proctor 2006; Comack and Balfour 2004 따라서 이러한 다중적이고 상호 연계적인 지배 패턴을 인식하는 것은 특정한 정의라는 맥락 속에 존재하는 상세한 필요들이 무엇인지 분별할 때, 우리에게 도움이 된다. 이런 사고방식 아래서 사람들은 자신의 고용주로부터 성희롱을 당한 원주민 여성을 위한 회복적 정의에 접근할 때, 백인 여성에게 접근하는 것과는 다른 방식으로 접근할 수 있을 것이다. 전자의 경우, 여성의 선주민 됨은 가부장적 지배에 관한 통상적인 경험을 엄청난 방식으로 바꿔놓는다.

회복적 정의 과정을 위험천만한 불의의 본질이 무엇인지 살피는 토론과 연결시키다 보면 자크 데리다1992의 연구와 연결될 수 있다. 데리다는 해체를 이야기하며 그것이 법의 "신비한" 토대들을 드러내는 역할 뿐만 아니라 법을 존재하게 하는 힘이 있다고 지적하였다. 종종, 이념적 틀 안에서 법은 사회의 지배 세력을 위한 경제적, 정치적 이익을 반영하는 것이라는 사실을 숨긴다. 이러한 이익은 한순간의 힘을 사용함으로써 사회의 법으로 성문화되어왔다. 비록 그럴 가능성도 있기는 하지만, 한순간의 힘을 사용함으로써 법이 만들어진다고 말하는 것을 다른 사람들을 법과 규칙으로 이끌기 위해 권력 있는 사람들이 물리적 폭력을 사용한 것으로 이해할 필요는 없다. 힘은 정의에 관한 하나의 특별한 해석으로서 보다 더 큰 대중들 사이에 전파되는 일상적인 해석의 행위혹은 해석된 폭력를 통해 발생한다. 예를 들어, 우리가 일상적으로 재산 범죄라든가 가해자와 같은 용어를 어떻게 사용하는지 생각해보자. 우리는 너무나 자주 이러한 용어들을 상식적인 문제로 받아들이고, 특정한 행동이나 개인들의 문화적 렌즈를 통해 해석되고 있다는 사실을 무시한다. 이 점에 있어서, 2004년 10월 월 구든Will Goodon이 거북이산Turtle Mountain 근처에서 고리무늬오리를 쏘았을 때, 주 정부는 그에게 사냥철이 아닐 때 사냥을 했다는 혐의를 적용했다. 구든은 그의 사냥에 관한 주정부의 해석에 동의하지 않았다. 그는 그가 소유한 메티스 하베스터 카드Métis Harvester Card에 근거하여 선주민으로서 이 지역에서 사냥할 권리가 있다는 것을 증명하기에 충분하다고 주장했다. 캐나다 연방대법원 앞에서 열린 자신의 사건에서 구든은 이러한 법을 규정해놓은 주州의 권한에 의문을 제기했고, 좀 더 일반적으로는 사냥하거나 물고기를 잡는 것을 불법으로 규정한 주州정부의 권력에 도전했다.CBC 뉴스 2009 참조 역사 속에서 선주민 권리는 식민지 법의 강제력에 의해 무시되고, 종종 위반되는 조약의 존재 또한 무시되어야 하는가? 선주민들이 전통적인 활동을 계속할 수 있는 권리는 어떠한가?

해체란 단지 학술 스포츠의 어떤 정신에서가 아니라 변화를 가져오기를 바라는 희망 안에 있는 법의 신화적인 토대를 드러내준다. 즉, 책임 있는 방식으로 법이나 규범을 구축하도록 개입하는 것이다. 그러나 그것은 이러한 신화적 토대를 구성하는 힘이 불의하다고 말할 수 있는 관점 그 자체를 주장하려는 게 아니다. 왜냐하면, 이것은 데리다가 불가능하다고 본 정의에 관한 어떤 직접적인 지식을 해체 자체가 소유하고 있음을 암시하기 때문이다. 데리다에게 있어서 법, 권위, 그리고 대부분의 다른 전제된 절대적 개념들은 얼마든지 해체할 수 있다. 즉 우리는 역사적으로나 사회적으로 불확실한 해석을 통해 어떻게 이러한 것들이 구성되거나 설립되어 왔는지 검토할 수 있다. 우리가 소유하고 있는 개념 중 그 어떤 것도 자연적인 기원을 가지고 있지 않다.

왜냐하면, 그것들은 모두 인간의 행동을 통해 생겨났고, 특정한 시대와 장소의 특성이 그 안에 전제되어 있기 때문이다. 데리다에게 정의는 그것이 해체될 수 없다는 점에서 매우 중요하다. 그에게 정의는 "불가능성의 경험"이다. 따라서 그가 말하는 정의는 가장 이상적인 의미에서, 어떤 즉각적인 형태로 실현되는 것이라기보다는 항상 "출현하는" 어떤 것을 나타낸다.

좀 더 구체적인 의미에서, 데리다에게 정의란 타자the Other의 특이성에 관한 관심을 나타낸다. 이것은 타자에게 자신을 설명할 때 타자의 언어로 말하는 것을 의미한다. 비록 다른 사람의 말이 무엇을 의미하는지 완전히 이해하는 것은 불가능하겠지만, 당신은 결단코 다른 사람의 머리끝에서 발끝까지 그 사람을 완전히 이해할 수 없다 그럼에도 불구하고 우리는 우리 자신을 타자의 위치에 놓고, 그들이 경험하는 삶의 매우 구체적인 특성을 이해하기 위해 노력해야 한다. 우리는 너무 자주 다른 사람의 말을 진정으로 듣지 못하고, 그 대신 우리 자신이 경험한 세계 속에서 형성된 관점으로 그들의 말을 번역한다. 예를 들어, 캐나다 브리티시 컬럼비아 주의 조약에 관한 연구에서 울포드는 이러한 의사소통의 실패를 자주 목격했다. 선주민 그룹들이 자신들의 영토와 그 중심성이 자신들에게 무엇을 의미하는지와 식민지 토지 세출의 엄청난 부당성에 관해 이야기했을 때, 정부 협상가들은 종종 이러한 발언을 자원과 영토를 요구하는 것으로 들었다. 그들은 선주민 정체성의 일부였던 토지에 관한 청지기 됨이라는 관점보다는 재산을 통제하기 원하는 것으로 이해했고, 재산 소유에 관한 자본주의적 개념으로 그 이후로 진행된 토론의 대부분을 이해했다. Woolford 2005

데리다의 정의에 관한 개념화 작업은 특정한 조건 아래에서 문제없는 연설을 가능하게 하는 보편적인 이유가 존재한다는 하버마스의 개념을 분명하게 반대한다. 이와는 대조적으로 데리다는 의사소통은 항상 그리고 불가피하게 문제가 있다고 말한다. 이런 이유로, 그는 해체가 곧 정의라고 주장한다. 그것은 특정한 세계관이나 문화적으로 기반을 둔 이해를 강요하는 곳에서 진행되는 그 어떤 대화에서 해체만이 말하는 것들을 드러내려고 한다는 의미에서 타자에 관한 책임감으로 존재한다. 더 나아가, 데리다의 관점은 우리가 보잘 것 없어 보이는 불확실한 상태에 도달하는 어떤 동의나 공동의 이해를 늘 받아들이도록 요구한다. 어쩌면 너무 간단한 표현일지 모르지만, 해체가 정의라는 말이다. 왜냐하면, 해체는 우리에게 주어진 전제들에 머물러 있기를 허락하지 않기 때문이다. 우리는 항상 상식적인 의미들에 관해 질문하고, 조사하고, 추궁함으로써 의미의 자의적인 토대를 알아차릴 수 있기 때문이다. 이러한 방식으로, 어떤 상황에도 억지로 의미를 부여하지 못하도록 경계하기 때문에 해체는 언제나 불의를 고발할 준비가 되어 있다.

데리다는 정의를 법에 온전히 반영하는 일과 그 요건을 계산하는 것은 우리 능력 밖의 일이라고 결론짓는다. 그러나 우리는 이것이 능력 밖의 일이라 하여 갈등 상황에서 벗어나 있는 것과 갈등이 격화되는 것을 허락하는 구실로 사용할 수는 없다. 정의는 우리에게 정당한 것이 무엇인지 가늠해보도록 시도하라고 한다. 그러나 정의는 우리에게 항상 이러한 계산들법률들에 관해 숙고해보고 그들의 경계를 재협상하는 방식으로 이를 가늠해보도록 요구한다. 비록 데리다가 우리의 상식적인 견해들을 분리시켜 해체해보도록 엄청나게 강조하지만, 그렇다고 우리가 어떤 진취적인 행동을 취하지 않고 비판만 하거나 단순히 물러나 있어도 된다는 의미는 아니다. 불의는 즉각적이고, 언제나 우리 앞에 있고, 우리의 대응을 요구하지만, 우리는 기꺼이 비판하고, 재검토하고, 잠재적으로 어떤 특정한 대책을 세우거나 반응을 수정해야 한다. 예를 들어, 캐나다에서 강간이나 다른 형태의 성폭력과 관련된 법집행은 시간이 지남에 따라 바뀌고 있으며, 부분적으로 페미니스트 법학자들과 활동가들의 비판적 참여를 통해 바뀌고 있다. 1980년대까지만 해도 여성이나 아이의 증언만으로 남성 강간범을 유죄로 인정하기는 매우 어려웠다. 여성과 아이들 둘 다 확실한 증언을 하기에는 신뢰할 수 없는 존재로 여겼었고, 그래서 또 다른 남성 증언자나 전문가의 지지가 있어야 했다. 배드글리 위원회 Badgley Commission는 이러한 집행의 불합리함을 검토하고 여성과 아이들이 그들의 경험에 관해 믿을 만한 증거를 제공할 수 없다는 전제에 대해 이의를 제기하였다. 이러한 변화는 1992년에 제정된 "강간 보호" 조항과 같은 보다 세밀한 모습으로 드러났다. 이 강간 보호 조항들은 강간 사건 고소인들이 그들의 성 관련 기록들을 사용하여 그들의 증거를 불신임하지 못하도록 보호하는 역할을 한다. 그러한 사례들에 있어서 정의는 마지막 완벽한 종료 상태에 도달하기보다는 수행해야 할 프로젝트로 남겨져야 한다.

하버마스, 벤하비브, 교차성 페미니스트들, 그리고 데리다의 통찰력은 큰 차이가 있어서 서로 양립할 수 없다. 왜냐하면, 데리다가 조정되지 않은 대화에 관한 전망과 그들의 필요를 진정으로 충족시키기 위해 완전한 방법으로 타자를 아는 것 모두를 문제시했기 때문이다. 그러나 데리다의 해체는 회복적 정의 실천가들이 좀 더 개방적, 반사적, 비판적인 방식으로 변혁적인 대화를 증진하도록 도울만한 지침을 제공하였다. 한편으로, 데리다 외의 다른 학자들은 회복적 합의에 도달하기 위한 의사소통 체계를 확립하기 위한 수단들을 제공하였다. 이러한 수단들은 어떤 특정한 상황에서 무엇이 공평하고 불공평한지 결정하는 데까지 이르기도 했다. 또 다른 한편으로, 데리다의 해체 모델은 일단 도달해야 할 일치들에 대해 면밀히 조사하도록 요구하였고, 그러한 일치들을 이루도록 만드는데 무언의 가설들이 권력으로 사용되지 않았는지 흔적을 찾아보고, 이러한 대화들에 관해 기꺼이 비판적 시선을 갖도록 요구하였다. 이와 같이 우리는 데리다의 통찰력을 이러한 대화 기반 모델들과 결합시킴으로써 정의의 요구를 충족시키기 위해 끊임없이 노력하도록 만들고, 논쟁적 혹은 논쟁에 바탕을 둔 공간으로서 회복적 정의를 이해하는 데 도달하였다.

이 모든 것이 회복적 정의를 실천해야할 구체적인 현장에서 의미하는 바는 무엇인가? 만약 우리가 불의를 회복적 정의를 필요로 하는 사건으로 삼는다면, 그것은 우리가 일말의 의구심을 가지고 그렇게 한다는 것을 의미한다. 회복적 만남을 촉발시키는 불의는 논의 가능한 불의의 전부가 아니다. 그것은 단지 즉각적인 필요로서 우리가 대응하고 더 큰 해악의 증상이나 신호가 될 법한 것에 불과하다. 그러므로 불의에 대해 치고 들어감으로써 우리가 회복적 정의를 시작하는 계기로 삼을 수 있지만, 그렇게 시작된 회복적 대화모임은 노인 차별, 나이 많은 사람이 희생된다면 이웃의 빈곤이나 경제적 불균형, 청소년 능력 박탈, 혹은 그 외 많은 이슈에 관한 문제를 야기할 수 있다. 불행히도 모든 회복적 정의 프로그램이 라이트 밀스C. Wright Mills가 제안한 사회학의 기준을 충족시키지는 못한다. 즉, 그들은 범죄 위원회와 피해자의 사적인 문제와 구조적 불이익과 불평등이라는 공적인 이슈 사이에 연관성을 끌어내지 못하였다.Mills 1959 하지만 거기에 일말의 시도는 있었다.

이 문제를 설명하기 위해 캐나다 온타리오 주 렌프루에서 심각한 방화 행위에 관한 책임을 인정한 17세 남성의 경우의 예를 생각해보자. 회복적 정의 대화모임은 주로 젊은이의 행동에 의해 위험한 결과가 초래되었다는 사실을 드러내는 방향으로 진행되었다. 그는 동네 학교 뒤에서 담배를 피우고 술을 마셨고 그의 부주의로 나무 쓰레기통에 불이 났다. 그 후, 이 화재는 건물로 번져 14,000달러에 이르는 큰 피해를 입혔다. 학부모들은 물론 그 학교의 교장, 교감, 보조 교사들 모두는 그의 행동이 초래한 결과 때문에 이 학교가 마주하게 된 많은 도전과 속상함을 젊은이에게 전달했다. 그러나 회합 후 작성한 보고서에 따르면 이 화재를 경험한 공동체 내의 젊은이들이 직면하고 있는 상황에 관한 토론의 세부적인 사항들, 예를 들어 그들의 권태감, 단절감, 소외감, 그리고 그의 관심을 불러일으킬 만한 다른 요소에 대한 언급이 없었다.Hunt 2000 참조 공동체의 특권을 빼앗긴 구성원이자, 경제적으로 혜택 받지 못한 한 젊은이가 경험한 교차성intersectionality에 관한 내용이 포함된 개방적 의사소통에 기초한 회복적 정의 프로그램은 좀 더 균형 잡힌 반응을 이끌어 냈을 지 모른다. 젊은이에게 피해에 대한 내용을 전달했어야 하지만, 회복적 대화모임은 젊은이를 단절시키고, 지루하게 느끼게 한 학교의 권력 구조를 해체하는 것뿐만 아니라, 이 잘못을 일으킨 젊은이에게 단순히 수치심을 느끼게 하는 것을 넘어선 어떤 해결책을 제시할 수 있어야 했다.

여기서 결정적인 문제는 회복적 정의가 불의한 행위에 관한 의사소통 윤리라는 형태로 간절히 요청될 수 있지만, 만약 회복적 정의 프로그램이 어떤 변혁적 잠재력을 가져야만 한다면, 담론은 새로운 잠재적 문제들이나 특정 문제를 이해하는 등 다른 가능성에 관해 열려 있어야 한다. 이는 고립된 행위로 추정되는 것에 관해 집단적으로 수치심을 부과하는 것 그 이상일 것이다. 이것은 수많은 회복적 정의 실천가들이 직감적으로 알고 있는 그 무엇이다. 즉 회복적 정의를 필요로 하는 범죄나 부당한 행동이 실제로 불의의 복잡한 네트워크의 작은 시발점이 된다는 말이기도 하다.

그러나 의사소통 윤리가 이끄는 회복적 정의의 자기교정능력은 충분하지 않다. 회복적 정의의 실천을 단순히 불의를 드러내고, 그 치유책을 발견해내는 기본적인 방법으로만 받아들여서는 안된다. 대신, 회복적 정의는 새로운 불의가 어디서 발생하는지 알아낼 때까지 지속적으로 그 실행을 성찰하게 만들어야 한다. 즉, 회복적 정의는 특정 연령, 인종 또는 계급이라는 부류로 묶여서 개인들에게 할당되는 경향은 없는지, 또 특정한 경우에 회복적 갈등해결이 필요하고 정의로운 논쟁을 진정시키고 화해시키는데 사용되고 있는지 질문해야 한다. 교차성 페미니즘과 해체의 실천이 가져다주는 통찰력은 우리가 회복적 정의 실천에 관해 질문을 하지 못하게 하거나 경직되어 비판적 질문을 하지 못하게 만들어서는 안 된다는 점을 우리에게 상기시켜준다. 회복적 정의는 피해를 입은 사건을 공통으로 경험한 여러 당사자 가운데 열린 대화를 촉진시키는 것은 물론, 실천과 기본이 되는 추론들에 관한 대화를 끊임없이 증진해야 하며, 결코 불변하는 정통성을 고집하도록 방치해서는 안 될 것이다.

토론을 위한 질문

1. 우리는 회복적 정의를 범죄 사안에 국한할 때 발생할 많은 잠재적인 위험들에 관해 대략 살펴보았다. 회복적 정의를 필요로 하는 사건으로서 이러한 범주를 사용할 때, 얻을 수 있는 이점은 무엇인가?

2. 이번 장에서 논의한 자유주의, 의사소통, 교차성, 해체론 등과 같은 정의 이론 하나하나에 달하우지 치과대학 사건을 대입해 적용한다면 회복적 정의 과정은 어떻게 설명할 수 있을까? 그 초점은 무엇일까? 피해라고 여겨지는 것에는 어떤 것들이 있을까? 이러한 과정의 최종 목표는 무엇인가?

3. 위에서 언급한 방화 사건을 숙고해보라. 이 방화 사건에서 회복적 정의가 다룰 수 있는 불의한 점이 있다면 어떤 것이 있는가?

3

회복적 정의의 에토스 개괄

회복적 정의를 이론화하는 작업은 최근 몇 년 동안 괄목할만한 발전을 이뤄왔다. 몇몇 사상가들과 실무자들은 모든 시대와 장소 그리고 모든 회복적 정의 프로그램에 적용 가능한 통합적 혹은 보편적 회복적 정의 이론을 창출해내고자 노력해왔다. 그러나 회복적 정의 운동의 성향 혹은 이 운동을 이끄는 신념 등으로 정의 내릴 수 있는 회복적 정의의 에토스를 개괄해 보는 일은 여러모로 유익할 것이다. 회복주의에 관한 에토스는 회복적 정의의 가장 보수적인 프로그램부터 급진적인 프로그램까지 서로를 연결시키는 공통의 가정에 기초한다. 회복적 정의의 에토스라는 개념은 회복적 정의의 원칙들에 관한 완전하고 최종적인 이론화 작업을 통해 이 논쟁을 강제로 끝내는 대신 회복적 정의 운동을 특징짓는 여러 갈등과 논쟁을 끌어안을 수 있게 하였다.[1장 참조] 또한, 회복적 정의의 에토스를 개괄하는 행위는 변혁적 변화를 장려하기보다는 억제하는 회복적 정의 운동 내부의 경향에 관해 좀 더 근본적인 비판을 가능하게 한다.

어떤 사람들은 회복적 정의가 처음에는 하나의 실행프로그램이었는데, 나중에 이론이 뒤따라왔다고 주장한다. 회복적 정의를 이론적으로 정립해보려는 시도들은 공동체의 갈등에 관해 직관적인 근거와 문화적으로 두드러진 접근방법이었던 것에 개념적인 살을 붙이고자 시도했다는 점에서 다소간 사후활동으로 보일 수 있다. 회복적 정의에 관한 간략한 역사는 회복적 정의의 에토스의 뿌리가 어디에 있는지 탐구할 뿐만 아니라, 이러한 주장에 역점을 두고 있다.

분쟁 해결의 전통

때때로 회복적 정의 지지자들에 의해 제기되는 주장은 회복적 정의는 정의에 관한 자연스러운 역사적 접근법이라는 설명이다. 그러나 우리가 이러한 주장을 뒷받침하기 위해 골라내는 역사의 조각들 역시도 정치적이라는 사실을 기억해야 한다. 그 특정한 역사가 드러낸다고 주장하는 진실이라는 것도 우리가 현재를 어떻게 바라볼 것이냐에 대해 영향을 미치기 때문이다. 그러나 역사적 진실 이면의 동기를 의심한다고 해서 이를 실제 역사가 없다는 식으로 받아들여서는 곤란하다. 우리가 제2차 세계대전이라고 부르는 시대에 분명히 다양한 최전방이 있었다는 사실, 그리고 이 기간에 나치 정권이 다양한 살해 방법을 통해 유럽의 유대인과 그들이 목표로 했던 여러 집단을 제거하기 위해 했던 작업처럼 논쟁의 여지가 없는 역사적 사건들이 있다. 그러한 사건들을 부인한다면 그들은 틀림없이 수정주의자들이다. 그럼에도 불구하고 그러한 사건을 해석하는 데는 다양한 수준의 논쟁점이 존재한다. 때때로, 이러한 사건들을 구성하는 역사적 세부 사항들을 놓고 논쟁을 벌이기까지 한다. 예를 들어, 비록 수정주의자들만의 주장이기는 하지만 그들은 홀로코스트의 발생에 관해 논쟁을 하며, 홀로코스트를 무엇이라고 생각하는지에 관해 적지 않은 논쟁을 벌였다. 역사학자들은 정확히 어느 시점에 유태인 대학살이 시작되었는가 하는 문제에 관해 오랫동안 논의해 왔다. 히틀러는 자신이 권좌에 오르기 전부터 유럽 유대인들을 몰살할 계획을 세웠으나, 그의 끔찍한 야망을 수행할만한 국제 전쟁이 발발할 때까지 기다렸던 것일까? 아니면 나치 정권이 급진주의화 되면서, 원래 유태인을 마다가스카르로 보내려는 제안처럼 유대인을 다루기 위한 계획이 실패함에 따라 유태인 대학살이 점차로 모습을 드러낸 것일까?Browning 2004 참조 이러한 논쟁은 사실에 관한 단순한 논쟁이 아니다. 왜냐하면, 이러한 논쟁은 특정한 정치적 성향이 반영되어 있기 때문이다. 전자의 논리를 따르자면, 이미 계산되고 오랫동안 축적된 증오의 산물로서 역사적 변화의 원천으로 홀로코스트를 생각하는 자유주의적 관점을 반영하고 있다. 후자의 논리를 따르자면, 홀로코스트는 여전히 의도된 공포로 작용하지만, 매우 구체적인 사회적, 정치적 맥락에서 우연히 발생한 것으로 이해된다. 이러한 견해는 최소한 부분적으로나마 사회적 구조는 사건이 전개되는 방식에 책임을 져야 한다고 보는 사람들에게 설득력이 있다. 어떤 경우든지, 우리가 마주하는 현재의 대량학살이라는 범죄를 어떻게 이해하느냐에 관한 의미를 제공하기 때문에 역사가 정치화되는 측면을 피할 수 없다. 역사는 의식적으로 미리 계획된 치명적인 증오의 산물인가? 아니면, 문제로 인식된 사건들에 관한 즉각적이고 극단적인 급진주의자들의 반응에서 비롯되는 것인가? 결과적으로 역사적 주장들은 종종 사회-정치적 해석의 경쟁적인 대상이 되기 때문에, 진정한 역사적 표현에 관해 어떤 주장을 할 때, 우리는 비판적인 시각과 매우 조심스러운 태도로 접근해야 한다. 그렇게 함으로써 우리는 우리가 증언하는 역사적 표현과 주장 그 이면에 숨어있는 가정들을 제대로 평가할 수 있을 것이다.

대부분의 분쟁 해결의 역사를 대변하려는 시도는 동시대의 중요한 의제들에 이바지하기 위한 목적 아래 역사를 사용하고 남용한 것이다. 예를 들어, 역사를 국가의 관점에서 접근하는 작가는 문명의 진보라는 관점에서 이야기를 서술해나가길 좋아할 것이다. 따라서 12세기 이전까지, 세계보통 유럽이라는 뜻는 어둡고 폭력적인 장소였다. 체계적인 분쟁 규제방안이 거의 마련되어 있지 않은 상태에서, 어떤 잘못이라도 저질러지면 피비린내 나는 복수의 악순환이 촉발될 가능성이 늘 있었다. 최악의 경우 사람들은 친족 그룹 간의 혈투라는 형태를 취하기도 했다. 국가는 이러한 혼란에 개입하여 특정 형태의 잘못으로 인해 공적인 피해가 끼쳐졌다고 선언하며, 그렇게 국가는 정의의 판결에 관해 전적으로 책임을 지게 되었다. 이러한 진행서술의 한 예가 법적 변제composition체계다. 서기 600년 경, 켄트의 에델베르트 법Law of Ethelbert of Kent 이 정의하는 바에 따르면, 이 '법law'은 범죄자들이 죽음을 초래하지 않은 상해에 대해서는 손해배상bot을 하고, 그 사건에 대한 사법처리비용을 상쇄하기 위해 국가에 벌금wite을 부과하는 실행안을 발효했다.Weitekamp 2003 이러한 분쟁 해결 제도는 종종 초기 단계에 정의를 점진적으로 합리화하는 방식으로 간주되어왔다. 그러나, 국가 발전과 법의 인간화에 관한 이러한 이야기에는 더 새롭고 더 "합리적인" 접근법들에서 나타나는 불의를 무시하거나 대수롭지 않은 것으로 만드는 경향이 있다. 보상 제도는 종종 더 많은 불의를 불러왔는데, 왜냐하면 부자들은 빚을 쉽게 갚을 수 있는 반면, 가난한 사람들은 때때로 빚을 갚기 위해 자신을 노예로 팔어넘길 수밖에 없었기 때문이다. 최고 통치자, 봉건 영주, 왕과 같은 지도자들의 손에 더 많은 권력이 집중되면서 법은 이러한 지도자들이 징벌적 폭력 행정을 통해 자신들의 권력을 과시하게 되면서 더 잔인해졌다.Kueneman 2008 법이 구체화되는 초기부터 국가가 사법 정의를 시행할 때는 잔인한 처벌을 내림으로써 매우 불공평하고 잔인한 모습을 띠었다. 역사를 진보적 서술로 보는 지지자들은 국가가 점차적으로 더 인간적이 되었고, 잘못한 것에 상응하여 사람들을 계몽하였고, 그럼으로써 국가 권력의 남용을 방지하기 위한 정당한 절차적 권리와 기타 절차적 보호를 만들어왔다고 주장했다. 자세한 논의는 Johnstone 2002 참조

　미셸 푸코1977년는 『감시와 처벌』에서 이러한 범죄 정의 역사의 진보적 해석이라는 신화적 본질을 폭로하였다. 푸코는 프랑스의 왕 루이 15세를 죽이려 했던 다미앵의 이야기로 글을 시작한다. 18세기 처형의 의전적인 규정에 따라 다미앵은 고문을 당하고, 주리를 틀고, 사지가 절단되었다. 그를 죽이는 집행과정에서 말들이 그의 사지를 찢지 못하게 되자, 그 과정을 신속히 처리하기 위해 집행관이 개입하여 다미앵의 사지를 절단하도록 하였다. 왕의 막강한 권력을 보여주기 위해 마련된 이와 같은 집행절차에 차질이 생기면 큰 문제가 아닐 수 없다. 예를 들어, 범인에 대해 반감을 가졌던 군중들이 갑자기 동정적으로 바뀔 수가 있고, 잘못하면 대중의 항의나 폭동이 일어나기도 했다. 관중들이 처벌자의 힘을 두려워하거나 존중하기보다, 처벌받는 사람과 동일시하기 시작할 때, 이러한 처벌 장면은 실패로 귀결될 수 있다. 푸코에 따르면, 이것이 18세기에 처형의 방법을 바꾸기 시작한 이유의 일부이다. 수도원, 군대, 학교 같이 다양한 기율이 필요한 기관의 선도에 이어, 정부들은 통치자의 권력을 이용하여 그들을 범죄자로 낙인찍기보다는 재교육시키는 방법을 찾게 되었다. 그러나 푸코는 이러한 변화를 단선적이고 점차 계몽된 진보의 산물로 보기보다는 불균일하고 일그러진 발전이라고 보았다.

　푸코의 복잡한 처벌의 역사와는 대조적으로, 회복적 정의 옹호론자들은 형사사법의 진보와 승리라는 관점과 경쟁하기 위해 너무 자주 자신들만의 단

순화된 역사적 서술을 들고 나왔다. 존스톤Johnstone2002이 비공식적인 사법 대응이 사라진 연유를 기록한 내용에 따르면 12세기 이전에는 폭력이 만연한 것이 아니라 배상과 협상이 분쟁 해결의 주요 특징이었다. 소규모 사회는 조정 해결방안을 모색하였고, 때때로 존경받는 지역사회 구성원의 개입을 통해 사회 평화를 유지하려고 했다. 국가가 지역 사회로부터 범죄를 "도둑질"하면서 이 모든 것들이 무너지기 시작한다.Christie 1977 인류 역사상 거의 항상 존재해온, 서로 긴밀하게 연결되어 있고 상호 의존적인 아주 작은 규모의 사회들은 공동체의 조화를 유지하기 위해 갈등을 평화적으로 원만히 해결하기를 원했다. 그러나 일단 국가가 특정한 잘못을 공적인 잘못이라고 선언하고 나면, 피해자들과 공동체는 분쟁 해결 과정에서 차단되었다. 그리고 이 그룹들은 공적인 심의와 창조적인 문제해결 과정에 참여할 수 있는 중요한 기회를 박탈당했다.Braithwaite 1999 국가의 발달과 정치권력의 집중에 관한 이야기는 우리들이 말하는 최초의 회복적 경향들을 보복적이며 국가 중심적인 정의로 대체시켜온 이야기이기도 하다.

비록 이야기를 단순하게 했지만, 우리가 제시한 회복적 정의의 역사 서술을 통해 말하고자 한 것은 12세기 이후 정의가 더 분명하게 정치적이 되어왔다는 점이다. 정의가 국가의 목적에 맞게 재단되고 기술과학에 의해 광범위하고 다양한 모습으로 인구를 전략적으로 통제하기 시작한 기간이 바로 이 기간이었다. 그러기에 이 "상실의 이야기"를 무비판적으로 받아들여서는 안된다. 정의의 정치화가 증가했다고 해서 우리가 비공식적인 정의의 파라다이스에서 현재의 응보적 사법이라는 현실로 직행했다는 의미는 아니다. 제1장의 유죄협상 사례가 입증하듯이, 이 기간 동안 공식적으로나 비공식적인 재판관들은 항상 근본적인 회복적 정의와 국가의 보복적 사법이 맞물리거나 중첩되도록 운영하였다. 여기에는 회복적 정의와 응보적 사법 그 어느 한쪽의 일방적인 진보나 상실에 관한 이야기는 존재하지 않는다. 오히려 공식적인 절차와 비공식적인 절차가 서로 결합된 이야기들이 많다. 지배와 정치의 패턴은 이러한 결합이 어떻게 분명하게 드러나는지에 관한 역할을 보여주고 있다.

지나치게 단순화된 것은 비단 유럽의 회복적 정의 역사만이 아니다. 예를 들어, 몇몇 회복주의자들이 자기들의 주장을 밀고 나갈 때 선주민들의 역사와 전통을 고용하는 방식들에 관해서도 사람들은 동등하게 비판적이 될 수 있어야 한다. 우선 과거 선주민들이 정의를 실행하는 방식들이 회복적 정의였다고 제안하는 것은 현대의 사고방식의 오류, 즉 현재의 생각들을 통해 과거의 사건을 해석하는 데서 오는 오류이다. 그러나 많은 회복주의자들이 이런 식으로 과거를 검토하거나, 선주민들의 정의를 그들의 계보의 일부분이라고 주장함으로써 똑같은 오류를 범한다. 그렇다고 이러한 실행들이 오늘날 우리가 보고 싶어하는 회복적 정의의 요소들을 보여주지 못한다고 말하려는 것은 아니다. 그러나 회복적 정의가 독특한 문화적 맥락 속에서 발전되어 왔음을 인식하는 것이 중요하다. 예를 들어, 현재 캐나다라고 부르는 거북섬 Turtle Island에 거주하는 선주민들의 전통적인 정의 실행방식을 살펴보자. 이러한 선주민 그룹들, 특히 대평원 지역에 사는 일부 선주민 그룹들은 분쟁 해결의 주요 형태 중 하나인 서클 방식, 즉 이미 일어난 피해를 해결하기 위해 서클이라는 공동체 회의방식을 사용해 왔다. 현대의 회복적 사법 전문가들은 특정 범죄 사건에 관해 다양한 이해당사자들의 목소리를 끌어내기 위한 수단으로 서클을 채택해 왔지만, 전통적인 선주민들의 서클과 오늘날 사용되는 서클들 사이에 직접 연결되는 선은 존재하지 않는다. 또한, 식민지화되기 전까지 캐나다에 거주했던 다양한 선주민 그룹들 전체에 실행되었던 단 하나의 통일된 모습의 서클은 존재하지 않는다.Laroque 1997

이러한 이유들 때문에, 우리는 회복적 정의의 계보를 추적할 때 신중해야 한다. 거북섬에 있는 선주민들의 전통적인 정의 실행을 필두로, 그러한 모든 집단이 하나의 특정한 모습을 띤 회복적 정의 모델을 사용했다고 제안하는 것은 바람직하지 않다.Laroque 1997 많은 것이 문화적 지역, 역사적 시기, 그리고 해결해야 할 갈등과 같은 다양한 요인에 따라 결정되기 때문이다. 남성 전투원이 교전하다 상대방에게 포로로 잡혔을 경우, 주어지는 처벌은 죽음이나 노예가 되는 것처럼 응보적이다. 그러나 전형적으로 선주민 사회는 강한 상호의존성과 공유된 문화적 규범으로 촘촘히 짜여있기 때문에, 분쟁 해결에 있어 회유적인 형태들에 관해 좀 더 분명한 관심을 보여왔다. 한 집단의 구성원이 다른 구성원에 의존해 있으므로, 종종 선주민 집단은 소용돌이처럼 끊임없이 지속되는 갈등을 놔둘 수 없었다. 왜냐하면, 그러한 갈등이 집단의 생활을 심각하게 붕괴시킬 수 있기 때문이다. 따라서 그룹의 화합을 확실히 하기 위해 타협과 조정 해결책을 폭넓게 시행하였다. 그러나 이러한 공동체에서 문화적으로 적절하다고 여겨지는 타협들은 때때로 현대의 회복적 규제조치들과는 근본적으로 다르다. 캐나다 서해안의 일부 선주민 공동체들은 잘못을 저지른 구성원을 추방시키기도 했다. 해당 구성원은 공동체를 떠나 일정 기간 동안 무인도에서 혼자 살라는 요청을 받았다.

그러나 이러한 조치조차도 공동체의 화합을 회복하고자 하는 바람에 그 근간을 두고 있었다. 공통된 목표를 가졌다는 측면에서 바로 이 점이 오늘날의 회복적 정의와 연결되는 고리기도 하다. 하지만 이러한 시각은 식민지를 수탈해서 통치자들을 살찌우는 식민주의나 사람들을 데려와 선주민을 대체하고 그들의 땅을 차지하려 했던 정착민 식민주의라는 역사적 과정들을 무시하는 일이 될 수 있다. 약 16세기에서 17세기 초반, 주로 모피무역을 통해 현재 캐나다에 과감히 진출했던 무역인들 및 탐험가들과 선주민들 사이에 그나마 존재했던 얼마간의 협력 기간이 지난 후, 17세기 중반에 본격적으로 시작된 식민지 정착은 선주민 부족들에게 깊은 혼란과 분열을 가져왔다. 우선 탐험가들이 가져온 유럽의 질병에 의해 고통받으며, 선주민들은 유럽식의 법 집행력이 어떤 것인지 체감하게 되었다. 더불어 유럽식의 법 시행은 캐나다 전 대륙으로 퍼져나갔다. 선주민들의 영토를 제거하기 위한 법적 문서와 서명, 인디언 법Indian Act 1876년과 같은 의회법이 제정되어 모든 선주민을 인디언으로 규정한 뒤 특정한 권리와 의무를 부과하였다. 결국, 캐나다 경찰과 사법제도는 가장 멀리 떨어진 선주민 지역사회까지 자신들의 규제 영역 안으로 포함시켜 놓았다. 선주민 분쟁 해결 전통은 잊혀지거나 잃어버린 것이 아니라 식민지화, 즉 제국주의가 밀어붙인 캐나다 법으로 대체되었다. 그러므로 선주민 전통을 가능하게 만든 사회적 조건을 붕괴시킨 식민지 법들에 관해 심사숙고하지 않고 단순히 선주민들의 사법 전통을 새롭게 한다고 주장하는 것은 식민지배의 전횡과 말살이라는 새롭고도 위험천만한 행위를 감행하겠다는 말이다. 이러한 식의 "원시적이지만 고귀한 어떤 상상 속의 정의"는 원형에 가까워보이기 때문에 현대적 집행 방식에 신뢰를 부여하지만, 실제로 이 두 가지 정의 개념 사이에는 어떠한 역사적 연속성도 없다. 더 큰 문제는 캐나다 형사사법제도의 통제 하에 회복적 정의가 선주민 사회에 재도입되면서 선주민의 사법 정의가 전유되는 신식민주의적 상황이 벌어질 수 있다는 우려다. 선주민 사법 전통의 특징은 그들의 자주적인 문화에 기반했던 것이었던 데 비해 현대적 양형 서클의 타당성은 국가 권위와 힘에서 온다. 호주 선주민에 관한 논의는 Cuneen 1997, 2002, 2007을 보라 선주민 사법 전통을 갱신한다는 것은 선주민 공동체를 강화했던만큼이나 식민지 국가도 강화할 수 있다.

우리가 과거로부터 아무것도 배울 수 없다고 말하려는 것이 아니다. 과거와 현재가 질적으로 다르기 때문에 지식이 세대를 넘어 연결되지 못한다고 주장하는 급진적 역사 상대주의에 주의를 환기하고자 하는 것도 아니다. 반대로, 선주민의 지식 그 자체가 식민주의의 맹공을 경험한 특정 공동체들에 속한 자원이라는 것을 말해주기 위함이다. 회복주의자들은 선주민 사법 전통의 원천에 대한 제대로 된 이해와 인정 없이 그들의 지식을 부당하게 빌려온다던가 아무런 생각없이 가져다 쓰지 않도록 주의해야만 한다. 선주민 사법 전통을 억압하고 제거하려 드는 사회적 조건들을 탈식민지화하는 노력도 함께 기울여야 한다.

이러한 문제점들 때문에 회복적 정의와 이론적으로 깊이 씨름할 수 밖에 없다. 회복적 정의가 자연스럽거나 불가피한 결론이 될 수 없기 때문이다. 우리는 회복적 정의 실천을 뒷받침하는 전제들에 관한 질문들뿐만 아니라 회복주의자들이 믿는 바에 대해서도 질문을 던지고 이론적으로 탐구해봐야 한다.

회복적 정의 이론들

회복적 정의가 어떻게 개념으로 자리하게 되었는지를 설명하기 위해 "이론"이라는 용어를 사용하는 것이 너무 거창하게 보일 수 있다. 회복적 정의 글들은 전형적으로 인식론적회복적 정의를 지지하는 사람들은 자신들이 주장하는 것을 어떻게 아는가인 차원과 존재론적회복적 정의가 뿌리를 두고 있는 사회적, 정치적 세계에 전제되어 있는 본질은 무엇인가인 차원에 관한 체계적 이론이 아니다. Hay 2006 참조 이보다 우리가 더 자주 발견하는 것은 우리 시대의 형사사법과 갈등해결 실행

방식을 다시 생각해보도록 만드는 일단의 사상들이다. 회복적 정의의 이론화 작업 중 많은 부분은 실천에 관한 이론적 배경을 구성하려는 시도로 나타난다. 이러한 시도는 왜 회복적 정의가 효과적인지, 그리고 미래에 그것이 어떻게 더 효과적일 수 있는지에 관한 설명을 제공한다. 회복적 정의의 사회이론을 강조하게 되면 회복적 정의의 일상적 실천보다는 근거가 되는 전제에 더 초점을 맞추게 된다. 즉 회복적 정의는 자신이 알고 있다고 주장하는 것을 어떻게 알 수 있는가? 사회와 세상의 본질에 관해 회복적 정의가 가정하는 것은 무엇인가? 회복적 정의는 사회에 대해 어떤 비전을 가지고 있는가? 이러한 종류의 질문에 관한 대답들은 회복적 사상과 실천을 형성하는 근간으로써 회복적 정의의 에토스를 통찰할 수 있게 해준다.

회복적 정의의 현대적 형태는 기존의 범죄 대응 방식을 재평가할 수 있게끔 여러가지 환경이 조성된 1970년대에 나타났다. 그 조건들은 다음과 같다.

1. 갱생에 초점을 맞추어 형사사법을 개혁하고자 했던 이전의 노력이 "어떻게 해도 안된다"고 주장하는 사람들에 의해 해체되었다.Martinson 1974; Duguid 2000 이들은 사회는 범죄자들의 행동을 바꿀 수 없고, 그들을 가두고 쌓아놓는 것 외에는 선택의 여지가 거의 없다고 말해 왔다. "어떻게 해도 안된다"는 말을 반복해서 들으며 절망한 여러 이상주의적인 범죄학자, 사법 관련 종사자, 죄수 옹호자들은 새로운 대안을 찾게 되었다.

2. 1960년대의 급진주의는 자신들이 속한 계급적 지위보다는 성별, 인종, 민족성, 성적 지향 등을 중심으로 개인들을 조직해 나감으로써 정체성 동원의 시대를 이끌어내기 시작했다. 이러한 노력 덕분에 정체성 기반 공동체들은 일상에 영향을 끼치는 의사결정에 더 많은 참여를 추구하며 지역의

문제를 직접 더 자주적으로 다룰 것을 요구하게 되었다.

3. 탈제도화관료 조직의 손에서 권력과 사회생활의 통제권을 제거하는 것와 탈전문화전문
가들의 손에서 권력과 사회생활의 통제권을 제거하는 것를 향한 움직임이 정체성 동원
의 시대와 맞물리며 교도소나 피난처, 심지어는 병원과 같은 기관들의 권
한을 축소하고 지역사회의 문제들을 직접 다룰 수 있게끔 공동체들의 역
량을 다시 강화해야 한다는 목소리가 높아졌다. 예를 들어: Illich 1977 및 Illich et
al. 1977 참조

4. 종교 단체들과 개혁적 형사사법기관들이 화해를 통한 사회적 화합을 장려
하기 위하여 회유와 협상이라는 접근방법을 사용함으로써 죄수를 감금하
는 방식에 관한 대안을 실험하기 시작했다.

5. 이러한 발전을 이루도록 한 밑바탕은 복지주의에서 마가렛 대처, 로널드
레이건, 브라이언 멀로니의 신자유주의 정책으로 바뀐 경제적 전환이었
다. 복지주의 아래에서, 국가는 실업과 빈곤과 같은 사회적 해악으로부터
시민들을 보호하고, 모든 시민들의 행복을 보장하는 안전한 사회안전망
을 구축하고자 했다. 그러나 일부 경제 및 정치 엘리트들은 사회 안전망을
유지하는데 드는 비용이 너무 많고 정부에게는 실현하기 너무 어렵다고 인
식하게 되었다. 이러한 인식은 복지국가 실현에 관한 목적을 국가가 책임
지게 하기보다는 개인이 복지를 책임지게 하는 식으로 정책을 만들어 놓았
다. 이러한 정치적 조건들 아래에서, 우리는 범죄 피해를 복구하는 데 지역
사회와 범죄자들에게 더 많은 책임을 지도록 요구하였다. 그리고 우리의
형사사법 체계에 관한 부담을 덜어주리라고 약속하는 회복적 정의와 같은
대안적 사법에 요청하고 호소하고 있다.

이러한 상황들 속에서, 형사사법의 새로운 비전을 포착하고 이론화하는 새로운 개혁주의 학자들이 나타났다. 예를 들어: Barnett 1977; Zehr 1990; Wright 1991; Van Ness 1993; Galaway and Hudson 1996; Kurki 2000 이러한 학자들의 많은 기여가 있지만 회복적 정의의 에토스를 이해함에 있어 꼭 기억해야 할 몇 가지 중요한 순간들이 있다. 이러한 순간들을 살펴보기 위해 닐스 크리스티Nils Christie의 연구를 먼저 살펴보는 것이 좋을 것 같다.

노르웨이 범죄학자이자 교도소 반대 운동가인, 닐스 크리스티Nils Christie 1977는 "재산으로서의 갈등"이라는 글을 발표했다. 크리스티는 범죄는 갈등의 한 형태로 매우 가치 있는 자원 혹은 "재산"이라고 주장했다. 이러한 재산을 소유하는 것은 공동체로 하여금 지역의 표준화나 명료화 작업에 기여하도록 만들었을 뿐만 아니라, 중요한 의사결정과정과 창조적 문제해결에 참여하도록 도와주었다. 국가가 전문가들의 작업을 통해 이러한 갈등을 "훔쳐서" 형사사법제도로 만들어버린 것은 공동체의 커다란 손실이자 고통이 되었다. 이렇게 되면 범죄 관련 이슈들이 공동체의 일상 속에서 사라지게 되고, 공동체 구성원들은 창조적인 해결책을 갖고 이러한 문제를 직면할 필요가 없게 된다. 더 나아가 공동체를 법원으로부터 멀어지게 함으로써 범죄자들을 더이상 공동체의 구성원이 아니라고 여기도록 만들며, 공동체의 삶이라는 현실로부터 사건 당사자들을 소외시키는 방식으로 비인간화시킨다. 크리스티에 따르면 이러한 제도는 공동체 중심, 피해자중심의 법정으로 대치되어야 하며, 그럼으로써 시민들이 정의를 이루고 만들어나가도록 기여할 수 있어야 한다.

회복적 정의는 1990년 초 피해자-가해자 화해 프로그램victim-offender reconciliation program, VORP에 관여했던 메노나이트 학자인 하워드 제어Howard Zehr에 의해 보다 충실하게 공식화되었다. 하워드 제어는 피해자의 필요를 채워주

표3.1 정의의 패러다임: 옛(응보적) 정의와 새(회복적) 정의

응보적 정의	회복적 정의
범죄는 국가에 관한 침해로 정의된다	범죄는 사람과 사람과의 관계에 관한 침해로 정의된다
비난 확정, 유죄, 과거에 초점 (그가 범죄행위를 했는가?)	문제해결, 채무, 의무, 미래에 초점 (무슨일이 일어났는가?)
당사자와의 적대적 관계와 절차의 원칙	대화 및 협상의 원칙
처벌과 저지/규제를 위한 고통 부과	당사자들을 회복시키는 수단으로서 배상. 화해/회복이 목표
정의는 의도 및 과정에 의해 정의됨; 올바른 규칙	정의는 올바른 관계에 의해 정의됨. 결과에 의해 판단함
범죄의 개인 상호간, 갈등적 성질이 흐려지고 억제됨; 갈등은 개인과 국가 간의 갈등으로 보여짐	범죄는 개인 상호 간의 갈등으로 이해됨. 갈등의 가치가 인정됨
하나의 사회적 피해를 다른 것으로 대체함	사회적 피해의 회복에 중점을 둠
국가가 대표되며, 공동체는 부차적	회복적 과정의 진행자로서 공동체
경쟁적, 개인적인 가치들이 장려됨	상호책임이 장려됨
행동이 국가에서 가해자로 행해짐 −피해자는 무시되고 −가해자는 수동적임	피해자와 가해자의 역할이 문제/해결에서 인정됨 −피해자의 권리/요구가 인정됨 −가해자의 책임 있는 행동 장려
가해자의 상호책임이 처벌로 정의됨	가해자의 상호책임이 행동의 영향으로 이해되고, 어떻게 일을 바로잡을지 결정하는데 도움이 됨
가해자는 도덕적, 사회적, 경제적 혹은 정치적 차원이 결여된 오직 법정 용어로 정의됨	가해자는 도덕, 경제 및 정치적 차원 등 전체적인 맥락 속에서 이해됨
"빚"은 추상적인 국가와 사회에 진 것	빚/책무는 드러난 희생자에게 진 것
반응은 가해자의 과거 행동에 초점을 맞춤	반응은 가해자가 끼친 해로운 결과에 맞춤
범죄의 낙인 삭제 불가능	회복적 조치를 통해 범죄의 낙인 삭제 가능
뉘우침과 용서를 장려할 수 없음	뉘우침과 용서에 관한 가능성
전문 대리인에 의존	피해자가 절차에 직접 참여

출처: 제어 1985.

지 못하고 그들에게 힘을 부여하지 못해 실패한 제도, 그리고 가해자들에게 자신이 피해를 입힌 사람들을 직면하게 함으로써 진정한 책임을 지도록 하는 데 실패한 형사사법제도로부터 벗어나는 "패러다임 전환"을 요청하였다.Zehr 1995 "패러다임 전환"이라고 할 때, 제어는 응보적 세계관에 함몰되어있는 형사사법에 관해 우리가 갖고 있는 모든 개념들을 능가하는 새로운 렌즈를 통해 새로운 방식으로 세상을 바라보자고 제안했다. 제어는 이러한 응보적 세계관에 따라 시행되는 보복이 잠재적인 가해자들을 저지하지도, 체포된 사람들을 재활시키지도 못하는 반생산적인 수단임이 증명되었음에도 불구하고 우리가 사는 사회에 편만하게 자리하고 있는 범죄를 바라보는 해석 렌즈이기 때문에, 일단 어떤 피해에 관해 반응할 때 자동으로 우리를 보복으로 이끌어 간다고 주장했다. 제어는 회복적 정의와 응보적 정의 사이의 차이를 설명해 내는 프로젝트를 통해 이러한 응보적 세계관으로부터 패러다임 전환을 시도 했다.

그 후, 제어는 자신이 인정한 것보다 회복적 정의와 응보적 정의에 중첩되는 것들이 더 많음에도, 이 둘을 지나치게 대조하여 설명했다는 비판을 받아왔다. 그러한 대조적인 설명은 회복적 정의를 설명할 때 '무엇이 아니다'라는 식의 용어를 사용한다는 비판을 받았다. 이렇게 부정적인 표현을 사용하면서 회복적 정의를 규정하려 했던 행동은 개념적으로 두 가지 사상을 서로 의존하게 함으로써 형사사법에 회복적 정의의 닻을 내리려는 방식으로 이해되었다. 파브리치Pavrich 2005는 이 두 가지 생각들을 하나로 묶는 것이 진정한 대안 사법을 이해하기 어렵게 만들었다고 지적하였다. 왜냐하면 이 경우 회복적 정의는 결국 응보적 정의를 영원한 기준점으로 사용할 수밖에 없으며, 따라서 공식적인 형사사법이 논쟁과 발전방향의 조건을 결정하기 때문이다. 이러한 의존성 때문에 회복적 정의는 종종 진정 새로운 사법에 관한 접근방향을 만들어내기보다 형사사법의 정책과 실행에 대응하는 수준에 머물게 된다.

결국, 존 브라이스웨이트John Braithwaite는 1980년대 후반에 회복적 정의의 개념과 중첩되는 비슷한 생각들을 탐구하였다. 브라이스웨이트의 생각은 기존의 범죄학 이론에 회복적 정의를 좀 더 견고하게 끼워 넣을 수 있도록 도와주었다. 브라이스웨이트는 그 수수께끼가 구체적으로 무엇인지 규명함으로써 회복적 정의의 오명을 벗겨주었다. 한 개인이 막 일탈행동을 했을 때, 그들은 아직 구체적인 범죄를 저지른 것이 아닐 수 있다. 실제로, 젊은 사람들에게 범죄 행동 언저리를 들락날락하는 것은 아주 흔한 일이다.Matza 1990 그러나 형사사법제도를 통해 사람들을 처리하는 방식은 그들이 계속해서 범죄를 저지르며 살도록 만들어왔다. 예를 들어, 법원은 범죄자의 지위를 공개적으로 깎아내림으로써 "평가절하 의식degradation ceremonies"Garfinkel 1956을 수행하며 그들을 평가절하된 사람이라고 공표한다. 평가절하에 의한 이러한 신분변화는 박스 3.1의 젊은이가 겪은 어려움에서 볼 수 있듯이 전과기록으로 남는다. 이는 그가 사회에 빚을 다 갚더라도 범죄 기록이 남는다는 뜻이다. 록키Rocky 1982는 초범 후 남은 범죄 기록 때문에 직업을 구하기가 얼마나 어려웠는지 온라인 포럼을 통해 자신의 좌절감을 솔직하게 표현하였다.

대중의 낙인찍기는 실제적인 결과 외에도 범죄자가 직업을 구하거나 적절한 주택을 찾을 때 법적구속력이라는 이름으로 사회로부터 범죄자들을 한층 더 소외시킨다. 꼬리표를 붙이고 낙인을 찍는 과정을 통해 범죄자들은 자신이 선택할 것이 거의 없다고 느끼며, 주류 사회가 그들을 거절했다고 느끼기 때문에 범죄자로서의 정체성을 받아들일 수 밖에 없게 된다. 이같이 범죄의 하위문화나 폭력조직은 더 매력적인 집단정체성을 띠게 되며, 범죄자 혹은

박스 3.1 직장을 구하는 캐나다 초범자들

"저는 직장을 구하는데 범죄 이력 때문에 고생하는 사람들이 캐나다에 얼마나 많은지 알고 싶습니다. 초범자들만 이야기하려고 하는데 왜 그런지는 나중에 설명드리겠습니다. 모든 회사와 사업분야에서 사람을 구할 때 가장 먼저 범죄 기록을 확인하는데, 이는 당신에게 전과가 있으면 당신은 직업을 얻지 못할 가능성이 높다는 것을 의미합니다.

저는 제가 사는 곳에서 전과 기록이 있는 수많은 사람들과 이야기를 나누었습니다. 그들은 모두 초범 기록만으로도 직장을 잡기가 매우 어렵다고 말했고, 불법으로 돈을 버는 방법 밖에 남지 않는다고 했습니다. 또한, 저는 초범 후 돈을 빌기 위해 잘못된 방식을 사용했기 때문에 다시 범죄를 저지르게 된 사람들과도 이야기를 나누었습니다.

이제 우리 모두는 범죄기록을 숨기거나 지우기 위해 얼마의 돈을 지불해야 하며, 그것 또한 아주 여러 해 동안 문제를 일으키지 않을 경우에 해당한다는 사실을 알고 있습니다. 첫 번째 만약 당신에게 범죄기록이 있다면 어떻게 직장을 잡을 것인가, 두 번째 만약 당신이 직장을 잡을 수 없다면 어떻게 살아갈 것인가, 세 번째 일자리를 구할 수 없고 돈도 없다면 법을 어겨서라도 돈을 벌어야 하기 때문에 결국 다시 문제를 일으키게 된다는 것입니다.

이제 이 글을 읽은 여러분 중 많은 분이 아마도 애초에 범죄를 저지르지 말아야 한다는 사실을 잘 알 것입니다. 그러나 사람들이 어떤 특정한 일을 하는 데는 다 이유가 있습니다. 첫째로 그들을 곤경에 빠뜨린 상황이 있고, 둘째는 그들이 잘못된 시간에 잘못된 장소에 있었기 때문입니다.

저는 초범자인데, 제가 지금 사는 곳에서 직업을 찾기가 매우 어렵습니다. 사실 저는 지은 죄에 상응하는 댓가를 치렀는데도 마치 종신형을 받은 전과자가 된 느낌입니다. 그 후 여러 해 동안 범죄를 저지르지 않고 살면서 눈이 열리기 시작했습니다. 제가 범죄를 저지른 것은 실수였지만 잘못을 사과했습니다. 저는 제가 저지른 범죄로 인해 힘든 시간들을 보내고 있습니다.

그러나 매일 거리를 쏘다니며 많은 회사와 기업들이 사람을 구한다는 새로운 표지판들을 봅니다. 그리고 회사와 기업들이 그 자리를 채울 사람들을 찾지 못해 고통을 받고 있음과, 자신들의 범죄기록 때문에 이러한 직업을 가질 수 없는 수천 명의 사람이 있다는 것을 알게 되었습니다. 여러 해가 지나면서, 저는 회사와 기업들이 전과기록을 체크한다는 사실을 알게 되었고, 저는 뭔가 잘못되어가고 있다고 믿고 있습니다. 저는 전과기록을 갖고 있는 사람 중에 뭔가 다른 이야기를 들려줄 사람을 찾고 있습니다.

그래서 저는 법이 바뀌는 것을 보고 싶었기 때문에 초범자들과 만나서 이야기하였습니다. 만약 초범이고, 범죄 성격에 따라 달라지긴 해야겠지만, 당신이 5년 동안 죄를 짓지 않는다면, 앞으로 법은 마치 당신이 아무 잘못도 하지 않은 것처럼 아무런 기록도 보여주지 않을 수 있는 새로운 방식으로 바뀌어야 합니다."

가해자를 자신의 "주된 신분"으로 받아들이게 된다. 이러한 방식으로 범죄자들은 자신이 누구인지 규정하는 주요한 정체성을 갖게 된다.

이러한 자기패배와 자기영속적 범죄 낙인 과정과는 대조적으로, 브라이스화이트1989; Braithwaite and Mugford 1994는 가해자들을 위한 "재통합 의식"을 만들어나가도록 추천한다. 그러한 재통합 의식의 기본적인 원칙은 행위자가 아니라 행위에 관한 수치심을 느끼게 하기 위함이다. "죄인이 아니라 죄를 미워하라"는 기독교의 가르침을 재해석한 이 개념은 수치심을 단순히 없애면 되는 것이 아니라는 브라이스화이트의 관심을 그대로 반영한 것이다. 그에게 형사사법의 문제를 바로잡는 것은 단순히 낙인 과정만 뒤집어서 더 이상 수치심을 느끼지 않게 하려는 것이 아니다. 대신에 긍정적인 수치심과 부정적인 수치심이 있음을 알게 하려는 것이다. 부정적인 수치심은 개인을 범죄자로 낙인찍고 그들을 지지하는 네트워크로부터 범죄자들을 분리시키는 반면, 긍정적인 수치심은 그들을 네트워크로 재통합시킨다. 실제로 일본의 경우와 같이 범죄자들을 새로운 범죄로부터 멀어지게 하는 사회 연구를 진행하면서 브라이스화이트1989는 수치심의 생산적인 사용을 가장 중요한 요소라고 정의하였다. 그러므로 우리는 행동을 범죄자의 특징을 충분히 드러내는 것으로서 다루기보다, 잘못된 행동을 준엄하게 꾸짖어야 하고, 잘못을 행한 사람들에게 칭찬할만한 자질이 있음을 재확신시켜주어야 한다. 회복적 사법 과정을 밟는 젊은 범죄자가 자신이 저지른 비행에 관해 끊임없이 반복해서 이야기하지 않도록 도와주어야 한다. 그리고 그 사람의 긍정적인 정체성을 강조하고, 그들이 공동체 생활에 다시 들어올 수 있도록 자리를 마련해주고 그들이 갖고 있는 선함 즉 그들 안에 있는 보다 고귀한 성품에 관해 이야기할 시간도 가질 수 있어야 한다.Braithwaite 1989

또한, 브라이스화이트는 그만의 독특한 회복적 정의를 체계적으로 이론화하고 발전시키는 데 크게 이바지하였다. 실제로 필립 쁘띠Philip Petit와 함께 브라이스화이트가 공동으로 진행한 연구 "형사사법의 공화주의 이론"Braithwaite and Petit 1990은 윤리적, 정치적 삶에 관한 보다 일반적인 비전을 구체화하고자 했다는 의미에서 대부분의 회복적 정의 이론보다 더 크게 이바지하였다.Braithwaite 2002; Braithwaite and Daly 1994; Walgrave 2002 이러한 관점은 민주주의 사회 시민들에게 보장된 권리와 자유를 의미하는 지배의 개념을 그 중심에 둔다.

이와는 대조적으로 지배는 이러한 권리에 대한 침해를 말하며 정의의 맥락 안에서 최소화되어야 하는 사회적 침해라는 형태로 나타난다. 지배의 기회를 만들되 지배의 가능성을 최소화하는 것이 국가가 해야 할 역할이다. 이것은 국가가 지역사회에 기반을 둔 회복적 정의 프로그램이 그들의 사법 제재를 자유롭게 받을 수 있도록 공간을 유지하고, 동시에 인권에 관한 일반적인 원칙이 유지되도록 해야 한다는 뜻이다. 예를 들어, 회복적 정의는 시민들에게 그들의 지역사회 안에서 발생한 피해들을 언급하고 상호 작용할 기회를 제공할 수 있어야 한다는 뜻이다. 그러나 이것은 회복적 정의에 임하는 각 당사자의 권리들이 존중받고, 그렇지 않을 때는 국가가 개입하는 방식의 법적 한도 내에서 행해져야 한다.

　브라이스화이트와 쁘티의 형사사법의 공화주의 이론은 보다 최근에 숙의민주주의로부터 개념을 빌려온 회복적 정의의 이론 영역과 교차한다.6,7 장에서 다룰 예정 2장에서 논의한 하버마스의 사상처럼, 숙의민주주의는 의사결정과정에 당사자들의 공개 참여를 강조한다.Harbermas 1999; Benhabib 1996; Fishkin 1991; Dryzek 2000 사회가 추구하는 숙의민주주의의 비전은 평범한 시민들이 지배체제에 자신들의 목소리를 내는 것이다. 듀르와 올슨 Dzur and Olson 2004:99 이 기록하고 있듯이, "회복적 정의의 이상과 시민의 공개 참여로 이루어지는 숙의민주주의의 이상 사이에는 매우 가까운 유사성이 있으며, 정치적 포럼을 개최하여 벌이는 가치중심적 논쟁을 당연한 것으로 여긴다." 듀르와 올슨은 회복적 정의는 기본적인 지침과 규범을 세우는 데 있어 합리성, 존중, 일관성 있는 토론을 가능하게 하는 의도적인 환경에 직접 참여하는 숙의민주주의 방식을 따르고 있다고 강력히 주장한다.하버마스의 의사소통 가설들과 유사 더 나아가, 그들은 그러한 지침들이 숙의민주주의 이상에 제대로 부응하지 못하는 지점이 어디인지 확인함으로써 회복적 정의가 갖고 있는 의사소통의 잠재능력을 평가할 수 있다고 주장한다. 그런 점에서 그들은 회복적 정의 대화모임 안에 강압적이고 불평등한 순간이 있음을 지적하는데, 공식적인 사법 조치가 가해자들이 참여하도록 위협하거나, 가해자들의 목소리나 진술보다 희생자들의 목소리나 진술들에 더 특권을 부여한다는 점을 지적하였다. 만약 가해자가 처벌적인 판사를 대면하느니 가능한 회복적 과정을 밟아야 한다거나, 책임을 지도록 법정이나 경찰 당국, 또는 심지어 회복적 사법 실천가들에 의해 적극적으로 장려된다면, 혹은 누군가 말하길, 강요된다면 그들의 회복적 정의에의 참여는 더는 자율적이고, 비강요적인 것이라고 말할 수 없게 된다. 마찬가지로 만약 피해자의 사건 진술들이 자연스럽게 진리로서 받아들여지고, 가해자의 항소가 무죄를 합리화하는 것으로 무시된다면, 그 의사소통은 개방적이고 민주적이라고 표현하기 어려울 것이다. 듀르와 올슨Dzur와 Olson의 경우처럼, 진보적인 회복적 정의 옹호자들은 회복적 정의 대화모임들이 숙의민주주의의 사상을 거스르지는 않는지 측정함으로써 회복적 정의의 의사소통적 잠재력을 향상해나갈 필요가 있다. 그렇게 해야 회복적 정의 옹호론자들은 보다 열려 있고 공평한 참여를 보장할 수 있다.

이와 같이 이러한 토론을 이끌어가는 대부분의 이론가들은 이 책의 저자 중 한 사람도 백인 남성들이다. 우리가 이러한 사실을 언급하는 것은 그들의 공헌을 축소하거나 없애려는 게 아니라, 특정한 관점을 다른 것보다 좀 더 표준인 것처럼 다루고 싶어하는 지식생산 작업을 대표하는 정치가 존재한다는 점을 주목하기 위해서다. 회복적 정의의 분야를 창조하는데 탁월한 학자들이 존재하는 것은 틀림이 없지만, 이 운동을 일으켜 세우는데 이바지한 변방의 목소리에는 어떤 것들이 있는지도 살펴보아야 한다.

앞에서 우리는 식민지적 사법제도를 뒷받침하기 위한 선주민의 지식에 관한 문화적 전유에 대한 우려 때문에 전통적인 선주민 정의 실천과 우리 시대의 회복적 정의 사이에 직접적인 연결이 있다고 주장할 때 주의를 기울이라고 충고하였다. 그렇다고 회복적 정의의 에토스를 창조하는 선주민 사상가들과 실천가들의 역할을 결코 축소해서는 안된다. 예를 들어, 마오리족 학자인 후안 타우리2009는 뉴질랜드와 캐나다에서 회복적 정의를 표준화하는 방향에 관해 이의를 제기해왔다. 이러한 표준화는 과도하게 높은 선주민 수감률 문제에 대응하고자 국가가 아주 오랫동안 회복적 정의를 옹호해온 사람들이 추진해온 공동체 중심의 회복적 정의 실천들을 통합하고자 했던 초기 선주민화 선주민 말살 방식을 교육, 사회, 문화 영역에 유입하고 복원하려는 과정-역자주 과정에서부터 시작되었다. 그러나 이러한 실행은 곧 공동체의 독특성과 자발적 결정에 관한 풀뿌리 방식을 사라지게 하고 국가 주도로 위에서 아래로 통제하는 관리 전략방식으로 통합되었다. 이것이 회복적 정의에 영향을 미치고 있는 선주민 정의를 다시 소생시키고자 하는 핵심 내용이다.

그러한 접근법은 보편적 정의 이론이 아니라 토착어, 영토, 그리고 관계에 온전히 뿌리를 두고 있는 지역적 정의 실천을 높이 치켜세운다.Youngblood Henderson and McCaslin 2005 존 바로우스John Borrows 2016는 선주민 법을 설명하기 위해 영웅, 사기꾼, 괴물, 보호자들 등 주요 인물들을 통해 아니시나아베Anishinaabe 공동체 안의 피해와 갈등 및 이에 반응하는 모습을 그려냈는데, 아니시나아베 이야기에 그 내용이 들어있다. 바로우스2016:832는 가장 교묘한 사기꾼인 나나부즈후에 관해 다음과 같이 기록하고 있다.

나나부즈후Nanaboozhu의 이야기는 아니시나아베Anishinaabe 법의 숨겨진 문화적 전제들과 무질서들을 폭로한다. 그렇게 함에 있어, 아니시나아베 사람들은 그들의 법적 전통 안에 들어있는 반대 의견, 소수자들에 관한 폭로, 반대되는 관점들이 무엇인지 살펴볼 수 있다. 불화, 반대, 의견 불일치는 아니시나아베 법 밖에 있지 않다. 갈등과 차별은 그 마을 안에 견고히 뿌리내려 있었고, 이렇게 규제와 판결을 재조정할 수 있는 창의적이고 혁신적인 방법에 접근할 수 있게 되었다.

그러므로 심의와 논쟁의 필요성은 아니시나아베 법 안에 들어 있다. 캐나다가 하나의 법적 통치 아래 존재한다기보다는 오히려 법적 다원주의라는 조건 하에 있다는 사실을 인식하는 것은 우리가 어떻게 이러한 정의에 다양하게

박스 3.2 일곱 명의 아니시나아베 할아버지들이 주는 교훈

우리에게는 수많은 가르침과 원칙들뿐만 아니라, 많은 독창적인 가르침으로 기능하는 일곱 명의 아니시나아베 할아버지들이 주는 교훈이 있다. 이러한 교훈들은 아니시나아베 사람들이 선한 방식으로 관계를 맺으며 갈등과 반목 없이 평화롭게 살아가도록 도와준다.

일곱 명의 할아버지들이 주는 교훈은 다음과 같다.

뎁위원 Debwewin
"우리가 경험하고 살아온 크기 만큼만 말하기"
• 뎁: 어떤 특정한 크기만큼까지
• 위: 말을 통해 들리는 만큼까지
• 원: 명사화하는 단어. '무엇을 하는 방식'.
우리는 그것을 보통 "진리"라고 부른다.

다바스엔디지윈 Dabasendiziwin
"우리를 지탱해 주는 모든 것과의 관계 속에서 스스로를 더 낮고 작게 여기기"

- 다바스: 낮게, 더 낮게
- 엔드: 생각과 관련된
- 이지: 상태 혹은 조건
- 윈: 명사화하는 단어. '무엇을 하는 방식'.

우리는 그것을 보통 "겸손"이라고 부른다.

마나지이디윈 Manaaji'idiwin:

"서로를 관대하게 대하기". 여기서 '서로'는 모든 창조물을 뜻한다.

- 마나지: 관대하게 대하기
- 이디: 상호적으로
- 윈: 명사화하는 단어. '무엇을 하는 방식'.

우리는 그것을 보통 "존중"이라고 부른다.

자악이디윈 Zaagi'idiwin:

"서로를 조건 없이 사랑하기". 여기서 '서로'는 인간과 인간이 아닌 것, 보이는 것과 보이지 않는 것, 어제, 오늘 그리고 내일에 속한 모든 창조물을 뜻한다.

- 자악: 드러나고, 나오고, 흘러가는
- 이디: 상호적으로
- 윈: 명사화하는 단어. '무엇을 하는 방식'.

우리는 그것을 보통 "사랑"이라고 부른다.

과약아디지윈 Gwayakwaadiziwin:

"선하고 도덕적으로 올바르게 살아가기"

- 과약: 올바르고, 옳고, 곧게
- 아디지: 그/녀는 살아간다.
- 윈: 명사화하는 단어. '무엇을 하는 방식'.

우리는 그것을 보통 "정직"이라고 부른다.

준기데에윈 Zoongide'ewin:

"굳건하고 강한 마음으로 살아가기"

- 준기: 굳건하고 강하게
- 데에: "마음"의 한 형태
- 윈: 명사화하는 단어. '무엇을 하는 방식'.

우리는 그것을 보통 "용맹" 혹은 "용기"라고 부른다.

니브와아카아윈 Nibwaakaawin:

"비전을 갖고 살아가기"

- 와아: 보는 것과 관련된 단어
- 카아: 풍성한
- 윈: 명사화하는 단어. '무엇을 하는 방식'.

우리는 그것을 보통 "지혜"라고 부른다.

일곱 명의 할아버지들이 주는 가르침을 포함하여 우리의 가르침과 독창적인 교훈들을 통해, 아니시나아베 사람들은 미노 비마아디지윈Mino Bimaadiziwin을 추구한다. 미노 비마아디지윈은 선한 삶으로 우리의 조상들이 이 세상에서 우리 만의 방식을 따라 살아가기 위해 모든 친척들과 존중하는 관계 안에서, 그리고 아니시나아베를 위한 삶의 준거틀을 세우는 가운데 선한 길을 따라 살아가는 삶의 방식을 일컫는다.

출처: '일곱 세대들 교육기관'에 의해 제시된 자료

박스 3.3 20년 뒤에 제시된 킴벌리 크렌쇼의 교차성

1989년 킴벌리 크렌쇼는 미주 흑인 여성들의 억압을 설명하기 위해 "교차성"이라는 단어를 만들어냈다. 이 교차성은 인종 정의 및 정체성 정치에 관한 논의의 핵심 개념이다.

질문: 당신은 최초로 흑인 여성에 관한 편견과 폭력을 설명하기 위해 교차성이라는 단어를 만들었지만, 그것은 특히 성소수자LGBTQ 주제를 다룰 때에 보다 폭넓게 사용되었다. 그것은 교차성에 관한 오해는 아닌가?

대답: 교차성은 어디에서 권력이 나오고, 어느 지점에서 충돌하는지 그리고

서로 교차하고 만나는 지점이 어디인지 볼 수 있게 하는 하나의 렌즈다. 그것은 단순히 지금 여기의 인종 차별, 저기의 성차별, 이곳의 사회계층, 저곳의 성소수자 문제가 있다고 알리려는 것이 아니다. 많은 경우 그 틀은 이러한 모든 사안에 영향을 받는 사람들에게 생긴 일을 사라지게 한다.

어떤 사람들은 교차성을 모든 것을 위한 엄청난 이론으로 이해하지만, 그것이 내 의도는 아니다. 고용주가 흑인 남성과 백인 여성을 고용했기 때문에 흑인 여성의 문제 제기는 무시해도 된다는 생각은 잘못되었다는 내용을 법정에 설명하고자 하는 의도라면 교차성이라는 도구가 아주 적절하다. 그 방법이 먹힌다면 아주 좋다. 만약 그 방법이 먹히지 않는 경우라고 해서 이 개념을 사용해서는 안 될 이유도 없다.

또 하나의 문제는 이 교차성을 "아, 그것은 아주 복잡합니다."라고 문제를 덮어버리는 용어로 사용할 수 있다는 점이다. 때때로, "그것은 복잡합니다."라고 말하는 것은 아무 것도 하지 않는 것에 관해 면피하기 위함이다... 우리는 이러한 개념 너머로 나아가야 한다.

우리는 개념들을 선택해서 그것들을 옹호자들과 공동체들이 사용할만한 도구로 만들어야 한다. 공교육도 그 과정의 일부다. 우리는 경찰들에 의해 죽임당한 여성들의 어머니들이나 학교로부터 쫓겨난 어린 소녀들처럼 어떻게 사람들이 교차성에 의한 피해들을 경험하는지 보여주기 위해 예술과 다양한 프로젝트를 사용한다. 우리는 사람들이 이러한 문제들을 좀 더 잘 볼 수 있고, 이러한 권익옹호에 보다 더 개입을 잘 할 수 있도록 방법들을 개발하기 위해 직접 소통하고 대변한다.

출처: 콜롬비아 법학전문대학원 2017.

접근할 수 있는지 이해할 수 있도록 도와주며 회복적 정의의 에토스를 형성하는 데 지속적으로 영향을 끼쳤는지 이해하도록 도움을 준다.

마찬가지로 교차성 페미니스트와 인종에 관한 비판적 견해들 또한 회복적 정의 운동에 있어 중요하게 기여하였다. 바바라 허드슨2006은 회복적 정의가 이러한 학문적 전통에 있어서 정의가 갖고 있는 몇 가지 이상을 실현할 수 있다고 보았다. 그녀는 교차성 페미니즘, 인종에 관한 비판적 이론과 추론성, 관계성, 성찰성이라는 회복적 원리 사이에 존재하는 상호보완성을 알고 있다. 이러한 원칙들은 어떤 청구인이든 정의를 제대로 실현하기 위해서는 자신이 백인 남성과 동일하다는 것을 먼저 증명해야 하는 "백인 남성의 정의" 너머의 정의를 가능하게 한다. 허드슨이 말하는 추론성discursiveness이란 정의에 관한 토론에 있어 전통적으로 소외된 사람들을 서클 안으로 끌어들여야 한다는 의미이다. 회복적 정의 용어로는 피해와 관련된 그들의 정체성이나 위치가 어떻든 간에피해자 또는 가해자 등 각 사람이 자신의 용어로 발생한 피해 사건에 관해 말할 수 있도록 허락하며, 이러한 피해를 공식적인 법의 명령을 벗어난 방식으로 규정할 수 있어야 한다. 관계성relationalism은 "지역사회와 국가와의 관계를 포함한 관계의 네트워크 안에 구체화된 개인들이 있음을 인정한다."Hudson 2006: 37 그러한 관계를 통해 우리는 우리의 정체성, 옳고 그름에 관한 감각, 시민이나 이웃으로서 권리와 책임에 관해 협상한다. 그러므로 회복적 정의는 그러한 관계를 증진시키고 탐구할 수 있는 공간이 되어야만 한다. 끝으로 성찰성reflectiveness은 범죄의 독특한 요소와 잘못된 행동이 무엇인지 살펴보도록 한다. 너무 자주 우리의 사법절차는 자신들만의 용어로 사건의 특수성을 다루려 하기보다는 사건들을 특정 법 테두리 안으로 구겨 넣으려 한다. 누군가 상실 경험은 성폭력과 같은 형법 용어로 정의되지만, 이러한 용어는 성폭력을 통해 받는 고통이 무엇인지에 관해 겉핥기에만 머물 수 있다. 어떤 사람의 . 철학자 클라우디아 카드Claudia Card 2010년에 따르면 성폭력은 어떤 사람을 사회관계로부터 단절시킴으로써 완전한 무력감을 경험하게 하는 "사회적 죽음"에 해당한다. 성찰의 원칙은 회복적 정의 실천가들에게 성폭력을 당하기 쉬운 사람들의 경험에 관해 보다 더 총체적으로 생각하고, 끼쳐진 피해에 대해 법적인 정의뿐만 아니라 성폭력이 한 개인의 인생과 그가 속한 공동체에 얼마나 폭넓게 영향을 끼쳤는지 다루게 한다.

허드슨은 이러한 개념들을 통해 참가자들이 회복적 정의의 공간으로 가져오는 지배나 특권의 경험들이 서로 교차하는 지점들을 하찮게 여기지 않고 이에 더 민감하게 반응할 수 있는 가능성을 열어준다고 이야기하고 있다.

회복적 정의의 에토스

개념들을 간단하게 훑어보는 것을 통해 우리는 회복적 정의의 에토스를 구성하는 요소들에 어떤 것들이 있는지 함께 생각해 보고자 한다. 가장 기본적으로, 다음의 전제들은 회복적 정의의 에토스에서 꼭 필요하다.

1. 갈등은 알 수 있다. 갈등은 다루기 힘들다거나 상상하기 힘들 정도의 복잡한 분쟁들로 얽혀있다는 식의 생각은 회복적 정의 사고방식을 향한 저주다. 회복주의자들은 주어진 분쟁의 범위와 반감을 이해할 수 없는 상황은 없다고 생각하며, 따라서 갈등을 해결하는 방향으로 직접적으로 개입할 수 있다고 믿는다.

2. 우리는 의사소통이라는 행동을 통해 갈등을 알 수 있다. 갈등을 이해하는 방법은 효과적인 의사소통을 통해서다. 사람들이 주어진 상황을 이해하기 위해 공개적이고 자유롭게 토론하려고 함께 모일 때, 갈등에 대한 좀 더 분명한 이해가 도출될 수 있다.

3. 의사소통이 가능한 환경을 만들 수 있다. 사람들은 올바른 절차와 분위기가 조성되면 강요하지 않는 태도로 서로를 향해 의사소통하게 된다. 이러한 사고방식에 따라, 사람들은 다양한 장단점을 인정하며 회복적 정의 대화모임을 시작할 수 있지만, 진행자의 세심한 준비와 적정한 개입을 통해 의사소통의 불균형을 바로잡을 수 있다.

4. 사람의 행동 방식은 바뀔 수 있다. 우리의 행동 방식은 돌로 새겨놓았거나 태어날부터 결정되어 있지 않다. 다양한 사회적 힘이 모여 현재 우리의 행동에 영향을 주어왔고, 행동 패턴을 형성해왔다. 이렇게 영향을 주는 조건들을 새로운 조건들로 대체할 수 있다. 예를 들어 재통합을 위해 수치심을 자극한다거나 긍정적인 사회 관계망과 같은 새로운 환경으로 바꾸어줄 때 사람을 좀 더 잘 돌보는는 방향으로 나아갈 수 있을 것이다.

5. 사람들은 의사소통 능력과 창의적 문제 해결 능력을 갖고 있다. 의사소통과 행동을 변화시키는 우리의 능력 덕택에, 우리는 갈등으로 연결된 조건들을 바꿔나가기 위한 창조적인 해결책에 도달할 수 있고 우리 주변의 세상을 재창조해 나갈 수 있다.

6. 효과적인 의사소통으로 다져진 사회는 보다 평화롭고 진보적이다. 앞에서 말한 모든 이유들을 이뤄나감에 있어, 효과적인 의사소통은 새로운 문제가 발생할 때 사회를 변화시키고 좀 더 나은 방법을 선택할 뿐만 아니라, 모든 사람이 서로 평화롭게 살 수 있는 사회의 토대가 된다.

우리는 회복적 정의 인식론과 회복적 정의 존재론의 주요 요소들이 이러한 에토스 안에 들어 있음을 알 수 있다. 인식론우리가 어떻게 아는가과 더불어, 우리는 서로 대화하려는 노력을 통해 사회적 세계, 특별히 갈등의 세계를 이해할 수 있다는 것을 알게 된다. 2장에서 살펴보았듯이, 회복주의자들은 결코 타자의 목소리를 완전히 들을 수 없으며, 의사소통할 때 항상 번역행위를 한다는 데리다의 관점을 무시하거나 놓칠 수 있다. 존재론우리 사회 혹은 세상의 본질에 관한 이론의 입장에서 말하자면, 의사소통에 관한 여러 가지 잠재적인 장애가 있음에도 불구하고 우리는 적절한 조건이 갖춰져 있다는 가정 아래 서로에게 말할 수 있고, 우리 주변의 세상과 우리 자신을 변화시킬 수 있다고 이해한다. 우리는 얼마든지 변화가 가능한 세상에 살고 있다. 이러한 사실이 우리가 말하는 회복적 정의의 **목적론**teleology인데, 이는 회복적 정의를 통해 우리가 도착하고자 바라는 최종 상태이자, 의사소통을 통해 우리 모든 사람이 더 나은 모습으로 온전히 해방되어 공동으로 다시 창조하려는 세상에 관한 비전이기도 하다.

이러한 기본적인 전제들은 대부분의 회복주의자들에게 공통적으로 나타나는 것으로서 이번 장에서 회복적 정의의 에토스라는 주제로 제시하고자 하는 내용이다. 그러나 이러한 전제들은 캐나다의 진실과화해위원회 같은 실제 갈등 상황에 비추어 점검해 볼 때 전혀 문제가 없지는 않다.

캐나다 진실과화해위원회

1880년대부터 캐나다에서는 인디언집단기숙학교Indian Residential School, IRS 제도가 구체화되기 시작했다. 비록 선주민 아이들을 강제적으로 동화시키기 위해 학교 제도를 이용하고자 했던 이전의 노력들이 있었지만, 캐나다 정부가 다양한 기독교 교단가톨릭, 성공회, 장로교와 감리교들과 협정을 맺어 선주민들의 언어, 전통, 지역 간의 연계를 말살하기 위해 옥사 형태의 학교 안에 아이들을 강제로 이주시켜 선주민들의 문화를 말살하고자 시행한 것은 이때부터이다. Woolford 2015; Woolford and Gacek 2016 선주민 부모들은 극심한 압력에 시달렸고, 많은 경우 강제되어 자녀들이 성장하는 내내 그들을 집단기숙학교로보내야 했다. 그들을 만날 수 있었던 것은 짧은 국가 공휴일과 여름방학 때뿐이었다. 부모와 공동체로부터 아이들을 분리해 놓으면 선주민 아이들이 선주민으로서 삶의 방식에 관한 심리적 애착이 사라질 것이라고 믿었기 때문이다. 1920년에, 이러한 집단기숙학교는 모든 선주민 자녀들에게 의무사항이되었다. 많은 수의 기숙학교 환경은 너무 열악했던 나머지 수많은 아이들이건강 악화, 혹독한 기후조건, 영양 결핍을 이기지 못하고 죽어나갔다. Milloy 1999 또한, 아이들은 자신들의 문화, 전통, 공동체 및 가족에 대한 지속적인언어폭력은 물론 신체적, 성적 학대를 당하였다. 교육을 마칠 즈음 많은 아이들이 외로이 남겨지거나, 분리되거나, 충분한 사회적 지지를 받지 못해 더이상 되돌아갈 집이 없거나 떠나온 공동체에서 환영을 받지 못하게 되었다.자녀로서 양육에 관한 경험을 박탈당했기 때문에, 그들은 후에 자기 자녀들을 양육하는데도 엄청난 어려움을 겪어야 했다. Haig-Brown 1988; Monture-Angus 1999 선주민 공동체 안에 만연한 중독, 자살 그리고 세대간 트라우마의 여러징후뿐만 아니라, 감정적, 신체적, 성적 학대 등 끊임없이 지속되는 악순환은우리가 말하는 집단기숙학교 경험의 트라우마로 자주 언급되고 있다.

진실과화해위원회를 발족하기 위해서는 당시의 고통에 대한 사회적 이해가 증진될 수 있도록 피해자들에게 자신의 이야기를 할수 있는 기회를 제공하는 것이 필요했다. 회복주의자들은 집단기숙학교의 실상과 그로 인한 트라우마가 어느 정도는 전달되고 소통될 수 있다는 전제 하에서 이 과정들을 추진해나갔다. 이는 선주민기숙학교라는 복잡한 역사가 그걸 경험하지 못한 일반 대중도 이해할 수 있을만큼 잘 정제된 이야기로 만들어질 수 있다는 뜻이다. 실제로 많은 사람이 그러한 이야기들을 통해 소위 '학교'라고 불리던 선주민 수용시설의 생존자들이 겪은 고통과 트라우마에 대해 보다 더 잘 알게 되었다. 여전히 비선주민들이 그 시대그리고 그 후폭풍를 겪은 당사자들만큼 선주민기숙학교 경험을 온전히 이해하기란 쉽지 않다. 비선주민들은 '그때는 이랬을 것'이라는 하나의 그림을 받은 것 뿐이다. 그러나 그 그림에 근거해서 현재 캐나다에 사는 선주민들이 직면하고 있는 문제들에 관해 조금 더 동정심을 갖게 될 것이며, 여러 불의한 상황들을 개선하고자 지금의 정착민사회를 변혁하는 일에 헌신하는데까지 나아가기도 할 것이다. 회복적 정의의 에토스는 그러한 이해를 기반으로, 캐나다에 살고 있는 선주민과 비선주민의 관계를 폭넓게 개선하기 위해 공개토론을 열어야 한다고 감히 말한다.

회복적 정의의 인식론과 존재론은 우리가 어려운 시기에 있든 독특한 트라우마 사건을 마주하든 앞으로 나가도록 준비시켜준다. 이것이 전부는 아니라 하더라도, 대부분의 인간에 관련된 문제들을 고칠 수 있다는 사실을 확실하게 긍정하고 낙관하는 것은 에토스의 기본이다. 그러나 이러한 유형의 에토스는 순진할 정도로 희망적이라는 비난을 피하기 위해서라도 비판적인 정치적 감수성이 필요하다. 갈등해결이라는 일상의 의사소통에 관한 장벽은 피해를 복구하려는 최상의 의지를 가진 노력조차 봉쇄하거나 위협할 수 있다. 진실과화해위원회와 같은 회복적 프로젝트들은 사회에 관한 명확한 관심사와 이미 형성된 전제가 명확한 정치적 행위자들에 의해 고안되고 실행되었다.

캐나다 진실과화해위원회는 민사소송건들에 관한 정부의 책임부담을 두려워하는데 이는 정부가 참여하게 된 계기가 집단기숙학교에서 일어난 학대였기 때문이다. 그러한 소송에는 정부가 높은 비용을 지불해야 한다는 위험 요소가 도사려 있다. 이와는 대조적으로, 공식적인 사과와 배상금의 일시지불도 필요하지만 진실과화해위원회에는 그 자체로 상징성이 존재한다. 이 상징성이란 지금까지 처리하기 힘든 것처럼 여겨왔고 잠재적으로 비용이 많이 드는 사회문제를 해결함에 있어 계산 가능한 길을 제공한다는 상징성을 말한다. 이러한 일이 실제로 일어나게 하려면 이러한 보상을 확실히 보장하기 위해 이러한 배상과정을 너무 넓게 확대되지 않도록 세심히 배려해야 하며, 정부의 정당성과 권위를 너무 많이 인정함으로써 속죄라는 상징적 행위가 손상되지 않아야 한다. 예를 들어, 정부는 집단기숙학교와 같은 식민지 정책을 통해 광범위한 대량학살을 일으켰다는 사실을 잘 인정하려 들지 않는다 집단기숙학교와 같은 상황에서 살아남아 오랜 기간 극심한 가난 속에서 그리고 그들이 얻어낼 수 있는 금전적 보상이 절실한 상황에서 살아온 나이 든 수 많은 생존자들에게 회복적 과정을 형성하는 권한은 여전히 정부의 손에 달려 있기 때문이다. 그러므로 생존자들에게 어느 정도의 정의를 추구할지 제한을 두기 위해 정부는 힘을 동원할 것이다. 문화적 동화를 위해 주간 학교에 다녔던 사람이나 제대로 보관되지 않아 집단기숙학교 기록에 없는 사람들로 구성된 생존자 그룹을 제외하기 위한 규칙을 만드는 것이 그러한 예에 해당한다. 그러한 메커니즘을 통해 진실과화해위원회가 진행하는 의사소통 프로젝트는 진실성을 평가하고 비용을 제한하기 위한 기술적인 모델과 보험통계 모델로 전환될 수 있다. 정부와는 독립된 별개의 기관으로서 진실과화해위원회는 피해자 중심의 과정을 만들어 이러한 경향에 대처해 왔다. 그럼에도 불구하고, 정부는 자금과 기록의 통제자로서 발생한 여러 종류의 의사소통에 영향을 미칠 수밖에 없다. 이러한 이유로, 화해 프로젝트에 헌신하는 사람들은 단순히 진실을 추구하고 상징적인 보상을 추구하고자 노력하는 데만 관여하지 말고, 이러한 목표를 진전시키기 위한 정치적 수단들을 추구할 수 있어야 한다.

이 사례는 회복적 정의의 에토스가 제시하는 희망이 종종 갈등의 허황된 정치적 현실을 상대할 때 나타나게 된다는 사실을 보여준다. 이러한 에토스는 갈등해결의 난항을 더 잘 헤쳐나갈 수 있는 정치적 감수성에 의해 강화될 필요가 있다. 또한, 위에서 설명한 바와 같이 우리는 어느 정도 조심스럽게 회복적 정의의 에토스에 접근해야 한다. 그 원칙에 포함된 의사소통과 이해의 윤리는 회복적 정의의 실행방식4장뿐만 아니라, 회복적 정의가 실현되는 광범위한 집단적이며 사회구조적인 상황5장, 6장이라는 힘의 역학관계 내에서 검토할 필요가 있다.

토론을 위한 질문

1. 만약 선주민의 정의를 회복적 정의의 한 형태라고 주장한다면, 왜 그것에 관해 정치적 우려를 나타내는가?

2. 회복적 정의의 에토스란 무엇인가? 이 회복적 정의의 에토스는 사람들이 회복적 정의를 생각하고 실천하는 방식에 어떻게 영향을 미치는가?

3. 캐나다의 진실과화해위원회에 관해 무엇을 배웠는지 생각해 보라. 진실과 화해의 과정 중 어떤 면이 회복적인 것으로 여겨지는가?

4

회복적 정의 유형들

회복적 정의의 형태에는 몇 가지가 존재하는데 대부분의 유형들은 지금도 사용되고 있다. 우리는 현재 실천되고 있는 유형들에 관해 알 필요가 있다. 무엇보다 중요한 것은 우리가 회복적 정의의 실천방식을 깊게, 또 비판적으로 탐구할 필요가 있으며 그럼으로써 구체적으로 그 안에 내재되어 있고 실천에 영향을 미치는 측면을 알아가야 한다. 행동에는 단순히 우리의 생각과 신념을 정직하게 드러내는 측면만 있는 게 아니다. 행동은 또한 우리의 감정을 형성하는 문화적인 정황뿐만 아니라Ahmed 2004 매일매일 행동을 이끌어내는 습관화된 기질을 통해 발현된다.Bourdieu 1990 좀 더 단순한 용어로 설명하자면, 우리의 일상적인 행동은 종종 우리가 미처 알아차리지 못하는 뿌리 깊은 감수성의 반영이기도 하다. 아이스하키와 같은 운동 연습을 예로 들어 생각해 보자. 반복해서 하는 훈련들은 어떤 특정 동작들이 충분히 몸에 익어서 경기에서 선수들이 자동적으로, 하지만 동시에 다소간 창조적으로 반응할 수 있게 해준다. 예를 들어, 만약 당신이 브레이크어웨이역주: 상대편 골리와 1:1로 맞서는 단독 찬스 상황를 연습하고 또 연습한다면, 경기 중 수비를 떼어놓고 단독으

로 골리역주: 골키퍼에게 다가갈 수 있는 기회를 거의 본능적으로 찾게 될 것이다. 그리고 어떻게 움직여야 하는지를 고민하는 대신 그동안 해왔던 훈련에 의해 퍽을 띄우면 골리가 뒤로 물러서며 막을 수 없다는 사실을 알고 자연스럽게 백핸드로 샷을 날리려고 할 것이다. 자, 이제 당신의 부모가 이 하키 경기를 보고 있다고 생각해 보자. 그분은 당신이 상대방을 멋지게 속이는 동작을 보며 어떤 감정이 솟구칠 것이다. 팀에 승리를 가져다줘서 느끼는 짜릿함일 수도 있고, 그동안 고생해온 자식을 바라보며 느끼는 자긍심일 수도 있다. 그러나 이러한 즉각적인 감정 촉매제 너머에는 단순히 무언가를 열심히 잘 해서 받는 인정보다도 아이스하키를 잘 한다는 것에 더 특별한 의미를 부여하고, 심지어 이를 캐나다인의 정체성과도 연결시키는 문화적 맥락이 존재한다. 이처럼 하나의 구체적인 순간 뒤에도 복잡한 사회문화적 관계들이 자리하고 있다.

실천으로 들어가면 회복적 정의는 특유의 에토스에 기반해 새로운 갈등해결 방식과 새롭게 영향을 주고받는 형태들을 가지고 의사소통과 창의력을 향상시킬 뿐만 아니라, 안도감, 치유, 안전, 공동체 소속감과 같은 정서로 우리를 이끌어간다. 회복적 정의가 제공하는 재교육 프로그램에는 다양한 종류가 있다.

조정 및 공동체 조정

폴 맥콜드Paul McCold, 2006는 조정과 회복적 정의가 공유하는 기원에 관해 주목하였다. 비록 대부분의 학자들은 이 두 가지 활동에 중첩되는 면이 너무 많아 그 차이를 설명하는데 조심스러운 태도를 보였으나, 회복적 정의를 큰 틀 안에서 논의하기 위해 얼마간의 시간을 들이는 일은 매우 가치 있는 일이

다. 토론을 위해 Woolford and Ratner 2008를 보라

이전 장에서 언급한 것처럼, 1970년대는 많은 사람이 공식적인 법에 관해 실망을 경험하게 된 시기였다. 법정의 관련 업무들은 전문용어로 가득한 법률적 담화들로 이루어져 너무 난해했고, 법률적 결정은 변호사들에게 서비스를 받을 수 있는 여유 있는 사람들에게 가장 유리했기 때문에, 법정은 쉽게 접근할 수 없는 곳으로 여겨졌다. 법정에는 승자와 패자만 있을 뿐 그 사이에는 아무것도 존재할 수 없는 곳, 즉 필요 이상으로 적대적인 장소로 인식되었다. 위에서 언급한 내용을 포함한 여러 이유 때문에 많은 사람들이 지역사회와 공동체에 속한 주체들이 자율적이고 창의적으로 문제를 해결했던 예전의 정의 형태로 되돌아갈 수는 없는지 질문하기 시작했다. Burger 1979

이러한 지역사회로의 전환은 지역사회 정의센터, 지역사회 신용조합, 이웃에 기반을 둔 보건 및 식품 협동조합, 그리고 이 새로운 영향력 아래 설립된 여러 가지 시도 등으로 이어졌다. Coy and Hedeen 2005 회복적 정의의 시작과 가장 적절한 관련이 있는 것은 지역의 사법 센터였는데, 이러한 지역사법 센터에는 이웃 간의 분쟁을 진행하기 위한 자발적 조정자들이 있었다. 비전문 조정자들이었으나 이들은 지역사회가 부여한 지위를 사용하되 사사로이 이득을 취하지 않는 한도 내에서 지역사회에 속한 자신의 지위를 사용하여 분쟁에 관련된 사람들을 설득하여 그들의 차이를 해결하도록 역할을 부여받았다. 이러한 사법 실험이 시작될 때, 사람들은 민사 사건이라든가 경미한 범죄로 인한 갈등 사건을 이 조정자들이 맡아주길 기대했다. 그러나 시간이 지나면서 지역 사법 센터들이 민사 사건과 분쟁을 해결하는 데 집중하게 되었다. Olson and Dzur 2004

샌프란시스코 지역사회위원회SFCB는 이러한 지역사법에 있어 가장 빈번

하게 언급되는 연구사례 중 하나이다. 예를 들어 Fitzpatrick 1995; Pavlich 1996 1976
년에 설립된 SFCB의 목표는 더 큰 싸움으로 번지기 전에 갈등을 다룸으로써
공동체 화합을 이루고, 공동체 내의 범죄에 관한 두려움을 감소시키고, 주민
들에게 갈등해결 기술을 제공함으로써 사람들이 이런 기술을 매일 생활에 적
용하게 하는 것이었다. Shonholtz 1984 이들의 이웃 조정 프로그램에 있어, 분쟁
은 건물주와 세입자 간의 불화, 한 방을 쓰는 룸메이트나 이웃과의 갈등, 소
음 관련 민원, 혹은 지역사회의 화합에 위협이 되는 기타 문제들이다. SFCB
회의가 열리는 동안 갈등을 겪고 있는 당사자들은 동의를 기반으로 해결을
이끌어내는 진행자들, 즉 자원봉사자들로 이루어진 패널에게 자신의 갈등 상
황을 제시하였다. 패널 구성원들은 사회적 지위만이 아니라 갈등 당사자들
의 특성을 고려해서 선정되었다. 패널과 갈등 당사자가 함께 공유하는 특성
들 덕분에 당사자들이 더 쉽게 패널과 공감대를 형성하고 자신들의 문제를
좀 더 잘 풀어낼 수 있었을 것으로 추정해볼 수 있다. 또한, 그런 공통점은 이
SFCP과정에 참여한 모든 사람이 평등하다는 인상을 갖도록 도와줌으로써
갈등 당사자들이 과정에 참여하여 중대한 결정을 내릴 때 패널 구성원을 의지
하기보다는 자기 자신의 권한을 신뢰하도록 도와주었다.

SFCB와 같은 지역공동체 정의 위원회들은 많은 사람에게 희망을 줌으로
써 실제로 지역사회 정의가 전문가나 제도를 벗어나서 실현 가능함을 보여주
었다. 그러나 지역사회 정의는 약속한 내용을 실현하는 데 실패했다는 비판
을 받기도 하였다. 이들이 실행하는 정의의 과정이 지역 자치적인 정의를 이
루는 대신에 국가 권력을 지역으로 확장하고 뿌리내리게 하며, 사회복지 담
당자들과 지역의 자원봉사자들이 지역의 문제가 사회적인 이슈로 대두되는
것을 제어하는 공무원의 역할을 대신하고 있다는 내용의 비판이다. Abel 1982;

Hofrichter 1982; Matthews 1988 또한, 시민들이 사법 절차에서 소외되고 법정에 너무 많은 사건이 밀리는 것과 같은 공적 사법제도가 직면하는 많은 위기를 극복하는데 지역공동체 정의 위원회가 도움을 줌으로써 공적 사법제도의 정당성을 보존하는 도구로 이용돼왔다고 비판 받기도 했다.예를 들어 Abel 1982; Selva and Böhm 1987을 보라 그 외 지역공동체 정의 실천이 가만 놔두면 자본주의 생산수단을 위협할 수도 있는 갈등을 먼저 해결해버리고 노동자들을 달래는 역할을 한다는 비판도 있다.Hofrichter 1987 예를 들어, 결혼 분쟁이나 재산 문제로 생긴 이웃 간의 갈등은 단순히 노동자들의 일상생활을 파괴할 뿐만 아니라 일하는 사람들의 마음을 분산시키고 그들의 생산 능력에도 영향을 줌으로써 그들의 작업환경까지 위협한다. 더 나아가, 이러한 사소한 말다툼이 법정분쟁으로까지 이어지면 중산층이나 상류층의 특권으로 여겨지던 법적 자원이 고갈될 위험도 있다.Hofrichter 1987 이러한 이유로, 호프리히터와 같은 학자들은 자본주의 시스템이 지역사회 조정과 같은 간접적인 사회 통제 방식에 직접적인 관심을 갖고 있다고 주장한다.

피해자 가해자 화해 및 피해자 가해자 조정 프로그램

공동체 정의는 형사사법에서 적용할만한 이상적인 대안을 모색해왔다. 1974년, 초기 피해자 가해자 화해 프로그램Victim Offender Reconciliation Program, VORP이 캐나다 온타리오주의 키치너-워털루에서 멀지 않은 엘마이라Elmira 에서 시작되었다.Peachey 2003 이 때, 보호관찰사였던 마크 얀치Mark Yantzi는 아주 작은 읍내에서 술을 먹고 기물을 파괴한 두 명의 십대를 담당하여 일을 처리해야 했다. 얀치는 만약 이 두 명의 십대와 피해를 입은 사람들이 화해를 이룬다면 사건 관련 모든 당사자들에게 유익할 것이라고 느꼈다. 그는 이 사건을 담당하는 판사에게 가서 두 명의 가해자들이 피해자들에게 다가가 그들이 일으킨 피해를 배상하겠다고 제안하는 것을 판결의 일부로 넣어보자고 제안하였다. 판사는 동의하였고, 얀치는 메노나이트중앙위원회Mennonite Central Committee에서 일하고 있던 그의 동료 데이비드 워스David Worth와 함께 십대들을 데리고 피해를 입은 사람들의 집을 방문하였다. 십대들은 자신들의 행위에 의해 피해를 입은 사람들을 만났고, 그들에게 배상하기로 동의했다. 이뿐만 아니라 그들은 이 과정에서 자신들이 끼친 피해가 얼마나 컸는지 분명하게 알게 되었다. 이러한 첫 시도가 성공함에 따라 마크 얀치와 데이비드 워스는 사후재판 화해 프로그램을 창시하게 되었다.Peachey 2003

피해자 가해자 화해Victim Offender Reconciliation, VOR와 피해자 가해자 조정 Victim Offender Mediation, VOM은 거의 동의어로서 아래와 같은 모델을 따르는 프로그램을 지칭할 때 사용하는 용어이다. 마크 엄브라이트 외의 연구Mark Umbreit et al. 2006에 따르면, VOR과 VOM의 핵심 요소들은 다음과 같다.

- 안전한 환경 확보
- 사전 준비
- 자발적 참여
- 면대면 만남
- 사후 관리

여기서 피해자와 가해자 사이의 만남은 VOR과 VOM에서 중요하지만 하나의 작은 과정에 불과하다는 부분에 주목해야 한다. 만남에 이르기까지의 활동들이 그 만남의 성패를 가르는데 이는 당사자들이 서로를 만날 준비가

박스 4.1 가족 살인사건의 피해자를 위한 피해자 가해자 조정

'앤'은 아버지가 경찰이었던 여러 자녀 중 하나였는데, 그의 아버지는 고속도로에서 두 명의 강도와 대치하다가 살해당했다. 앤과 남매들은 사랑하는 아버지가 갑자기 사망하자 충격을 받고 망연자실한 상태였다. 수많은 사례들과 마찬가지로 이 일에 책임을 져야 할 사람들은 체포되고 수감되었지만 자식들의 필요는 채워지지 않았고 점점 커져만 갔다.

아버지의 죽음에 책임이 있는 두 사람 중 하나였던 '찰스'가 그를 담당하던 지역 경찰을 통해 프레이저 지역의 지역사회 정의 센터Fraser Region Community Justice Initiatives에 연락을 취해왔을 때는 몇 년이 지난 뒤였다. 동료 재소자가 자신이 죽인 사람의 가족을 만나서 놀라운 경험을 했으며, 다른 사람에게도 추천하고 싶다는 이야기를 찰스에게 해주었던 것이다. 그후로 찰스를 방문할 때마다 사건의 피해자/생존자들과 접촉을 시도해 볼 것인지 말 것인지 함께 분별하는 시간을 갖기 시작했다. 찰스는 아버지 목숨을 해친 것에 대해 깊이 슬퍼하고 있다는 사실을 피해자 가족들과 나누고 싶은 마음과 만남을 갖게 됨으로써 상대방에게 2차 트라우마를 일으킬 가능성을 피하고 싶은 마음 사이에서 갈등하고 있었다. 우리는 피해자들이 이 과정에 관심이 있다는 정보가 없는 지금과 같은 경우에는 찰스에게 더 명확한 확신이 들거나 프로그램에 대한 피해자들의 관심을 보여주는 어떤 새로운 변화가 생기기 전까지는 이 일을 진행하지 않겠다는 점을 분명히 했다.

그러던 중 우리가 찰스와 대화를 나누었다는 사실을 전혀 모르는 앤의 오빠가 갑자기 우리에게 찰스가 우리 지역의 감옥에 투옥되었다는 소식을 전해 들었다는 편지를 보내왔고, 만약 자신이 편지를 쓰면 우리가 그에게 편지를 전해줄 수 있는지 물어왔다. ⋯ 그는 중독의 마지막 흔적으로부터 완전히 벗어나기 위해서는 찰스를 용서해야 한다고 확신했다. 오랜 기간 동안 자신의 중독을 정당화하기 위해 사용해왔던 자기 안에 남아있는 원한, 분노, 그리고 복수심을 털어버릴 필요가 있다고 확신했던 것 같다.

몇 달 후, 이번에는 피해가족 중 앤으로부터 다음 편지가 도착했다. 앤은 찰스와 편지를 주고받는 과정을 통해 최종적으로는 피해자 가해자 조정 프로그램 Victim Offender Mediation Program 담당자의 진행 아래 면대면 대화를 나누길 원한 다고 했다. 찰스는 이 모든 상황을 받아들이기 위해 시간이 필요했고, 기관의 원로와 함께 만나 기도하는 시간도 가졌다.

그가 이러한 만남을 주선해 달라고 우리에게 요청하기까지 그리 오랜 시간이 걸리지 않았다. 찰스는 이 상황 속에서 도대체 무슨 말을 해줘야 적절할지 알지 못했지만 무엇이 되었든 그가 하는 말이 앤의 고통을 달래주고 그녀 마음에 조금이라도 평안을 줄 수 있기를 희망했다.

3월 말, 만남 하루 전날 앤은 준비하는데 도움을 얻기 위해 비행기를 타고 애보츠포드로 와서 우리를 만났다. 앤과 찰스는 다음 날 오전에 두 시간, 그리고 오후에 두 시간 동안 만났다. 형식은 간단했다. 과거사건과 그 이후 벌어진 일들이 두 사람에게 끼친 영향, 현재치유와 더 나은 미래를 위해 각자 하고 있는 일, 미래남아있는 수감 기간을 감았했을 때 찰스가 바라는 것들과 앤이 자신과 비슷한 배경을 가진 젊은 여성들과 함께 일하면서 이루고 싶은 일들에 관해 이야기를 나누었다. 오후 시간이 끝날 즈음에 미리 초청한 기관의 원로가 우리 만남에 합류하였다. 그는 찰스와 앤이 이러한 "용기있는 일을" 실행한 점에 관해 칭찬하며 찰스가 멋지게 그림을 그려놓은 전통 드럼을 꺼냈다… 원주민 배경을 가진 앤에게 남다른 의미가 있는 문양이 그림에 들어가 있었다… 원로는 드럼을 연주하며 이 만남에 적합한 노래를 하나 불렀다.… 그리고 그는 감사의 기도를 드렸고, 새로운 차원의 치유를 목격하게 된 것을 함께 축하했다.…

출처: 데이비드 거스탑슨, 공동체적 정의 이니셔티브Communitive Justice Initiatives, 연간보고

얼마나 되어 있는가가 그 앞의 활동에 달려있기 때문이다. 만남을 시작하기 위해 모든 당사자는 우선 모임이 안전하다는 느낌을 가져야 하고, 조정자에 관한 신뢰가 충분히 담보되어야 하고, VOR과 VOM 과정 내내 그 어떤 추가적 피해가 일어나지 않으리라는 보장이 있어야 한다. 이러한 전제가 확보된 다음에야 준비 과정이 시작될 수 있다. 조정자는 준비 과정을 통해 양 당사자

들이 만남에서 무엇을 기대할 수 있으며 만남을 진행하기 위한 기본 규칙다른 사람이 말하는 동안 방해하지 않고 경청하기 등이 무엇인지를 이해시킬 수 있다. 당사자들이 서로 만날 마음의 준비가 될 때가지 이 준비 과정 및 시간은 필요한 만큼 길어질 수 있는데 이는 조정자가 당사자들을 만나게 하려고 조급해하거나 서두르면 안되기 때문이다. 이러한 준비기간 동안, 그리고 전체 회복적 과정 기간 내내 당사자들이 자신들의 참여가 자발적이며 원하면 언제라도 자신들이 모임을 중단할 수 있다는 사실을 이해하는 것이 중요하다. 만약 그들이 어느 시점에서든 참가해야 한다는 부담을 느끼면 당사자들은 다시 피해를 받았거나 억울하다고 느낄 수 있으며, 이러한 경우 효과적으로 의사소통을 하거나 회복하는 데 방해가 되기 때문이다. 이 모든 준비 과정이 끝나면 드디어 양당사자들은 만날 준비가 된 것이고, 이 만남의 자리에서 조정자의 도움을 받아 서로 질문하고 일어난 갈등을 함께 해결해나갈 수 있는 기회를 부여받게 된다.

양형 선고를 목적으로 계획된 VOR이나 VOM에 있어서, 피해를 입은 사건에 관한 초기 논의는 결국 합의를 위한 논의로 전환되게 된다. 다양한 형태의 합의는 선고 후 VOR이나 VOM의 목표도 될 수 있다. 이 경우에는 대안적 처벌보다는 참여자들 사이의 개인적 이해 증진으로서의 역할이 더 크다고 할 수 있다. 어느 경우든 당사자들이 사건에 관한 상호이해에 도달하고, 사건 이후에 대한 계획을 세우기 위해 조정자의 구체적 개입이 이루어진다. 이에 관해서는 이번 장의 뒷부분에서 다룰 것이다 그러나 양자의 동의가 이루어졌을 때조차도, 이것은 VOR이나 VOM의 끝을 의미하지는 않는다. 당사자들이 동의한 내용에 부합하는 삶을 살고 있는지 확인하고, 그들의 필요가 충족되고, 동의한 내용을 갱신하거나 새로운 트라우마가 발생하지 않았는지 확인하기 위한 후속 조치가 필요하다. 다양한 VOR과 VOM 프로그램 중 일부는 만약 당사자들이 자신들이 동의한 내용에 부합하는 삶을 살지 못하거나, 첫 번째 회의에서 다루지 않은 새로운 문제가 발생한 경우 두 번째 회의를 개최하게 된다.

가족간대화모임가족자율협의회

가족간대화모임은 뉴질랜드의 마오리족 사람들의 전통적 정의 실천에서 영감을 받은 것으로 알려져 있으나, 이는 약간 과대 해석한 면이 없지 않다. 1989년 뉴질랜드에서 아이들과 청소년 그리고 가족법1989 Children, Young Persons and Their Families Act이 제정되었는데 교정 기관에 수감된 마오리 청소년의 비율이 과도하게 높은 문제를 해결하고자 하는 것이 그 법의 목표 중 하나였으며, 사법 절차에 가족들을 포함시키는 것도 그 안에 들어있었다.Daly 2003을 보라 이 법을 통해 가족간대화모임Family Group Conference, FGC이 대부분의 청소년 범죄에 관한 표준 대응책으로 지정되었다. 이에 따라 형사 사건을 해결하기 위해 피해자와 가해자뿐만 아니라 그들의 가족과 지지자들까지 한자리에 모이게 되었다.Consedine 1995, 2003 1990년대 호주의 아주 작은 도시인 와가와가 Wagga Wagga시는 뉴질랜드의 가족간대화모임 틀과 존 브라이스웨이트의 재통합적 수치심이라는 개념을 합친 경찰 경고 제도를 도입했다. 그 결과 이것은 청소년 가해자들을 다루기 위해 경찰이 이끄는 컨퍼런스가 정착되었다.Moore and O'Connell 2003 1990년대 중반 템스 밸리 경찰청이 실행한 프로그램을 비롯해 비슷한 여러 모델들이 와가와가 프로그램으로부터 영감을 받아 시작되었다.Pollard 2001

이러한 프로그램들은 다양한 모습을 띠고 있지만, 이들은 모두 갈등을 해결하기 위해 피해자와 가해자의 가족들을 한자리에 모이도록 한다. 이러한 일은 국가가 임명한 진행자의 도움 아래 이루어지며, 어떤 경우에는 합의에 도달하고자 원하는 가족들을 돕는 일을 담당하는 경찰관에 의해 이루어지기도 한다.Raye and Warner Roberts 2007

가족 그룹 의사결정Family Group Decision-Making, FGDM 프로그램은 여러 가족 간대화모임 프로세스 중 특별히 가족 폭력 사례에서 사용하기 위해 만든 모델로서 더 많은 논쟁을 불러일으켰다. 프로그램 창시자 조앤 펜넬과 게일 부르포드Joan Pennell and Gayle Bruford, 2002에 따르면 가족그룹의사결정은 건강하고 평화로운 삶으로 가족들을 안내하기 위해 필요한 자원과 가족 사이를 이어주는 "연결" 고리들을 창조해 내면서, "페미니즘 프락시스"를 사용한다. 이 페미니즘 프락시스는 가족에서 여성과 아이들의 역할과 남성 지배에 의해 존재하는 성에 관한 가설에 "개입"을 시도하는 실천 방안이다. 가족그룹의사결정의 목표는 일차 가족과 확대 가족들에게 자신들의 문제를 직접 다루는 권한을 부여하는 동시에 가족 내 폭력이 확실히 그치도록 도와주고 확인하는 것이다. 실제로 가해자와 피해자의 필요에 균형을 잡아야 할 다른 회복적 정의 프로그램들과는 다르게, 가족그룹의사결정은 다시 가해가 일어날 위험이 없도록 피해자의 안전과 필요에 우선권을 둔다. 그러므로 어떤 사건이 가족그룹의사결정으로 보내질 경우, 초청받는 다양한 가족 구성원들 중 그 누구도 어떤 식으로든 가정 폭력을 용납하지 않도록 주의를 기울인다. 이러한 선택 과정 후에 가족그룹의사결정 모임에서는 모든 가족이 보호받고 있다고 느끼며 서로를 존중하는 태도를 보일 수 있도록 준비하고 안전에 관해 강조한다. 모임을 시작할 때, 무언가를 읽거나 기도를 드리는 등 구성원들 간의 결속을 상징하는 가족 의식을 시행한다. 그 후 경찰이나 사건 담당자와 같은 보호 당국의 진술서를 통해 가정 폭력 사건의 이력을 전달한다. 그 다음 지역의 담당자를 초청하여 지역사회 내에서 가족들이 이용할 수 있는 자원들에 관해 알려줄 수 있도록 한다. 이러한 정보가 전달된 상태에서 가족들이 스스로 대응 계획을 세우게끔 외부 사람들은 빠진다. 진행자와 보호 당국자들은 이 모임이 진행되는 동안 절대 멀리 떨어져 있지는 않지만, 동시에 이러한 문제들을 다룰 수 있도록 가족들에게 공간을 마련해 주어야 한다. 학대나 폭력을 겪고 있는 가정을 감시하지 않고 그냥 내버려 두는 것은 명백히 우려할 만한 사안이기 때문에, 바로 이 지점이 가족 그룹 의사결정 모델에서 가장 논란이 되는 부분이다. 일단 가족이 어떤 계획을 세우게 되면, 보호 당국은 안전 요건을 충족하는지 확인하기 위해 계획을 검토하고, 만약 안전하다고 판단되면 가족은 자신들이 결정한 내용을 수행할 책임을 진다. 그러나 계획을 세우지 못하거나 세운 계획이 안전 요건을 충족시키지 못하면, 다시 회의를 소집한다.

서클들

이전 장에서 언급한 것처럼, 우리 시대의 회복적 정의는 종종 선주민들의 전통적인 정의 실천으로 거슬러 올라간다. 특별히 서클들은 현재 북미로 알려진 곳에 사는 다수의 선주민 그룹들이 사용하는 방법으로 언급되고 있다. 가장 기본적인 용어들로서, 서클은 공동체가 모여 관련된 문제들과 그들 사이에서 발생한 불의한 일에 관한 가능한 해결책을 논의하는 회의다. 참여자 모두에게 말할 기회가 주어지고, 독수리 깃털과 같이 성스러운 물건을 넘겨받는 사람에게 자신의 의견을 피력할 수 있는 권리가 주어지는데, 이는 참여자 모두가 그 사람의 말에 귀를 기울여야 한다는 의미다.

피해자 가해자 화해VOR와 피해자 가해자 조정VOM과 마찬가지로 서클에는 다음과 같은 몇 가지 단계가 있다.

- 적합성 판단
- 서클 진행 준비
- 서클 진행 – 참여하기로 한 사람을 서클로 불러 모으기
- 후속 조치 스튜어트와 프라니스, 2006

첫 번째 적합성 단계에서 사건이 서클 프로세스에 적합한지 꼼꼼히 점검한
다. 잘못을 저지른 사람이 자신의 행동에 책임을 지고 있는가? 공동체는 피
해를 입은 사람과 피해를 준 사람이 필요로 하는 지원을 제공할 수 있는 위치
에 있는가? 그 서클이 지역사회에 어떤 위험을 야기하지는 않는가? 일단 이러
한 것과 기타 다루어야 할 문제들이 논의되면, 서클에 참여하기 위한 당사자
들을 준비시키는 일이 가능해진다. 진행자는 피해자 가해자 화해VOR나 피해
자 가해자 조정VOR과 마찬가지로 참여하는 당사자들에게 존중의 태도로 경
청하고 대화하도록 격려할 뿐만 아니라 더 나아가 이 갈등에 관해 가족이나
지역사회 구성원들이 어떻게 반응할지 예상하면서 참여한 사람들로부터 듣
게 될 말에 대해서 당사자들을 준비시킬 것이다. 어떤 참가자가 자신의 행동
에 관한 공동체 평가가 너무 가혹하다고 느낀 나머지 방어적 태도로 일관하
게 되는 상황은 서클에 유익하지 않다. 이러한 일들을 포함해 여러 준비 과정
을 마친 후에야 서클을 시작할 수 있다. 참석할 수 있는 사람들이 많기 때문에
서클에 적잖은 시간이 소요될 수 있다. 모든 참여자의 헌신이 요구되기 때문
에 서클을 진행할 때 법적 절차 상의 편의를 위해 서두르거나 압력을 가해서
는 안된다. 일단 공동체가 적절한 제재를 가하고 그것이 시행되면, 서클 진행

자는 지키기로 약속한 내용이 준수되고 있는지 확인하기 위해 피해자와 가해자의 상황을 점검할 필요가 있다. 또한, 이것은 약속한 조건들을 통해 가해자의 진전된 변화를 상징하는 다른 활동이나 축하 의식과 연결할 수 있다.Rose 1999; Stuart 1996

우리 시대에 사용하는 서클에는 다양한 형태가 있다. 일부 캐나다인에게 익숙한 형태의 서클은 양형서클로 종종 선주민 사건을 공식적 형사사법제도가 아닌 지역공동체 안에서 다루도록 하는 방식으로서 주로 선주민 공동체 안에서 많이 사용된다. 이 서클은 피해자와 가해자, 가족이나 친구처럼 그들을 지지하는 사람들, 원로들, 판사, 그리고 변호사와 검사 등으로 구성되어 있으며, 이 외에 함께하고자 하는 지역사회 구성원들도 포함된다. 국가를 대표하는 사람들로서 판사와 검사가 출석하지만, 이들이 서클 모임 중에 어떤 특별한 지위를 차지하지 않는다. 그들은 일반 법정에서처럼 의복을 입거나 높은 단상 위에 앉지 않으며, 서클의 다른 구성원들보다 말을 더 많이 할 수 있는 자격을 부여 받지도 않는다. 이들은 주로 서클 과정과 그 결과로 시행되는 제재사항을 캐나다 법의 기준을 충족하는지 확인하는 역할을 한다. 공동체가 서클 과정을 통해 결정한 처벌을 승인한다는 점에서 판사가 이 프로세스에서 가진 영향력은 여전히 크다고 할 수 있다.

논란이 된 양형서클의 예는 서스캐처원 주 옐로우 퀼 보호구역 출신 선주민 크리스토퍼 파우차이Christopher Pauchay 사건이다. 2008년 1월 29일, 술에 취한 파우차이 씨는 영하 30도의 날씨에 두 딸을 밖에 내버려두는 일을 저질렀다.박스 4.1 참조 내셔널 포스트National Post지의 컬럼니스트 조나단 케이같은 사람들은 파우차이가 양형서클과 같은 "전통적" 사법제도를 선택할 수 있는 기회를 제공받았다는 사실에 분개하지만, 피에르 루소 전직 검사는 양형서클

과정을 적용한 것이 전통적 선주민 사법제도나 관행을 완전히 부활시키려는 시도는 아니라고 지적한다. 서클 과정은 선주민 치유서클과 캐나다 형사사법제도를 혼합한 형태라고 보는 것이 맞으며, 양형판결에 관한 최종 권한은 여전히 캐나다 형사사법제도가 갖고 있다. 서클은 파우차이 씨가 자신의 속한 공동체를 위해 봉사할 수 있도록 조건부 형을 제안했지만 담당 판사는 이 "무분별하고 위험한 행동"에 대해 징역 3년을 최종 선고했다.

박스 4.2 토착민 양형서클의 어리석음
조나단 케이

크리스토퍼 파우차이의 범죄를 둘러싼 사실들은 너무 끔찍해서 아이들에게 겨울옷을 입힐 때마다 1년이 지난 지금까지도 그 사건의 이미지들이 머릿속에 불쑥불쑥 떠오른다.

파우차이는 서스캐처원 주의 옐로우 퀼 보호구역에 살던 아버지였다. 2008년 1월 29일 밤, 한바탕 술을 마신 후에, 그는 세 살배기와 한 살배기 두 딸과 함께 비틀거리며 눈보라 속으로 걸어 들어갔고 의식을 잃었다. 파우차이는 살아남았다. 그러나 기저귀와 티셔츠 차림으로 영하 30도 날씨를 맞았던 두 딸은 죽은 채 발견되었다. 11월에 파우차이는 과실치사 죄를 인정했다.

사건 자체로서 끔찍한 것은 차치하고라도, 이 에피소드는 원주민의 생명을 구하는 것보다 원주민 문화를 보존하는 데 더 중점을 둔 정부 사고방식의 치명적 어리석음을 전형적으로 보여주고 있다. 옐로우 퀼은 지리적으로 외딴 곳이고, 경제적으로 궁핍하며, 정치는 엉망인 데다 심각한 알콜 문제를 안고 있는 120여 가구정도 되는 작은 마을로서 정부 보조금을 들여 비참한 결과를 만들어내고 있는 선주민 정책의 전형적 결과물이다. 만약 주민들이 토착민이 아닌 백인이었다면 이러한 장소는 며칠 안에 정리되었을 것이다.

옐로우 퀼의 가장 대표적 비극 속에서도 원주민 문화의 특이성에 관한 우리 사회의 집착은 계속되고 있다. 이번 달, 한 판사는 옐로우 퀼 지역사회에서 "원로들"로 구성된 위원회가 원주민 양형서클을 통해 파우차이의 처벌에 관한 예비 권고안을 만들 것이라고 선언했다.

사람들은 양형서클이 마치 원주민 문명의 아주 오래된 특징인 것처럼 이야기하는 내용을 종종 듣는다. 그러나 실제로 양형서클이라는 용어는 1990년대에 대중화되었다. 당시 학자들과 정부 관계자들은 "정의", "죄" 그리고 "처벌"과 같은 서구의 추상적인 개념에 중점을 둔 "백인" 형사사법제도가 토착민들을 소외시켰기 때문에 토착민 범죄율이 높다는 논리를 펴기 시작했다.

1996년, 연방 정부는 원주민 사법 전략Aboriginal Justice Strategy의 일환으로 양형서클에 예산을 지원하고 형사법 선고조항들을 수정해 원주민들에게 특별 대우를 할 수 있게끔 했다. 추후 캐나다 대법원은 "양형에 관한 원주민의 전통적 개념들은 지역공동체에 기반한 처벌과 회복적 정의의 개념들을 강조한다"는 모호한 설명으로 이러한 조치들을 정당화했다.

이 주제에 관해 상을 받았던 한 보고서에서 어떤 학자는 "처벌보다는 치유를 강조하는 것은 원주민의 전통적 정의 개념과 매우 잘 조화되는 것"이라고 기록하였다. "치유의 수레바퀴로 알려진 원주민 치유 개념은 모든 것이 서로 연관되어 있고 원의 형태로 진화한다고 가르쳐 준다. 원주민 공동체는 잘못을 저지를 때 깨지는 하나의 원이라 할 수 있다."

이러한 표현은 원주민에 관한 수많은 기록들과 마찬가지로 '고결한 야만인' 신화에 기반한 화려한 수사에 지나지 않는 것으로서 어렴풋이 이해한 원주민 문화를 기초로 자신들의 유토피아적인 몽상을 투영하는 백인 연구자들과 법학자들의 지적 캠페인 중 일부에 불과하다. 따라서 양형서클이 토착민들의 고통을 경감시키는데 아무런 도움이 되지 않았다는 사실은 전혀 놀랍지 않다. 캐나다에서 원주민 범죄율이 나머지 집단에 비해 10배 이상 높게 나타나는 현상은 90년대 개혁안을 채택한 이후에도 거의 변화가 없기 때문이다.

사실, 양형서클만큼 토착문화와 거리가 먼 것도 없다. 크리스토퍼 파우차이의 오지브와Ojibwa 조상들을 포함해 이주민들이 오기 전에 지금의 캐나다라고 부르는 지역에 살고 있었던 토착민들은 친족 관계를 중심으로 작은 공동체로 살아가는 거친 수렵인들이었다. 비슷한 형태의 모든 사회가 그랬듯이 토착민 사회에서도 지금 우리가 고상하게 "사법 정의"라고 부르는 내용은 어쩔 수 없이 강력한 응징이라는 잔혹한 원리에 바탕을 둔 것이었다.

크리스토퍼 파우차이의 사례에 "전통적" 형태의 원주민 사법을 적용하려 들었다는 생각은 특히 더 우스꽝스럽다. 왜냐하면 수렵채집 문화에서는 자연 방치에 의한 유아살해가 용인되었기 때문이다. 이런 관습은 중세 시대 유럽에서도 쉽게 찾아볼 수 있었다. 정착민들이 생기기 전의 선주민 사회에서 파우차이의 행동은 서구적 표현을 빌리지면 '죄'로 여겨지지 않았을 것이다. 아이들은 그의 소유로 인식되었을 것이고, 그의 행동에 피해를 입고 보복하고자 부족은 없었을 것이기 때문이다.

"전통적" 원주민 가르침은 원주민 보호구역에 만연한 성범죄 사건을 다룰 때도 파우차이 사건 때와 마찬가지로 쓸모가 없다는 사실도 짚고 넘어가야 한다. 가부장적인 수렵채집 사회는 일반적으로 여성에게 성적 자기결정권을 전혀 부여하지 않기 때문에 원주민 강간범과 관련된 사건에 적용된 양형서클은 종종 피해자들에게 굴욕적이고 심지어 위험하기까지 한 것으로 증명되었다. 프란시스 위도우슨과 앨버트 하워드Frances Widdowson and Albert Howard가 『토착민 산업 까발리기』Disrobing the Aboriginal Industry라는 획기적인 책에서 기술한 것처럼 대부분의 선주민 부족First Nations은 힘 있는 한 두 가족에 의해 지배된다. 자신들중 누군가가 가해자로 지목되면 힘 있는 가족들은 "공동체" 양형 절차에 참여하는 구성원을 자기 입맛에 맞게 선정한다. 강간범을 적극적으로 옹호하고자 모인 부족의 지도자들로 가득 찬 방은 토착민 강간 피해자가 가장 피하고 싶은 공간일 것이다.

여기에는 엄청나게 역겨운 대칭 논리가 작동하고 있다. 우리는 주류 사회로 통합시키는 것보다 문화적 존중과 권한부여가 더 중요하다는 이론을 바탕으로 비참한 제3세계 환경에서 토착민들이 계속 살아가도록 장려하고 있다. 그리고 그들이 서로를 죽이고 학대하기 시작하면 우리의 사법 제도 역시 "전통"이라는 미명 하에 똑같은 각본을 따른다. 우리 자신에게 들려주는 토착민 문화에 관한 동화적인 이야기들이 언제나 비극적인 결말을 맺는다는 사실을 깨닫기 전까지 얼마나 더 많은 아이들이 죽어야 하는가?

출처: 내셔널 포스트지 2009년 1월 20일.

양형서클에 관한 진실

피에르 루소

서스캐처원의 엘로우 퀼 보호구역에서 벌어진 크리스토퍼 파우차이의 과실 치사 사건에 관한 조나단 케이의 글토착민 양형서클의 어리석음을 읽은 후에, 나는 양형서클과 선주민 사법에 관한 혼동이 존재함을 알게 되었다. 나는 은퇴한 검사로서 북부 캐나다 선주민 공동체 안에서 오랫동안 일했다. 나는 이들 공동체의 형사사법 시스템에 결함이 있다는 것을 최일선에서 경험했다.

양형서클에 관한 잘못된 인식이 자리하고 있다. 양형서클은 선주민 프로세스가 아니라 판사들이 고안한 하나의 과정이다. 자신들이 접하는 지역 공동체와 직접 다뤄야 할 사람들에 대한 정보가 너무 부족하다는 판사들의 인식에서 출발했다. 전형적인 양형서클은 판사, 검사와 변호사, 가해자 그리고 대개 피해자와 그 일에 관련이 있는 공동체 구성원들로 구성된다.

양형서클의 목적은 가해자, 피해자, 그리고 그들이 속한 공동체에 관한 정보를 법정에 제공하고, 가해자의 재활 가능성을 모색할 때 공동체가 갖고 있는 자원을 추천하기 위함이다. 판사가 여전히 판결하며, 필요하다면 장기간 복역을 명령할 수 있는 자유로운 권한을 가지고 있다. 그러므로 양형서클은 공동체가 겪는 고통에 실제적인 영향력을 미치지 못하며, 다만 법정이 사용하는 자문 과정에 불과하다. 양형서클은 평원의 치유 서클들Plains' Healing Circles로부터 차용한 것이고, 선주민 제도를 가져와 법정 제도를 보조하게끔 한 주류 시스템의 시도다. 선주민 문화에서 서클은 치유 프로세스이지만 캐나다에서 서클은 사법 제도에서 처벌의 일부분이다.

회복적 정의는 치유 과정을 통해 회복된 가해자와 피해자의 관계를 기반으로 한 사법개념이며, 캐나다를 비롯한 여러 나라에서 채택되고 있다. 이러한 회복적 정의 개념이 주류 사회 문화와 매우 다른 선주민 문화들을 더 잘 반영한다. 선주민 문화에서 갈등은 공동체 안의 화합과 관계들을 회복하는 방식으로 해결해야 한다. 갈등과 관련된 모든 당사자들은 함께 살아가야 하고 처벌은 큰 의미가 없기 때문이다.

내가 북부 캐나다에서 검사로 일할 때, 나는 수많은 경범죄자들이 감옥으로 보내지는 것을 보았다. 몇 주 혹은 몇 달 동안 공동체를 떠나 있다가 다시 돌아오면, 이들은 감옥으로 보내지기 전보다 공동체에 훨씬 더 위험한 존재가 된다. 법정은 이들이 저지른 범죄의 뿌리를 다루고 해결하는 데 전혀 도움을 주지 못했다. 수감 기간은 증가하고 있었지만, 그와 더불어 공동체 내의 폭력과 고통도 늘어갔다.

거꾸로, 나는 가벼운 경범죄를 관장하는 사법 위원회 등의 방식을 통해 사법이나 정의 문제에 좀 더 적극적으로 관여하는 공동체들을 보게 되었다. 이러한 접근방식 중 대부분이 상당히 잘 작동하며, 주류 사법 시스템을 통할 때보다 재범죄율이 훨씬 더 낮다는 사실을 확인해드릴 수 있다.

이러한 공동체들에서 주류 시스템보다 공동체 기반 선주민 프로세스의 성공 확률이 더 높다. 이것이 바로 원주민 사법 전략AJS이 효과를 발휘하는 이유다. 원주민 사법 전략은 양형서클을 위한 재정적 지원을 제공하지는 않지만, 공동체 차원에서 발생한 범죄를 포함한 여러 이슈를 다루는 공동체 기반 프로그램을 지원한다. 법정에서 진행되는 양형서클도 그런 프로그램 중 하나가 될 수 있다.

크리스토퍼 파우차이의 이야기로 돌아가 보자. 그의 범죄는 그가 속한 공동체에 매우 심각하고 상상하기 힘들만큼 엄청난 영향을 미쳤다. 선주민 부족First Nations 공동체들에게 어린이들은 중요하며, 엘로우 퀼 공동체는 이 끔찍한 범죄에 엄청난 충격을 받았다.

정부가 법원을 통해 이들 공동체들에서 정의를 구현해야 한다고 구현해야 한다고 결정했기 때문에 법원이 이 사건에 개입하였다. 공동체는 이 사건에 개입해 달라고 법원에 요청하지 않았다. 그러나 이제는 법원이 양형서클을 통해 지역사회와 협의하고 싶어한다. 이 범죄 사건이 공동체에 미치는 충격의 정도와 가해자, 피해자, 그리고 그들의 가족이 처해 있는 상황과 환경에 대해 법원이 인지한 이후에는 판사가 법을 집행하고 양형하는 책임을 지게 된다.

이것이 판사의 책임이다. 크리스토퍼 파우차이에게 어떤 처벌이 부과되든지 간에 그 결론이 양형서클의 결정에 근거하지는 않는다.

출처: 내셔널 포스트 편집자 2009년 2월 2일.

미국의 디네족은 갈등해결의 주요 수단으로 평화형성서클을 사용한다. 디네 전통에 따르면, 피해를 입은 사람은 가해자 측으로부터 배상 조치를 요구할 수 있다. 나아트아아니Naat'aanii 존경받는 공동체 지도자는 분쟁 당사자들이 그들의 가족과 영향을 받은 다른 부족원들과 함께 피해 상황에 대해 논의하는 자리에 참석해 돕는다. 참가자 모두가 당면한 이슈에 집중할 수 있도록 기도로 모임이 시작되고, 이어서 각 당사자는 벌어진 사건들을 자신의 입장에서 자세히 설명한다.

다음으로 참여한 모두에게 주어진 갈등 상황과 그 해결 방법에 대한 자신의 생각과 느낌을 말할 기회가 주어진다.Yazzie and Zion 2003

치유서클은 선주민이 주가 되는 환경에서 행해지는 서클들과 유사한 방법을 따라가지만 대체적으로 양형보다는 대화의 장을 마련하고 회복을 촉진하는데 초점을 맞춘다. 앞에서 언급한 두 유형의 서클과 마찬가지로 치유 서클은 여러 당사자들이 배타적이지 않은 환경 속에서 함께 모여 특정 피해 사건이나 일련의 피해 사건에 관해 공개 토론을 벌일 수 있는 기회를 준다. 만약 해당 문제에 대한 공통의 합의 및 협력으로 이어질만큼 대화가 충분히 순조롭게 진행된다면 치유서클이 양형서클로 이어질 수도 있다. 그러나 치유서클이 특정 이해관계자들을 치유하거나 재통합시키는 용도로만 사용될 수도 있다. 예를 들어, 어떤 사례에서는 피해자나 가해자를 중심으로 형성된 "지지 서클"이 당사자가 받는 고통으로부터 회복하고 공동체에 다시 통합되도록 도울 수 있다. 캐나다 전역에는 성범죄로 유죄판결을 받고 수감 생활을 마치고 지역사회로 돌아온 사람들과 함께 이러한 일을 하는 상호책임 및 지지 서클Circle of Support and Accountability, COSA단체가 많이 있다. 이런 단체의 지부 목록과 그 프로그램에 관해 더 알기 원한다면 COSA Canada를 참조하라 이러한 사람들은 위협적인 존재로 인식되기 때문에 사회적 네트워크를 형성하는 데 큰 어려움을 겪는다. "지지 서클"이 그런 사회적 네트워크 역할을 대신해서 전과자들이 반복 범죄를 저지르지 않도록 도움을 준다.

이야기하기는 모든 형태의 서클에서 아주 중요한 행위로 여겨진다. 서클은 다수의 당사자에게 해당 사건에 대한 자신만의 서사를 제시할 수 있는 기회를 제공할 뿐 아니라, 현재 겪고 있는 어려움에 관한 통찰을 주는 과거의 이야기를 들려 줄 수 있는 기회도 제공한다. Pranis 2005 이야기를 공유함으로써 당사자들은 치유나 합의, 혹은 이 둘 모두를 가능하게 하는 서로에 대한 이해를 향해 나아갈 수 있다.

비록 서로 다른 스타일의 서클들을 자세히 설명하고 있지만 실제 현존하는 회복적 정의 프로그램들은 이 중 한 형태의 서클만 사용하지 않을 수도 있다. 2장에서 논의한 노바스코샤 회복적 정의 프로그램을 살펴보자. 정부가 이 프로그램의 주요 역할을 담당하긴 하지만, 실제 회복적 정의 서비스는 8개의 서로 다른 지역사회단체들과 미크맥 법률 지원 네트워크Mi'kmaq Legal Support Network에 의해 운영된다. 이들 지역사회 단체들은 직원들과 자원봉사자들이 운영하는 다양한 회복적 프로그램들을 제공한다. 그들이 제공하는 프로그램의 종류가 약간씩 다르므로 각 기관은 종종 지역사회의 필요에 맞게 그들의 프로그램을 조정한다. 예를 들어, 할리팩스 지역에서 봉사하는 커뮤니티 정의 협회Community Justice Society는 말하기 서클을 주로 사용한다. 또한 이 단체는 청소년의 밤, '분노가 아닌 선택지'라는 모임, 그리고 이 외에도 다른 지역사회 프로그램들을 제공한다. 노바스코샤 주의 시드니 지역에 있는 아일랜드 커뮤니티 정의 협회Island Community Justice Society는 가족간대화모임이라는 프로그램을 중점적으로 운영하고 있다.

진실과화해위원회

권위주의적 통치와 집단 폭력이 성행하는 동안 국가 권력은 종종 인권 유린의 존재를 부정하거나 속인다. 사랑하는 사람을 잃은 가족들 혹은 고문을 경험한 개인들은 피해 사실 혹은 그들의 존재 자체를 부정하는 사법제도에 맞서 싸우는 자신을 발견할 수도 있다. 이러한 이유로 권위주의 시대가 지나가고 나면 진실이 중요한 목표로 여겨지기도 한다. 일단 권위주의 정부가 밀려나고 민주적인 통치가 확립되거나 뿌리내리는 과정 중에 있다면, 새로운 정권은 종종 과거의 거짓을 가려내고, 미래를 향한 변화를 촉진하기 위해 진실위원회를 설립한다.Kritz 1995; Teitel 2000; Offe 1997; Osiel, 1999; Marchak 2008 참조 일반적으로 우리는 남반구에 위치한 나라들이 이런 전환 과정을 많이 필요로 한다고 알고 있지만 최근에 있었던 캐나다 진실과화해위원회의 경험을 보면 이것이 단지 남반구의 문제만은 아니라는 사실을 보여준다. 캐나다의 선주민들은 100년이 넘도록 권위주의적인 인디안 법Indian Act아래서 살아왔는데, 이법은 누가 "인디언"이고 누가 아닌지를 규정하고 보호구역 안의 자원이 어떻게 사용되는지를 결정하는 등 선주민들의 모든 존재를 통제하고 관리했다. 1920년에는 선주민 아이들이 의무적으로 집단기숙학교에 출석하게끔 이 법이 개정되었다. 많은 사람은 우리가 진보적인 민주주의 국가에 살고 있다고 생각하지만 캐나다 영토 안에 사는 모든 사람이 이것을 경험하는 것은 아니다.

여러 비슷한 상황에서 진실위원회가 존재해왔으나 Hayner 2002 참조, 진실위원회와 회복적 정의Minow 1999; Llewellyn 2007의 연관성에 대해 가장 확실하게 영감을 준 것은 남아프리카공화국의 진실과화해위원회SATRC이다. 남아공에서 인종차별제도아파르트헤이트를 폐지하는 것으로 협상이 타결되며 과거 이런 폭력을 행사했던 사람들을 어떻게 다루어야 하는가라는 문제가 제기되었다. 이러한 사람들이 법정에서 처벌받거나 자경단원에게 보복당하는 모습을 많은 사람들이 기대했지만Wilson 2001, 둘 다 내전으로 이어질 가능성을 높이는 방식이었다. 남아공에서 오랫동안 권력을 유지해온 소수의 백인들은 여전히 사법제도나 군대와 같은 국가의 중요한 기관들을 통제하고 있었다. 만약 그들이 보복의 위협에 직면한다면, 그들이 그저 우아하게 자신들의 권력을 내려놓을 리가 만무했다. 따라서 남아공 진실과화해위원회가 대안으로 제시되었다. 그러나 과거 정권에 의해 희생된 사람 중 일부는 라틴아메리카 진실위원회들이 대부분 실시했던 사면 조항에 불편함을 느꼈다. 예를 들어 칠레와 아르헨티나에서는 과거의 가해자들에 대해 그 어떤 형태의 민형사상 기소도 불가능하게끔 전면적 사면조치가 취해졌고, 과거를 완전히 잊어버리는 방식이 사용되었다. 남아프리카공화국의 타협안은 전면적 사면조치 대신 가해자들이 노력해서 사면을 얻어내는 방식을 제안했다. 간단히 말하면 그들은 동료 시민들과 과거의 희생자들 앞에 서서 자신들이 한 모든 행위를 공개적이고 정직하게 선언할 필요가 있었다. 만약 진실을 말하지 않으면 이들의 사면은 기각될 것이고, 이들에게 민사소송이나 형사처벌이 주어질 수도 있었다.

아파르트헤이트에 오랫동안 짓눌려 있었던 남아공 사람들은 이런 변형된 사면 방식도 여전히 받아들이기 힘들어했다. 조금 더 사람들 구미에 맞게 만들기 위해 아파르트헤이트 제도를 공개적으로 비판해온 대표적 인사였으며 SATRC 의장이던 데스몬드 투투 주교는 위원회와 회복적 정의 사이에 연결고리를 만들었다. 투투1999년는 남아프리카공화국이 회복적 정의라는 다른 형태의 정의를 향해 나가고 있으며, 개인과 국가의 치유를 위해 사람들은 보복하고 싶은 욕망을 버릴 필요가 있다고 주장했다. 투투는 남아공의 경우 자신이 SATRC에 관해 1997년 출간한 책의 제목처럼 『용서 없이 미래 없다』고 믿었으며, 아파르트헤이트 체제에서 현대 민주주의 국가로 원만하게 전환하는 유일한 길은 과거의 적을 용서하는 것이라고 생각했다. 더 나아가, 투투는 오랜 세월 동안 전해 내려온 아프리카의 용서 문화를 설명하기 위해 반투Bantu 사람들의 우분투ubuntu 개념을 강조하였다. 대략 "사람은 다른 사람을 통해서 사람이 된다"로 번역되는 이 우분투는 우리가 모두 서로 연결되어 있고, 그러므로 우리 중 한 사람이 상처받으면 우리 모두가 상처를 받는 것이라고 이야기한다. 이러한 인간관계에 관한 감각은 우리 모두가 불화와 갈라진 틈을 고치고, 상처를 치료하는데 관심을 가지고 있다는 뜻이다. 왜냐하면 방치된 상처는 나를 포함한 우리 모두의 인간성에 영향을 미치기 때문이다.

그러나 어떤 측면에서 이 위원회가 회복적 정의의 한 형태였을까? 전체적으로 진실과화해위원회SATRC는 세 가지 요소로 구성되었다. 첫번째로 인권위원회Human Rights Committees들이 나라 전역을 돌아다녔고, 희생자와 가족들은 위원회에 자신들이 받은 고통을 이야기하고 배상을 요청할 수 있었다. 인권위원회의 대상이 되기 위해서는 중대한 인권 침해의 희생자여야만 했는데, 이는 정치적 살인이나 극단적 형태의 고문과 같은 가장 심각한 피해를 입은 사람만 남아공 진실과화해위원회에서 고려 대상으로 삼았다는 뜻이다. 청문회에서, 위원들은 희생자들에게 그들의 이야기를 풀어놓도록 격려했고, 이야기를 들려준 연설자들의 용기와 힘을 인정하였다. 또한, 상담가들을 두어 피해자들과 함께 이야기를 나누고, 치유를 위한 그들의 필요에 관해 토론하였다. 그러나 인권위원회들은 인종차별 폭력 가해자들과의 직접 대면은 진행하지 않았다. 대신에 남아공 진실과화해위원회의 두 번째 구성요소인 사면청문회Amnesty Hearings에 이러한 기회를 주었다. 이들 청문회에서는 정치적 범죄 저지른 일이 단순 범죄가 아니라 정치적 동기를 갖고 한 행동이었다는 것을 증명해야 했다를 저지른 사람들이 사면을 받기 위해 자신이 저지른 행동의 전모를 상세하게 밝혀야 했다. 이들의 증언은 인권위원회가 수집한 정보에 일치하는지 뿐만 아니라 이러한 과거 사건에 관한 남아공 진실과화해위원회의 자체 조사와 일치하는지도 철저히 심사된다. 피해자들은 사면청문회에 초대되고, 때때로 가해자들이 시치미를 떼거나 진실하지 않은 진술을 한다고 느낄 때 이들을 질책하는 목소리를 낼 수 있다. 그러나 남아공 진실과화해위원회는 가해자와 피해자 사이의 진지한 대화를 진행하지는 않았다. 실제로, 서로 다른 주체들 사이의 토론이 일어날만큼 가해자 피해자의 역할이 충분히 명확하지 않은 경우도 많았다. 예를 들어, 중대한 인권침해에 연루되어 책임을 져야 할 사람들이 전부 다 아파르트헤이트 정부 쪽에 속한 것은 아니었다. 반아파르트헤이트 쪽에 속한 남아공의 흑인 그룹들도 이러한 범죄의 공범이었기 때문이다. 여기에는 아프리카 국회Africa National Congress나 잉카타 프리덤Inkatha Freedom과 같은 정당의 회원들도 포함되어 있었는데, 이들은 정보원으로 의심하되는 사람들이나 경쟁 조직의 회원들을 위협하거나 제거하기 위해 폭력을 사용하였다. Wilson 2001 ; Krog 1998 참조

사면 청문회에서 더크 요하네스 코에츠Dirk Johannes Coetzee의 증언은 남아공 진실과화해위원회 과정의 면모를 잘 보여준다. 여기서 전 남아공 암살부대 지휘관 출신이 그의 변호인 C. R. 얀센의 질문을 받고 인권변호사인 그리피스 멕센게Griffiths Mxenge의 살해사건에 관해 진술하였다. 그리피스 멕센게의 가족은 코에츠와 공모자들이 정치적 동기를 갖고 살인했다는 것이 분명하지 않으며, 살인자들이 개인적으로 판단할 수 있는 문제가 아니라고 판단해 이들을 사면한 남아공 진실과화해위원회에 화가 났다.

박스 4.3 더크 요하네스 코에츠의 남아공 진실과화해위원회 사면 청문

회크리피스 멕센게 살해사건

잰슨 씨: 이제 멕센게 문제를 다루길 원합니다. 그리피스 멕센게 씨가 1981년 11월 19일에 살해된 것으로 알려져 있는데 맞습니까?

코에츠: 네 맞습니다. 의장님.

잰슨 씨: 자 그러면 당신은 이 살인사건과 관련이 있습니까?

코에츠: 네, 그 살인에 관여했습니다. 의장님.

잰슨 씨: 멕센게 사건에 대해 위원회에게 말씀해주시겠습니까? 그 당시 더반에서 있었던 일부터 시작했으면 하는 생각이 듭니다.

코에츠: 의장님, 11월 동안, 그러니까 11월초부터 블랙플라스 팀 전체가 함께 임무 수행을 하고 하고 있었습니다. 주: 블랙플라스는 남아공 경찰 산하 대내란 부대인 C10의 본부 역할을 했던 농장 이름이다 네 팀 모두 지시를 받고 더반 지역에서 작전을 벌이고 있었고, 여느 때처럼 저는 지휘관으로서 매일 아침 7시 반과 오후 4시에 반 호븐 준장에게 보고와 브리핑을 진행했습니다. 11월 19일 며칠 전 조간 브리핑에서 반 호븐은 제게 멕센게 씨에 대해 계획을 세워달라고 부탁했습니다. 그는 아주 간략하게 브리핑해주었는데 멕센게가 로벤 섬 죄수 출신이며 변호사이고, 남아공에서 잡힌 모든 아프리카 국민회의ANC 주요 인사들의 변호를 담당하고 있으며 그 사람 통장에 20만 랜드인가 하는 금액이 지나간 흔적이 있기 때문에 우리가 그 사람을 잡어넣을 준비를 하고 있다고 알려주었습니다. 그러고 나서 그는 당시 대위였던 앤디 테일러의 사무실로 나를 데리고 갔습니다.

드 제이거 씨: 그가 한 말 중에, 아, 끼어들어 죄송합니다. 반 호븐이 "멕센게 씨에 대해 계획을 세워야만 합니다."라는 말 외에 뭔가 덧붙인 말이 있습니까?

코에츠: 그렇습니다, 위원장님. 그는 우리가 총을 사용하거나 실종되게 하면 안 된다는 식으로 말했고 강도를 당한 것처럼 보이게 해야 한다고 말했습니다.

잰슨 씨: 계속 말씀해주십시오. 그 다음에 어떻게 되었습니까?

코에츠: 그는 저를 멕센게 건을 담당하고 있던 앤디 테일러 대위 사무실로 데리고 갔습니다. 그 장교가 도청을 포함해 감찰하는 활동의 대상에 멕센게가 포함되어 있었습니다. 테일러 대위는 멕센게의 사무실과 집에 대해 간단히 설명해주었습니다. 집에 개가 몇 마리인지도 이야기했던 것 같습니다 제 기억이 맞다면 네 마리였습니다... 그리고 그는 저희와 함께 이동해서 멕센게 씨의 집을 보여주었습니다. 멕센게 씨는 주로 밤늦게까지 일하고, 그의 아내는 보통 그보다 먼저 떠난다는 정보를 알려주었습니다. 당시 저는 반 더 호븐 준장에게 조 마마셀라주: 마마셀라는 '아스카리-아프리카 원주민병대'로 아파르트헤이트 정부에서 일하는 전직 레지스탕스를 팀원으로 쓸 수 있도록 스쿤 준장에게 협조 요청을 해달라고 요청했습니다. 당시 조 마마셀라는 얀 코에츠 대위가 이끄는 웨스트 랜드 시큐리티와 함께 일하고 있었습니다. 얀 코에츠 대위는 1981년 12월 31일 내 뒤를 이어 블락플라스의 사령관이 되었습니다. 얀 코에츠 대위가 조 마마셀라에게 시킬 일이 없을 때면 조는 우리와 함께 일을 했고, 내가 그를 필요할 때도 얀 코에츠 대위 쪽에서 협조해주었습니다. 반 더 호븐 준장이 요청을 들어주었고, 제가 기억하기로는 개들이 독살된 11월 17일 밤에 슈테 병장이 조 마마셀라를 데려왔습니다. 그는 블락플라스에서 사냥용 칼 한 자루와 두 자루의 오카피 Okapi 칼을 가지고 내려왔습니다. 우리는 독신 경찰 숙소 주방에서 고기 네 조각을 가져왔고, 내 차 트렁크에는 일전에 농부들이 양을 잡아먹는 자칼을 죽이기 위해 쓰던 녹색 결정체인 스트리크닌 한 병이 있었습니다. 작은 칼집, 그러니까 나는 고기 네 조각에 각각 칼집을 내 스트리크닌을 집어넣었습니다. 칼 끝으로 아주 소량을 넣었는데 개가 스트리크닌 맛을 느끼거나 스트리크닌을 너무 많이 먹은 개가 그것을 토해내는 것을 방지하기 위함이었습니다. 그렇게 우리는 11월 17일 밤에 고기 조각들을 들고 멕센게 씨의 집으로 갔습니다. 제가 기억하는 것, 그러니까 만약 제 기억이 저를 실망시키지 않는다면, 쿠스 베르블렌, 폴 반 다이크, 아몬드 노포멜라, 조 마마셀라가 멕센게 씨의 집으로 차를 몰고 갔고, 아몬드와 조가 차에서 내려 멕센게 씨의 마당에 고기를 나눠서 배치해 놓았습니다. 다음 날, 몇 마리의 개들이 죽었는데, 정확히 몇 마리가 죽었는지는 잘 모

르겠습니다. 이 친구들이 어디가 되었든 자신들이 선택한 장소에서 살인을 저지를 수 있게끔 해주자는 취지였습니다. 살해 장소가 일터에서 나오는 길이 될 수도 있고 도로 위가 될 수도 있지만 만약 집에서 해야 할 경우 개들 때문에 방해 받지 않도록 준비한 것이죠. 아몬드와 조는 멕센게 씨의 사무실과 그의 움직임을 주도면밀하고 지켜보고 있었습니다. 살인은 개들이 독살된 후, 하루 이틀, 어쩌면 3일 뒤에 발생했습니다. 실제 날짜는 11월 19일 밤이었습니다. 저는 그날밤 그 친구들과 만나기로 약속이 되어 있었습니다....

잰슨 씨: 여기서 잠시 끊겠습니다. 팀원들에게 살인을 저지르는 방법까지 구체적으로 지시했습니까?

코에츠: 네, 그랬습니다, 의장님. 저는 구체적으로 총을 사용하지 말고, 강도처럼 보이게 하라고 했습니다. 결국 멕센게 씨를 칼로 살해하기로 결론이 났습니다.

잰슨 씨: 당신은 그들, 혹은 경찰이 개입했다는 사실을 감추기 위해 그들이 어떻게 해야 하는지 지침을 주었습니까?

코에츠: 뭐, 그들은 현장에 아무런 흔적을 남겨서는 안 되었습니다...

잰슨 씨: 멕센게 가족에게 저지른 일에 관한 당신의 현재 태도는 무엇입니까?

코에츠: 이렇게 말도 안되는 일에 스스로 연루되도록 한 것에 대해 말할 수 없이 복잡한 감정이 듭니다. 창피하고 부끄럽고 무기력하고..."제가 한 일에 대해 죄송합니다"라는 한심한 말밖에 할 수 없고 제가 가족들을 위해 할 수 있는 일이 아무것도 없습니다. 제가 그들에게 무엇을 제공할 수 있겠습니까? 한심하게도 아무것도 할 수 없는 상황입니다. 솔직히 말해서 희생자인 멕센게 가족이 저를 용서할 거라고 기대하지 않습니다. 제가 그들에게 저지른 일을 더크 코에치 같은 사람이 제게 저지른다면 제가 그를 어떻게 용서할 수 있을지 알지 못하기 때문입니다. 그러나 저는 이것이 제 인생의 새로운 장을 여는 시작이 되기를 희망합니다. 여기서 그냥 등을 돌리고 앞으로 나아갈 수 있다면….

출처: 진실과화해위원회 1996

멕센게 가족이 표출한 불만은 잔혹한 과거를 다루고 직면하는 일이 얼마나 크고 어려운 도전인지 보여주고 있다. 또한, 우리는 사면청문회가 매우 합법적인 절차적 측면을 견지하며 아파르트헤이트 시대의 피해에 대한 가해자와 피해자 사이의 명확한 대화는 이루어지지 않았다는 사실을 알게 되었다. 그 대신 과거에 대한 국가적 차원의 논의가 있었다. 인권침해에 대해 매일 올라오는 기사를 통해 남아공의 백인들은 자신들의 이름으로 저지른 수많은 잔학 행위들에 대해 더 잘 알게 되었다. 이것이 자동적으로 사회적 화해나 미래에 관한 합의로 이어지지는 않았지만 적어도 흑인, 백인, 그리고 그 외의 남아공 사람들이 공통의 미래에 대한 대화를 시작할 수 있게 해주었다. 물론 엄청나게 높은 범죄율과 같은 심각한 사회 문제들 속에서 헤쳐나가야 할 미래였다.

마지막 세 번째 위원회는 아파르트헤이트 시대의 폭력 피해자들을 위한 물질적, 상징적 보상책을 추천하는 임무를 맡은 배상과재활위원회Reparations and Rehabilitation Committee다. 이 위원회에는 공권력이 부여되지 않았기 때문에 위원회의 역할은 적절한 대응책을 제안하고 이를 정부가 실행하기를 바라는 정도였다. 불행하게도, 이 위원회가 추천한 얼마 되지 않는 보상금조차도 남아공 정부는 감당할 수 없는 규모라고 생각했다. 결국 정부는 아파르트헤이트 희생자들에게 배상과재활위원회에서 제안한 30억 랜드약 3545억 원에 한참 못 미치는 5억 1,750만 랜드약 676억 원를 지급하는데 그쳤다. 또한, 정부는 부의 재분배를 위해 위원회가 제안했던 아파르트헤이트 통제를 통해 이득을 취한 기업들에게 부과하는 법인세를 집행하기를 거부하였다. 이렇게 볼 때 남아공 진실과화해위원회의 결과는 여러가지 측면에서 회복적이지 못했다. 하지만 엄청난 사회적 폭력이 벌어진 직후에 화해를 이루기 위한 진행한 회복적 정의 과정이었다는 점을 감안하면 이는 지나친 기대였을 수도 있다.

남아공 진실과화해위원회는 캐나다 진실과화해위원회Truth and Reconciliation Commission of Canada, TRC가 성장하는데 영향을 미쳤다. 캐나다진실과화해위원회는 위와 같은 접근법을 캐나다의 정치 및 사법적 상황에 맞게 조정해서 받아들였다. 인디언집단기숙학교 생존자들이 이러한 학교들을 운영해온 정부와 교회를 상대로 제기한 집단소송 건의 합의 과정으로서 캐나다 진실과화해위원회는 지불해야 할 배상금 액수를 결정하거나 학교 안에서 신체적, 성적 폭력을 행사한 가해자들에게 사면을 제안하지도 않았다. 이 문제들은 합의 협상과 형사재판에 각각 맡겨졌다. 위원회의 주요 목적은 이러한 기관들에 관한 생존자들의 경험을 포함한 기숙학교 시스템에 관한 포괄적인 역사를 제공하는 것뿐만 아니라, 기숙학교 문제를 대중에게 널리 알리고 화해를 향해 나아가는데 필요한 틀을 제공하는 것이었다.

집단 범죄에 있어서 회복적 정의와 배상

배상에 관한 논의는 때때로 회복적 정의와 관련된 또 다른 실행 사안으로 우리를 인도한다. 집단 범죄와 관련하여 "배상"이라는 용어는 불미스럽게 발생한 과거의 일에 관한 다양한 대응을 포괄하는 개념으로 사용하는 경우가 많다. 그 배상의 범위 안에는 진실위원회뿐만 아니라 배상금 지급, 도난당한 재산의 환수, 기억하고 기념하는 날들 제정, 추모 박물관, 과거사 청산,이전 정권에서 누린 지위나 직위 해제 그리고 심지어 특별 법정까지도 포함할 수 있다.Torpey 2001, 2003, 2006 참조

제2차 세계대전 이전까지 배상은 국가 폭력의 피해자들보다는 전쟁을 치

루는 국가들 간 이뤄지는 것으로 주로 인식되었다. 전쟁 이후에 승전국은 패전국에게 전쟁 배상금을 요구하는 것이 그 전형이었다. 그러나, 제2차 세계대전 동안 나치가 저지른 만행의 규모와 범위는 이런 틀을 바꿔 놓았다. 전쟁 중에 유대인 그룹들이 희생자 배상을 준비하기 시작했다. 이 그룹들은 유럽 대륙에서 온 난민들을 영국과 미국, 그리고 나중에 이스라엘이라는 국가가 될 곳에 정착시키는 과정을 밟아나갔다. 나치 수용소나 학살을 피하기 위해 유럽에서 도망쳤던 사람들이 엄청난 재산을 남겨놓고 떠났기 때문에 예를 들어 Goldschmidt 1945; Moses 1944; Robinson 1944의 기록을 보라 나치가 총지휘한 홀로코스트는 대량 학살이었을 뿐 아니라 대규모 절도이기도 했다. 희생자들이 남기고 떠난 모든 재산은 모두 나치 정권에 의해 전용되었거나 나치 군인들과 경비원들이 훔쳐갔다. 또한, 유대인을 노예로 삼아 착취한 노동력은 독일을 위한 무기와 다른 상품들을 제조하는 데 사용되었다. 예를 들어, 나치의 무기와 차량의 핵심 공급업체인 자동차 제조업체 폭스바겐은 유대인을 노예로 삼아 전시에 필요한 노동력을 충당했다. 죽어가는 순간에도 희생자들은 그들의 옷부터 시작하여 금이빨, 머리카락, 의수족에 이르기까지 모든 것을 강탈당하여 나치 물품으로 충당되고 재활용되었다. 이런 맥락에서 연합군이 전쟁에서 승리할 경우 홀로코스트에서 살아남은 유대인 생존자들이 배상받아야 한다고 느낀 것은, 특히 그들이 재정착을 위해 감당해야했던 비용까지 고려했을 때 전혀 놀랄 일이 아니다.

유대인 그룹들의 로비와 협상 노력들은 곧 '독일을 상대로 한 유대인 청구권 회의' 혹은 청구권 회의로 모이게 되었고 결국 유대인 배상금 청구에 관한 연합군의 지지를 얻어냈다. 그리고 전쟁이 끝났을 때, 미국이 점령한 서독 지역에 배상 정책미군법 제59호을 입안하였는데 이는 후에 연합군이 점령한 다른 지역에서도 채택되었다. 1952년 3월, 네덜란드의 바세나르에서 좀 더 폭넓은 배상 정책을 펼치려는 노력들이 시작되었고, 1952년 9월 10일 신생국 이스라엘에 총 30억 마르크약4조원를 일괄 지급하도록 판결한 룩셈부르크 협정에서 절정에 달했다.이 배상의 상당부분은 물건을 통한 배상으로 이루어졌다 이 룩셈부르크 청구 회의에는 두 가지 합의가 포함되어 있는데, 첫 번째 요건에는 청구인들에게 배상이 쉽게 이루어지도록 서독이 기존의 보상 및 배상 법률을 개선할 것을 요구했고, 두 번째 요건에는 청구권 회의에 4억 5천만 마르크약4,500억원를 지급하라고 하였다.Goschler 2004

이 배상 협정은 유대인 배상 청구권을 한 번에 전부 끝내는 방식으로 이루어지지 않았다. 서독이 배상 정책을 개선해야 한다는 협정의 요구사항이 명시되어 있음에도 불구하고, 그 한계점들과 관련해 끊임없이 새로운 요구가 제기되었다. 예컨대 1956년에 개정된 서독연방보상법은 미 군사법 59호의 좁은 틀을 개선하여 단순히 훔친 물건을 돌려주는 것을 넘어 배상하도록 하였으나, 청구인들은 여전히 몇 가지 문제점을 제시하였다. 첫째, 보상법은 인종·종교·정치 박해와 관련된 사안으로 청구권을 제한했는데 로마와 신티이전의 집시 청구인들은 여기 해당되기 어려웠다. 나치가 그들의 유목민 생활방식을 타고난 범죄 성향으로 여겨 그들을 범죄자로 몰아 박해했기 때문이었다.Puxon 1981 둘째, 1937년 12월 1일 기준으로 독일 국경 내에 거주하거나 일정 기한 내에 연방공화국으로 이주한 자에게만 신청이 허용돼 나치 박해 당시 독일 국민이었던 사람들이나 현재 독일 국민인 사람들에게 배상금이 제한되도록 하였다.Goschler 2004; 391 마지막으로, 배상은 서독과 수교를 맺고 있는 나라에 살고 있는 청구인들에게만 가능하게 함으로써 동유럽 국가들 출신의 희생자들이나 그들 국가로 망명한 사람들은 제외하였다.Goschler 2004; Schrafstetter 2003 청구권 회의가 지속적으로 노력을 기울인 결과 1965년 '최종법'으로 이어졌다. 이 최종법은 이름과 달리 최종적이지 않았는데 이 법에서 제외되었던 피해자들의 자시들의 주장을 관철시키기 위해 추가 입법을 계속 추진했기 때문이다. 보다 최근에는 미국이 독일 기업과 독일 정부를 상대로 한 소송에 종지부를 찍겠다는 취지의 "기억·책임·미래" 재단 설립2000년을 통해 손해 배상 청구권과 관련해 "법적 평화"를 구축하고자 시도하기도 했다. 이 재단은 2019년 현재까지도 여전히 운영되고 있다. 또한, 2018년 1월, 독일 정부와 청구권 회의는 홀로코스트 생존자들의 복지를 지원하기 위해 좀 더 나은 양질의 가정 치료, 식량 지원 및 기타 서비스를 제공하려고 미화 8,800만 달러를 증액하기로 합의했다.

독일은 개인적, 집단적 보상과 함께 나치 과거를 역사적 맥락에서 이해하고 그 사실을 잊지 않기 위해 노력을 기울여왔다. 이것은 기념관, 박물관, 학교의 교육과정 및 기타 방법들과 같은 몇 가지 방식을 포함하고 있다.Niven 2002 참조 그 외에도 청구권 회의에 지급된 돈은 "홀로코스트 의식화" 운동 Novick 1999을 전 세계적으로 확산하는데 이바지하였고, 사람들에게 홀로코스트의 참상을 국제적으로 교육하고 역사에 동일한 사건들이 반복하여 발생하지 않도록 기금을 만들었다. 이것은 과거사에 관한 독일의 대응이 항상 비판 없이 받아들여졌다는 의미는 아니다. 전혀 그렇지 않았다. 그러나, 이는 회복적 정의의 철학과 배상의 실천 사이에 아주 친밀한 유사성이 있음을 보여준다. 배상은 전형적으로 생존자들과 가해자들을 대표하는 양측 사이에서 협의된다. 그 목표는 청구인들이 만족할만한 합의그토록 끔찍한 사건들 후에 그나마 가능한 범위에 도달하는 것이며, 어느 정도 사회적 치유를 증진시킬 것이다. 이런 식으로, 배상은 개인이 되었든 집단의 일부가 되었든 피해자들의 고통과 필요에 초점을 맞추는 피해자 중심의 과정이다.Cunneen 2006 또한, 독일의 경우와 마찬가지로 가해국 혹은 가해측이 국제적인 공동체로 재통합을 모색하는 것으로도 비추어진다. 사람들은 독일의 배상금이 독일을 "세계 국가의 가족"Jelinek 1990으로 다시 되돌려놓는 데 쓰였다고 표현하기도 한다. 독일의 "국가적 자기 심문"Maier 1988이라는 표현도 사용했는데 이는 그렇게 비도덕적인 범죄의 가해자로서 자신들의 민족 정체성이 무엇인지 스스로 되돌아보게 되는 기회를 제공했기 때문이다.

배상이라는 용어에 관해 언급할 필요가 있는데, 이는 안전하지 않은 제품의 판매나 기업의 방조로 인한 환경피해를 입는 등 집단적인 피해를 끼치는 사건이 벌어진 이후 나타나는 금전적 지출을 지칭하는 경우로 주로 사용된다는 점에 유의해야 한다. 그러나, 그러한 보상 합의들은 지금 여기에서 설명하는 배상과는 다른 범주에 속한다. 이러한 지출금은 그냥 합의금이라고 표현하는 것이 더 정확한데, 추모한다든가, 공적인 속죄 혹은 사과의 형태와 같이 의미 있는 상징적 요소가 대부분 부족하기 때문이다.Brooks 2003 참조 많은 경우 지출금은 피해에 대한 더 큰 민사소송을 예방하기 위한 합의금일 뿐이다. 반대로, 집단 폭력에 관한 배상은 종종 피해자들에게 끼쳐진 물질적·문화적·개인적 손실에 관한 피해자와 관련된 사안들을 해소하기 위한 것이므로, 금전적 합의보다 상징적인 무게가 훨씬 크다. 이러한 맥락에서 볼 때 배상의 과정들은 회복적 정의와 겹치는 부분이 많다.

회복적 정의의 회색지대

실제적 적용의 내용이 회복적 정의의 원칙에 얼마나 부응하는가에 따라 회복적 정의 유형마다 어떤 회색지대가 존재한다. 예를 들어, 실제 프로그램 중

표 4.1 회복적 정의의 유형

회복적 정의 유형	전형적 구성요소
조정과 공동체 조정	• 창의적으로 갈등을 해결할 능력 있는 지역 활동가들 • 비전문적이면서 비제도화된 지역 단위의 정의
VOR/VOM (피해자 가해자 화해/조정)	• 안전한 환경, 준비, 자발적 참여, 면대면 상호작용과 후속 조치
가족간대화모임	• 피해자와 가해자의 가족들을 모두 갈등해결에 참여시킴 • 가족 그룹 의사 결정: 성별에 따른 지배 권력에 제동을 걸기 위해 노력하는 페미니스트 실천 방법
서클	지역사회의 불의를 해결하기 위한 가능성과 관련된 사안들을 토론하기 위해 공동체가 모이는 상황
진실과화해위원회	이전의 적대자들을 화해시키고 모두가 더 평화로운 미래를 향해 나아갈 수 있도록 국가 단위에서 벌어진 과거의 문제를 심문하는 진실 찾기 방식
배상	사회적 과도기에 사용하는 다양한 정의 관련 메커니즘. 진실위원회, 보상금 지급, 강탈당한 재산 환원, 기념일, 기념(박물)관, 그리고 과거 청산 등의 내용이 포함됨

여럿이 회복적 정의 옹호자들이 꿈꾸는 지역공동체의 역량 강화라는 이상에 도달하지 못한다.Christie 1977; Zehr 1990 많은 실무자가 지역사회의 틀따라서 공적인 형사사법제도의 틀에 포함되는 것과는 다른 환경에서 집행되는 회복적 정의를 보고 싶어하지만, 대부분의 회복적 정의 프로그램에 국가 자원과 대행 기관의 역할은 꼭 필요하다. 예를 들어 지역사회의 제재가 캐나다 법의 표준에 부합하는지를 결정하는 판사의 역할 등과 같이 양형서클에서 형사사법을 다루는 사람판사나 변호사들이 과정의 결정적인 단계들에 관여하는 것을 찾아볼 수 있다. 남아공 진실과화해위원회SATRC 안에서도 공식적인 법이 상당하게 작동하는 것을 볼 수 있다. 진실과화해위원회는 "총체적인 인권 침해"나 "인류에 반하

는 범죄"가 무엇인지 결정하는 등 핵심 사건에 관한 법적 해석을 중시하곤 한다. 또한, 남아공 진실과화해위원회는 증인의 증언을 요구하기 위해 영장을 발부함으로써 증거에 관한 합법적인 규칙을 채택하였고, 가해자가 사면을 받을 자격이 있는지 없는지 법적 근거를 따라 여부를 결정하였다.Christodoulidis 2000; Wilson 2001, Mierhenrich 2008 마찬가지로 배상은 종종 피해자와 가해자의 상호작용을 촉진하기 위해서라기보다는 국가 차원의 협상과 관련되곤 한다.

그러나 회복적 정의의 이름을 사용하는 프로그램 중 이 회색지대에서 더 많은 문제를 일으키는 예들이 있다. 캐나다의 브리티시 컬럼비아 주에서 시행된 회복적 정의에 관한 연구를 수행할 때, 저자 중 한 명은 회복적 정의의 한 형태로 "지역사회 상호책임 패널들"을 소개하였다. 이 패널들은 지역에서 활동하였고 대부분의 경우에 자원봉사자들로 구성된 단체에 의해 운영되었다. 이들은 처벌 단계로 전환된 경미한 청소년 범죄 사건에 관한 수사들을 의뢰받았다. 사건을 의뢰받게 되면 그 프로그램은 젊은 범죄자가 자신의 범죄에 관해 논의할 공동체의 저명한 사람들로 구성된 패널 회의를 갖게 될 것이다. 드문 경우겠지만, 피해자도 패널들의 심리에 출석할 수 있다. 그렇지만, 이것이 일반적이지는 않다. 대신, 청년들은 패널 앞에 서서 그들의 조언을 듣게 될 것이고, 제한적이긴 하지만 그들이 곧 받을 처벌에 자신의 의견을 조금이나마 피력할 수 있을 것이다.

비록 그것이 연구의 초점은 아니었지만Woolford and Ratner 2003, 이런 과정은 지나치게 가혹하고 낙인 찍는 절차로 보여졌다. 패널의 대상이 된 사건들 중 일부는 눈덩이를 던지거나 가게에서 한 두가지 물건을 훔치거나, 그래피티와 같이 매우 경미한 사건들이었기 때문이다. 실제로, 후속 연구에 따르면 잉글랜드나 웨일즈에서 사용된 방식과 유사한 패널들이 법정 시스템을 통해 경미한 사건을 신속하게 처리하기 위한 행정수단으로 활용한다는 점에서 '관리중심주의managerialism'와 같은 잠재적 문제에 사로잡혀 있었다. 또한, 이러한 프로그램들은 형사사법 시스템에 의해 무시될만한 경미한 범죄들까지 다루게 됨으로써 형사사법 영향력을 확대하는데 이바지하고 있었다. 마지막으로 이들은 재공식화reformalize 과정의 일부였는데 편안하고 비공식적이어야 할 자리에 변호사들이 점점 더 많이 연루되고, 패널의 운영도 법적 절차나 적법성을 지나치게 따지게 되었다. 어린 사람들로부터 정보를 얻을 때 법정에서 심문하듯 질문하는 것도 하나의 예이다.Crawford 2003; Crawford and Newburn 2002 참조

이와 같은 패널들이 회색지대에 자리하고 있는 이유는 회복적 잠재력이 있지만 회복적 정의 프로그램에 관해 우리가 기대하는 핵심적인 사안 중 일부를 위반하고 있기 때문이다. 공동체를 대표하는 패널과 젊은 범죄자 사이에 매우 생산적인 대화가 전개될 가능성이 있다는 점에서 회복적이 될 수 있으며, 이것은 젊은이의 삶에 힘을 줄 수 있고 그들을 공동체로 다시 돌아올 수 있도록 돕고, 미래에 더 큰 범죄에 관여하지 않도록 중단시킬 수 있기 때문이다. 그러나 공동체 구성원들이 소년범 재판에 참여하여 소년범에게 집단으로 복수하는 비공식적 법원처럼 기능할 위험도 크다. 또한, 청소년들을 형사사법 제도에서 멀리하고 젊은이들을 범죄적 낙인으로부터 구제하기 위한 회복적 정의 기반 개혁적 대안 중 하나로 이러한 패널들을 바라보는 것도 문제다. 스탠리 코헨Stanley Cohen 1985과 같은 학자들은 이러한 맥락의 프로그램들이 낙인 효과나 사회적 통제를 지역에서의 일상에까지 확대하고, 특히 가난한 소수집단 청소년들에 대한 국가나 사회의 통제력을 증가시킨다고 비판했다.

그러나 이것은 회복적 정의의 회색지대를 차지하는 여러 프로그램 중 한

가지 예에 불과하다. 사실 회복적 정의 이전부터 존재해왔지만 새롭게 회복
적 정의로 브랜딩한 형사사법 프로그램들도 많다. 비슷한 목표를 추구한다
고 보기 때문이다. 심지어 범죄자의 문맹 퇴치나 직업 훈련 프로그램조차도
때때로 큰 범주에서 회복적 정의 프로젝트의 일환으로 묘사되기도 하는데,
이러한 활동들은 범죄자들을 사회로 재통합시키는 활동, 특별히 일반적인 형
사사법제도를 통해 형을 선고받았지만 교정시설에서 출소하여 사회로 다시
돌아와 살고자 하는 사람들에게 회복적 서비스를 제공하기 때문에 그러하다.

회복적 정의는 제대로 작동하는가?

회복적 정의의 정신과 그것을 움직이는 몇 가지 이론들, 그리고 여러 실행
방식들이 주어지고 나면 등장하는 가장 일반적인 질문은 "좋다, 그렇다면 회
복적 정의는 제대로 작동하는가?"이다. 현재 정부가 지원하는 기금으로 운영
되는 대부분의 회복적 정의 프로그램에는 평가서가 첨부되어 있다. 이 평가
서에는 시행한 회복적 정의 프로그램이 과연 명시된 목표를 달성했는가를 측
정하는 내용이 포함되어 있다. 피해자 치유, 가해자 재활, 그리고 공동체 회
복이라는 목적이 명시된 프로그램은 과연 피해자가 자신의 욕구가 충족되었
다고 느꼈는지, 프로그램 참여 후 가해자가 추가로 위법행위를 했는지, 그리
고 지역사회 구성원이 이 프로그램에 참여했는지 등에 의해 평가된다.

범죄 피해자를 돕는 회복적 정의의 역할에 관한 평가와 관련하여 몇몇 연
구는 긍정적인 결과를 보여주고 있다. 예를 들어, 호주 캔버라의 범죄 피해
자들에 관한 헤더 스트랭Heather Strang 2001의 연구는 지정된 범죄 피해자들이
자신들의 복수에 관한 욕망에 관해 어떻게 반응하는지 일반 법정을 통한 사
법과 회복적 정의 사이의 차이를 비교 조사하였다. 그녀는 일반 법정을 이

용한 사람들의 절반 이상이 반드시 복수를 하겠다고 한 반면, 회복적 정의를 사용한 사람들은 불과 7%만이 복수를 하겠다고 밝혔다는 결과를 보고했다.Braithwaite 2003 인용 회복적 정의로 유도된 사람들이 분노와 복수심을 극복할 가능성이 더 많았다.

피해자들의 경험을 평가하기 위한 가장 일반적인 방법 중 하나가 그 과정에 관한 참여자의 만족 여부다. 다양한 국가에서 행해진 연구들은 일반적으로 회복적 정의 대화모임에 참여한 피해자들이 만족한다고 밝히고 있다. 펜실베이니아주 베들레헴의 맥콜드와 와크텔McCold and Wachtel 1998의 연구는 참여한 모임에 관해 피해자의 94%가 만족한다고 대답했고, 호주 와가 와가Waga Waga에대한 스트랭Strang 2001의 연구는 90%가 만족한다고 대답했다. 영국과 웨일즈의 회복적 정의에 관한 샤프란드 팀Shapland et al. 2011의 회복적 정의에 관한 연구는 "당신은 대화모임/조정모임을 갖는 것이 당신을 상대로 행해진 범죄를 다루는데 좋은 방법이라고 생각하십니까?"라는 질문을 포함하여 몇 가지 질문을 던졌는 데, 응답자의 64%가 "좋은 방법" 혹은 "매우 좋은 방법"이라고 답했고, "다른 사람들에게 회복적 정의를 권하시겠습니까?"라는 질문에 관해 78%가 "아마도" 혹은 "반드시" 그러겠다고 대답하였다. 또한, 회복적 정의에 참여한 피해자들이 일반 법정을 거치는 피해자들보다 높은 만족도를 보인다는 연구들이 있다. Latimer et al. 2001 하지만 여기서 주의해야 할 점은 회복적 모임 참가자 중 피해자들 그룹의 만족도가 가장 낮다고 보고하는 여러 연구들도 있다는 점이다. Maxwell and Morris 1993 전반적인 평가 결과는 적어도 일부의 회복적 정의 프로그램들은 피해자들에게 더 만족스러운 정의를 제공하고 있다고 제시하고 있다.

가해자들은 일반적으로 높은 수준의 만족도를 가지고 회복적 정의 과정이 공평하다고 인식한다.Braithwaite 2003 사건 당사자들의 적극적인 참여를 장려하는 프로그램일수록 더 만족도가 높다.McCold and Wachtel 2002 가해자와 관련해 많이 측정하는 또 다른 요소는 재범율이다. 평가를 위해 종종 묻는 질문 중 하나가 회복적 정의가 재범을 줄이는 지에 관한 질문이다. 다른 기준들과 마찬가지로 '재범'은 정의하고 측정하기에 매우 복잡한 평가항목이다. 일부 평가에서는 재범을 새로운 체포, 일부는 새로운 기소, 일부는 새로운 유죄 선고로 정의한다. 범죄자가 같은 범죄를 다시 저질렀는지 아니면 새로운 범죄를 저질렀는지가 중요할까? 이렇듯 회복적 정의와 형사사법 모두에게, 재범을 평가하는 일은 복잡하다. 비록 일부 회복주의자들은 회복적 개입 이후에 범죄자가 경험하는 점진적인 변화를 완전히 포착하지는 못하기에 회복적 정의를 통해 범죄자의 재범을 측정한다는 것은 너무 어리석다고 말하기도 하지만, 회복적 정의를 통한 범죄자의 재범 감소에 관한 보고서에는 이러한 생각들이 뒤섞여 있는 게 현실이다. 그럼에도 불구하고, 재범관련 평가 쪽에서도 긍정적인 결과를 보여주는 프로그램들이 있다. 예를 들어 캐나다 매니토바 주의 존 하워드 협회John Howard Society가 제시한 회복적 정의 해결안Restorative Resolutions은 중범죄정부가 6개월 이상의 형을 선고하는 범죄를 저지른 성인 범죄자들을 위한 프로그램이었다. 본타 팀Bonta et al. 1998이 시행한 연구에서, 회복적 정의 해결안의 참여자들이 일반 형사사법제도를 통해 처리된 통제그룹 구성원들에 비해 재범율이 절반밖에 안 되는 것으로 나타났다. 맥스웰 팀Maxwell et al. 2006년이 시행한 연구 또한 보편적인 경우는 아니라고 언급하면서도, 대부분의 연구가 회복적 모임에 참여한 사람들의 재범률을 감소시킬 가능성이 있음을 보여주었다. 이들이 보기에 재범을 미리 방지하는 성공의 열쇠로 소개한 것은 적극적인 참여, 합의된 의사결정, 수치심을 유발하는 방식의 낙인찍기를 하지 않는 것, 눈에 보이는 가해자의 반성 등이다. Maxwell et al. 2006 부파드, 쿠퍼, 버그세스Bouffard, Cooper, Bergseth, 2017는 특별히 청소년 범죄자들을 구체적으로 살펴본 결과 회복적 정의를 거친 사람들이 일반 법정 절차를 거친 사람들보다 더 적게 재범했고, 회복적 정의를 거치고 재범한 사람들도 법정을 통과한 사람들보다는 더 오랫동안 범죄를 자제했었다는 사실을 발견했다. 이 밖에 셔먼과 스트랭Sherman and Strang 2007 그리고 셔먼 팀Sherman et al., 2015이 시행한 다수의 메타 분석은 다양한 연구 및 분석 결과들을 주의 깊게 들여다보면서 재범이 전반적으로 감소하는 패턴을 찾아냈다.

회복적 정의가 얼마나 지역 공동체에 이익을 주는가에 대해서는 여전히 토론의 여지가 있다. 제대로 기능하지 않고 있는 공동체들은 회복적 정의를 시행하기에 적합하지 않다는 우려는 근거가 없어 보인다. 폭력과 성학대의 악순환에 빠져 있는 공동체들조차도 회복적 정의 프로그램을 통해 도움을 주는 긍정적인 네트워크를 형성하는데 성공한 경우들이 있기 때문이다. 캐나다 매니토바 주의 할로우 워터Hollow Water가 대표적인 예이다. 박스 4.4 참조 비록 피해자들에게 회복적 정의 과정을 수용하도록 한 공동체적 압박의 수준과 그들 한가운데에 범죄자들을 자리하게 한 점에 관한 우려가 남아있긴 하지만, 이 회복적 정의 프로그램은 피해를 입은 공동체가 실질적인 학대의 문제뿐만 아니라, 물리적·성적·정서적 폭력의 세대간 문제를 받아들이도록 변화시키기 시작했다. 이와는 대조적으로, 앞서 사회적 치유 혹은 화해에 관한 과정으로 설명했던 남아공 진실과화해위원회SATRC는 그 노력을 기울인 여파로 범죄 폭력이 지속적으로 증가하고 있다. 남아공 진실과화해위원회가 남아공을 치유의 길로 안내한 하나의 사례가 되었다고 할 수 있지만, 몇몇 전문가들은 이 위원회가 지나치게 법률적이고 국가를 재건하는 데만 초점을 맞춘 나머지

Wilson 2001, 엄청난 인권침해를 저지른 사람들에게만 집중하고 아파르트헤이트에 의해 발생한 다른 구조적인 문제들을 간과했다고 지적한다. 아파르트헤이트의 수많은 다른 수혜자들의 문제를 무시함으로써 거의 종교적 차원의 화해 개념을 받아들이지 않는 피해자들은 여전히 불만을 품은 채 복수를 꿈꾸게 만들었다. Wilson 2001; Acorn 2004

남겨진 과제는 어떻게 회복적 정의가 개인들을 위한 자원으로 기능하도록 공동체 네트워크를 강화하는 데 이바지하고, 이들이 필요한 때 의지할 수 있는 사회적 자본이 어떻게 만들어지는지에 대한 더 많은 연구를 진행하는 것이다. 공동의 관심사를 논의하기 위해 모인 사람들이 미래에 서로를 위한 자원이 되는 방식으로 연대할 것이라고 기대하는 것은 분명 합리적이지만, 현재로는 이 주장을 뒷받침할 증거가 너무 적다.

전체적으로 보았을 때 회복적 정의 프로그램은 엄청나게 많은 평가를 받아왔으며, 관련 연구들은 회복적 정의가 일반적인 형사사법제도를 통해서는 일반적으로 경험하기 어려운 혜택들을 제공한다는 주장을 뒷받침해 주고 있다. 이러한 연구들에 대한 맛보기에 가까운 이 글 역시도 이러한 견해를 뒷받침한다. 회복적 평가에 관한 경험적 결과에 관한 자세한 내용은 Sherman and Strang 2007; Eliot and Gordon 2005를 참조하라

회복적 정의에는 언제나 정치적 역동이 작동하고 있다는 우리의 주장이 회복적 정의의 대한 평가에는 적용되지 않는 것처럼 지금까지 이야기해왔다. 그러나 아주 객관적으로 보이는 평가 데이터에도 정치적 역동이 스며들어 있다. 그러기에 우리는 매우 단순한 질문처럼 보이는 "회복적 정의는 제대로 작동하는가?"란 질문을 다양한 방식으로 던져봐야 한다.

첫째, "무엇을 위해 제대로 작동하는가?"라고 물어야만 한다. "제대로 작

박스 4.4 단도직입적이며 정직한 사례: 할로우 워터 지역의 치유

브리티시 컬럼비아 주에서 시작된 치유 운동이 매니토바 주 할로우 워터 Hallow Water에서 성공적으로 뿌리를 내리며 캐나다 전역으로 뻗어나가고 있다.

발디 세이모어Valdie Seymour와 버마 부시Berma Bushie는 위니펙 호수 동쪽 해안에 위치한 할로우 워터라는 700명의 원주민 마을에서 전인적 공동체 치유 서클을 창립한 사람들이다.

이 치유 서클은 수십 건의 성폭력 사건을 성공적으로 다루었다. 지난 10년간 할로우 워터에서 발생한 서클 치유를 통해 84명의 성폭력 피해자와 48명의 가해자가 혜택을 받았다. 부시는 "가해자 10명 중 9명이 자신들의 행동과 그들이 초래한 고통에 대해 책임을 지고 있으며, 좀처럼 재범이 발생하지 않고 있다."고 말했다. 다른 사람들은 어떻게 그런 일이 일어났는지 알고 싶어한다.

… 부시는 할로우 워터 비전에는 과거에 할로우 워터 가정들을 지탱했던 두 가지 기본적인 가치가 들어 있다고 말했다. 즉, 아이들을 창조주의 선물로 여기며, 그 선물을 세상에 가져오는 역할을 하는 여성에게 명예로운 지위를 부여했던 사회적 인식이다.

또 다른 핵심 요소는 정직, 친절, 나눔, 존중이라는 아니시나베Anishinabe의 네 가지 기본 법칙이다.

할로우 워터는 1980년대 중반, 24명이 시작한 치유 서클 자원제공팀, 즉 멤버들이 개인적으로 아팠던 이야기들을 공개적으로 나누기 시작한 치유 서클 안에 한 가지 해결책이 있음을 발견했다.

60명의 마을 구성원들을 대상으로 진행한 워크숍에서 비밀보장을 전제로 조사를 시행했으며, 이 조사 설문 참가자의 3분의 2는 아동·청소년 또는 성인으로서 성적으로 피해를 당한 적이 있으며, 3분의 1은 타인에게 성적으로 피해를 끼친 적이 있다고 표현했다.

12살 무렵 근친상간과 강간의 피해를 당한 여성인 부시는 만약 자신이 속한 공동체가 비전을 따라 살기 원한다면 성추행과 관련된 침묵을 깨야 한다는 사실을 깨닫게 되었다.

부시는 "저는 제가 38살이 될 때까지 이 문제들에 관해 침묵하며 살았습니다. 저는 공동체 안에 존재하는 침묵의 역동성이 나에게 좋은 삶을 살지 못하게 만들었다는 사실을 알게 되었습니다. 저는 그 침묵과 분노에 갇혀 창조주의 법을 실천할 수 없었습니다."라고 말했다.

자원제공팀은 2년이 채 지나지 않은 1986년 한 아동으로부터 성폭력에 관한 첫 폭로를 들었다.

도움을 찾기 위해 20명의 공동체 구성원들이 브리티시 컬럼비아 주의 알칼리 호수로 여행을 떠났다. 이 무렵, 알칼리호는 성인 인구 중 95%가 알콜을 남용하고 있으며, 이들 중 95%가 "회복중인" 알코올 중독자로 간주될 정도로 유명했다.

할로우 워터그룹이 알칼리호에서 돌아왔을 때, 그들은 피해자화되는 것에 관한 개인적인 이야기를 나누기 위해 일주일간의 워크숍을 진행하였다. 이 워크숍에서 현재 17건의 학대가 진행되고 있다는 엄청난 폭로가 아이들로부터 보고되었다.

부시는 "그들은 삼촌, 이모, 할아버지들이 저지른 일들을 폭로했다. 그것은 공동체에도 무시무시한 시간이었다."고 기억하였다. 아동보호사로서 그녀는 할로우 워터 아동 인구의 절반을 아동복지기관으로 끌어들여야 하는 무시무시한 상황을 직면해야 했다. 성인 인구의 절반이 형사사법 법정에 신고될 판이었다.

그녀는 "우리는 그러한 행동이 질서를 가져오는 것이 아니라 상황을 악화시킬 것이라고 느꼈다."라고 설명했다. "만약 당신이 범죄자라면, 이러한 사법 시스템의 모든 단계를 통해 당신 자신을 보호하려 들 것입니다. 그리고 법원은 그들이 가진 모든 힘으로 피해자를 갈기갈기 찢어가며 가해자의 거짓말을 지지하게 될 것입니다."

물론 가해자는 감옥에 갈 가능성이 농후하지만, 치유는 어려울 것이라고 부시는 말했다.

그렇게 하는 대신, 할로우 워터는 대안을 마련하는 일에 집중했다. 두 개의 팀을 구성하여 한 팀은 피해자 측과 서클을 진행하고, 또 다른 팀은 가해자와 그 가족들과 서클을 진행했다. 이 두 그룹은 나중에는 하나의 치유 서클로 모였고, 그 이후에는 법정에 서는 사람들과 공동체 구성원들이 함께 참여하는 양형 서클을 함께 진행했다.

부시는 "피해자들은 수치심과 죄책감의 덫에서 벗어날 필요가 있으며 … 그들이 공개한 사실들에 관해 지지받고 축하받아야 한다는 사실을 알 필요가 있다"고 말했다.

3년 간의 원주민 법무 프로젝트의 일환으로 할로우 워터를 여행했고, 이를 기반으로 후에『가르침으로의 귀환*Returning to the Teachings*』이라는 책을 쓴 케노라 지역의 캐나다 보조 검사였던 루퍼트 로스Rupert Ross는 이러한 서클들이 범죄자들에게 지대한 영향을 미친다는 사실을 알고 있다.

그는 "저는 한 여성이 학대받은 지 20년이 지난 지금도 여전히 자신이 너무 더럽게 느껴지고 자신의 더러움에 의해 오염될까 두려워 손자를 무릎에 앉힐 수 없으며, 거울에 비친 자신의 모습을 제대로 볼 수 없다고 하는 것을 들었습니다."라고 말했다. "이와 같은 진술은 가해자에게 엄청난 힘으로 전달되는데, 왜냐하면, 진실은 치유의 일부이기 때문입니다. 우리의 사법제도는 이러한 영적, 감정적 수준에서 작동하지 않습니다."

부시는 이것을 정직함에서 나오는 단도직입적 과정이라고 부른다. "이 과정에는 "당신이 이렇게 하면 우리는 저렇게 할게요"라는 흥정이 들어설 수 없습니다. 우리의 방식은 쉽지 않습니다. 정직해지는 것은 어렵습니다."

출처: 1998년 플린(Phlean)

동한다"는 단어는 우리가 그것을 어떻게 정의하느냐에 따라 여러가지 의미를 가질 수 있는 모호한 동사다. 이 책을 예로 들어보자, 우리는 '이 책이 제대로 작동하는가?'라고 질문할 수 있다. '예' 혹은 '아니오'라는 우리의 대답은 '제대로 작동한다'는 말이 무엇을 의미하는가에 전적으로 달려 있다. 이 책이 우리 둘을 저자로 만들어 주었는가? 이에 관한 대답은 '그렇다' 이다. 이 책이 회복적 정의에 관해 공부하는 학생들을 가르치는 데 효과가 있는가? 우리는 그러길 바란다. 이 책이 사법제도를 완전히 회복적 시스템으로 바꾸는 데 효과가 있는가? 비록 우리가 그렇게 되길 바라며 우리 스스로를 위로하기도 하고 이 책이 변화를 향한 보다 더 큰 운동에 작게나마 일조하는 책이기를 바라지만, 그렇게 되지 않을 수도 있다. 르웰른 팀Llewellyn et al. 2013의 주장에 따르면, 일반적으로 회복적 정의에 관한 평가들은 회복적 정의가 제대로 작동하지 못하는 틀을 적용하고 있다. 회복적 정의에 관한 평가에 형사사법제도를 평가하는 기준을 사용하는데 이 둘은 완전히 다른 정의 패러다임이다. 르웰른은 재범, 만족도, 비용, 신속성 등을 들여다보는 대신 회복적 정의 이론에 근거한 새로운 기준을 사용해야 한다고 주장한다. 그들은 회복적 정의를 개념화해서 도출한 기준을 제시한다. 즉 관계 중심적, 통합적, 맥락적, 포괄적, 의사소통 중심적, 민주적, 미래 지향적 등의 개념이다. 우리는 이런 것들을 찾고 있다. '사건과 관련된 이해관계자 모두를 포함하고, 그들이 피해 상황에 대해 소통할 수 있는 공간을 제공하는가?'라는 질문이 좋은 예가 될 수 있다. 만약 이 질문에 '그렇다'고 대답한다면, 회복적 정의는 작동하는 것이다. 이러한 평가를 수행하기 위해, 사람들은 평가를 위한 방법론의 개념을 확장할 필요가 있을 것이다. 여기서, 평가개념을 확장한다는 것은 연구자가 특정한 회복적 정의 프로그램 내에서 불확실성과 의사소통 실행을 관찰할 수 있도록 허락하는 방법으로써 관찰에 기반한 연구 전략을 포함해야 한다는 것을 뜻한다.

두 번째 유용한 질문은, "누가 알고 싶어하는가?"이다. 회복적 정의 프로그램을 포함하여 어떤 것이든 우리가 평가하는 방법들은 청중에 따라 달라질 것이다. 이 책에 관한 우리의 평가라는 예로 돌아가서 설명해보자. 만약 우리가 이것이 "제대로 작동하는" 책이라는 사실을 학생들에게 설득하려고 한다면, 우리는 페이지 수특별히 긴 책은 아닐 것나 가격구입하는 데 수백 달러가 들지 않을 것과 같은 기준에 관심을 두어야 할 것이다. 만약 우리가 학자들을 설득하려고 했다면, 우리는 광범위한 이론가들을 종합하는 능력이나 글의 명료성과 같은 다른 기준을 사용했을 것이다. 회복된 정의를 평가할 때도 마찬가지다. 회복적 정의가 잘 작동하는지 그렇지 않은지 알기 원하는 사람들은 평가할 때 사용하는 기준에 영향을 끼치려 들 것이다. 프로그램에 자금을 대는 기관이 회복적 정의의 작동 여부를 보기 원하는 주체가 될 수도 있고, 대부분의 경우 그 주체는 정부 기관일 것이다. 회복적 정의를 시행하려는 정부 지지자들이 원하는 결과들은 몇 가지 주요 측정 질문들을 통해 설명될 수 있다. 가령 회복적 정의가 범죄자의 재범을 막아 주는가? 회복된 정의가 정의를 집행하는 행정비용을 줄여주는가? 회복적 정의가 피해자의 만족도를 증가시키는가? 이러한 질문들은 범죄 문제를 종식시키고, 정치적 후원금을 효과적으로 관리하며, 피해자들의 요구를 충족시키고 있다는 여론을 만들고 싶어하는 정부에게 있어서는 가장 중요한 문제들이다. 그러나 이와 같은 질문들에 우선순위를 두는 것은 실제 회복적 정의가 가져다주는 효과에 관심을 갖게 하기보다는 단순히 정부의 관심을 충족시키려는 차원에서 프로그램 평가에 노력을 기울이는 모습으로 이어질 수 있다.

세 번째 질문은, 회복적 정의가 제대로 작동하는지 "어떻게 알 수 있는가?"이다. 이 질문은 당신이 측정하고 싶은 것을 제대로 측정하고 있는지 확인하는 것으로써 사회과학 조사연구에 내재하는 일반적인 어려움과 관련이 있다. 여기서 다시 이 책을 예로 들어보자. 이 책이 "제대로 작동하는가?"라는 질문을 받았을 때, 그 질문에 답하기 위해 우리는 몇 가지 다른 방법들을 사용할 수 있다. 이 질문에 관한 답을 찾기 위해 우리는 먼저 얼마나 많은 책이 팔렸는지 알아볼 수 있다. 만약 우리가 백만 부를 팔았다면 우리는 이것이 좋은 책이라고 자신 있게 말해도 좋을 것이다. 하지만 학생들이 그것을 사야만 하도록 강요받았기 때문에 많은 책이 팔렸을 수도 있기 때문에, 우리는 구매 후에 학생들이 그 책을 읽었는지조차 알지 못한다. 우리는 그 책을 산 독자들이 그것을 읽은 후에 회복적 정의에 관해 얼마나 더 많이 알게 되었는지를 측정하려고 할 수도 있다. 하지만 우리가 그것을 '어떻게 측정할 것인가?' 하는 문제가 대두된다. 르웰린 팀Lewellyn et al. 2013이 주장하듯이 개념적 결과, 즉 상황적, 대화적, 미래적 측면까지 고려한 결과를 측정하려고 한다면 질문에 대한 답은 더더욱 복잡해진다. 최근에는 정부를 비롯한 후원 기관들이 진행되는 회복적 정의 프로그램의 효과를 입증하는 데이터 수치를 요구하는 추세다. 물론 일부 회복적 정의 프로그램의 경우 정량화된 수치를 제공하는 것이 불가능하지는 않지만, 실제로 회복적 정의가 목표로 하는 많은 부분은 직접적인 수치로 잘 드러나지 않는다. 예를 들어, 치유라는 목표를 측정하기 위해 피해자 만족도에 대한 설문을 포함시키고 회복적 대화모임 이후 어느 특정 시점에서 피해자가 느끼는 치유감의 정도와 강도를 조사할 수 있겠지만, 치유는 일련의 과정이지 스스로 '되었냐 되지 않았냐'라고 판단할 성격의 것이 아니기 때문에 이런 설문 조사 결과는 매우 불완전할 수 밖에 없다. 트라우마를 일으킨 사건 이후 치유에 관한 사람의 감각은 밀물과 썰물처럼 오락가락할 수 있다. 그 사람에게는 좋은 날도 있을 것이고 나쁜 날도 있을 것이다. 물론, 이러한 결과를 질적인 접근법을 사용하여 기록하는 것도 여간 쉽지 않다. 그러나, 인터뷰와 같은 기법을 사용하는 것이 참가자들이 단지 어떤 순간에 이미 정해져 있는 내용을 묻는 설문조사보다는 훨씬 더 치유의 과정에 관해 잘 말할 수 있도록 도움을 줄 것이다. 회복적 정의의 보다 더 현실적인 목표는 당사자들이 겪거나 저지른 피해를 이해하는 새로운 틀을 제공함으로써 그들이 앞으로의 삶을 더 잘 살아갈 수 있도록 도와주는 것이라고 할 수 있다. 이러한 틀을 제공해주는 작업은 측정하기가 더 어려운데, 수치화하기는 더더욱 어렵다. 보편적으로 공유되는 치유의 상태나 감정이 없다는 사실도 또 하나의 어려움이다.Braithwaite 2003 치유나 회복과 같은 경험은 극도로 개인적이기 때문에 대규모 설문조사를 통해 개인이 가지고 있는 치유에 관한 다양한 정의들을 모두 담아내기는 어렵다.

회복적 정의에서 종종 나타나는 일시적이면서도 깊이 있는 존재론적 경험을 사회과학의 정량적 방법론의 도구가 적절히 포착해낼 수 있는지에 관한 질문들을 넘어 회복적 정의의 성공 여부를 측정하려는 시도들에서 발생하는 질문들이 있다. 회복적 정의 초기에 시행된 경험적 조사연구에는 참가자들이 회복적 혹은 응보적 사법 프로그램에 무작위로 할당되지 않기 때문에 회복적 정의 프로그램의 성공에 관해 비교 측정하기 어렵다는 문제가 있었다. 따라서 회복적 정의 참여자 중 상당수가 회복적 대화모임에 참여한 후 만족감을 느낄 가능성이 높은 이들, 혹은 다시 범죄를 저지르지 않을 사람들을 주로 포함하는 방식으로 선발되어 조사 대상이 된 것이 아니냐는 우려가 제기됐다. 실제로 회복적 정의 프로그램에 참여하도록 안내 받는 가해자들은 책임을 인정하고, 자발적으로 참여하고, 그들의 재통합을 도와줄 강력한 네트워크를 가질 수 있는 등 "유망한" 후보로 여겨지기 때문에 선택되었다.Latimer et al. 2001 이러한 이유 때문에 이 가해자들이 일반 형사사법제도를 통했을 경우에도 회복적 정의 과정에서처럼 똑같이 잘했을지 가늠하기가 어렵다. 이러한 "선택 편향"이라는 문제 외에도, 회복적 정의에 관한 연구들은 일반적으로 통계적으로 유의미한 표본에 미치지 못할만큼 그 표본 크기가 작다는 점에서 설득력이 부족하다는 비판을 받아왔다. 이러한 문제 제기는 모든 종류의 프로그램 평가에서 너무 흔해 쉽게 찾아볼 수 있으며 회복적 정의에만 국한되는 것은 아니다. 그러나 '회복적 정의가 제대로 작동하는가?'라고 물을 때 우리는 반드시 이러한 문제들은 인지하고 있어야 한다.

마지막으로 우리는 회복적 정의는 '누구를 위해 제대로 작동하는가?' 질문해야 한다. 우리는 모두 인종, 계급, 성별과 같은 것들에 따라 서로 다른 사회적 위치를 차지하고 있다. 마찬가지로 범죄, 피해, 정의에 관한 우리의 경험과 느낌도 다 다르다. 연구자와 실무자가 회복적 정의에 관해 던져야 하는 질문 중 하나는 어떻게 피해자와 가해자 모두가 자신의 사회적 위치에 따라 회복적 정의를 다르게 경험할 수 있는지에 관한 것이다. 퀴어 참가자들은 동성애 혐오자들에게 둘러싸인 환경에서도 자신들의 피해 이야기를 충분히 다 할 수 있을만큼 안전하다고 느낄 수 있을까? 그래서 그들이 회복적 정의가 말하는 권한 부여를 통한 역량 강화를 경험할 수 있을까? 원주민 참가자들은 변명을 하고 있다는 비판을 받지 않고 회복적 정의가 약속하는 통합성 접근법을 따라 정착민들과 식민주의의 영향에 대한 이야기를 꺼내놓을 수 있을까? 자신의 폭력에 관해 반복적으로 사과하는 파트너의 모습을 보아 온 여성들은 회복적 정의 과정 속에서의 사과를 받고 치유를 경험할 수 있을까? 이러한 질문들은 연구자들과 평가자들이 물어야 할 질문들이지만, 일부 페미니스트들 예를 들어, Miller and Iovanni 2013; Van Wormer 2009을 제외하고는 이러한 문제에 대해서는 전반적으로 침묵하고 있다. 셔먼과 스트랭Sherman and Strang의 메타 분석 2007은 회복적 정의가 누구를 위해 작동하고 있는지 조사할 필요성을 강조하는 몇 안 되는 연구 중 하나다. 그들이 발견한 내용 중 힘의 차이가 현격한 사람들에게 어떻게 회복적 정의가 다르게 작용하는지를 질문해보게끔 돌아보게 하는 부분이 있다. 그들은 회복적 정의 과정을 밟은 호주의 선주민 청소년들과 재산죄를 저지른 미국의 히스패닉 청소년들의 경우 추후 체포되는 빈도가 증가하고 있다는 점을 발견했다. 회복적 정의의 다른 측면과 마찬가지로, 평가 결과는 광범위한 정치적 맥락 안에서 이해되어야만 한다.

회복적 실천의 미시정치학

피해자 가해자 화해Victim Offender Reconciliation, VOR와 피해자 가해자 조정, Victim Offender Mediation, VOM 가족간대화모임, Family Group Conference, FGC, 서클 그리고 심지어 진실위원회에 관해 이야기할 때, 우리는 종종 우리가 강조한 핵심 요소를 간과하곤 한다. 그 핵심 요소는 바로 만남encounter이다. 서로에게 상처를 주고 상처를 받았던 사람들이 실제로 함께 모여 대화를 한다면 무슨 일이 일어날까? 해리스, 월그레이브, 브라이스웨이트Harris, Walgrave, Braithwaite 2004는 이러한 프로세스가 어떻게 일어나는지 설명하는 이상적이면서도 전형적인 시나리오를 뭐라고 불러야 할지 규정하였다. 이들은 회복적 정의 대화모임을 시작할 때, 범죄자가 자신들의 행동에 관해 최소한의 당황스러움과 수치심과 죄책감을 느낄 것이라고 주장한다. 피해자들은 자신에 관해 얼마간의 수치심과 분노를 느끼겠지만, 자신에게 가해진 피해를 해결하고 싶은 욕구를 가질 것이다. 다만 피해자들은 전통적인 응보적 방식으로 가해자에게 피해를 줌으로써 피해를 해결하고자 하는 것과 자신의 고통을 경감시킴으로써 문제를 해결하고자 하는 것 사이에서 괴로워할 수 있다. 회복적 정의 세션session은 피해자가 자신에게 일어난 피해를 자세히 설명하는 것으로 시작된다. 이상적인 시나리오에서는 가해자가 피해자의 이야기를 듣고 동정심을 느낄 것이다. 그들은 자신의 행동이 이러한 고통을 촉발시켰다는 것을 인식할 것이고 일어난 일에 관해 후회와 수치심을 느낄 것이다. 가해자는 그 수치심을 받아들이고 인정할 수 있으며, 일종의 배상을 제공하는 쪽으로 나아갈 수 있다. 그렇게 함으로써 가해자는 피해자에게 힘을 돌려주는 것이고, 피해자는 사과나 배상을 받아들일지 결정할 수 있다. 피해자는 자신에게 권한이 부여되고 자신의 존엄성이 회복되었다고 느끼며 복수의 감정이 사라지는 것을 느낄 수 있다. 그러나 회복적 정의를 연구하는 학자들은 너무 자주 이것이 회복적 대화모임에서 일어나는 일로 상정하고 이론화한 다음, 그에 따라 다양한 결과를 측정하려는 노력을 기울여왔다. 그러나 이들은 회복적 대화를 위한 만남이 이루어지는 동안 실제로 어떤 일이 발생하는가에 대한 부분은 전혀 분석하지 않는다.

로스너2011, 2013는 성공적인 회복적 정의 만남에서 무슨 일이 일어나는 지에 관한 보다 상세하고 경험에 근거한 분석을 제공한다. 그녀에게 회복적 정의는 하나의 정의 의식justice ritual, 즉 단순히 공개적이고 계획 없이 상황에 따라 발생하는 대화가 아닌 격식을 갖춘 행동과 과정으로 가장 잘 이해된다. 우리는 가능한 모든 종류의 정의 의식들에 관해 생각해 볼 수 있다. 이러한 정의 의식들은 법정 절차, 논쟁, 심지어 공개 처형과 같이 옳고 그름이라는 공유된 도덕적 기준에 도달하기 위한 시도를 통해 특정한 형태와 흐름을 가진 과정들이다. 이런 식으로 회복적 정의를 생각하는 것은 우리를 모호하고 이상만 제시하는 전형적인 시나리오를 넘어선 훌륭한 회복적 만남을 가능하게 하는 상호작용이라는 역동으로 나아갈 수 있도록 도와준다. 물론 "훌륭한" 회복적 만남을 가능하게 하는 것은 토론이다. 로스너에게 훌륭한 회복적 정의 의식이란 참여자들에게 변혁과 전환이 일어나도록 만드는 의식을 의미한다. 참여자들이 함께 모이고, 서로 연결됨을 느끼며, 공감과 연대를 형성하고, 만남 그 자체를 넘어서는 의식을 말한다. 이러한 훌륭한 회복적 의식의 핵심 측면을 밝히기 위해 로스너는 회복적 정의에서 이루어지는 만남에 관해 심도 있는 관찰을 수행하였다. 그녀는 참가자들의 감정 표현, 대화, 독백 그리고 비언어적 단서들에 관해 연구했다. 이러한 분석을 통해 그녀는 회복적 정의에 있어 성공적인 상호작용을 이끌어내는 의식에 네 가지 중요한 구성요소가 있다고 말한다.

1. **대화 리듬을 통해 함께 집중한다.** 참가자들은 대화의 리듬을 만들어간다. 대화 도중 침묵이 흐르는 빈도가 적고, 한 사람이 혼자 길게 이야기하는 식의 독백이 적으며, 진행자에게 말하기보다는 서로가 서로에게 이야기한다.

2. **대화와 힘의 균형.** 모든 참가자는 각자가 하고 싶은 말을 함으로써 모임에 이바지할 수 있다. 시간이나 에너지를 독점하거나 지배하는 참가자는 없다. 누구도 소외되거나 뒤로 물러나 있지 않는다.

3. **터닝 포인트.** 모임 중 참가자 모두가 빨려들어간다고 느낄 정도로 감정이 고조되는 순간이 온다. 이럴 때 회복적 정의가 이루고자 하는 공감과 연대를 함께 느끼게 된다.

4. **공식적으로 표현되는 연대.** 감정적 정점이 지난 후, 참가자들은 새롭게 만들어진 연결을 통해 적극적으로 상호작용한다. 그들은 서로 눈을 맞추며 대화하고, 악수하며, 공식적 만남이 끝난 후에 남아 수다를 떤다.

의식의 네 가지 중요한 구성요소에 관한 이러한 설명은 모임에서 이러한 요소들이 우연히 일어난다고 제안하려는 것이 아니다. 지지자들이 때때로 이야기하는 회복적 정의의 마법은 대화모임을 운영하고 이끌어가기 위해 사용하는 다양한 전략의 결과로 나오는 것이다. 급격히 성장하고 있는 한 연구는 회복적 정의의 만남들과 미시적 수준에서 발생하는 사회적, 정치적 역동성을 조사하고 분석하기 위해 어빙 고프먼Erving Goffman의 연극적 방법dramaturgy 관점을 사용했다. 고프먼1993 c. 1959:xi은 그의 연극적 방법을 "구체적인 사회성 확립"이 어떻게 일어나는지 이해하기 위한 하나의 "틀"로 사용하고 있다. 고프먼은 이 "틀"의 주요 구성 요소를 "상황에 관한 정의定意"라고 불렀다. 상황에 관한 정의는 사회적 행동을 이끌어내는 전체적인 혹은 지배적인 논리를 설명해 낸다. 예를 들어 행인이 도시의 인도 위에 누워 있는 사람을 바라보며 술을 너무 많이 마시고 쉬고 있다고 가정하거나, 혹은 자격을 갖춘 전문가가 곧 그들을 돌보게 될 것이라고 합리적 판단을 내림으로써 그 상황이 긴급한 상황이 아닌 것으로 규정하고 무시할 수 있다. 그러나, 한 사람의 개입으로 상황에 관한 정의가 긴급한 상황으로 바뀔 수도 있는데, 이는 그 사람이 드러낸 우려가 사람들을 심드렁한 무관심으로부터 깨어나게 했기 때문이다. 이처럼, 정의definition는 결코 최종적이거나 완성된 것이 아니다. 오히려 맥락 속에 있는 사람들 사이에서 일어나는 지속적인 협상의 문제라 할 수 있다. 어떤 상황에 맞는 정의를 만들거나 보존하기 위해서는 이 협상에 참여하는 사람들의 노력이 필요하며, 이러한 작업은 "무대 뒤", 즉 보이지 않는 곳에서 일어나기도 하고 "무대 앞"이나 의도된 관객 앞에서 펼쳐질 수도 있다. 고프먼1993 c. 1959: 10은 어떤 상황에 관한 정의를 적극적으로 유지하는 과정을 "합의 만들기working consensus"라고 묘사하였고, 이러한 합의를 이루는 것이 행위자들로 하여금 그들이 합의한 "선"을 잘 지키도록 헌신하는 결과를 초래할 수 있다고 보았다. 달리 말해, 그들은 주어진 상황의 정의에 관한 안정성을 보장하기 위해 열심히 노력하게 되는 것이다. 참여자들은 이 정의를 지키고 재생산하도록 독려된다. 이들이 상황에 대한 어떠한 정의를 유지하기 위해 헌신할 때 어떤 "얼굴"과 연결되는데, 여기서 얼굴은 "특정한 상호작용 속에서 타인이 바라보았을 때 내가 지켜야 한다고 생각하는 선에 맞추어 스스로 선택하는 긍정적인 사회적 가치"를 말한다.Goffman 1967:5 얼굴은 사람의 명예와 자존감이라는 감각과 밀접하게 얽혀있으며, 따라서 '쪽얼굴 팔린다' 라는 표현은 사람이 부끄러움을 얼마나 피하고 싶어하는지를 보여주는 예시이기도 하다. 회복적 정의 역시도 참가자들이 주어진 상황에서 갈등으로 자신을 표현하기보다는 평화로운 방식으로 자신을 표현하고 행동하게 하는 정의定意를 만들어가도록 노력한다는 사실은 그리 놀랄 일이 아니다.

회복적 정의 대화모임 중에는 모든 참가자가 자신의 인상을 관리하며 연기를 하게 되는데, 그 중에서도 진행자들이 과정을 이끌어가는 방식에 연구자들은 특히 더 세심한 주의를 기울였다.예 Rypi 2017 사전 모임을 준비하는 과정에서 진행자들은 무대 뒤에서 참가자들을 준비시키고 사전연습을 진행함으로써 만남을 준비한다. 라이피Rypi 2017는 진행자들이 무대 뒤에서 아주 세밀한 부분까지 지적하며 리허설을 진행한다는 사실을 알게 되었다. 진행자들은 가해자가 범죄자처럼 보이지 않도록 옷을 갈아입히거나 문신을 가리도록 권유하는 등 시각적 인상 관리에 도움을 주었다. 일례로, 진행자는 가해자가 과거 마약 중독으로 씨름했었다는 내용을 공유하지 말도록 주의를 주었다. 가해자가 범죄를 저지르게 된 문제 중 일부를 피해자에게 설명하고 싶어 한다고 할지라도, 진행자는 가해자가 그들의 문제들에 관하여는 더 모호하게 설명할 것을 제안한다. 진행자는 가해자가 스스로를 비정상적으로 보이게 하는 정보를 공유함으로써 연기만남를 망치지 않게끔 그런 모습보다는 순응적이고 후회로 가득찬 모습을 보여주도록 지도한다. 또한, 진행자는 참가자들과 함께 만남을 미리 예행 연습하는 작업도 한다. 진행자들은 피해자가 문제가 될만한 질문들예를 들어, 가해자와 그 가족이 이민자인지 아닌지와 관련된 질문들을 하지 않고 가해자는 적절하게 답변하도록 안내할 것이다. 이 두 가지는 때때로 역할극을 통해 이루어지기도 했는데, 역할극이란 실제로 만나가 전에 그 모임을 직접 시연해보는 것을 말한다.

대화모임이라는 무대 위에서 이뤄지는 진행자의 코칭에 대해서도 자세히 연구되었다. 대부분의 회복적 정의 세션은 여러 단계로 구성되어 있다. 이러한 단계는 서로 명확하게 분리되거나 꼭 순차적으로 이뤄지지 않을 수도 있으며, 다른 단계들도 있을 수 있다. 그러나 일반적으로는 각각의 회복적 정의 세션은 소개 및 도입부, 장황한 이야기, 전환, 문제해결, 합의사항 마련 등의 내용으로 특징지을 수 있다.Picard 1998 모임을 소개함에 있어 진행자는 모두를 환영하고 회복적 절차에 그들의 공동의 참여로부터 발원되는 잠재적 장점들을 강조함으로써 긍정적이고 생산적인 모임 분위기를 조성한다. 또한, 진행자는 전체 세션 동안 절차에 참여한 당사자에게 서로를 방해하지 않도록 존중을 위한 공동의 원칙이나 기본 규칙ground rules을 알려주어야 한다. 진행자는 대화모임 전체 흐름에 관해 소개하며 누가 먼저 말할 것인지 초청함으로써 분위기를 조정하며 모임을 이끈다.Bruce 2013 일단 이러한 분위기가 조성되면, 사실을 기반으로 피해자와 가해자가 각각 일어난 사건들을 자신들의 말로 충분히 표현하도록 자리를 펼친다. 회복적 정의 모임의 다른 구성원들도 무슨 일이 일어났는지에 관해 말하도록 초대된다. 대화모임에서 토론하는 내내 진행자는 "더 하실 말씀이 있습니까?", "그것으로 인해 당신은 어떤 느낌을 가졌습니까?"와 같이 대화를 촉발할 수 있는 질문을 계속 사용하며 모임을 진행한다. 진행자들은 의견이 일치하지 않아 화가 난 것과 같은 위기 상황이 발생해도 이를 관리할 수 있어야 한다.Bruce 2013 다만 이 단계에서 관건은 진행자가 일어난 사건에 관한 논의에서 무엇을 해야 할 것인지에 관한 논의로 넘어가도록 참여자들을 돕는 것이다. 이러한 일은 진행자가 그 어떤 영향도 받지 않고 아주 자연스럽게 처리할 수 있지만, 실제로 진행자는 참가자들을 도울 수 있는 몇 가지 기술을 자유롭게 사용할 수 있어야 한다. 이런 방식으로 참가자들은 문제해결에 초점을 맞춤으로써 결국 합의를 도출할 수 있어야 한다.Picard 1998

진행자에게 필요한 첫 번째 기술은 "열린 질문open question"을 할 수 있는 능력이다. 종종 "어떻게how"와 "왜why"로 시작하는 열린 질문은 원하는 답을 이끌어내는 질문이 아니라 응답자가 자신만의 용어로 자신에 관해 설명할 수 있도록 도와주는 질문을 말한다. 그러기에 진행자는 "그날 당신을 화나게 만든 것은 무엇인가요?"라고 질문함으로써 피해자의 감정을 추측하기보다 "그일로 당신은 어떤 감정을 갖게 되었나요?"와 같은 질문으로 좀 더 조심스럽게 상대방의 느낌을 물어볼 수 있다. 또한 진행자는 "왜 그렇게 화가 났느냐?"와 같은 판단이 필요한 질문을 피할 수 있다. 특별히 "왜?"라는 질문에는 비난의 의미와 경향이 있으므로 "그 일로 당신은 어떤 감정을 갖게 되었나요?"와 같은 질문으로 참가자들이 자신의 감정을 표현할 수 있도록 여지를 제공하는 것이 좋다.Picard 1998

두 번째 기술은 "요약하고 바꾸어 표현하는 것summarize and paraphrase"이다. 개인이 길게 이야기를 하다 보면, 세부적인 내용에 함몰되는 경우가 적지 않다. 그러기에 들은 내용을 잘 요약하는 기술은 분쟁의 주요 쟁점에 당사자들을 집중시킴으로써 불필요한 방해가 일어나지 않도록 도움을 준다. 또한, 요약은 당사자가 끊임없이 자신의 말을 반복할 때도 도움이 되는데, 이는 당사자의 목소리를 잘 듣고 있다는 사실을 전달해주기 때문이다. 마찬가지로, 말을 바꾸어 표현하는 것은 말한 사람에게 의미의 명확성을 보장하고 그들의 목소리를 잘 들었다는 것을 전달해주는 간략한 요약이다.Picard 1998

바꾸어 말하기와 요약하기 기술에는 말한 내용을 보다 중립적인 용어로 다시 표현할 수 있는 가능성이 존재한다. 따라서, 만약 당사자가 무엇인가에 관해 자신의 견해를 드러내며 전투적인 용어를 사용한다면,"그들은 이기적이고 자기들 외에는 아무도 신경쓰지 않는다" 진행자는 바꾸어 말하기와 요약하기를 통해 그 진술에 들어있는 관심사"그러니까 당신은 이웃들 사이에 일정 수준의 신뢰와 관대함이 중요하다고 느낀다는 말씀인 거지요"에 집중하도록 도와줄 수 있다.Fisher and Ury 1991 발언이 이런 식으로 다시 한번 바꾸어 말해지면, 당사자들이 전투적인 주장 "그들은 이기적이다"이라는 수렁에 빠져들기보다는 어떻게 자신들의 일반적인 관심사신뢰와 관용를 달성할 수 있는가에 대한 새로운 논의를 출현시킬 수 있다. 사실 들은 말을 중립적으로 요약하는 기술은 개입의 세 번째 형태로 대화의 "재구성reframing"이라고 부른다. 재구성을 통해 대화가 해결 가능한 공동의 관심사로 옮겨가면서 긍정적인 면을 강조하고 해결 가능한 이슈들로 당사자들의 관심을 집중시킨다.Picard 1998

마지막으로 언급할 기술 세트는 참가자의 감정과 정서를 "인정하고, 정당함을 확인하고, 이를 정상으로 여겨주는" 것이다. 예를 들어, 진행자는 말하는 사람의 감정을 인정하고 그 감정들이 정당하며 정상이라고 입증해 줄 필요가 있다. 진행자는 무단 침입을 경험한 후유증으로 사람들이 자신의 집에 들어오는 것이 두렵다고 말하는 화자의 느낌을 인정해주고, 그것이 정상적인 감정임을 받아들임으로써 말하는 사람을 도와줄 수 있다. 그러한 개입은 피해자의 불쾌한 감정을 인식하고, 그들의 감정에 이름을 붙임으로써 그들이 토론을 계속 진행할 수 있도록 도와 줄 것이다.Picard 1998

모든 기술은 당사자들이 겪은 피해를 자세히 설명하고 해결책을 찾기 위한 것으로써 비난또는 변명의 기회를 제공하는 것으로부터 문제해결로 전환을 이뤄내도록 도움을 주기 위해 설계된 것이다. 또한, 진행자들은 해결을 위한 "중개인" 역할을 담당한다. 진행자들은 협상의 일환으로 그들 공동체가 갖고 있는 자원 목록을 참여자들에게 제공할 수 있다.Bruce 2013 브루스는 자신의 연구에서 진행자 대부분이 사전 모임이나 사전 준비 과정에서 피해자 및 가해자들과 잠재적 결과를 논의하고 협상하여 사전에 협의한 내용들을 기초로 대화모임의 결과를 예견한다는 사실을 발견했다. 이러한 목표는 회복적 정의 대화모임 참가자들에게 갈등해결에 적절히 관여하는 방법을 창의적으로 가르치기 위함이다. 이렇게 진행자에게 주어진 힘을 부드럽게 사용하는 기술은 일종의 모델 역할을 하기도 하는데, 진행자가 참가자들에게 그들이 따라야 할 모델을 보여준다는 의미가 있다.Wolford and Ratner 2008b 또한, 이러한 기술은 참가자가 회복적 정의 대화모임을 준비하기 위해 기울이는 노력과 결합되어 있는데 여기에는 종종 효과적으로 의사소통하고 경청하는 방법에 관한 비결 등이 포함된다.

좀 더 폭넓게 이야기하자면, 이러한 기술들은 회복적 정의라는 '무대'를 준비하거나 무대에서 시연될 '안무'를 짜는 일의 일부라 할 수 있다.Digna et al. 2007:12 이러한 개입들은 대화모임의 성공을 좀 더 확실하게 보장하는 방식으로 대본을 준비하고 회복적 대화모임을 계획하려는 공동 진행자의 노력과 결합된다. 일부 회복적 정의 프로그램에서는 진행자들을 위한 실제 대본이 사용되기 때문에 특정 질문 아래 모든 참가자가 말할 기회를 주기도 한다. 또한, 진행자들은 효과적인 면대면 소통이 가능하도록 모임 장소 안에 의자를 배치하는 데도 신중을 기울인다.

회복적 정의가 개방적이고 권한을 부여하는 과정이기 때문에 진행자의 개입 정도를 어디까지 허락해야 하는가란 질문을 던질 수 있다. 진행자가 대화모임을 자신들이 원하는 방향으로 가져가며 더 큰 사회적 불평등을 복제하는 모습이 될 수 있다는 점에 관한 우려도 있다. 만약 조정자가 바꿔말하기에 지나치게 개입하거나 성별이나 문화적 고정관념을 강화하는 방식으로 모임을 재구성하면, 개방적이고 역량을 강화하기 위한 대화의 원래 목적이 훼손될 수 있다. 회복적 정의 대화모임은 완전히 자연스럽게 이뤄지거나 전혀 체계가 없이 진행하는 것은 아니다. 비록 의도하지 않은 순간들이 일어나곤 하지만, 회복을 만들어내기 위해 엄청난 계획이 수반된다. 그러나 진행자가 사전에 결정된 결과로 이끌어갈 수 없으므로 당사자들이 회복적 대화모임을 통해 가능한 해결책에 도달할 수 있도록 자연스러움과 구조 사이의 균형이 잘 유지되어야 한다.

회복적 정의에 녹아있는 정치학

직접적이든 간접적이든 회복적 정의 참가자들의 훈련에는 잠재적인 전쟁을 준비하는 사람들에게 새로운 대응방식을 알려준다는 목표가 있다. 갈등을 겪을 때 우리는 보통 사회화된 갈등 방식에 따라 반응한다. 예를 들어, 즉각적으로 화를 내는 가족 구성원들을 봐온 청소년들은 비슷한 방식으로 행동할 수 있다. 더 폭넓게 말하자면, 우리 문화 속에 깊이 뿌리 내린 적대적인 법 때문에 우리는 갈등에 직면했을 때 거의 자동적으로 법적으로 사고한다는 것을 의미한다.Ewick and Silbey 1998 최근에 지붕 시공업자의 실수로 이 책의 저자 중 한 사람의 집 벽에 비가 새어 들어왔고, 방마다 석고로 된 벽이 망가지고 페인트가 변색되고 향후 곰팡이가 필 위험이 생겼다. 집주인과 배우자는 법정에서 일을 처리하기보다는 법정 밖에서 계약자와 합리적인 해결책을 협상하고자 했다. 그러나 그러한 과정조차도 "법의 그늘" 아래서 이루어졌다.Harrington 1985 그들이 진행하는 논의의 틀은 집주인으로서 시공업자와 서명한 계약서에 명시된 법적 권리에 근거하고 있었다. 이 부부는 법적인 태도를 취하기까지 오랜 기간 깊은 전략적 숙고를 거친 것 같지 않다. 그들은 오히려 이 분쟁 상황에서 우위를 점할 수 있는 부분이 법적 사고를 통해 나올 수 있다는 사실을 아주 자연스럽게 떠올렸다.

이렇게 법이 반사적인 반응으로 나오는 것은 우리 사회에 만연해 있다. 영화나 책은 물론 텔레비전 법정 드라마의 장면이나, 법정에서 벌어지는 일들에 관한 일상의 뉴스를 보면서, 우리의 무의식 속에는 법의 합리성이 스며들게 되었다. 또한, 이것은 법적 용어를 일상적인 용어처럼 사용하도록 만들었는데, 법적 책임liability, 모의법정moot, 불법행위tort와 같은 단어가 그런 예이다. 반대로 정의의 개념과 같이 일반 용어가 법적인 느낌을 갖게 된 경우가 있는데, 이런 경우 현재 우리가 알고 있는 사법제도가 형성되기 전부터 있었던 정의에 관한 오랜 논의가 무시되는 결과가 나타난다. 이러한 방식으로, 법치주의는 우리가 세상을 이해하고 세상에 대처해나갈 때 사용하는 거의 무의식적인 도구로 자리하게 되었다.

이렇게 법에 관한 반사적인 반응에 대해 도전하고 이를 중단시키는 것이 회복적 정의의 임무 중 하나다. 법치주의는 3장에서 설명한 회복적 정의의 에토스와는 달리 대항적이고 적대적인 감각을 갖게 한다. 법의 에토스와 회복적 정의의 에토스 모두 갈등을 이해 가능한 것으로 보지만, 어떻게 이해할 수 있는가에 대해서는 차이가 있다. 회복적 정의의 에토스는 개방적이고 협력적인 상호 작용을 통해 갈등을 이해할 수 있는 반면, 법의 에토스는 변호인과 검찰이 적대주의를 통해 진실에 관한 공방을 벌이는 방식을 사용한다. 만약 우리가 이미 법치주의에 근거하여 갈등에 관해 거의 자동적으로 반응하는 현실 속에 살고 있다면, 회복적 정의는 회복적 정의가 제시하는 기준에 따라 우리를 재교육하고 훈련하도록 해야한다. 경쟁보다 협력을 강조하는 영적, 혹은 가족적 신념에 따라 사회화 과정을 거친 개인들에게는 조금 더 쉬울 수 있다. 하지만 어떤 사람들에게 회복적 정의가 제시하는 기준을 따라 재교육 받는다는 것은 엄청난 노력을 필요로 하는 일일 것이다. 갈등에 관한 반사적 반응으로 폭력을 사용하도록 배워온 일부 가해자들에게는 더더욱 어려울 수 있다.

미셸 푸코의 연구에서 도출된 두 가지 개념은 회복적 정의가 개인을 재교육하고 새로운 주제를 만들고 모색하는 방법을 보다 더 잘 이해하도록 도움을 줄 수 있다. 그렇게 되면 어떻게 회복적 정의의 정치학이 회복적 정의가 사람들을 통제하는 하나의 거버넌스로 운영될 수 있는지를 확인하는 데도 도움을 받을 수 있을 것이다. 그 두 가지 개념은 바로 "생활교육의 기술techniques of discipline"과 "자아의 기술techniques of the self"이다. 생활교육의 기술은 그들의 행동이 시간표 및 교통 신호와 같은 복잡한 여러 기술에 의해 조절된다는 의미에서 강요되기보다는 통제되는 정상적인 개인을 만들어 정상성을 생산해낸다. 예를 들어, 회복적 정의 실무자들은 어떻게 의사소통을 해야 하는지 신호와 개입을 통해 상기시켜 줌으로써 참가자들을 교육한다. 많은 준비와 반복적으로 상기시켜주는 행동을 통해 참가자들은 효과적인 경청과 관심사와 필요에 기반한 협상의 규범을 교육받는다. 마찬가지로 공동체는 "화합 이념"Nader 1990

을 따를 것을 종용하는 훈육 방식으로 피해자들과 가해자들이 그들의 갈등이 아무리 옳아보이더라도 수동적이고 타협적인 행동을 따라하게끔 압력을 넣을 수 있다. Napoleon 2004와 Acorn 2004 참조

이와는 대조적으로, 자아의 기술은 사회적 통제를 내면화하고 자신의 태도를 스스로 감시하고 행동을 책임지는 데 적극적인 역할을 감당하는 자기통제에 의존한다. Burchell 1993; Pavlich 1996a 푸코1994:225의 말로 표현하자면, 자아의 기술은 "개인이 자기만의 방법에 의해서나 혹은 타인의 도움을 받아서, 자신의 몸과 영혼, 생각, 행동, 존재 방식에 관한 일정한 수의 조작을 통해 행복, 순수, 지혜, 완벽 또는 불멸의 특정한 상태에 도달하고자 스스로 변화하도록 만든다."

이는 개인이 자신의 자치권에 관한 책임을 받아들이고 이를 자연스럽고 의심의 여지가 없는 것으로 받아들이도록 개인을 격려하는 전략들을 통해 달성될 수 있다. 예를 들어, 익명의 알코올 중독자 프로그램Alcoholics Anonymous이나 분노 조절 프로그램과 같은 특정한 자기돌봄 프로그램들은 참가자들이 사회적으로 용납할 수 없는 것으로 인식되는 음주 관행과 감정 표출을 멈출 수 있도록 자신의 행동을 감시하도록 요청한다. 마찬가지로, 회복적 정의는 참가자들이 일상생활에서 겪는 갈등 상황에서 회복적 정의를 말하고 실천하는지 스스로 주의 깊게 지켜보는 평가자가 되도록 요청한다.

회복적 정의 실무자들이 사용하는 이러한 부드러운 강제는 사회적 통제에 관한 여러 의견에 따라 언뜻 보기에 문제가 될 수도 있고 문제가 없어 보일 수도 있다. 그러나, 그것은 회복적 정의가 "비강제적"이라는 일부 옹호자들의 주장과는 상반된다. Van Ness and Strong 2002 더 나아가 생활교육의 기술과 자아의 기술을 실천으로 옮길 때 어떤 종류의 정치학이 작동하고 있는지 추궁

할 필요가 있다. 예를 들어, 일부 지지자들은 회복적 정의의 강점 중 하나는 그것이 비정치적이며 진보와 보수 모두에게 호소할 수 있다고 하는 주장이 다. Van Ness and Strong 2002

부분적으로, 보수주의 및 자유주의적 맥락에 관한 회복적 정의의 적응력은 회복적 정의가 붙들고 있는 시민에 관한 이상적인 비전과 관련이 있다. 의사소통 기술을 전달함에 있어서 회복적 정의는 갈등에 관해 비전투적이고 평화로운 해결자들인 개별 시민을 창조하기 위해 작동한다. 그러한 개인들은 시민불복종 행위를 선택하고 이의를 제기하는 것보다 대화에 우호적인 수동적 시민성을 좋아하는 정부에 더 매력적이다. 이처럼 회복적인 정의는 교조적으로 분쟁을 일으키지 않는 개인을 만들려고 해서는 안된다. 실제로 때와 장소에 따라 회복적 정의도 전투적 관계를 지원해야 한다고 느끼며 협력적 의사소통이 승리하는 것은 이상적인 상황에서만 가능하다고 생각할 수 있다.

거버넌스를 회복적 정의를 통해 적용할 수 있다는 사실을 깨닫는 것은 회복적 정의 대화모임은 그 자체로 언제나 좋은 것이라는 우리의 믿음을 검증해야 한다는 뜻이기도 하다. 회복적 대화모임은 참가자들에게 권한을 부여하고 창조적인 해결의 기회를 제공하지만, 그것이 회복적 정의가 원하는 모든 결과를 다 보장해주지는 않는다. Johnstone and Van Ness 2007 통치하기 용이한 사람들을 만들기 위해 생활교육과 자아의 기술이라는 회복적 기술들을 사용하여 지배적인 권력관계를 갱신하고 강화하는 장이 회복적 정의가 될 수도 있다. 또는, "위험한" 하위 계층이나 소수집단 청소년에게는 응보적 정의를 유지하면서, 사회의 중·상위 계층 청소년들을 위해서는 부드러운 정의를 실현하는 옵션으로 회복적 정의를 활용할 수도 있다. 두 경향 모두 회복적 정의의 실천에 관한 정치적 조작의 가능성을 보여주는 예이다. 이런 것들이 회복적 정의를 사용했을 때 발생하는 피치못할 결과는 아니지만, 실무자와 이론가들이 애정을 갖고 있는 권한 부여를 통한 역량 강화 또한 무조건 나타나는 결과는 아니다.

회복적 정의의 즉각적인 맥락, 회복적 정의의 조직 스타일, 진행자의 권한이 큰 실천 방식, 그리고 평가 방법에 관한 우리의 분석을 통해 회복적 정의를 정치적 오용으로부터 확실하게 보호해 주는 실천 방식은 없다는 점을 분명히 해야 한다. 다음 장에서 회복적 정의에 관여하는 다양한 참여자들을 직접 가까이서 들여다 보면 이에 대한 걱정이 더 커질 것이다. 참가자들의 정체성이 과정에 의해 형성되는 방식을 지켜보면 회복적 정의가 어떤 경우에는 행위자들의 역량을 강화하기보다는 그들을 통제하는 방향으로 움직이는 면이 있다는 사실을 깨닫게 되기 때문이다.

토론을 위한 질문

1. 만약 1장에서 설명한 신념들을 당신의 출발점으로 사용한다면 당신은 회복적인 정의 프로그램을 어떻게 평가할 것인가?

2. 재범율 감소를 회복적 정의가 잘 작동하는 지표로 삼아야만 하는가?

3. 회복적 정의의 여러 정치적 측면이 어떻게 해리스 팀의 이상적인 시나리오를 바꾸거나 중단시킬 수 있을까?184-185쪽 참조

5

회복적 정의 정체성 세우기

회복의 정의에는 누가 참여하는가? 1장에서 우리는 좀 더 광범위한 사회운동으로서 회복적 정의에 참여하는 다양한 그룹과 활동가들에 관해 설명한 바 있다. 그러나 실제로 피해자, 가해자, 진행자, 그리고 공동체 구성원들과 같이 회복적 정의 대화모임이나 회의에 참석하는 사람들은 어떨까? 조지 파브리치George Pavlich 2005는 부분적이지만 회복적 정의의 담론을 이들 모두가 통해 사회적으로 구성된다는 점에서 모두 정체성의 문제를 겪고 있다는 점을 보여주었다. 간단히 말해서, 피해자, 가해자, 진행자 또는 지역사회 구성원과 같은 행위자들 중 그 누구도 본래의 자연적 상태로 존재하지 않는다. 이는 사람이 피해를 입거나 해를 끼치지 않는다거나, 혹은 개인이 이러한 갈등을 조정하는 데 도움이 되지 않는다거나, 아니면 이러한 피해가 특정한 사회적·지리적 공간 내에서는 발생하지 않는다고 말하려는 게 아니다. 오히려 우리가 흔히 피해자, 가해자, 진행자, 공동체라고 붙이는 꼬리표의 의미들이 사회적으로 형성되고 사회 관계를 통해 구축되고 있다는 사실을 일깨우기 위함이다. 일상생활은 종종 믿을 수 없을 정도로 복잡하게 다가온다. 각각의 상황에 중첩되어 있는 다양한 피해와 잘못들을 분별해야 하기 때문이다. 이러한 상황들을 헤쳐나가기 위해 사회적 주체들은 압축적인 서사를 통해 복잡한 진실들을 정리하고 어려운 상황을 이해 가능하고 대처할 수 있는 것으로 만든다. 이처럼, 범죄 사건에 의해 형성된 감각은 하나의 해석으로써 사건에 연루된 행위자들의 정체성을 형성하는 역할을 한다.

예를 들어, 살인사건의 경우에는 관련 당사자들의 정체성 문제가 복잡하지 않을 것이라고 생각할 수 있다. 어떤 젊은 친구가 격렬한 논쟁 끝에 부모를 죽였다고 가정해보자.대부분의 살인 사건은 피해자를 잘 아는 누군가에 의해 저질러지기 때문에, 이것은 적절한 예가 될 것이다 이 사례는 청소년이 가해자혹은 이 단계에서는 피고인이고 부모가 피해자인 아주 명확한 사건으로 보인다. 진행자는 슬픔에 빠진 배우자와 자녀 사이에 사후 조정을 해달라는 요청을 받은 개인일 수 있으며, 공동체는 범죄가 발생한 주변의 이웃이다. 그러나, 이렇게 각각의 정체성을 부여할 때 우리는 몇 가지 전제를 깔고 있음을 알아야 한다. 첫째, 우리는 더 큰 일련의 사건들, 즉 살인이 발생하기 이전에 모든 사건과 이 살인 사건을 별개의 것으로 취급하고 있다. 만약 부모를 죽인 청소년이 부모로부터 반복적인 학대를 받아왔다면, 그가 과거에는 피해자였다는 사실로 인해 현재 사건에서의 가해자라는 역할에 조금 더 복잡한 요소들이 가미된다. 그리고 부모와 청소년 모두가 피해자인 동시에 가해자가 된다. 이런 상황은 단순한 흑백 논리로 사건을 보도하는 언론과 범죄를 둘러싼 정치적 쇼를 통해 제시되는 것보다 훨씬 더 빈번하게 일어난다.

둘째, 우리는 피해가 신체적 또는 물질적 피해를 경험한 사람으로부터 시작되고 끝난다고 가정한다. 그러나, 회복적 정의 옹호자들이 종종 우리에게 상기시켜주듯이, 범죄의 피해는 직접적인 이해 당사자와 범죄가 발생한 지리적 공간 너머까지 영향을 미친다. 그렇기 때문에, 실제로 이 사건에 의해 피해를 입은 사람들의 범위는 훨씬 더 넓다. 배우자는 살인 사건으로 인해 함께 살던 파트너를 잃고, 살인을 한 아이를 감옥에 빼앗겨야 하는 피해자이다. 지역 사회는 겉보기에는 안전해 보이던 동네에서 그런 일이 일어날 수 있다는 사실에 충격 받는 피해를 입었고, 그 공동체 안의 친구, 삼촌, 이모, 사촌, 직장 동료들 모두 다 영향을 받는다. 청소년이나 피해자인 부모의 지인들은 더 큰 고통을 겪어야 한다. 마찬가지로, 우리는 가해 행동이 사건을 저지른 청소년의 행위에서 시작되고 끝난다고 추측하지만, 만약 죽은 사람의 배우자와 주변의 이웃들이 가해 청소년이 받아온 학대를 오랫동안 외면했다면 어떻게 할 것인가? 책임의 정도에 대해 다시 평가하고 검토해볼 필요가 있을까? 사실 위의 예시는 선주민보호구역에서 행해지는 가정 폭력이나 폭행 관련 사례와 비교하면 그 책임 여부가 상대적으로 단순한 편이다. 후자의 경우 책임의 매트릭스는 가부장제, 인종, 계급, 식민주의 등 광범위한 구조적 요소들까지로 확장된다.

여기서 살펴본 내용은 우리가 형사사법 제도를 통해 부여받은 정체성을 통해 트라우마적 상황들을 이해할 때 그 안에서 작동하는 수많은 전제의 일부분만 살짝 건드린 것일 뿐이다. 형사상 복잡하게 얽혀 있는 당사자의 정체성은 우리가 피해자, 가해자, 진행자, 지역사회 구성원을 각각 따로 분리해서 그 정체성을 살펴볼 때 더 명백해진다. 이 그룹들은 서로 분절되어 있고 불완전한 상태이다. 그들에게 의미가 부여되는 과정을 살펴보면 범죄에 근거한 정체성 구성에 관한 비판적인 이해가 가능해진다. 예컨대 형사사법제도에서 사용하는 피해자-가해자의 이분법적 분류는 회복적 해결책을 세우기 위한 토대에서 바라보면 많은 문제가 있다. 그러나 회복적 정의 대화모임은 이러한 정체성들이 겉으로 보이는 것보다 훨씬 더 복잡하다는 것을 보여줌으로써 이러한 정체성을 해체할 수 있는 잠재력을 가지고 있다. 이것이 회복적 정의에 주어진 정치적으로 엄청나게 중요한 과제이다. 이러한 비판적인 문제의식 없이 회복적 정의를 시행하려 드는 것은 지배적인 형사사법과 정치적 조건들을 재생산할 위험을 떠안는 행위다.Pavlich 2005 참조

피해자

회복적 정의는 종종 정의를 다룸에 있어 피해자Victims 중심의 접근방식으로 대표된다. 회복적 정의가 피해자를 재판과정에서 소외시키지 않는 동시에 피해자를 대신해 가해자를 처벌한다고 주장하기 때문이다. 즉, 회복적 정의는 회복적 과정 속에서 피해자를 핵심적 이해 당사자로 인정해준다. 회복적 정의는 사법절차를 형성하고 분쟁에 관한 정의로운 해결책을 결정함에 있어 피해자들이 중요한 역할을 할 수 있게끔 한다. 범죄 사건의 여파로 피해자가 입은 상처와 그로 인해 발생하는 피해자의 필요가 얼마나 중대한 것인지 놓치지 않기 위함이다. 범죄에 관한 회복적 접근방법은 피해자의 필요를 확인하도록 요구하며, 이는 다음의 항목을 포함할 수 있다.

1. 피해자가 자신이 입은 피해에 관해 자책할 필요가 없다는 사실을 인정하기
2. 도난당한 물품에 관한 배상
3. 범죄의 결과로 피해를 입었거나 회복할 수 없는 물품과 고통에 관한 금전적 보상
4. 가해자의 사과나 반성문 형태의 상징적인 속죄
5. 가해자에 의해 다시는 피해자가 비슷한 피해를 당하지 않도록 보장하는

안전감과 사건 종결

6. 피해자에게 자신의 고통을 말할 수 있는 기회부여

7. 친구, 지역사회 구성원, 또는 상담가로부터 지속적인 지원을 받을 수 있
는 기회Johnstone 2002: 64-67에서 채택함

그러나, 피해가 반드시 한 명의 개인이나 일련의 개인들에게 집중되는 것
은 아니다. 피해 사건과 연결된 모든 사람이 피해를 골고루 느낄 수도 있다.
또한, 피해 사건들은 고립된 사안들로 존재하지 않으며 종종 보다 더 큰 일련
의 피해 사건들 안에 놓여 있기도 하다. 이러한 사실들은 회복적 정의 안에서
널리 알려진 중요한 사안들로써 범죄 피해가 점점 더 넓게 퍼져나가는 파급
효과를 해결하려는 노력으로 이어진다. Van Ness and Strong 2002 참조 이와는 대조
적으로 피해자의 상태에는 사회적 그리고 정치적 구성이라는 훨씬 더 본질적
인 요소가 포함된다.

특별히 고통스러운 경험에 관해 소통하려고 할 때 어려움을 겪는다는 사
실을 우리는 모두 다 잘 알고 있다. 이때 마주하는 좌절감은 아마도 우리가
매우 어리고, 여전히 언어의 기술을 배우는 중이라고 느낄 때 가장 극심하게
다가올 것이다. 작은 장애물이나 약간의 실망에도 와르르 무너질 때가 있는
데 이는 우리의 미숙한 언어를 제대로 이해하지 못하는 부모님에게 우리가 받
은 상처를 표현하려고 할 때 느끼는 답답함 때문이다. 우리가 성숙해져가는
과정 속에서도 이러한 경험들은 계속된다. 큰 피해나 상실을 겪어본 사람이
라면 누구나 이 상처를 분명하게 표현하는 것이 얼마나 어려운지 알 수 있다.
너무나도 쉽고 빠르게 "그래, 이해해"라고 말하는 사람들 때문에 속이 뒤틀
리는 느낌을 받기도 했을 것이다. 이러한 분노는 상대방이 이해하고 있지도

못하고 이해할 수도 없다는 우리의 인식 때문이며, 우리의 경험과 감정은 유일무이하며 몇마디 말로 표현될 수 없다고 생각하기 때문이다. 사실 자신이 겪은 일에 대해 스스로도 잘 이해하지 못할 수 있는데 이는 감각과 기억의 혼란스러운 소용돌이와 연관되어 있기 때문이다.

비슷한 방식으로 피해자의 정체성은 언어적, 상징적 의사소통이라는 과정을 통해 사회적으로 구성된다. 이것은 "피해자"라는 꼬리표를 달 수 있으려면 우리의 상처를 인정해주는 다른 사람을 필요로 한다는 의미이다. 그렇지 않으면 우리는 홀로 피해 상황에 남겨지고 우리의 피해는 어떤 사회적 의미도 갖지 못하게 된다. 사회적으로 인정받지 못하는 피해 상황은 피해자라는 꼬리표에 따라오는 정치적인 혜택이나 권리들을 박탈당하는 결과도 초래할 수 있다. 예를 들어, 공식적으로 잘못된 사건으로 인식되기 전까지 오랫동안 있어온 다양한 형태의 가정 폭력에 대해 생각해 보자. 남편이나 아버지들이 가정을 다스려야 한다고 가정해 왔기 때문에 오랜 기간 여성들과 자녀들이 겪는 불의는 피해로 여겨지지 않았고, 이들은 남편이나 아버지의 손에 의해 "적절한 교정"을 받아 마땅하며 이는 오히려 합법적인 통제의 형태로 여겨져 왔다.박스 5.1 참조 그러므로 이러한 고통을 받는 사람들은 무엇이 폭력이며 무엇이 폭력이 아닌지에 관한 불확실한 법적 상황에 직면해야 했다. 국가가 누가 피해자인지를 규정하는 힘을 갖고 있기 때문에 여러 사회적 주체들이 그들의 피해를 공식적으로 인정받기 위해 경쟁하는 상황들이 벌어졌다. 이러한 맥락에서 20세기 중반과 후반의 페미니스트들은 법원이 가정 폭력의 피해를 심각하게 다루도록 많은 노력을 기울였다.

피해자의 정체성을 둘러싼 투쟁의 극명한 예는 오브리와 거스 램Aubrey and Gus Lamm의 사례에서 찾을 수 있다. 랜디 리브스Randy Reeves가 재닛 메스너Janet

박스 5.1 윌리엄 블랙스톤이 남편과 아내의 법적 권리에 관하여

결혼에 의해 남편과 아내는 법률상 한 사람이다. 즉, 그 여성의 존재 자체나 합법적 존재는 결혼 중에 정지되거나, 혹은 적어도 남편에게 통합되고 합병된다. 아내는 남편의 날개와 보호와 그늘 아래에서 모든 일을 한다. 이러한 상황을 프랑스 법정용어로 *feme-covert*, *foemina viro co-operta*라고 부르는데, *covert-baron*은 그녀가 주인님*baron*, 즉 남편의 보호와 영향력 아래 있다는 뜻이다. 또한, 결혼 기간 그녀에게 주어진 조건은 '남편의 보호를 받는 유부녀'*coverture*이다. 결혼으로 인해 발생하는 거의 모든 법적 권리, 의무, 제한 상황 등이 남편과 아내의 연합이라는 이 원칙에 기대야 한다. 나는 현재 재산권에 대한 이야기를 하는 것이 아니다. 그런 것은 지극히 사적인 것이다. 이러한 이유로, 남자는 그의 아내에게 무언가를 증여하거나 기부 약정을 맺을 수 없다. 증여는 그녀의 분리된 존재를 가정할 때만 발생하는 것이고 기부 약정을 맺는 것은 자기 자신과 계약을 맺는 것과 마찬가지이기 때문이다. 따라서 각자가 미혼일 때 맺은 모든 계약은 결혼으로 무효화된다는 것 또한 일반적으로 사실이다.

오래된 법에 의해 남편은 아내를 적절하게 교정할 수 있다. 남편이 아내의 잘못에 관해 대답해야만 하기 때문에 법은 남편에게 아내를 제지할 수 있는 힘을 부여하는 것과 가정에서 체벌을 행하는 것이 타당하다고 생각했다. 이는 남자가 견습생이나 아이들을 교정할 수 있는 것과 비슷한 것이다. 마찬가지로 주인이나 부모가 이들을 대신해 대답할 의무가 있는 경우가 많기 때문이다. 그러나 이러한 교정권은 합리적인 범위 내에서 제한되었고, 남편은 아내에게 폭력을 행사하는 것이 금지되었다.…

이것이 '남편의 보호를 받는 유부녀'의 결혼에 따른 주된 법적 효과들이다. 우리가 관찰한 바에 따르면, 아내에게 법적 권리가 부여되지 않는 것조차도 대부분 그녀의 보호와 이익을 위한 것으로 이해되었다. 영국 법에서 여성은 많은 특권을 누리고 있다.

출처: Blackstone 1765: 442-445.

Mesner와 그녀의 친구 비키 제신Vicki Zessin을 죽였을 때, 비키의 남편 거스 램은 아내를 잃고, 그들의 딸 두 살배기 오브리는 엄마를 잃었다. 하지만 18년 후, 네브래스카 사면 위원회가 리브스의 감형을 고려하고 있을 때, 오브리와 거스는 랜디가 받게 될 사형 구형에 관해 반대하는 목소리를 내고 그의 입장을 대변해 이야기할 수 있는 기회를 거부당했다. 왜 거부당했을까? 그들의 목소리를 배제한 것에 관한 지방법원은 오브리와 거스가 보복보다 자비를 원했기 때문에 그들은 더 이상 피해자가 아닌 랜디 리브스의 대리인이 되었다고 통보했다. 이와는 대조적으로, 사형 제도를 지지했던 비키의 여동생은 사면 위원회 앞에서 말할 수 있도록 허용되었고, 그렇게 공식적인 피해자로 인정되었다. Kay 2006; Acker 2006 이것은 국가가 처벌 정책을 지지하는 유형의 피해자 형태만을 허용한 명백한 사례이며, 이런 식으로 무엇과 누가 피해자가 될 수 있는가를 구성하는데 영향을 끼치고 있다는 사실을 보여준다.

그러나 피해자 정체성은 국가의 인정만으로 확립되는 것은 아니다. 우리는 주변 친구와 이웃들에게 피해를 입을 이유가 전혀 없는데 무고하게 고통을 받고 있는 순진한 사람으로 이해받기를 원하고 있다. 우리 사회에서 피해자 탓을 하는 경우가 너무나도 많기 때문에 피해자가 된다는 것은 곧 낙인 찍힌다는 의미이기도 하기 때문이다. 부분적으로, 이것은 우리가 자신의 안전을 보장하고 우리의 존재를 분명히 보존하려는 보호 본능이라는 메커니즘에 근거한다. "조심하지 않아서 피해를 입은 거지"라고 말하거나 "나쁜 짓을 하는 사람들과 한패니까 피해를 입은 거겠지", "옷 입은 것 좀 봐"라고 말하는 것은 우리가 피해를 입은 사람들과는 뭔가 다르기 때문에 그런 일들이 우리에게 닥치지 않을 것이라고 말하는 셈이다. 비슷한 방식으로 피해자는 본인이 입은 피해에 관해 말할 때 개인적이고 감정적인 정치적 맥락 속에서 전달한다. 피해자들은 그들 자신을 특정 유형예를 들어, 결백하고 피해를 입을 이유가 전혀 없는의 피해자라고 말함으로써 좀 더 광범위한 대중의 지지를 얻으려고 한다. 크리스티Christie, 1986는 이러한 피해자 정체성을 "이상적인 피해자ideal victim"로 지칭하는데, 이는 생활방식을 보니 피해를 받아 마땅하다고 인식되는 피해자들과 대조되는 것이다.

이러한 경향과 싸우기 위해 피해자들은 피해 경험이 아무리 혼란스럽고 소통할 수 없는 것처럼 보일지라도 자신의 상처를 전달하고 다른 사람들도 자신의 경험을 조금이라도 함께할 수 있도록 이야기의 힘을 동원해야 할 것이다. 피해를 입은 개인들은 자신들의 무죄를 입증하고 사회적으로 자신의 피해를 제대로 알리기 위해, 자신들의 고통을 귀기울여 듣고자 하는 청중을 참여시킬 수 있도록 이야기를 단순화할 것이다. 그 과정 속에서 그들은 종종 자신의 결백을 부각시킬 수 있는 수사법을 사용한다. "그냥 저는 제 할 일을 하고 있었는데…", "전혀 예상하지 못했는데…", "제게는 너무 놀랍고 당황스러운…"과 같이 우리 문화에서 쉽게 공감을 불러일으킬 수 있는 표현들이 그 예이다. 이러한 진술은 저마다 피해자가 우리의 공감과 지지를 받을 가치와 자격이 있다고 소통하려는 문장들이다. "나는 누군가 그렇게 잔인해질 수 있다는 사실을 상상조차하지 못했습니다.…"라거나 "저로서는 그의 행동을 전혀 예상할 수 없었습니다.…" 또는 "저는 그를 믿었습니다.…"와 같은 진술들은 피해자들이 잘못을 저질렀지만 여전히 좋은 사람들이라는 것을 설명하는 데 사용될 수 있다. 이러한 예들은 피해자들이 그들의 고통에 대해 이야기할 때, 왜곡된 진실을 말하고 있음을 보여주려는 것이 아니다. 오히려 피해자가 자신이 당한 피해 상황과 관련해 다른 사람들에게 스스로의 정당성을 설득하기 위해 일반적으로 사용하는 의사소통 도구들이 있다는 것을 보여주기 위함이다.

극단적인 피해를 전달하고자 할 때 겪는 어려움을 가장 잘 드러내 주는 예가 홀로코스트이다. 전기傳記 작가들은 믿을 수 없을 정도로 끔찍한 경험을 현대의 청중들에게 전하는 과정에서 정말 어려운 과정들을 마주했다.예를 들어 Levi 1989; Delbo 1995; Wiesel 2006 홀로코스트에 관해 말하려면 역사적 사건을 구성해야 하는데, 이는 홀로코스트가 광범위한 사건들로 구성되어 있기 때문이다. 비록 우리가 갖고 있는 홀로코스트의 주된 이미지는 100만명 이상의 희생자들이 가스실로 보내지고 화장장에서 사람들의 시체를 태운 아우스비츠-비르케나우와 같은 죽음의 수용소에 관한 것이지만, 이곳은 더 큰 홀로코스트 트라우마의 일부인 한 공간에 불과하다. 홀로코스트에서 벌어진 엄청난 폭력 중에는 강제 이주, 국가가 조장한 기근, 노예 노동, 게토화, 마을 단위 학살, 성 착취, 만연한 질병 확산, 과학 및 의학 실험 등이 포함되어 있다. 홀로코스트의 잔혹성에 대해 전부, 혹은 일부라도 알게 되면, 그건 한 사람이 감당하거나 소화할 수 있는 범위를 넘어선다. 그러나 홀로코스트라는 복잡한 경험을 이야기화narrativization할 때 그 참상에 대한 몇가지 통찰을 얻을 수 있게 된다. 이것이 바로 오랜 세월 동안 아이들을 위한 홀로코스트에 관한 첫 책으로 안네 프랑크의 『안네의 일기』Frank 1995[1947]를 건네왔던 이유이기도 하다. 안네 프랑크의 이야기는 홀로코스트에 관한 개인의 경험 안에 들어있는 일상의 상처들에 관한 이야기를 제공하며, 따라서 거의 이해할 수 없어 보이는 집단적 고통의 시기에 일어나는 것들과 어떤 연결점을 제공한다. 마찬가지로 수많은 독일인들이 홀로코스트의 집단적 고통과 처음으로 연결되었던 계기는 제2차 세계대전과 나치에 의해 자행된 만행을 겪은 몇몇 가족의 이야기를 다룬 "홀로코스트"라는 제목의 1978년작 미국 미니시리즈였다.Novick 1999; Cole

1999; Herf 1997 이러한 해석들은 궁극적으로는 부분적이라는 비판을 받지만, 홀로코스트와 관련해 공감을 불러일으키는 이야기들은 대부분 전체 내용 중 일부분만을 다룬다.

여기서 중요한 점은 피해가 다른 사람들에게 의미 있게 전달되려면 서사로 번역되어야 한다는 점이다. Alexander 2004 참조 따라서 피해자의 정체성과 관련해 처음부터 사회적 구성이 일어난다. 피해를 입은 개인은 관객의 관심을 살 만큼 가치 있는 사람으로 보여지고 싶어하며, 알기 쉬운 이야기 형태로 전달하는 것이 필수다. 더 나아가, 사회적으로 인정받는 피해자 정체성 구축에는 더 많은 의미가 함축되어 있게 마련이다. 피해자화에 관한 주장은 좀 더 가혹한 형사사법 정책을 지지하기 위해, 범죄의 피해를 입은 사람들을 위한 더 많은 자원을 마련하거나, 공유된 사회적 규범을 재확인하는 것과 같은 다양한 정치적 목적을 위해 동원된다.

역사적으로 말하자면, 우리 사회가 항상 오늘날과 같은 방식으로 피해자의 정체성을 수용해 온 것은 아니라는 점을 기억하는 것이 중요하다. 오랜 세월 동안, 사람들은 "피해자"라는 꼬리표를 피해왔는데 이는 나약하고 무력하다는 인상을 주기 때문이었다. Garland 2001 피해자 정체성은 제2차 세계대전이 한창인 상황에서 정치적 동원이 필요하던 차에 핵심 사안으로 부상하였다. 4장에서 언급했듯이, 이 기간 동안 전 세계 유대인 단체들은 유럽에서 나치에 의해 자행되고 있는 만행들을 알게 되었다. 전쟁이 끝난 후 연합군이 독일인들에 관해 어떤 정책을 세워야 하는 지에 관해 논의하는 동안, 이 단체들은 수탈당한 유대인 재산에 관한 배상과 유대인 개인과 단체에 관한 보상을 받아내기 위해 로비를 벌였다. 이 단체들은 나치에 의한 유대인 수탈이나 유대인 난민 재정착을 위해 일하는 단체들의 어려움과 같은 사안들이 전후에도 관심을 갖고 다뤄져야 한다고 연합국들, 특히 미국인들을 설득해나갔다. 그들의 노력은 승전국이 아니라 패전국이 희생자와 생존자들에게 돈을 지불하게 한 최초의 배상 프로그램으로 이어졌다. Sagi 1980; Sebba 1980; Pross 1998; Goschler 1991; Kim 1999; Zweig 1987; Woolford and Wolejszo 2006 참고 이 시기만 하더라도 피해자 정체성을 보듬는 것을 여전히 주저했고, 개인이 자신이 받은 피해를 널리 알리는 경우는 지금에 비해 더 적었다.

1960년대 후반과 1970년대 초반의 정체성 찾기 운동들은 피해자의 정체성 평가에 관한 새로운 장을 열어주었다. 이 때만 하더라도 사회 운동이 경제 체제나 생산의 관계에서의 그 사람의 지위나 계급보다는 그 사람의 문화적 정체성에 의해 더 많이 영향을 받았다. 소외계층은 고통과 사회적 불만족을 자신들의 계급적 지위에 의해서가 아니라, 가부장제, 성차별, 성편견, 인종차별, 인종중심주의에 의한 결과로 바라보려는 시각을 키워갔다. 그리하여 인종, 민족, 성별 및 기타 문화적 표지에 기반한 정체성이 점점 더 두드러지게 되었다. 실제로 피해자를 지지하는 가장 큰 기반은 여성 운동의 결과물이었다. 페미니즘 운동가들은 파트너나 사랑하는 이들에 의해 학대받는 여성들이 제대로 지지받지 못한다고 공공연히 비난하며 이들 학대받는 여성들을 옹호하기 위한 서비스를 확대해나갔다. 쉼터 설립은 피해자의 필요들을 인식하고 채워주기 위한 노력이자 비상대책의 한 사례이다. 남성 파트너로부터 학대받은 여성이 피해자로 인정받는 것은 말할 것도 없다. 더 나아가 사회에서 가부장제의 지속적인 권력을 보여주기 위해 저지른 폭력과 악행에 따른 트라우마 이야기들이 관심을 끌게 되면서 피해자에 관한 정치적 목소리가 높아졌다. Goodhand 2017

곧이어 다른 범죄의 피해자들도 자신들의 고통을 제대로 인식하고 그 필요에 반응해달라고 정부와 사회를 압박하기 시작했다. 최근 몇 년 동안 많은 관할 구역에서 피해자 권리 법안을 채택하는 일이라든가, 피해자가 받은 영향에 관한 진술서 사용의 증가는Achilles and Stutzman-Amstutz 2006 이들이 얻어낸 오랜 투쟁의 승리였다. 가해자가 낸 배상과 보상이 국가가 아닌 범죄 피해자에게 직접 돌아가게 하는 정책들 또한 입안되고 있다. 이러한 발전은 분명히 중요하지만, 대부분의 피해자 그룹들은 여전히 더 많은 노력을 기울여야 할 필요가 있다고 입을 모은다. 예를 들어 매니토바 피해자 권리장전Manitoba Victims' Bill of Rights과 피해자 영향 진술서에 관한 지방행정부의 정책은 가장 심각한 범죄로 피해를 입은 사람에게만 제한되는데, 여기에서 가장 심각한 범죄란 폭력 범죄를 의미한다.

그러나 피해자 서사를 만들어서 피해자 경험을 전달하고 전략적으로 피해자를 당사자로 등장시킨다고 해서 피해자가 자신의 피해자됨의 상징성을 넘어 스스로의 삶을 통제한다는 뜻은 아니다. 피해자의 정체성은 거의 매일 언론과 정부 부처에서 어떤 긴급한 문제를 전달하기 위해 사용되었다. 피해를 당한 가슴 먹먹한 이야기는 기자들에 의해 현대 사회가 얼마나 차갑고 냉혹해졌는지 보여주기 위해 이용되기도 한다. 또한, 범죄와 싸우기 위해 더 많은 것을 해야한다고 주장하는 정치인들은 막을 수 있었던 어떤 죽음에 대한 이야기를 하기도 한다. 간단하게 말해 한 집단이 트라우마 서사를 통해 관심을 사고 대중을 동원하는데그리고 심지어는 복구되는데까지 성공하고 나면, 많은 경우 이 서사 자체가 개인적·정치적 적용이나 조작의 대상이나 자원으로 이용되는 경우가 많다. 즉, 피해자들이 자신의 목적을 달성하기 위해 사용한 고통받은 이야기들을 또 다른 주장을 하는 사람들힘이 있든 없든 모두이 자신의 목적을 위해 사용하거나 잠재적으로 오용하기도 한다.

피해자 권리 증진을 옹호하면서도 형사사법제도를 지배하는 범죄와 처벌에 관한 전제들에 대해서는 이의를 제기하지 않는 보수적 피해학자들에 대해 비판적 피해자학자들이 의심하기 시작하는 중요한 지점이 바로 이 부분이다.Miers 1989; Fattah 1992; Elias 1986; Walkate 1989 피해자에 관한 보수적 조사연구는 범죄와 피해자됨에 관해 국가가 내린 정의와 국가가 지원하는 형사처벌 수단을 당연하게 여긴다. 이는 보복을 부추기기 위해 피해 서사를 제멋대로 포섭하여 쓰는 보수주의자들의 방식인데, 이는 트라우마 서사가 형사사법과 통제라는 "상식" 안에 깔끔하게 들어앉아 있기 때문이다.Garland 2001 간단히 말하자면, 국가나 기업의 범죄보다 길거리 범죄만이 피해로써 진지하게 고려될 뿐이며, 이들이 피해자로 규정된 이후에는 당연히 국가 처벌을 받아야 할 것으로 여겨진다. 일부 피해자들이 자신의 트라우마에 관해 징벌적, 보복적 대응이었다고 주장할 수 있고, 자신들의 트라우마 서사가 이러한 반응을 이끌어내도록 설계됐다고 주장하지만, 피해자 회복 운동은 제대로된 목소리를 내지 못하고 단일화되지 못한 모습으로 존재하는 것이 현실이다. 사실 각각의 피해자들에게는 자신들의 고통에 관한 다중적이고 서로 충돌하는 트라우마 서사가 있을 수 있지만, 특정한 서사가 더 큰 공감대를 형성하기 위해서는 기존의 사회적 조건이나 때로는 종잡을 수 없는 조건들에 부합해야 한다. 이처럼, 보수적이고 징벌적인 피해자 이미지가 더 큰 울림을 제공하려면 복수와 개인의 책임과 같은 보수주의 도덕이라는 전체적인 주제에 부합하는 이야기를 통해야 한다.

알코프와 그레이Alcoff and Gray 1993는 어떻게 생존자 서사가 지배적인 담론에 빠르게 편입되고 현상 유지에 위협적이지 않은 방식으로 다시 말해지는지에 주목한다. 즉, 고통이 사람들 사이에서 논의되지만 평등한 방식 아래 논의되지는 않는다는 것이다. 자신의 강간 피해 사실을 공개적으로 밝히는 사람들은 가정, 법 혹은 치료를 받는 상황에서도 가해 행위에 대한 남성의 책임보다는 가부장적 사회질서를 반영하는 성차별적 전제가 깔린 질문이나 이야기를 자주 듣는다고 알코프와 그레이는 밝히고 있다. 피해자는 감정적으로 매우 불안정한 상태였으며 따라서 공격당하기 쉬운 연약한 심리 상태에 있다는 공격 등이 법정 심문에서 이뤄지는 경우가 많다. 또한, 피해 여성에게 남성 동반자가 없었기 때문에 공격당하기 쉬웠다는 식으로 피해 여성의 수동성을 강조함으로써 성적 질서를 유지해 나간다. 적절한 성별 수행력에 관한 기대들은 크리스틴 블레이시 포드Christine Blasey Ford의 증언에서 두드러지게 나타났는데, 그녀는 자신이 10대였을 때 당시 미국연방대법관으로 지명된 브렛 캐버노Brett Kavanaugh가 자신을 성폭행 했다고 고소하였다. 신뢰할만한 희생자로서 자신을 드러내기 위해 제대로 옷을 입어야 한다는 것에 더해, 가디언지의 칼럼니스트 엠마 브룩스Emma Brockes, 2018는 블레이시 포드가 마주했던 또 다른 어려운 문제를 다음과 같이 들려주고 있다.

학대의 세부 사항을 축소하기 위한 편집이 이루어질 수 밖에 없었다는 점에 관해서는 아마도 논의가 훨씬 덜 이루어지는 것 같다. 크리스틴 블레이시 포드 사건을 너무 사소한 것으로 치부하는 사람들도 있었지만, 정반대의 위험도 존재한다. 청중은 어느 지점까지는 피해자를 동정하지만 피해자가 자신에게 어떤 일이 일어났는지 설명하다가 청중이 상상할 수 있는 경험의 범위 밖으로 나갈 경우 도리어 혐오감이나 공포를 촉발할 위험이 있기 때문이다.

다른 사례로, 피해자 서사는 정부의 통제력을 확대하기 위해 대중의 공포를 조장하기 원하는 정부에게 유용한 선전 도구로 사용될 수 있다. Walklate 2006 분명한 것은 9/11 사건 이후 일련의 사건에서 우리는 외교 정책 결정에 문제가 제기될 때마다 미국 공화당 행정부가 이 사건의 참상을 이용하는 모습을 보아왔다. 문제는 트라우마 서사들이 종국에는 피해자에게 힘을 실어주기보다는 이미 국가나 다른 강력한 행위자들에게 힘을 실어주고 얼마든지 불평등 구조를 강화하는 데 이용될 수 있다는 점이다.

피해 경험에 관한 서사를 만드는 과정은 피해 사건에 관한 후속 이야기를 지속해서 만들기도 한다. 피해자의 이야기를 정치적으로 이용하는 것은 이후 피해자의 피해 서사가 만들어지는 방식에도 영향을 미친다. 피해자가 자신이 경험한 형사사법에 관한 좌절감과 적절한 사회적 반응이 없었음을 나타내기 위해 '법과 질서'라는 표현을 사용하는 방식이 하나의 예시가 된다.

그렇다면, 이 모든 내용이 회복적 정의에 시사하는 바는 무엇인가? 피해자 중심적이 되게 하기 위한 노력 안에서 회복적 정의는 곧바로 피해자 정체성을 둘러싼 경쟁의 장으로 돌입하게 되며, 회복적 정의 실천가들은 이러한 사실을 인식하고 조심스럽게 과정을 걸어가야만 한다. 예를 들어, 회복적 정의는 가해자의 고통을 포함해 피해자화가 다층적으로 벌어질 수 있음을 인정하는 등 피해 상황을 보다 더 섬세하고 조심스럽게 정의하고자 시도한다. '피해자'와 '가해자'는 쉽게 판명되며 이에 대해 언급하는 것은 굉장히 조심해야 한다고 생각하는 정치적 공간에서 이러한 노력은 쉽게 의도치 않은 결과를 낳을 수 있다. 이런 상황에서 가해자의 과거 고통에 관해 무언가를 언급하는 것은 가해자 중심적인 것으로 인식되고, '진짜' 피해자에 관해 너무 감수성이 없는 태도로 인식될 수 있다. 그러나 실천가들은 회복적 정의 대화모임 참가자들이 서로의 경험과 필요를 진지하게 고려하도록 만듦으로써 참가자들이 서로를 공감하도록 돕는다. 가정 폭력이나 아동·가정 복지 서비스의 돌봄 아래 살아온 것과 같은 가해자의 과거 피해 경험을 모르는 체하지 않으면서도 피해자의 고통을 축소한다는 인상을 드러내지 않으려면 대단한 균형감각을 필요로 한다.

회복적 정의가 피해자를 상상하는 지배적인 방식들을 거부하지 못하고 주요한 몇가지 특징을 답습했다고 몇몇 연구들이 보여주었다. 회복적 정의 담론을 분석한 마글리오네Maglione 2017에 따르면 "이상적 피해자"를 감정적이고, 권한이 없고, 취약하며, 가해자와는 명확하게 구별되는 사람으로 상정한다. 이것은 두 가지 이유로 문제가 될 수 있다. 먼저 피해자의 형사사법 이미지를 강화하고 새로운 정체성을 제공하기 위한 회복적 정의의 능력을 제한할 수 있다. 또한 전형적 틀에 맞지 않는 피해자들의 회복적 경험은 제한할 수 있다. 본인이 상황을 장악하고 있다고 느끼고, 지나치게 감정적이지 않으며, 자신도 피해 상황에 일조한 부분이 있다고 인정하는 피해자들은 회복적 정의에 적합하지 않다고 여겨지거나 진행자들이 자신들의 이야기를 밀어내는 상황을 만나게 될지 모른다. 이러한 경우가 바로 피해자victim와 가해자offender라는 단어들이 공식적인 형사사법제도에 의해 너무 오염되었기 때문에 회복적 정의가 이러한 용어를 버리고 새로운 언어를 찾아야 할 필요가 있다고 이야기되는 지점이다.

실제로 일부 회복적 정의 이론가들과 실무자들은 정확히 이런 이유 때문에 참가자들을 "의뢰인clint" 또는 "행위자agent"라고 지칭하기도 했다. 그러나 개선을 시도한 이런 단어들마저도 나름의 이념적 찌꺼기를 함께 가져온다. 예를 들어, "의뢰인"이라는 용어는 사법 서비스를 이용하는 소비자, 즉 자신에게 적합한 정의 방식을 구매해야 할 것 같은 느낌을 준다. 이러한 정의는 소비주의와 기업가정신에 기반한 신자유주의적 시민권 개념과 지나치게 잘 들어맞는다. 신자유주의 이상에서 바라볼 때 시민의 권리와 책임 사이의 균형은 시민 책임에 대한 개념으로 옮겨간다. 시민은 선택할 수 있는 권한을 가지고 있지만 그 선택권은 경제적 합리성에 의해 제한되기 때문에 완전한 자유로운 상태는 아니다.Rose 1996, 1999 이처럼, 개인의 선택과 행위주체성을 강조하기 위해 의뢰인이라는 용어를 사용함으로써 얻는 이득은 이 용어가 지나치게 경제적인 개념의 선택을 부각하는 문제로 인해 상쇄된다.

어떤 대안 용어를 사용한대도 거기에는 약간의 이데올로기적 잔여물이 존재한다. 범죄 피해는 고도로 정치화되어 있기 때문에 그 영향력의 범주를 넘어서는 완전하게 중립적인 용어는 없다. 우리가 피해를 서사로 만들기 위해 용어와 범주를 계속해서 장악하고자할 때 보다 더 중요하게 다가오는 것은 데리다가 추천하는 것처럼3장 참조 정의에 관한 계산을 해체주의적deconstructive 비판과 수정을 향해 열어놓아야 한다는 것이다. 이것은 우리가 다음과 같은 질문에 근거하여 피해자를 상상하는 방식을 재고해야 한다는 의미다. 우리는 이 사람을 이상적 피해자로 구성construct하고 있지 않는가? 우리 공동체에서 피해자가 될 수 없게끔 제한하는 구성원이 있지 않는가? 피해자라는 용어를 사용할 때 우리의 정치적 기대와 숨은 전제들은 무엇인가? 피해자의 주장이나 국가나 공적 영역이 피해 상황을 인정하지 않는다는 주장에 적절하게 대응하기 위해서는 피해자 정체성은 단순히 범죄나 가해 행위의 부산물이 아니라 사회적·법률적·정치적 과정의 결과라는 사실을 어느 정도는 이해하고 있어야 한다. 그러한 구체적인 접근을 통해서만 특정한 유형의 피해자와 피해 상황들을 임의로 다른 유형보다 더 위에 올려놓는 상황들에 대한 이해가 가능하다.

가해자

위에서 우리는 피해자가 매우 정치화된 존재임을 살펴보았다. 그렇다면 가해자는 어떤가? 우리 문화 속에서는 가해자도 틀림없이 정치화되고 있다. 대부분의 신문과 뉴스 방송을 보면 범죄자보다 더 많은 불안감과 섬뜩함을 일으키는 대상은 거의 없다. 예를 들어, 위니펙의 자동차 절도는 오랫동안 대중의 큰 관심을 끈 주제였다. 위니펙이 수년 동안 자동차 도난률이 가장 높은 도시 1위에 오르자, 사람들은 자기 자동차가 도난당하거나 파손될까 봐 두려워하기 시작했다. 목숨을 건 경찰차 추격, 운전자 없이 건물로 돌진하는 도난 차들, 차를 타고 다니며 조깅하는 사람들에게 테러하거나 폭행을 가하는 위험한 장난을 치는 자동차 도둑들에 관한 이야기가 나올 때 대중의 공포심은 최고조에 달했다. 위니펙 자동차 절도 사건의 가해자 중 높은 비율은 소수의 젊은이들이며, 이들 청소년은 체포되더라도 교정시설 내에서 보내는 시간이 매우 짧다는 정보가 나오면서 위기감은 물론이고 실망감도 고조되었다. 반대 정파는 이전에 신민당NDP이 매니토바 정부를 담당했을 때 추구했던 "잡고 풀어주는" 정책에 관한 비판적인 목소리를 내기 시작했다. 이들 젊은 범죄자들을 제대로 처벌하지 못하는 정부를 보며 사람들은 "솜방망이 처벌"이라고 비판했다.

위의 예시에서 자동차 절도죄로 유죄 판결을 받은 어린 범죄자들은 정치판에서 이리저리 발에 차이는 돌멩이 같은 신세가 되었다. 의회 토론 중 신민당 정부에서 법무부장관을 역임했던 사람은 매니토바 주의 자동차 도난 문제에 신민당 정부가 효과적으로 대처했다는 자료들을 자주 인용했으며, 도리어 이전의 토리당 정부에서 문제를 키워서 지금의 신민당 정부가 어려움을 겪고 있다고 반박하곤 했다. 그러나 그렇게 공방을 주고받는 동안, 청소년 자동차 도둑은 빠르게 사라졌다. 우리는 그들의 가정 상황이나 태아알코올증후군을 앓고 있는지 여부에 관해 잠시 논의했으나 이 청소년들이 갖고 있는 동기가 무엇인지에 대한 폭 넓은 이야기는 별로 듣지 못했다. 그들이 자동차 절도에 매력을 느낀 이유는 무엇일까? 자동차 절도가 위니펙에서 두드러진 문화가 된 이유는 무엇일까? 이 절도에 가담한 젊은이들의 사회적, 경제적 상황은 어떠했을까? 가해자는 공적으로 피해를 일으키고 비행을 저지르게 된 원인 외에 단순히 위험인물로 덧씌워지고 그들의 성품에 관해서는 거의 실체가 없는 사람처럼 제시된다. 따라서 청소년 범죄자는 교정되고 회복되기보다는 관리하고 법적으로 다스려야 하는 '위험한' 대상이 되어왔다. 실제로 주의력 결핍 장애가 있거나 소위 결손가정 출신과 같은 특성을 가진 일부 청소년들은 실제 범죄를 저지르지 않았음에도 '위험한' 존재로 여겨졌고, 범죄를 저지른 다른 사람들보다 더 '위험한' 존재가 되었다.Hudson 2003; Hannah-Moffet and Shaw 2001 이런 의미에서 그들은 실제 범죄행위를 저질렀다기보다는 그들의 존재 자체로 범죄자 취급을 받아왔다.

이처럼, 피해자 그룹들은 때때로 그들의 경험을 전달하기 위해 반향을 일으키는 서사를 구성하는 동안, 가해자들과 그들을 옹호하려는 사람들은 그들의 이미지를 재구성하는 데 더 힘든 시간을 보내야 했다. 우리의 정치적 사상의 상당 부분을 형성하는 자유주의적 개인주의 철학이 말하는 범죄자들이란 단지 잘못된 선택을 하고 도덕성이 부족한 개인으로만 보일 뿐이다. 그러므로, 그들은 자신들이 취한 행동에 관해 개별적으로 책임을 져야만 한다. 우리 사회의 사법제도는 재판과정 동안 가해자의 배경에 관해 훨씬 상세한 정보를 살펴보도록 하지만, 여론이라는 법정은 그렇게 멀리까지 갈 필요가 없다. 왜냐하면, 사회는 일반세계와 실제적인 접촉조차 없이 가해자들을 단지 위험한 존재로 간주하는 것으로 충분하기 때문이다. 이렇게 판단하는 근거는 사람들이 배제와 수감이라는 정책을 훨씬 더 쉽게 지지하기 때문이며, 이 정도의 행동으로 피해의 근원인 가해자를 제거하면 공동체의 삶이 안전해질 것이라는 심리적 위안을 제공하기 때문이다.

가해자 지지 단체들은 범죄자들에 관한 이러한 관점들과 오랫동안 씨름해 왔다. 그들에게 있어 범죄자들에 관한 사회적 반응은 역설 외에 아무것도 아니다. 대중은 범죄자들을 두려워하고, 또 두려워하도록 조장된다. 우리는 법이 허락하는 한 범죄자들을 교정시설에 집어넣으면 그것으로 끝이라고 여기는 사람들을 많이 만나게 된다. 그러나, 그러한 시설 내의 교정에만 관심을 집중하는 것은 적절하지 않다. 교정시설 내에서 범죄자들은 고용이라든가 긍정적 관계를 갖기 어려운 반면 범죄와 더 빈번하게 접촉하다가 독한 마음을 품은 채 지역사회로 다시 풀려나오게 된다. 응보적 사법 체계는 우리를 더 안전하게 해주기 때문에 바람직하다고 주장하지만, 사실은 그렇지 않다. 실제로, 범죄자들의 상황은 낙인 이론이 경고하는 선을 넘어선다.3장 참조 낙인 이론에 따르면, 최초의 일탈 행위를 한 개인은 아직 범죄자로서의 정체성을 스스로 부여하지 않고 있다는 점을 기억해야 한다. 그러나 형사사법 절차는 범죄자가 첫 일탈 행위에서 두 번째 일탈 행위로 옮겨가도록 부추긴다. 이렇게 되면 범죄자로서의 정체성이 그 사람의 주체성으로 자리 잡는다. 또한, 교정기관은 범죄자를 교도소화혹은시설화시켜석방이되어도 다시 적응하기 어렵게끔 범죄자의 행위를 제도적으로 고착시킨다. 그들은 감옥 생활에 맞는 일정, 사회성, 패턴에 익숙해져 지역사회에 필요한 준법 생활을 재개하기 매우 어렵게 된다. 이러한 문제들은 사회의 낙인에 직면하는 범죄자들의 어려움을 가중시키고 상황을 악화시킨다. 범죄자로서의 그들의 지위는 아마도 마약이나 술과 같은 영향에서 벗어나기 위해 비범죄적 환경을 만들어가거나 다시 설정하는 일, 돈벌이를 위한 안전한 고용, 긍정적인 삶의 환경을 찾는 일을 매우 어렵게 만든다. 어떤 경우 이러한 과정은 갱단 모집이나 교도소 안의 마약 중독과 같이 프로그램 진공상태가 존재하는 현대 감옥 안에서 더 심각해지기도 한다. 형사사법 절차에 의해 이미 낙인이 찍힌 사람들에게, 갱들은 범죄 조직에 소속된 다른 죄수들로부터의 즉각적인 보호 외에도 죄수들로 연결되어 있는 풍부한 자본 형태혹은 부의 긍정적인 가치를 소유하고 있는 비슷한 위치의 동료들을 연결해 준다. 말하자면 그들은 범죄행위에 관한 그들의 대담함, 흉악함, 담대함으로 지위를 확보할 수 있다.

조직폭력범들이나 다른 사회 소외계층에서 범죄자로서의 정체성이 다시 평가되고 증폭되는 패턴은 범죄학에서 지속적으로 벌어지는 현상인 동시에 범죄학자들 사이에서 오랫동안 논란을 불러일으킨 주제예를 들어 Cohen 1965를 보라. 다만, 이러한 평가 및 증폭 과정의 뿌리에는 계층을 분류하고 이름을 부여하는 힘을 갖기 위한 경쟁이 있음을 인식하는 것이 중요하다. 비판적 시각을 갖고 있는 범죄학자들은 종종 "범죄와 범죄자를 규정하는 힘"Comack and Balfour 2004이 불균등하게 분배되고 있음을 지적하였다. 이런 관점에서, 법은 자연적이고 우리가 공유하는 신념을 문제 없이 반영한 것이 아니라, 오히려 강력한 힘을 행사하는 사람들의 정치적 창조물이다. 우리 모두 다 어느 정도 수준에서는 동의하지 않는 법들이 많다는 말을 하려는 것이 아니다. 우리는 우리의 법체계 안에서 성문화된 규범을 소중히 여기도록 뿌리 깊게 사회화되어 왔음을 말하고자 함이다. 법은 우리를 사회의 기반이 되는 규범체계로 동화시키는 과정이고, 사회를 구성하는 지배적인 그룹들의 가치에 의해 영향을 받은 결과물이다. 이러한 가치들은 매우 넓게 퍼져있고, 제2의 천성이 되어, 세상을 이해하고 바라보는 특정한 방법들을 상식적이고 거의 의심의 여지가 없게 만든다.Gramsci 1971 이처럼 법이 지배적인 집단의 이익을 반영한다는 사실은 비록 그렇게 해왔던 역사적인 사례들이 분명 존재하지만 자신들의 이익을 위해 법을 만들려고 공모하는 집단 속의 개인적인 문제가 아니라, 이미 권력에 의해 변질된, 즉 세상에 관한 특정한 성향이나 세상에 관한 특정한 전제들을 근거로 만들어지는 법의 문제이다.

어떤 특정한 개인들을 범죄자로 분류하면서 다른 사람들은 그렇지 않다고 생각하는 과정을 통해 우리는 특정한 사람들을 범죄화하려는 편견들이 우리 안에 존재함을 볼 수 있다. 당신의 인생에서 누구를 범죄자로 낙인찍고 누구를 그렇게 낙인찍지 않았는지 잠시 생각해 보라. 당신은 인터넷에서 누가 음악이나 영화를 불법으로 다운로드하는지 아는가? 당신은 대마초라든가 평범한 마약 사용자를 알고 있는가? 법을 어긴 이 사람들이 범죄자들인가? 그렇지 않다면, 왜 그런가? 그들을 범죄자로 보지 않는 것은 단지 그들이 체포되지 않았고, 교정기관에 보내지지 않았기 때문인가? 이러한 질문들은 '범죄자'나 '가해자'라는 꼬리표가 우리가 믿고 싶어하는 것만큼 명확하지 않다는 사실을 드러내기 시작한다. 우리는 일상에서 많은 탈세자, 좀도둑, 폭력이 아닌 다른 피해를 끼친 가해자들, 아직 범죄자로 낙인이 찍히지 않은 수많은 범죄자들에게 둘러싸여 산다. 부분적으로, 여기서 작동하는 방식은 특정한 사람들이 다른 사람들보다 낙인찍기 더 힘들다는 것이다. 가장 강력한 경우, 법은 종종 사람들이 일으킨 피해를 규제 위반과 같은 다른 용어로 정의한다. 따라서, 최근 몇 년간 세간의 이목을 끄는 화이트칼라 범죄자들글로벌 엔지니어링

회사인 SNC-라발린이 10년간의 연방 정부 계약 금지로 이어지지 않도록 형사법을 바꾸기 위해 리비아 기관들에게 뇌물을 제공하고 사취하여 로비를 벌인 것 등이 많음에도 불구하고, 우리는 이러한 것들오해의 소지가 있는 광고 등을 범죄로 인정하지 않아 왔다. 실제로 외국에 재산을 빼돌리거나, 관할권을 사들이거나, 거대기업 운영에 만연해 있는 범죄들과 같이 드러난 범죄는 단지 빙산의 일각일 뿐이다. 다른 법들은 화이트칼라들의 행동이 우발적이었다는 생각을 퍼뜨리기 위해 그들 마음대로 자원을 사용할 수 있다. 메이플 리프Maple Leaf Foods라는 식품회사의 최고경영자인 마이클 맥케인Michale McCain이 2008년 자신의 공장에서 생산한 고기에서 리스테리아 균이 발견되어 캐나다에서 많은 사람이 죽자 자신과 자신의 회사를 소개했던 방법을 예로 들 수 있다. 맥케인은 소비자에게 해를 끼친 잠재적 범죄에 관해 책임을 져야하거나 식품 검사의 규제 완화와 민영화를 위해 연방 정부에 로비를 잘한 사람이라기보다는 뛰어난 위기 관리자이거나 사람의 관점에 따라 매우 세심한 사람으로 그려졌다. 맥케인은 부와 훌륭한 언변, 그리고 자신의 정직성에 책임을 지는 진실한 사람으로 스스로를 대변하는 데 필요한 사회적 능력을 갖추었으며, 이러한 능력들을 통해 범죄자가 되지 않도록 저항하는 훌륭한 변화를 만들어냈다.

심지어 우리의 친구들과 가족들조차도 종종 범죄화에 저항하는 데 필요한 자질을 갖고 있다. 우리는 "중립화의 기술"Sykes and Matza 1957로 우리의 행동을 설명하거나 합리화함으로써 우리의 무죄를 입증할 수 있다. 중립화의 기술이란 잠재적으로 오명을 씌우는 상황 안에서 죄책감과 비난을 경감하기 위해 고안된 틀을 의미한다. 예를 들어, 범죄로 기소된 사람은 "책임 거부" 일어난 일은 사고였다, "상해 거부"그들의 보험비용으로 처리될 것이다, "피해자 거부"그들은 피해받을 짓을 했다, "비난하는 사람들에 대한 비난"감히 나를 판단하는 당신은 누구인

박스 5.2 마이클 맥케인의 시험

메이플 리프 푸드의 수장이자 유명한 캐나다 기업 가문의 후계자가 최악의 스캔들을 마주하게 되었다. 자기 회사 제품이 사람들을 죽이고 있다는 내용이었다.

2008년 8월 23일 토요일, 토론토 중심가에 있는 메이플 리프 푸드의 본사 로비는 별 일 없이 나른한 한여름 주말을 보내고 있었다. 그러나 그날, 로비의 분위기는 모든 사람들이 전기에 감전된 듯 시끌벅적했다. 100년이 넘는 역사를 가진 캐나다 최대 육류회사 메이플 리프가 최대의 위기를 맞게 되었다. 토론토 공장에서 포장한 고기가 사람들을 죽이고 있다는 것이 사실로 확인되었기 때문이다.

그것은 소비 제품을 생산하는 회사가 겪을 수 있는 악몽의 시나리오 그 자체였다. 메이플 리프의 위기 대책은 지체없이 실행되었다. 카메라 팀이 사무실 로비에 파견돼 키가 크고 날씬하고, 오픈넥 파란색 셔츠 안에 흰색 티셔츠를 받쳐 입은 사장 겸 최고경영자인 맥케인의 모습을 방영하면서 TV 성명서를 내보내고 있었다.

암울한 표정을 한 맥케인은 공장을 폐쇄하고 제품 리콜을 명령했다고 발표한 뒤 사과하고 전국에서 발생한 리스테리아증 피해자들에게 애도 섞인 공감을 표했다. 그는 다음날에도 기자회견에 나섰다. 그는 기자들에게 "위기를 겪으면서, 저는 두 부류의 조언자들에게는 주의를 기울이지 않았습니다. 첫 번째는 변호사들이고, 두 번째는 회계사들입니다."라고 말하였다. 그리고 "이 일은 돈이나 법적 책임에 관한 사안이 아닙니다. 이것은 소비자들에게 안전한 음식을 제공하는 일과 우리의 책임에 관한 것입니다."라고 발표하였다.

맥케인의 연속적인 TV 출연과 성명서 발표는 대중에게 완벽할 정도로 자연스러워 보였다. 위기 관리 전문가들에게, 맥케인의 출연과 성명서 발표는 완벽했다. 리스테리아증으로 인한 사망자 수가 증가하고 캐나다 식품안전 시스템 전체가 공격받은 상황에서도 잘못을 깊이 뉘우치는 메시지는 여론을 통해 강하게 공명되었다. "일의 모든 책임은 제가 지겠습니다."라는 맥케인의 발언은 모든 문제를 밀봉시켜버렸다. 그의 슬프지만 진지한 얼굴은 저녁 뉴스와 유튜브, 신문 사진에서 프로그램의 표준이 되는 것처럼 처리되었다. 그는 고객을 배려하는 인간적인 회사의 모습으로 부상하였다.

그러나 내가 가을에 맥케인을 만났을 때, 그는 자신에 관해 이야기하고 싶지는 않고 단지 "그 팀"에 관해서만 이야기하겠다는 점을 분명히 했다. 그는 자신이 한 일을 "위기관리"라고 부르지도 않았다. 그것은 마땅히 해야 할 옳은 일을 한 것일 뿐이었다. 옳은 일을 하는 것은 회사의 뿌리 깊은 가치에서 직접 나온 것이었다. 맥케인은 "이것은 어떤 인위적인 전략에 관한 것이 아닙니다." "그것은 단지 비극적으로 발생했던 상황과 그것을 바로잡고자 하는 조직의 욕망에 관한 것입니다."라고 말했다. 비록 메이플 리프 내부자들이 모든 행동과 말 한 마디에 최고경영자의 손을 거치지 않은 것이 없었다고 하였지만, 그는 설득력 있는 공개 성명서를 누가 기안했는지조차 기억하지 못한다고 주장했다. 맥케인은 나에게 "여기서 핵심 원칙은 먼저 공중보건을 최선에 두어야만 한다는 것이었고, 두 번째로 투명하고 열린 자세로 책임을 지는 것이었습니다."라고 말했다. "팀으로써 내려야 할 결정은 거의 없었고, 그것은 너무나 분명했습니다. 이것은 그냥 우리가 누구인지에 관한 일이었습니다."

… 메이플 리프 사건은 우연히 발생한 사건이 별 관심을 받지 못하다가 불현듯 회사의 존재를 위협하게 되는 자주 있을 법하지 않은 사건 중 하나였다. 2008년 8월 7일, 메이플 리프는 유통회사들 중 어떤 회사가 메이플 리프 상표가 표기된 몇 가지 육류제품 중 공중보건 상 문제가 제기되었다는 보고를 받았다. 5일 후, 캐나다 식품검사국은 메이플 리프 사에 토론토 육류 공장의 3개 제품에 관해 정식 조사를 착수했다고 통보했다. 캐나다 식품검사국의 조사가 진행되면서 메이플 리프는 유통업자들에게 문제가 있는 음식을 분리하라고 말했다. 이것은 표준 관행이었고, 뉴스는 최고경영자 사무실에 전달되지 않았다.

그러나 맥케인은 8월 16일 토요일 저녁 10시 30분경 토론토 북쪽에 있는 그의 별장에서 전화를 받자마자 즉시 이 일에 전념하였다. 캐나다 식품검사국은 얇게 잘린 두 개의 육류제품에 리스테리아 모노사이토젠 균이 존재한다는 것을 확인했다. 확인된 제품군은 즉시 리콜됐고, 그 결과를 담은 보도자료가 발표되었다.

　다음 주 화요일, 맥케인은 조사에서 더 많은 양성 반응이 나왔다는 소식을 들었다. 그 결과 리콜이 확대되었다. 그 시점에서 맥케인은 "우리는 1)질병이 있었고 2)사망 가능성이 있으며 실제 한 명이 목숨을 잃었고 3)우리가 리콜한 이 항목들 중 하나와 연관될 가능성이 있다는 것 외에는 이 식품 검사의 본질이 무엇인지 몰랐습니다."라고 말하였다.

　그러던 중 그 가능성이 현실로 바뀐 8월 23일, 운명의 날이 찾아왔다. 피해를 입은 일부 개인과 두 제품 사이에 DNA 연계성이 확인되었다. 메이플 리프는 191개 제품에 관한 리콜에 착수하였고, 토론토 공장을 폐쇄하고, 매스컴 캠페인을 펼쳐 최고경영자가 언론에 모습을 드러내도록 하였다.

　퀸즈대학교 경영대학 마케팅학 교수인 켄 웡Ken Wong은 맥케인의 공적인 서비스 광고에 관해 감탄했는데, 그의 모습이 아마추어 같은 모습이었기 때문이었다. 웡 교수는 "내용은 지루하고 건조했다."고 논평하였다. "맥케인은 분명히 화상으로 제공되는 내용을 읽어내고 있었고, 그의 단정하지 못한 용모는 그저 피곤하고 지쳐있는 모습 그대로였다. 그것이 의도된 것이었는지는 모르겠지만, 그가 전하고자 했던 궁극적인 메시지는 '우리는 크게 염려하고 있으며 이것은 회사 광고에 관한 것이 아니다'였다. 흥미로운 것은 광고가 아닌 것이 바로 최고의 광고가 되기 위해 필요한 것이라는 점이다."

　유죄를 공표하는 것에서부터 셔츠 칼라를 열어놓은 채 등장한 마이클 맥케인의 초췌한 모습에 이르기까지 TV 방송은 예술성과는 거리가 멀었고 있는 그대로의 모습을 비쳐주었다. 메이플 리프 관계자들도 그것을 "진짜"로 보이게 하려는 계획적인 시도가 없었다고 주장하였다. 12년 동안 이 회사에서 일해 온 커뮤니케이션 컨설턴트 린다 스미스는 "우리는 그 어떤 것에 관해서도 미처 생각할 겨를이 없었다." "우리가 그렇게 똑똑하지 않았음을 믿어달라"고 말했다.

　피닉스 선더버드 글로벌경영대학원의 위기관리 전문가인 크리스틴 피어슨 Christine Pearson의 찬사가 이를 증명해 주었다. 그녀는 1982년 시카고 지역에서 7명의 목숨을 앗아간 타이레놀 조작에 관한 존슨 앤 존슨의 반응을 포함해 자신이 보아왔던 경영관리 기준을 다 합해서 볼 때 메이플 리프의 사과 및 책임 있는 태도가 역대 최고였다고 평가하였다. 아이비 학교에서 가르쳐온 피어슨은 메이플 리프의 사례에 있어 "미디어 대응 부분은 최고의 교과서였다. 맥케인은 할 수 있는 모든 옳은 일을 하고 있었다. 진짜 잘하고 있었다"고 말했다.

… 맥케인은 제품 안전에 대한 위기 상황 이후에 그 브랜드와 회사가 이전보다 더 강한 모습으로 돌아올 수 있다고 덧붙였다. 타이레놀이 그 대표적 사례다. 그러나 그것은 쉽지 않을 것이라고 인정했다. "그것은 마치 골프에서 딱 한 번의 찬스가 있는데 공을 무조건 페어웨이 한 가운데로 보내야 하는 상황과 비슷하다."고 말했다. 그러나 타이레놀 사례에서조차 거의 위안을 얻을 수 없었는데 그 이유는 타이레놀 제조업체인 존슨 앤 존슨은 소비자만큼이나 자신들도 피해자라고 주장할 수 있었기 때문이다. 존슨 앤 존슨은 사람들의 죽음이 타이레놀의 잘못이 아니라 사보타주 때문이라고 이야기할 수 있었다. 메이플 리프의 경우 문제는 외부 요인이 아닌 내부 과정, 즉 고기를 써는 기계 안에 박테리아가 있었다는 점이었다. 자신을 희생자라고 주장할 수 없는 상황이었다.

이제 메이플 리프는 미디어 전략을 넘어 자사 제품을 사람들이 마음 편하게 먹을 수 있도록 위기 관리 전략으로 나아가야만 했다. 그것은 식품 안전에 관한 지속적인 개선 프로그램을 발표하면서 시작되었다. 여기에는 세계 각국의 전문가들로 구성된 식품안전 자문위원회 신설 등이 포함되었고, 새로운 임원진 구성 및 식품안전 책임자가 임명됐다. 이 자리에는 11월 미국 육류연구소 사장인 랜디 허프만이 11월에 임명되었다 그리고 그 회사는 전체 산업부문에 걸쳐 식품안전을 강화하기 위해 정부 및 다른 회사들과 협력할 것을 맹세하였다.

… 어떤 면에서, 맥케인은 자신이 처해있는 딜레마를 강조하였다. 8월 23일 그가 문제가 있는 제품의 리콜을 시작하면서 모든 책임을 자신에게 돌렸을 때, 그는 소비자를 위해 그가 할 수 있는 옳은 일뿐만 아니라, 회사의 브랜드를 위해서도 마땅히 해야할 옳은 일을 하고 있었다. 치밀하게 조직된 전략이었든 훌륭한 본능이었든 그것은 교과서적인 평판 관리였다. 노조위원장인 밥 킹스턴 Bob Kingston은 메이플 리프가 취한 행동을 영웅적으로 보지 않는다. 만약 맥케인이 자발적 리콜 명령을 내리지 않았다면 식품관리청에 의한 의무 리콜에 직면했을 것이라고 킹스턴은 지적한다. 만약 그랬다면 맥케인은 도덕적인 우위를

점한 훌륭한 기업가이자 시민으로 그려지지 못했을 것이다. 킹스턴의 눈에는, 메이플 리프가 행한 것은 이타주의가 아니라 꼭 해야할 일을 한 것으로 보였다.

맥케인은 이길 수 없었다. 위기관리 전문가들은 그의 행동을 "교과서적인 사례"이며 "위기관리의 표준"이라고 설명한다. 이는 아찔한 칭찬인데, 그가 가슴으로 한 연출이라는 표현 대신 그가 검증된 공식을 따라서 행동한 것처럼 들리기 때문이다. 그러나 회사를 보호하기 위해 그가 마땅히 해야할 옳은 일을 한 것에 관해 그를 비난할 수는 없다는 것만은 확실하다. 실제로 메이플 리프 사례는 기업 평판 컨설턴트들이 통상적으로 하는 "좋은 일을 하는 것이 좋은 사업이다"라는 말을 검증해 주었기 때문이다. 기업 경영진이 책임을 회피하는 시대에 기업의 실패에 관한 책임을 지는 것은 특히 칭찬할 만한 일이다. 조직의 위기관리 필요성에 관해 무관심과 욕망에 사로잡힌 임원들이 무릎을 꿇어온 금융시스템만 봐도 이를 잘 알 수 있다. 맥케인은 자신의 주된 의무가 소비자를 보호하는 것이라고 말했지만, 사실 최고경영자로서 그는 직원과 주주의 이익을 고려해야만 했다. 그는 토론토 공장에 있는 300개의 일자리를 위해서도 싸웠던 것이 분명하다. 주식에 관해서는, 8월 초 11달러였던 것이 10월 말에 8달러 아래로 떨어졌다. 그렇지만, 그가 효과적으로 소통하지 않았다면 무너져 내리는 시장 붕괴 상황에서 특히 더 크게 타격을 받았을 것이다.

맥케인에게 2008년은 모든 것이 그에게 등을 돌린 끔찍한 한해였다. "분명히 제가 살면서 가장 어려웠던 해 중 하나로 기록될 것입니다." "2008년은 마치 여러 장애물들이 기하급수적으로 불어나는 것 같았어요"라고 대답했다.

하지만 그는 지난 몇 달간의 위기만큼이나 앞으로 몇 년 동안 무슨 일이 일어날지에 의해 평가를 받게 될 것이다. 집단 소송건들과는 별개로, 오염된 육류 파동은 조사를 촉발시켰고 더 엄격한 규제를 요구하게 되었다. 캐나다 식품검사국CFIA은 11월 초에 새로운 검사 표준을 제안했다. 그리고 회사는 여전히 구조조정이라는 도전에 직면해 있다. 때때로, 맥케인에게 그의 이미지와 평정심을 관리하는 것은 어려울 것이다.

자료출처: Pitts 2008/18.

가?, 또는 "더 높은 충성심에 관한 호소"내가 그 일을 한 것은 나를 위한 것이 아니었다 로 반응할 수 있다. 이와 같은 진술들은 그들이 범죄로 기소되었을 때 사회의 다양한 분야의 사람들에 의해 사용되지만, 어떤 진술들은 그 진술들을 사수 하기 위해 다른 진술들보다 더 많은 힘을 지닌다. 즉 이러한 진술들을 효과적 으로 사용해야 다른 행위자들과 차별화되기 때문이다. 예를 들어, 변호사나 기업 간부는 그들이 코카인 중독의 원인을 고강도 직업에서 오는 스트레스 탓그들의 마약 사용이 자신의 욕망에 기인하기 보다는 자신들이 감당해야 하는 일에 헌신하는 데 서 비롯된 것이라는 "더 높은 충성심에 관한 호소"으로 돌릴 수 있지만 거리의 크랙 혹 은 헤로인 중독자들은 이렇게 호소할 수 없다. 이러한 권력 불균형은 종종 법 에 그대로 반영된다. 예를 들어, 미국 마약법에 따르면, 크랙과 코카인이라는 두 물질의 유사성에도 불구하고 코카인에 관한 처벌이 크랙에 관한 처벌보다 훨씬 낮다.Stern 2006

그러므로 범죄자들은 이런 식으로 분류되는 것에 저항할 수 있는 힘을 덜 갖고 있으며, 이러한 이유 때문에 그들은 우리가 우리의 많은 불안과 두려움 을 전가해도 되는 그룹이 된다. 그렇게 그들은 위험한 개인들, 즉 다른 사람 들을 신경 쓰지 않기 때문에 공동체에서 제거되야만 하는 사람들로 탈바꿈한 다. 앞서 언급했듯이 범죄자라는 지울 수 없는 표식을 부여하는 것은 그들을 사회에서 배제시키는 행위로 결국 범죄가 삶의 방식이 되게 만들어 그들로 하 여금 더 심한 범죄를 저지르게 만든다. 이처럼 범죄화를 통해 우리는 우리가 두려워하는 바로 그것을 창조해내는데 이바지한다.

일부 회복주의자들은 범죄자들의 지배적인 구성요소들을 받아들인다. 전 형적으로 그들은 우리가 범죄자들과 관계를 구축하여 그들이 우리 사회에 재 통합되고 다른 사람들과 긍정적인 관계를 형성하도록 권고함으로써 그 구성

요소에 반응한다. 그러한 과정의 첫 번째 단계는 피해를 끼친 행위에 관한 반응으로써 우리의 비난하는 방식을 바꾸는 것이다. 도덕적으로 말하자면, 피해가 발생하지 않았거나 그들의 행동이 아무런 피해를 입히지 않는 척 가장하는 것은 거의 의미가 없다. 이러한 식으로 피해를 부인하는 것은 피해를 받아서는 안되는 행위자들로서 우리의 자아존중감을 약화시킬 뿐이다. Hampton 1998; Murpy and Hampton 1988 그러나, 잘못을 비난하고 잘못한 행위에 관해 엄격해야 할 필요성 때문에 우리가 낙인찍는 행위에 붙들려 있게 해서는 안된다. 존 브레이스웨이트John Braithwaite 1989가 오래 전에 제안했듯이, 우리는 정의를 고취하기 위해 행위는 미워하되 행위자를 미워해서는 안 된다. 이것은 그의 재통합을 위한 수치심 이론에 깔린 기본전제이다. 우리가 행위자가 아닌 행위를 비난할 때, 우리는 행위와 그 사람을 분리하여 행위에 의해 그 사람을 정의내리지 않을 수 있다는 사실을 인식하게 된다. 그럼으로써 그들은 잘못된 행동으로부터 거리를 두고 피해를 입은 공동체로 다시 돌아갈 기회를 얻을 수 있다. 이러한 견해는 많은 회복적 정의 실천의 핵심 교의가 되었다. 즉 잘못을 저지른 사람들이 범죄자가 아닌 다른 무엇으로 자신들을 증명할 수 있도록 공간을 열어주는 것이다.

회복주의자들은 여전히 형사사법제도를 통치하는 합리성을 재생산하는 방식 안에서 범죄자를 만들어가는 과정에 참여하고 있다. Pavlich 2005 범죄자에 관한 회복적인 개념의 근저에는 규범적 질서로 재통합되어야 할 필요가 있는 피해유발자로서의 개인이 있다. 파브리치에게, 이 전제는 풀어야만 하는 과제였다. 이 과제를 시작하기 위해, 사람들은 피해에 관한 인과관계가 한 개인 안에 고립된 채 묻혀질 수 있다는 개념에 관해 비판적으로 질문할 수 있어야 한다. 개인에게서 피해 원인을 찾는 것은 종종 개인이 피해를 일으키는 많은 근원, 즉 사회적 불평등의 구조화된 패턴을 포함하여 개인이 피해를 일으키는 많은 근원을 무시하게 된다. 로버트 머튼Robert Merton이 오래 전에 제안했듯이, 성공이라는 문화적으로 규정된 열망과 그 성공을 이루기 위한 구조적 기회의 차이 사이의 간극은 한 개인을 "혁신하는" 수단, 즉 성공에 관한 열망을 이루기 위해 불법적인 수단을 추구하는 데로 이끌어 갈 수 있다.Merton 1938 자본주의 체제를 보존한다는 명목으로 빈민과 노동자에게 가해지는 구조적 폭력과 같은 사회적 불평등 또한 중대한 피해의 근원이기도 하다. 예를 들어, 현 자본주의 경제는 실업으로 인한 일자리 경쟁의 결과로 임금을 낮게 유지할 수 있다. 이러한 제도와 이를 지지하는 사람들은 아동빈곤, 노숙자, 그 밖의 사회적 병폐의 불가피성을 수용하는 것으로 생활수당이나 그 밖의 일반 사회복지의 실질적 보장과 같은 사상을 방해한다.

여기에 더해, 가해자의 구성은 징계 통치의 대상이 될 수 있는 주체를 만들어내는 데 도움을 준다. 회복적 정의의 기술을 통해, 범죄자들의 행동은 재구성되어야 하며, 이 범죄자들즉, 그들의 자치를 책임지는 행위자로서을 책임감 있고 갈등을 일으키지 않는 개인들로 다시 만들어야 한다. 회복적 정의의 총체적인 내용은 하나의 과정으로 범죄자로 낙인찍힌 이들을 진정시키고 징계하는 것이 궁극적인 목적이라는 점에서 일반 형사사법제도와 매우 유사한 방식으로 작동한다. 파브리치에게 이것은 회복적 정의가 형사사법제도와 구별되고 심지어 반대되는 정의를 제공한다고 주장하는 것과 모순되기 때문에 문제가 있다. 권한부여 같이 겉으로는 독특하고 긍정적인 개념이 있지만, 범죄 주체가 그들 스스로 자신을 다스리는 책임을 지고 회복적 정의에 적극적으로 참여하게 해야 한다.Richards 2011 파브리치는 회복적 정의가 자기가 바꾸려고 하는 제도의 일부인 부분이 너무 많으며, 그 제도를 너무나 자주 재생산하고 있다고 본다. 그는 현재 우리가 마주하고 있는 정의라는 지평의 한계를 넘어 생각해보길 희망하고 있다.

파브리치에 이어, 회복주의자들은 범죄자 낙인찍기를 경계하는 대신에 특정한 개인의 행동을 형성해온 힘과 영향에 의해 규정되는 더 넓은 맥락 속에서 상호책임을 지는 한 개인으로서 피해를 끼친 가해자를 이해하고자 한다. 이상적이지만 이러한 노력은 '범죄자'나 '가해자'라는 용어 대신에 덜 인습적인 언어를 채택하는 것을 포함한다. 일부 프로그램에서는 '가해자' 대신에 '책임을 져야 하는 사람', '잘못한 사람', '혹은 "피해를 끼친 사람'과 같은 용어를 사용한다. 이렇게 하는 목적은 해를 끼친 행위자를 행위를 한 개인으로서 그리고 책임을 져야할 사람으로서 구조화된 과정 안에 위치시키려는 데 있다. 때문에 이것은 어느 정도 사회학적 정교함을 필요로 한다. 잘못한 사람은 그가 동료 시민에게 끼친 위해 행위에 관해 직접적인 책임을 져야 한다. 그러나 이 위해 행위는 잘못된 행위를 초래한 상황들에 관한 철저한 분석을 통해서만 완전한 교정이 가능하다. 어떻게 그 사람이 여성에 관한 학대 행위를 정상적인 것이라고 받아들이게 되었을까? 왜 기업 이익을 추구하려는 욕구가 안전하지 않은 제품의 마케팅으로 이어졌는가? 경제 침체와 실직이 어떻게 도박중독에 이바지하였으며 결국 신용카드 사기의 동기가 되었을까?

공동체

공동체가 회복적 정의 실천의 필수적인 기둥이라고 주장할 때 회복적 정의 실무자들이 던져야 할 분명한 질문은 "어떤 공동체냐?" 하는 것이다. 그러한 공동체들은 어디에 존재하는가? 최소한 복잡한 노동 분업이 전통적인 공동체 생활의 강력하고 끈끈한 연대 메커니즘을 빼앗은 현대 도시 환경에서는 찾아볼 수 없다고 주장하는 사람들도 있다.Durkheim 1984[1933] 참조 우리는 더이상 공유된 믿음 체계를 가지고 있지 않거나, 일상의 생존을 위해 직접적으로 서로를 의존하거나, 아주 오랜 기간 같은 공동체에 안주하지 않는다. 이러한 것은 현대 도시 생활을 특징짓는 몇 가지 변화를 나열한 것에 불과하다.Bottoms 2003; Kueneman 2008 이러한 상황은 특별히 범죄에 가장 취약한 도시 환경, 즉 도심에 적용된다. 도시의 탈산업화는 그리 나쁘지 않은 임금을 받는 노동자 계급의 고용 기회를 도심에서 외곽으로 이동시켜 도심 내 빈곤으로 인한 공동화를 불러일으켰다. 기회가 박탈된 도심 공동체들은 어떤 경우에는 생각보다 더 심하게 분절되고 있다.Anderson 1999 참조 마약, 폭력, 파괴행위, 매춘 및 다른 사회적 병폐는 회복적 정의 실무자들이 증진하려는 것보다 불법적인 하위문화 공동체 형성에 더 적합한 조건들이다. 이렇게 말하는 것이 그러한 공동체들이 마주하는 도전들에 회복탄력성을 보이지 않거나 회복되지 않는다고 제안하려는 것이 아니라, 다른 공동체들에 비해 올라가야 할 경사가 더 가파르다고 말하고자 함이다.

다른 비평가들은 공동체의 개념 자체에 문제가 있지는 않은지 궁금해한다. 공동체 안에 있는 자신을 발견할 때, 우리는 이 공동체에 속하지 않은 다른 사람들이 있다고 추측한다. 실제로, 주어진 공동체 또는 '우리'라는 정체성은 종종 이 공동체에 속하지 않는 사람들 혹은 '그들'로 부르는 사람들의 개념에 의존한다.Pavlich 2001 참조 그들은 본질적으로 우리의 공동체 세계에서 제외되어 있다. 좀 더 심각한 것은, 그들이 우리가 말하는 "도덕적 의미의 세상"Fein 1993에 이미 배제되어 있다는 사실이다. 이 말은 우리가 공동의 유대를 공유하는 사람들에게만 책임감을 느낀다는 의미이다. 나치 파시즘은 배타적 공동체 형성의 일례로 자주 언급된다. 나치 독일 그리고 이후 유럽의 비전은 유대인, 로마인, 슬라브인, 동성애자 등이 아리아인 공동체의 이상이라는 그들의 기준에 합치하지 않는 타자들을 배제시켰다. '나는 이웃을 돌보고 이웃은 나를 돌본다'라는 공동체 개념 안에 존재하는 잠재적 위험성은 나와 같은 사람만을 돌보고 그어놓은 선 너머의 사람들에 대해서는 돌봄의 모든 의무를 중단해도 된다는 즉, '나는 내 공동체 밖의 사람들을 책임지거나 책임을 질 필요를 느끼지 않는다'는 식의 한계가 존재하기 때문이다. Koontz 2003 참조

   이러한 비판에 관한 회복적 정의의 반응은 공동체를 재정의하거나, 최소한 회복적 정의 내에서 공동체의 목적이 무엇인지 재정의하는 것이었다. 예를 들어, 일부 회복주의자들은 작은 단위의 소공동체 또는 "돌봄의 공동체"에 관해 말하기를 좋아한다. 이러한 공동체는 우리의 행동에 영향을 미치는 데 필요한 도덕적 힘을 가진 가족, 친구 및 기타 중요한 사람들과의 친밀한 관계를 가질 수 있는 공동체를 의미한다. McCold and Wachtel 1998 우리 모두는 종종 회복적 정의 대화모임에서 우리 옆에 서서 우리를 도와주는 긍정적인 지지자들과 연관성을 갖고 있을 것이라 추정한다. 아마도 이것은 지나치게 낙관적으로 보일 수 있다. 존스톤Johnstone 2002이 언급했듯이, 대체적으로 우리는 긍정적인 사회관계를 박탈당한 사람들이 존재할 것이라는 가능성을 고려하지 않을 수 없다. 그러한 네트워크의 존재를 추측하기보다 어떤 사람들은 로버트 퍼트넘Robert Putnam 2000의 "사회적 자본"이라는 개념을 사용하여 회복적 정의가 공동체를 건설하고 네트워크를 만드는 것에 관한 것이라고 주장해왔다. 예를 들어, 높은 수준의 사회적 자본을 보유한 사람은 그들의 친구나 가족 네트워크를 이용하여 열려있는 많은 기회를 알아내고 확실한 추천을 받아가며 직업을 훨씬 더 쉽게 찾을 수 있을 것이다. 대조적으로, 사회적 자본이 낮은 사람들은 사회적 네트워크라는 자원을 의지할 수 없기 때문에 가장 하

찮은 종류의 직업을 잡을 가능성이 높다. 따라서 사회적 자본은 도움 네트워크 형성을 통해 공동체 환경을 신장할 수 있는 사회적 힘의 한 형태이다. 이 개념을 회복적 정의에 적용해 본다면, 공동체가 회복적 정의 과정의 시작점부터 온전하게 형성된 채로 존재할 필요는 없다. 실제로 사람들이 지역 불평등에 관해 서로 이야기하면서 관계를 맺기 때문에, 회복적 정의를 통해 이러한 공동체를 형성하는 것은 얼마든지 가능하다. 이렇듯 특정 회복적 대화모임에서 결론을 내린 후라도 회복적 정의는 사회적 관계 형성을 위한 기회를 제공함으로써 지속적으로 사회적 네트워킹이 기능하도록 도울 수 있을 것이다.

다만 여기서 제기되는 문제는 공동체에 관한 이 모든 개념에 인류학적인 구체성이 부족하다는 것이다. 즉, "본질적으로 논쟁해야 할" 주제이자 다양한 의미를 가진 공동체라는 개념과 제대로 씨름하지 않았다는 말이다.Johnstone 2004 가장 쉬운 용어로 설명하자면 공동체는 공동체에 의해 정의된다는 뜻이다. 보통은 공동체 구성원들이 지역이나 문화와 같은 공통의 성질들을 공유하기 때문에 공동체의 일부가 되지만, 사실은 우리가 스스로를 공동체의 일부로 여기기 때문에 공동체의 구성원이 되기도 한다. 그러므로, 공동체는 다른 사람들과의 정체성을 확인하는 매우 능동적인 과정이다. 회복적 정의를 비판하는 사람들이 제안한 것처럼, 공동체를 형성하는 과정은 배타적인 형태를 취할 수 있다. 그러나 꼭 그럴 필요는 없다. 공동체를 형성할 때 "우리와 그들"이라는 이분법적 경향을 띨 수 있지만, 모든 공동체가 이러한 전략을 따르는 것은 아니다. 몇몇 사람들이 "공동체가 되어간다"Nancy 1991 ; Agamban 1993고 언급한 것에 부합하는 몇몇 공동체들이 실제로 존재기 때문이다. 이러한 형태의 공동체 생활은 경직된 경계선에 묶여있지 않는 공통의 정체성을 공유한다. 여기서, 공동체는 직접 경험으로만 정의할 수 있는 훨씬 더 유동적인 무언가를 상징한다.

실제로 공동체 외부의 타인과 극명한 대조를 이루기보다는 환대와 이동성이라는 지침에 따라 정의되는 공동체 삶에 관한 예들은 얼마든지 있다. 예를 들어, 캐나다 브리티시 컬럼비아 주의 몇몇 코스트 살리시Coast Salish 원주민 공동체들은 다른 문화권 출신의 개인들에게 개방되어 있으며, 서로 다른 집단 간 유대를 만들기 위한 수단으로 그들 공동체 내의 구성원들과 다른 공동체 구성원들 간의 결혼을 장려하고 있다. 더 나아가, 이들 공동체 사이에 존재하는 국경지대는 전통적으로 고정된 경계선으로 존재하는 게 아니라 한 공동체의 관리 아래 공유된 영토 내의 공간들을 공동관리하는 방식으로 존재해 왔다. 톰Thom 2006:21~22이 밝힌 것처럼, 코스트 살리시 구성원들은

경계와 국경을 좋게는 자의적이고 인위적인 것으로 이해하고, 최악의 경우에는 공동체와 친족 사이에 분열을 만들고 하나의 국가로 존재하는 코스트 살리시 사람들의 잠재력과 힘을 약화시키기 위한 정부의 식민지 지배구조의 한 부분으로 이해한다. 코스트 살리시 사람들은 서구의 존재론적 관점에서 토지를 소유하고 승계하는 것으로 보는 태도가 담겨 있는 지도나 용어들이 자신들이 중요하게 여기는 장소와의 연결을 끊어 버리지는 않을지 염려하고 있다.

이러한 경우, 공동체와 자신의 정체성을 연결시킨다고 해서 다른 사람들을 배제할 필요가 없게 되는데, 이는 집단의 경계가 모호하고 개방적이기 때문이다.

이러한 형태의 열린 공동체는 단순히 선주민들에 관한 낭만적인 관점을 반영하지 않는다. 오히려 공동체는 집단이나 공동체 정체성에 관한 개념들이 어느 정도 작동하고 있는 것으로 인식한다. 일부 공동체들에서 사람들은 인종적 정체성을 바꿀 수도 있다. 식민지배 이전에, 르완다에서 이러한 일이 가능했다. 어떤 사람이 특정 상품특히 가축을 획득함으로써 후투족에서 투치족으로 정체성을 바꿀 수 있었고, 이러한 정체성은 식민지 인종 과학과 그에 따른 정체성의 정치화라는 과정을 통해 배제되고 엄격해졌다.Mamdani 2001 이 경우, 정체성은 그 사람의 필수적인 자질이 아니라, 특정한 물질적 부속물경제적 부나 토지의 표시가 되었다.

이것이 시사하는 바는 공동체가 반드시 배타적인 것은 아니라는 것이다. 오히려 우리는 공동체를 특정한 사회적, 문화적, 경제적, 정치적, 역사적 상황 내에서 일어나는 역동적인 과정이라고 생각할 수 있다. 이러한 맥락에서 공동체 협의의 과정은 배제의 모습으로 바뀔 수 있는데, 특별히 공동체 정체성의 특정한 형태들이 정치화되고 우선시될 때 그렇다. 보스니아-헤르체고비나에서 있었던 정체성의 정치화를 예로 들어보자. 이 지역에서 가장 큰 도시인 사라예보는 유고슬라비아가 해체되기 전 다문화적이고 국제적인 대도시였다. 조십 브로즈 티토Josip Broz Tito 전 대통령의 죽음과 공산주의의 몰락 이후 유고슬라비아의 다양한 인종들은 정치적 연대의 두 축을 잃게 되었다. 이것은 유고슬라비아 내 몇몇 주였던 크로아티아와 슬로베니아의 독립을 모색하는 계기가 되었다. 이 두 공화국의 이탈은 보스니아-헤르체고비나 또한 위기의 상황으로 몰고 갔다. 보스니아-헤르체고비나도 분리 독립해야 할까? 이 기간동안, 유고슬라비아 대통령 슬로보단 밀로세비치Slobodan Milosevic 는 자신의 통치를 위한 안전을 확보하기 위해 세르비아 민족주의 이데올로기를 부추기게 되었다. 이것은 무슬림과 크로아티아의 보스니아 사람들과 같은 비세르비아인들에게 불안감을 느끼게 만들었다. 이후 인종 공동체는 더욱 단단히 결속하게 되었고, 국제적인 도시 사라예보의 일상 생활에서 잊혀지거나 도외시되었던 오랜 고충들이 적개심을 띠고 다시 등장하게 되었다. 몇 주 전까지만 해도 같은 카페에 앉아서 대화를 나누던 이웃들이 폭력적으로 변해버리고 만 보스니아 전쟁에는 끔찍한 이야기들이 넘쳐난다.Power 2002

폐쇄적 공동체와 배타적 정치가 공동체 생활에 꼭 필요한 것은 아니다. 공동체의 정체성을 정의할 때 항상 배제된 타인에 반대하는 방식으로 할 필요는 없다. 공동체는 관계를 통해서도 정의될 수 있으며, 이러한 관계의 강점은 각각 그 강도가 다르지만 각 사람이 여러 공동체의 일부로 자신의 정체성을 규정할 수 있도록 허락한다는 점이다. 이러한 정체성들은 사람들이 정치화되고 배타적으로 변할 때, 즉 한 그룹과 또 다른 그룹의 정체성이 본질적으로 차이가 난다고 여기고 서로를 대하기 시작할 때 위험하고 배타적이 된다.

회복적 정의가 공동체 생활에 대한 새로운 이상을 추구해야 한다는 것은 분명하다. 회복적 정의의 목표는 고정되고 정적인 공동체의 후원을 이끌어내거나 따라하려는 것이 아니다. 오히려, 공동체는 우리의 정체성을 협의를 통해 만들어갈 수 있는 관계 프로세스다. 회복주의자들은 프로그램을 발전시킬 때 그들이 만들어내는 공동체 생활의 이미지에 관해 매우 신중해야 한다. 공동체 중심이라는 기반 아래 회복적 정의를 납득시켜야 한다는 본질적인 필요가 있지만, 만약 공동체에 관한 회복적 개념이 엄격한 사회적 또는 공간적 경계를 이끌어내는 데로 이어진다면 그러한 호소를 통해 얻는 것은 무엇이 되었든 빠르게 사라지게 될 것이다.

특정 도시나 이웃을 회복적 정의의 공동체로 생각한다면, 배제적 원칙을 적용하기 쉽고, 회복적 정의 프로그램에 참가할 미래의 참여자들을 규정할 때 제한을 두고 싶어하는 유혹에 빠질 수 있다. 또한, 현재 자금 조달과 자원을 위해 다른 기관과 경쟁해야 하는 "유사 시장" 조건 아래Bartlett and LeGrand 1993 서비스 제공 및 비영리 단체를 운영하고 있다는 점6장 참조을 인식하는 것이 중요하다. 이러한 정치적 조건 아래서, 회복적 정의 프로그램과 그에 상응하는 공동체가 공공 자원의 제한된 풀 안에서 더 큰 몫을 차지하기 위해 서로 경쟁하는 상황을 상상할 수 있다. 그러므로 하나의 회복적 정의 프로그램이나 회복적 정의 공동체의 복지는 다른 프로그램이나 공동체의 비용으로 인식될 수 있다. 이는 각각의 사회봉사기관이 자신의 서비스를 이용하는 사람들의 이익을 위해 다른 조직과 협력하기보다 주로 자신의 특정 영역을 지키기 위해 일하는 모습, 즉 "곡물 저장고silo" 심리상태를 통해 폭넓게 드러난다. 자원 부족을 인식하는 상황 안에서, 같은 지역 내의 회복적 정의 프로그램은 같은 봉사단체들과 협력하기보다는 경쟁하고 싶은 충동을 느낄 수 있다. 다시 말하지만, 회복적 정의는 개방적이고, 다중적이며, 유연한 공동체의 개념이 함께 작동하도록 진행해야 한다.

진행자

회복적 정의 진행자에 관한 전통적인 이미지는 공동체의 영향력 있는 사람, 즉 다른 사람들이 의사결정을 하는 데 도움을 줄 수 있는 그룹 내의 정해진 사람이다. 현대에 회복적 정의 실행에 있어서 공동체 안에는 여전히 신뢰할만한 원로나 종교 지도자들과 같은 사람들이 살고 있다. 실제로, 비공식적 사법 실천에 있어서 초기 개선안은 그러한 인물들의 역량을 강화하여 지역 사법 프로그램의 진행자로서 일하도록 하기 위함이었지만, 현대화되면서 우리 사회에서 권력을 행사하려면 합법적인 형태의 힘이 필요하게 되었다. 4장 참조 막스 베버Max Weber 1946:78-79가 개괄한 것처럼 이상적이며 전형적인 권력의 합법화 방식은 "전통적"이며 "카리스마 있고" "합리적이며 합법적"인 것으로 여겨졌다. 전통적으로 정당성은 특정 사회의 전통과 관습에 따라 힘을 갖는 사람들에 의해 규정되었다. 따라서, 원로들은 그 집단의 전통에 관한 지식과 연결되었기 때문에 특별한 지위를 부여받았다. 카리스마 넘치는 권위는 개인의 자질에 근거하여 행사되는데, 이러한 자질들은 타인이 그들에게 복종하거나 관여하도록 매력을 발산하기 때문에 합법적인 권위가 된다. 우리는 종종 마틴 루터 킹 주니어와 같은 인물들을 떠올리는데 그의 이름은 미국인권운동과 거의 동의어처럼 사용된다. 분쟁 당사자들의 참여를 확실히 하기 위해 많은 권위 있는 인물들이 회복적 정의 프로그램에서 역할을 담당하게 된다. 마지막으로, 합리적이며 합법적인 권위는 공식적인 절차나 공인된 자격의 산물인데, 회복적 정의 프로그램이 좀 더 보편적으로 정당성을 추구하는 형태라 할 수 있다. 이러한 권위 아래, 운동이나 기관 내의 안정성을 보장하기 위해 리더의 인격에 덜 의존하는 대신 운영 규칙과 운영 절차에 더 집중한다.

베버가 지적했듯이 카리스마에 근거한 권위는 그 수명이 짧다. 일단 카리스마 넘치는 인물이 죽거나 은퇴하면 추종자들은 그들이 진행하는 프로젝트의 정기적인 운영을 확실히 하기 위해 다른 방법을 모색해야 한다. 이러한 상황은 어떤 표준 관행을 유지할 수 있도록 공식화해야 하기 때문에 합리적이며 합법적인 권위에 의지하는 경우가 많다. 회복적 정의의 경우 진행자 훈련이나 자격을 강조하는 모습을 점점 더 많이 볼 수 있다. 이제는 어떤 공동체 구성원이 동료들의 갈등 협상을 도울 수 있을만한 충분한 능력이 있다고 생각하지 않는다. 이제는 진행자가 되려면 아주 어려울 수도 있는 상황 속에서 사람들을 잘 준비시켜 진행할 수 있도록 특정 교육을 받아야 한다. 예를 들어, 친밀한 파트너들 사이에서 발생한 갈등을 조정할 때, 자격이 없는 일반 진행자는 가해자가 자신의 방식대로 일을 처리하고자 할 때 그들의 미묘한 협박을 충분히 다루지 못할 수 있으며, 그러기에 회의에서 부당한 대우를 받은 당사자를 충분히 변호하지 못할 수 있다. 자신의 공동체 내에서 이용할 수 있는 프로그램과 서비스가 무엇인지 충분히 알지 못하는 사례에서도 공동체 진행자들은 마찬가지 어려움을 경험한다. 회복적 대화모임에서 중독 상담이나 분노조절 훈련을 추천할 수도 있고, 거꾸로 이러한 서비스가 존재하지 않거나 예약할 수 없는 상황임을 발견하게 될 수도 있기 때문이다. 그러기에 많은 회복주의자들이 만약 진행자가 훈련된 전문가라면 그것이 양쪽 당사자들에게 큰 유익이 된다고 주장하는 것이다.

앞으로 진행자들은 공동체 안에서 그들의 지위를 기반으로 신뢰를 얻어낼 수 있다고 가정해서는 안 된다. 현대 도시 공동체의 분열된 특성을 살펴보면 계약상의 신뢰가 개인간의 신뢰를 대체해 나감을 알 수 있다. 즉, 진행자를 신뢰할 수 있게 만드는 것은 오랫동안 지속해 온 관계의 산물이 아니라, 그들이 공정하고 공평한 방식으로 갈등을 다룰 것이라는 계약상의 확실함을 바탕으로 만들어진다는 것을 의미한다.1984 Durkheim[1933] 참조 이러한 이유로, 점점 더 많은 회복적 정의 기관들이 진행자들이 준수해야 할 일련의 진행자 윤리 강령을 개발하는 데 시간과 에너지를 투자하는 것이다. 물론 진행자에 관한 국가 차원 또는 지역 차원의 자격 인허 기관이 거의 없기 때문에 이러한 규칙이 어느 정도의 무게감을 담보할는 지에 관한 의문은 여전히 남겨져 있다. 중앙집권식 자격 인가 기관은 윤리적 위반 사례가 발생할 경우 진행자의 전문 자격을 취소시킬 수 있지만, 현재 캐나다 혹은 대부분의 다른 관할권에도 그런 기관은 존재하지 않는다.

전부 다 언급하지는 않았으나 이러한 요소들은 회복적 정의의 전문화가 필요한 근거가 된다. 실제로, 회복적 정의는 더이상 일반인들로만 실무를 맡게 할 수는 없다. 왜냐하면, 이제 회복적 정의를 훈련하는 수없이 많은 프로그램과 실무진들을 위한 지침들에 관한 문제들이 제기되고 있기 때문이다. 국가가 지원하는 회복적 정의 프로그램의 경우 회복적 정의 실무자는 종종 피해자-가해자 조정, 위험 평가, 동기 부여 인터뷰, 트라우마 상담 및 기타 관련 기술에 관한 훈련을 받도록 기대되고 있다. 하지만 회복적 정의의 전문화를 추구한 결과는 무엇인가?

비전문가로서 회복적 정의 진행자에 관한 이미지는 갈등해결 전문가로서의 진행자와는 함유하는 의미가 많이 다르다. 일반 회복적 정의 실무자란 당신과 당신의 가족에게 상당히 친숙한 어떤 사람을 말한다. 그들의 전문가적 지위가 없다는 것은 벌어진 어떤 불의한 상황이 서로 잘 아는 사람들에 의해 해결된다는 점에서 그 과정이 더 비공식적이라는 것을 의미한다. 하지만 진행자가 갈등해결 전문가라면 상황이 달라진다. 비록 낯설지만 훈련과 경력에 신뢰가 가는 이러한 사람들의 개입은 갈등을 공식적인 법 관련 분야와 밀접하게 연결시킨다. 이 때 갈등해결 전문가들은 전통적으로 법률 분야에서 독점적으로 통제권을 행사하던 전문가들, 즉 변호사와 판사들에게 잠재적 경쟁자로 인식되게 된다.Bourdieu 1987 또한, 회복적 정의가 광의의 법 영역 내에서 동일한 의뢰인과 자원들을 놓고 변호사와 의사를 포함한 다른 전문가 집단과 경쟁하게 되면서 더 무게감 있어 보이게끔 스스로를 모델화하는 경향이 있다.

회복적 정의 진행자를 전문가로 만들어간다는 것은 회복적 정의가 지역적이고 비공식적인 뿌리를 잃고 완전히 공식적인 형사사법제도의 일부가 될 수 있다는 위험성을 드러낸다. 민법 영역에서의 조정 실무에서 바로 이러한 사례가 발견되어왔다. 조정은 이웃 간의 갈등을 해결하기 위한 공동체 기반의 과정으로 먼저 설득되어왔다.⁴장 참조 공동체 생활에 필요한 시민성과 사회성을 교란시키는 갈등을 일반인 조정자들이 돕는 가운데 함께 협의하도록 했다. 예를 들어, 재산 분쟁에 휩싸인 이웃들이 법정에서 자신의 사건을 해결하려 들기보다는 서로 존중하는 공동체 구성원의 도움을 받아 문제에 관해 대화하는 것이다. 그러나 국가는 조정을 법원의 밀린 일을 줄이고 비용을 줄일 수 있는 좋은 수단으로 이해한다.Burger 1979 일단 국가가 조정을 적극적으로 지지하기 시작하자, 조정 과정을 통해 기대할 수 있는 수익 또한 늘어났다. 그러자 변호사와 다른 사법 전문가들이 조정 기술을 장착하고 그들이 조정 서비스를 제공한다고 광고하면서 조정 시장이 출현하게 되었다. 비교적 짧은 기간에, 공동체를 기반으로 하는 조정이 쑥 들어가버렸고, 자신들이 제공하는 일에 시간당 200불을 청구하는 전문 조정 요원들이 나타나면서 공동체 기반의 조정은 거의 쇠퇴하게 되었다.Wolford and Ratner 2005

또한, 공식화된 회복적 정의 훈련은 더 넓은 맥락에서 갈등을 제대로 이해할 수 있도록 진행자들을 준비시키기보다는 실무자들이 모임을 준비하고 진행하는 동안 사용할 수 있는 아주 실용적인 도구들을 제공하는 기술 전달 과정으로 전락할 위험이 있다. 진행자는 조직폭력배에 빠져들어가는 선주민 범죄자와 관련된 범죄를 기술적으로 다루기 위한 하나의 큰 도구 상자를 장만하도록 훈련받을 수 있다. 그러나 그 진행자는 식민주의의 영향, 선주민 보호구역에서 도시로 이주하는 것에 수반되는 어려움, 그리고 도심에서 사는 선주민들이 겪는 인종차별에 관해서는 이해가 아주 부족할 수 있다.

회복적 정의 실무자들이 처리해야 하는 사회적 불의에 대한 복잡성을 고려할 때, 그들이 훈련을 받지 않고 이 분야에서 일하기를 기대하는 것은 순진한 발상이다. 그러나, 회복적 정의는 다른 직업들처럼 훈련과 자격증을 진행자들의 정당성을 증명해주는 주 원천으로 만들어서는 안 된다. 대신, 훈련받은 진행자라 할지라도 사적인 문제와 공적인 이슈들 사이의 연관성을 연결하는 능력뿐 아니라 회복적 정의에 참여하는 사람들에게 제공하는 만족감과 권한 위임을 통한 역량강화를 통해서 자신들의 정당성을 입증해야 한다.Mills 1959

회복적 정체성의 개방성

회복적 정의는 일반적으로 범죄 사건에 의해 발생한 피해를 피해자들, 가해자들, 그리고 공동체 구성원들이 함께 해결하는 과정으로 정의된다. 그러나, 이러한 정의에 숨겨져 있는 것은 이해 당사자들에 관한 전제들이다. 피해자, 가해자, 공동체 구성원, 그리고 진행자는 문제없는 존재들이 아니며, 각각의 존재들에 관해 우리가 갖고 있는 가정들은 회복적 정의를 실행할 때 독특한 정치적 결과를 낳는다. 이 장에서 우리는 각 당사자들이 열린 마음으로 숙고할 수 있어야 한다는 점을 제시하였다. 이는 피해자, 가해자, 공동체 및 진행자라는 언어를 사용하지 말자는 주장비록 언어를 바꾸는 것이 각 존재들의 마음을 열도록 하는 회복적 정의 프로그램에 합리적인 시작이 되기는 하겠지만보다는 우리가 사용하는 이러한 용어들이 의미하는 것에 관한 우리의 이해와 감각을 확장해야 한다는 의미다. 각 꼬리표는 사회정치적 과정의 결과이기 때문에 각 존재의 정체성은 완전히 형성되었다고 할 수 없다. 또한, 한 사람이 하나 이상의 역할을 감당하는 경우들도 있기 때문에 이 정체성들이 서로 완전히 독립적이라고도 할 수 없다.

이러한 정체성들을 열린 채로 유지하고 심지어 회복적 정의 대화모임 안에서 이에 대해 이야기 나눌 수 있도록 허용한다면 회복적 정의 참가자들이 이러한 용어에 관해 갖고 있는 자기 자신의 선입견에 대해서도 문제 제기가 가능해질 것이다. 만약 불의를 저지른 사람에게 '가해자나 범죄자'라는 꼬리표를 달아 그 존재를 축소시키거나 개별화시키지 않는다면 불의에 관한 더 넓은 맥락인 구조적 요인들에 관해 좀 더 폭넓게 말할 가능성이 열릴 것이다. 범죄에 관한 지극히 사적인 고뇌를 받아들이고 이러한 고뇌를 공적인 문제로 변화시키려는 공동체의 혁신적인 행동은 이러한 방식으로만 숙고될 수 있다.

더 나아가 회복적 정의 대화모임이 각 당사자들의 정체성을 넓혀주거나 복잡성을 보여주는 장소로 기능할 수 있다. 피해 사건 이후 더 위험해진 환경에 살게 된 공동체 구성원도 피해자로 볼 수 있게 되는 것이다. 가해자가 책임 있는 태도와 행동을 보여야 하는 것이 옳으나, 이러한 가해자가 개인적으로나 구조적으로 기회를 거의 얻지 못했거나 주체할 수 없는 압도적인 분노로 인한 불의의 피해자로 이해될 수도 있다. 이와 같이 정체성에 관해 좀 더 유동적이고 개방적인 태도를 유지한다면 회복적 정의는 유사 형사사법 절차를 통해 정해지는 지위를 참여자에게 부여하기보다는 공동체 차원에서 이러한 용어들이 무엇을 의미하는지 논의하는 데 도움을 줄 수 있을 것이다.

토론을 위한 질문

1. 회복적 정의는 '피해자'와 '가해자'라는 용어를 계속 사용해야만 하는가?
   이를 대신할만한 용어에는 어떤 것이 있을까?

2. 공동체를 배타적인 방식으로 정의하는 것을 막기 위해 회복적 정의 프로그
   램이 사용할 수 있는 실제적인 전략은 무엇인가?

3. 일반인 실천가와 숙련된 전문 진행자의 각각의 장점과 단점은 무엇인가?
   숙련된 전문가들만 회복적 정의를 진행할 수 있는가?

6

회복적 정의의 여러 맥락

회복적 정의는 사소한 절도, 용도 허가 분쟁, 살인, 그리고 집단 범죄에 이르기까지 다양한 불의에 관련해 실행된다. 회복적 정의가 실행되는 사회적, 정치적 맥락은 회복적 정의 실천 과정과 결과 등에 어떤 영향을 미치는가? 이번 장에서는 회복적 정의가 장려되고, 자금을 지원받고, 시행되고, 이미 존재하는 제도로 통합되고, 참가자들에 의해 경험되는 그 모든 내용이 형성되는 데 힘이 어떤 영향을 미치는지 살펴보고자 한다. 인종, 계급, 성별, 성 정체성 및 그 교차점과 관련된 다양한 구조적 지배 형태가 회복적 정의에 영향을 미치는 방식들은 무엇인가? 정치 경제와 거버넌스의 세부적 방식은 회복적 정의 입장에서는 기회일 수도 있고 위험 요인일 수도 있다. 여기서 우리는 신자유주의적 자본주의 및 민주주의 안에 자리하는 회복적 정의의 지위에 관심을 집중할 것이다. 이러한 맥락에서 회복적 정의가 도움을 주는 국가와 거버넌스 목표는 무엇인가? 신자유주의는 회복적 정의의 가치와 실천에 어떤 압력을 가하는가? 이러한 질문에 답하다보면 사회적 혹은 정치적 제한 사항에 어떤 것들이 있는지 생각해볼 수 있게 되며, 이런 고민은 혁신적인 회복적 정의 정치 전략을 개발하기 위해 꼭 필요하다.

분석의 수준

회복적 정의를 평가할 때, 우리의 관심은 종종 개인들에게 고정된다. 4장에서 언급했듯이 회복적 정의 프로그램의 평가는 전형적으로 참가자 만족도 또는 회복적 정의 대화모임에 참여한 후 가해자의 재범율을 조사하는 것으로 이루어진다. 회복적 정의는 사법절차에 있어서 피해자, 가해자 그리고 공동체 구성원들을 적극적으로 참여시키고 사건과 관련된 당사자 모두에 관한 평가 결과를 향상시키는 것이 목표이기 때문에 이러한 측정치들은 유의미하다. 그러나 회복적 정의가 어떻게 작동하는지 완전히 이해하기 위해 우리는 한걸음 물러서서 회복적 정의가 전달되는 방식이나 내용에 영향을 미치는 요소들을 거시적 차원과 중시적 차원에서 살펴보아야 한다. 제도적중시적 소송절차뿐만 아니라 권력의 구조적거시적 유형을 살펴보는 것은 개별적인 결과물들이 산출될 수 있는 조건들을 이해할 수 있게 해준다.

잠시 미시적 수준에 머물러보자면 회복적 정의가 개인 단위에서 인상적인 결과를 가져올 수 있음을 인정하는 것이 중요하다. 회복적 정의에는 공식적인 형사사법제도에서는 불가능한 새로운 경험으로 참가자들의 감정을 유도하고 만들어갈 수 있는 강력한 잠재력이 있다.Dietrich 2018 피해 사건을 논의하기 위해 관련된 개인들이 직접 참여하는 대화모임의 현장에는 말로 설명하기는 어렵지만 사회적으로 매우 의미 있는 어떤 특성들이 있는데 이것이 회복적 정의의 마법을 가능하게 한다. 우리는 동료 참가자들을 살펴보며 직관적으로 대인관계 평가를 하는데 때로는 그렇게 하고 있다는 사실조차 깨닫지 못한다. 진실되고 윤리적인가? 신뢰할만한가? 진정성 있게 이야기하는가? 이런 질문들을 포함해 누군가의 인간적 특성을 사회과학적 방식으로 측정하거나 조작하는 것은 어렵지만, 그럼에도 불구하고 우리는 상호작용하는 맥락 속에서 이를 분별할 능력이 있다고 믿는 편이다. 우리는 인간적 특성을 평가하기 위해 사람들의 몸짓과 자세그들이 똑바로 앉아서 주의를 기울이고 있는지, 목소리 톤그들의 목소리가 감정을 충분히 전달하는지, 행위에 관해 책임을 지려는 의지평계를 대는지 아니면 책임을 지는지, 모임 후 그들의 행동회복적 대화모임 안에서 자기를 표현한 것과 후속 행동들에 일관성이 있는지을 주의 깊게 살핀다. 이런 관찰을 통해 우리는 화자를 신뢰하거나 불신하게 되고, 그 진정성의 정도에 대한 평가를 내리게 된다.Tavuchis 1991 참조 따라서 개인들 간 이루어지는 회복적 정의 대화모임에서 진행자는 정직성과 개방성을 격려하고, 사람들이 자신의 감정을 표현할 수 있도록 초대하고, 모두가 대화에 적극적으로 참여하도록 돕는다. 이러한 방식으로 진행자는 서로 싸울지도 모르는 사람들 사이에 신뢰가 형성되기를 희망하면서 대화를 진행한다. 신뢰 쌓기를 위해 회복적 대화모임 진행자는 회의의 특정 시점에서 분위기를 따뜻하게 하는 질문이나, 모임의 특정 순간에 표현되는 유머나, 어쩌면 종교적인 맥락에서 기도나 시작하는 노래와 같은 특정한 방법들을 전략적으로 사용할 필요도 있다. 분위기를 따뜻하게 하는 질문이나 유머는 당사자들을 안정시키고 그들을 좀 더 편안하게 느끼도록 도와주는 한편,그러므로 대화모임 안에서 그들이 '진정한' 자신의 모습을 더 기꺼이 드러낼 수 있게 도와준다 기도나 여는 노래는 참가자들에게 그들 모두가 공동의 규범과 가치를 가진 공동의 공동체 구성원이라는 사실을 상기하는 데에 도움을 줄 수 있다.

그러나 대인 관계의 이러한 측면 중 그 어느 것도 단순히 미시적 수준의 상호작용에 머물러 있지 않다. 그것들은 중시적 수준의 유형들 혹은 구조적 맥락과 연결되기 때문이다. 예를 들어, 사람의 신뢰성이나 진실성은 종종 인종, 계급 및 성별에 관해 구조화된 신호를 통해 드러난다. 사람들을 바라볼 때 우리는 습관적으로 이와 같은 한두 가지의 정체성 범주에 따라 상대방이 예상한대로 역할을 수행하는지 평가한다. 만약 성폭력을 당했다고 주장하는 여성이 머리가 짧고 남자 옷을 입은 시스젠더 1)라면, 그녀가 지배적인 정상성 기준에 부합하는 여성성을 드러내지 못한다는 이유로 그녀의 주장에 신빙성이 없다고 판단할 수 있으며, 이는 우리를 지배하는 편견의 패턴 때문이라고 할 수 있다. 화를 내거나 침묵하고 있는 소수 인종이나 선주민을 바라볼 때 주류 사회 기관에서 겪은 여러 좋지 않은 경험 때문에 생긴 방어적 태도를 드러낸 것이라고 여기기보다는 그 사람이 적대적이고 위협적인 존재라고 느낄 수 있다. 물론 모든 것이 이러한 구조에 의해 결정되는 것은 아니지만, 서로를 어떻게 바라보고 반응하는가는 분명히 그들이 경험한 힘에 의해 직조된다.

만약 회복적 정의의 목표가 사회적 변화를 도모하는 것이라면, 각자의 필요와 회의 결과에만 집중할 때 생길 수 있는 부정적 결과는 우리의 초점을 개인적 차이점에만 제한하고 이를 구조적 불평등과는 연결시키지 못하는 위험성이다. 예를 들어, 만약 폭행을 행사한 서로 다른 인종적 배경을 가진 두 청년의 갈등이 지역사회 안에 존재하는 더 넓은 인종적 긴장에서 분출하는 집단 간 갈등으로 보지 않고 단순히 대인 관계 문제로만 다룬다면 여기서 출현 가능한 많은 변혁적 잠재력은 사라지고 말 것이다. 만약 변화가 진정한 목표라면, 진행자와 공동체 참여자들은 이러한 갈등을 그들이 속한 구조적 갈등 상황 조건들과 연결할 필요가 있다. 그렇게 해야 회복적 정의 대화모임이 언급

---

1) 시스젠더(cis-gender)는 신체적 성과 사회적 성이 불일치하는 트랜스젠더(trangender)에 대응하는 개념으로 만들어진 단어로서 신체적 성과 사회적 성이 일치하는 사람들을 일컫는다. 역자주…

되지 않은 보다 넓은 갈등을 남겨둔 채, 단순히 즉각적인 문제를 고치는 데만 머무르지 않을 것이다.

여기서 핵심은 문제들이 단순히 대인 관계 차원에만 머물러 있지 않다는 점이다. 대신에, 이러한 대화모임들은 더 넓은 집단적 경험으로 연결되어야 한다. 일상에서 나타나는 불의와 피해는 패턴화된 행동의 결과인 경우가 많다. 소수 인종 그룹이나 이성애자 규범이나 시스젠더 기준에 맞지 않는 소수자 그룹과 같은 특정한 그룹에 속한 구성원들로 보이는 개인들에게 가해지는 혐오 범죄나 괴롭힘이 그 예이다. 이 경우 회복적 정의 대화모임은 괴롭힘이나 혐오 범죄가 어떻게 대인 관계를 넘어 사회의 문제로 확장되는지 명백하게 이야기할 필요가 있다. 비록 그러한 갈등을 다루기는 쉽지 않고 많은 헌신 또한 필요하지만, 이러한 대화모임들이 불의에 관련하여 더 넓은 대중의 관심으로 연결될 수 있는 뜻밖의 결과를 가져다 주기도 한다.

또한, 개인 갈등은 광범위한 집단 간 갈등이 개인에게 투사되어 드러난 것일 수도 있다. 그러한 갈등은 우리 사회에서 너무나 일반적이며 그 형태도 다양하다. 인종에 기반한 범죄 프로파일링이 선주민들의 대량 수감으로 이어지고 있다는 인식에 대해 선주민들과 도시 경찰관들 사이에 분쟁이 있을 수 있다. 아파트 세입자들은 건물 주인, 아파트 단지를 설계한 건축가들, 아파트를 지은 건설회사, 명백한 건축 기준 위반 사항들을 제대로 잡아내지 못한 정부 감리 담당관과 갈등을 빚을 수 있다. 한 동네에 사는 서로 다른 두 인종 그룹의 자녀들이 끊임없는 영역 다툼으로 인해 서로에게 폭력을 가하고 피해를 주는 상황도 하나의 예가 될 수 있다. 이 예시들 모두가 충분히 회복적 정의의 대상이 되는 개별 사건으로 발화할 수 있으며, 갈등과 지배 구조라는 더 큰 패턴에 대한 고려 없이 미시적 형사사건이나 피해 사건으로 논의를 제한한다면 사건들을 단지 표면적으로만 다루는 꼴이다.

권력의 구조적 패턴은 지속되지만 결코 고정적이지는 않다는 점을 강조할 필요가 있다. 이것이 의미하는 바는 권력의 구조적 패턴들이 항상 모든 시간과 장소에 똑같은 모습으로 머무르지 않는다는 뜻이다. 교차성 분석을 하는 목적은 시간적, 공간적, 사회적, 정치적, 제도적, 정서적 상황에서 형성되는 권력의 특정 형태에 우리의 관심을 유도하기 위함이다. 우리는 더 광범위한 구조적 패턴들에 관해 몇 가지를 깊이 고려해야 하고, 그들이 만들어낸 결과적 피해들에 관해 어느 지점에서 회복적 정의가 개입해야 하는지 깊이 고려해야만 한다. 그러나 이러한 구조 패턴만을 가지고 모든 회복적 정의 시스템을 다 끼워 맞출 수 있는 것은 아니다. 두드려 박아야 하는 못으로 여기도록 고안된 망치가 아니다. 이는 특정 시간 특정 지역에서 구체적으로 어떤 구조적 힘이 드러나는지를 파악하기 위해 불의가 행해진 맥락을 그 자체로 평가해야 하는 실증적 책임을 지켜야 한다는 뜻이다.

회복적 정의와 젠더

오래전부터 페미니스트 학자들은 형사사법제도가 젠더화된 과정이라는 점에 주목해왔다.Adelberg and Currie 1987; Naffine 1987; Chunn and LaCombe 2000; Balfour and Comack 2014 달리 표현하자면, 피고인이든 피해자든 자원봉사자든 혹은 수많은 제도 안에서 일하는 사람 중 하나이든, 형사사법제도 안에서 자신의 경험은 그 사람의 젠더사회적인 성에 관한 타인의 인식, 즉 다른 사람들이 내 젠더 혹은 성별에 기대하는 역할에 의해 결정된다는 것이다. 특별히 공식적인 형사사법제도는 남성 중심적이라서, 범죄의 피해자이자 가해자인 여성의 구체적인 사법적 관심사와 필요에 제대로 반응하지 못하는 경향이 있다.Comack 2014; Johnson and Rodgers 1993 예를 들어, 감옥이나 교도소는 여성들에게 독특한 방식으로 영향을 끼친다. 아이들과의 분리, 특별히 혼자 살며 아이들을 양육하는 여성들에게 아이들과의 분리는 양육권의 상실을 초래할 수 있다. 또한, 감금된 여성 신체에 관한 알몸 검색 및 기타 강제적인 조치는 성폭행을 경험한 여성들에게 트라우마로 작용한다.Kilty 2014 마찬가지로, 범죄의 피해자로서 여성들의 경험 또한 독특하다. 이것은 특별히 성폭력과 같은 성범죄와 관련해서 사실로 입증된다. 이러한 성범죄 관련 재판에서는 피해 여성의 여성성도 함께 법정에 서게 된다. 피해 여성은 자신이 충분히 매력적인 대상임을 보여주는 동시에 자신의 피해 상황을 스스로 초래했다는 느낌을 주지 않는 적정 수준의 외모와 행동거지를 보여야 하는데, 이는 변호인단이 의뢰인의 무죄를 입증하기 위한 과정에서 이런 부분을 공략하기 때문이다.

이렇게 부정적인 경험들을 감안하면 사람들은 회복적 정의가 여성들의 구체적인 정의 문제를 더 잘 대변할 선택지를 제공하기를 희망할 것이다. 실제로, 3장에서 논의한 바바라 허드슨의 연구는 회복적 정의와 페미니스트의 교차적 접근방법이 서로 겹치는 지점을 보여주고 있는데 이 지점에서 우리는 페미니스트 관점의 회복적 정의 실천 가능성을 엿볼 수 있다. 이와같이, 페미니스트 학자나 옹호자들은 지금까지 성폭행이나 친밀한 파트너에 의한 폭력과 같은 젠더 폭력 사례들에 회복적 정의를 사용하는 것에 주로 초점을 맞춰왔다. 초기 분석자료들은 이 분야에 회복적 정의를 사용하는 것을 상당히 주저했다. 가부장적 맥락에서 회복적 정의를 실행할 때 어떻게 이러한 맥락이 재현되거나 폭력이 용인될 수 있는지에 대한 문제 제기뿐만 아니라, 그러한 과정을 통한 재피해화의 위험성을 우려했기 때문이었다.Cameron 2006; Curtis-Fawley and Daly 2005; Daly and Stubbs 2006; Lewis, Dobash, Dobash and Cavanagh 2001; Stubbs

2002 예를 들어, 아내는 남편에게 복종해야 한다고 일반적으로 말하는 공동체에서 친밀한 파트너에 의해 발생한 폭력을 서클에서 다룬다고 생각해 보자. 그러한 서클이 단지 남편의 폭력뿐만 아니라, 그의 통제 행동을 끝내는 제대로 된 혁신적 해결책을 찾아낼 수 있을까? 그리고 아내에 대한 폭력을 아주 오랫동안 남편의 권리로 여겨오던 인간 역사 속에서 친밀한 파트너에 의해 발생한 폭력을 범죄로 규정하기까지 많은 진보를 이뤄온 페미니스트들 역할을 제대로 이해할 수 있을까? 이러한 폭력 사건들이 법정에서 나와 보다 더 온화해 보이는 대안적 정의를 만나면 페미니스트들이 이뤄온 발전된 모습들은 상실되는 것일까?

생존자들의 입장에서 경험한 형사사법제도의 실패에 대해 최근 몇 년간 페미니스트들이 경험한 좌절감은 그들로 하여금 회복적 정의를 다시 생각하고 재평가하도록 만들었다. 어떤 사람들은 피해자들에게 권한을 부여하고 그들이 말하게 하고 그들의 목소리를 들을 수 있는 공간을 제공하는 회복적 정의에 큰 잠재력이 있다고 보았다. McGlynn, Westmarland and Godden 2012 성폭행은 종종 불신이라는 주제와 마주해야 하는 범죄인데, 회복적 사법 절차는 가해자, 가족 구성원, 그리고 다른 사람들에 의해 피해를 입은 생존자들에게 피해를 인정받을 수 있는 기회를 갖게 함으로써 큰 이익을 가져다 준다. McGlyn, Downes, Westmarland 2017 또한, 그 과정은 여성들에게 폭력적인 관계를 끝내거나 잘 대처하는 데 필요한 사회적, 물질적 지원을 제공할 수 있다. Garder 2015

이러한 주제의 토론은 의미심장하며 한창 진행 중에 있다. Zinsstag and Kennan 2017; Ptacek 2010 참조 이러한 학자들은 현재 시행되고 있는 형사사법의 가부장적 조건들을 변화시킬 대안으로서 회복적 정의를 주목한다. 이러한 이유로, 그들은 변혁적 정의에 더 많은 관심을 집중하는 경향을 보이는데, 변혁적 정의는 이 책의 마지막 장에서 다룰 주제이다.

우리는 젠더 폭력 사례들을 넘어 회복적 정의라는 공간에서 젠더가 수행적 performatively으로 구성되고 통치될 수 있는지도 고민해야 한다. 주디스 버틀러 Judith Butler 1990는 일상생활에서 우리가 어떻게 자신의 젠더를 드러내느냐를 통해 우리의 젠더가 구성된다는 의미에서 성은 수행적으로 구성된다고 주장한다. 이렇게 젠더화된 정체성은 우리의 행동을 다스리는데 사용될 수 있다. 예를 들어 갈등상황에서 우리가 자신의 잘못 유무를 이해할 때 부분적이나마 사회가 규정하는 성별에 관한 기대를 얼마나 잘 충족시키는지에 영향을 미치기 때문이다. 사회는 다양한 프레임으로 구성되어 있다. 예상되는 성과를 거부하거나 전복함으로써 이러한 규범을 교란하는 사람들도 있지만, 사회의 프레임은 젠더에 관해 적절히 표현하도록 규제하고 준수하도록 구성되어 있다. 젠더별 수행력에 관해 전반적으로 권력이 구조화되어 있다는 점을 감안할 때, 회복적 프로그램을 통해 성별화된 질서를 재생산하는 작업에 참여하는 것은 회복적 프로그램에 있어 얼마든지 가능한 일이다. 예를 들어, 회복적 정의 대화모임은 여성에게 집중된 빈곤, 즉 빈곤의 여성화와 싸우기 위해 범죄를 저지른 어머니에게 자립할 방법들, 시간 관리 기술, 자녀양육 프로그램 등을 제안하는 쪽으로 방향을 돌릴 수 있다. 이러한 경우, 회복적 정의는 어머니에게 빈곤의 가능성을 높이는 힘에 맞서게 하기보다는, 그녀의 잘못된 수행 능력을 바로잡고, 불만 없이 그녀의 역할을 받아들이도록 설득할 수 있다. 다시 말하지만, 이것 역시 형사사법제도 내의 문제일 수도 있지만, 개방과 역량 강화라는 약속 아래, 더 많은 회복적 정의를 요구하는 편이 타당하다.

이러한 의미에서 회복적 정의를 단순히 페미니스트 원칙들과 일치한다고 가정해서는 안된다. 그러한 원칙들은 사건의 젠더화된 차원들을 적극적으로 반영하는 식으로 유지되어야 한다. 성별의 지배에 의해 경험되는 불의를 논의하고 숙고하는 장을 제공하기 때문에, 회복적 정의는 젠더화된 법이라는 맥락에서 다양한 여성들이 직면하는 교차적 난제에 대해 토론의 장을 제공하는 데 있어 형사사법보다 훨씬 더 큰 잠재력을 갖고 있다. 회복적 정의에는 젠더화된 지배에 관한 토론에 필요한 도구들이 잘 준비되어 있다. 그러한 토론에 헌신하거나 자신이 갖고 있는 젠더 의식에 도전하는 것은 전적으로 실무자와 참가자의 몫이다.

회복적 정의와 인종

북미 형사사법 시스템의 주된 실패이자, 매우 자주 언급되는 실패는 인종차별에 근거한 불의의 생산이다. 인종차별을 받은 개인들은 형사사법제도 안에서 체포되고 더 오랜 기간 감금되어 있을 가능성이 높다. 체포부터 보석 심리, 선고 및 가석방에 이르는 형사사법 절차의 모든 단계에서, 선주민, 캐나다 흑인, 아프리카계 미국인들은 백인들과 비교해 볼 때, 동일한 형사사법제도라 할지라도 경찰의 감시를 받고, 체포되고, 선고되고, 재범 위험성이 높은 대상으로 규정되고 오래 감금될 가능성이 높다. Delgado and Stefancik 2017; Maynard 2017; Tauri 2014; Wacquant 2009

인종차별 비판 이론은 법의 인종차별적 특성을 무시해온 이러한 이론적 관점에 대응하기 위한 사회-법적 연구라는 독특한 접근방법으로써 출현했다. 공통점에 관한 그림을 그려가는 가운데 인종차별에 관한 비판적 이론가들은 어떤 사회에서든 인종이 차별적으로 경험된다는 점을 인식하고, 이러한 경험들이 개인이 갖고 있는 또 다른 정체성의 특성에 따라 달라짐을 인식하게 되었다. 예를 들어, 흑인 여성이 경험한 인종차별의 경험은 흑인 남성의 인종차별 경험과 다를 것이며, 이러한 각각의 경험 또한 그들이 처한 시대와 공간에 따라 달라질 수 있다. 이러한 이유로 인종차별 비판 이론은 구조적 억압이 교차하는 독특한 경험을 포착하기 위한 수단으로 스토리텔링에 큰 중점을 둔다.

인종은 생물학에 의해 정의되지 않는다는 사실을 언급하는 것 또한 중요하다. 인종은 단순히 피부색의 기능이라기보다는 사회적 관계의 산물이다. 그것은 피부의 멜라닌 색소 수준과 연관된 본질에 관한 문제가 아니라, 우리가 인종의 차이를 어떻게 생각하는가 하는 방법의 문제다. 인종차별에 관한 비판적 이론가들은 인종적 편견이 어디에나 있지만, 그것은 자연스러운 것이 아니라고 말해야 한다고 주장한다. 이러한 불평등에 역점을 두는 것은 단순히 이론적 해체가 아닌 실천적인 정치를 필요로 한다. 단순히 인종적 특권과 그 구조들을 비판하는 것만으로는 충분하지 않다는 뜻이다. 한편으로는 좀 더 정의로운 사회 건설을 위한 작업을 지속하면서, 그동안 인종차별을 겪어온 사람들의 일상적 요구를 충족시키기 위해서 실행 가능한 법적 전략을 추진해야 한다. 헌법적 권리와 같은 법적 도구들이 유럽 중심적이고 개인주의적인 관점에 기반하고 있지만, 그럼에도 불구하고 인종차별을 받은 사람들의 필요를 증진시키는데 사용되어야 한다는 뜻이다. 그런 취약한 기반에도 불구하고 이러한 도구들은 지나치게 꼼꼼한 국가 감시 체제나 치안 유지 방식에 의해 기본 인권마저 침해받는 인종차별을 받고 있는 사람들의 필요를 지지하는 데 사용될 수 있어야 한다. 이렇게 개인주의적 메커니즘으로 접근하는 것이 법적 시스템을 그저 '인종을 구분하지 않는' 방식으로 운영하면 된다는 주장보다 더 나아보인다. '인종을 구분하지 않는' 방식은 미묘하고 명백한 인종적 편견들을 제거하기보다는 그냥 묻고 넘어가는 경향이 있기 때문이다. 이렇게 인종차별이라는 문제가 존재하지 않는 것마냥 그냥 무시하는 태도는 인종차별이 사람들의 일상생활 속에 어떻게 구조화되어 있는지를 다루지 않는다. Delgado and Stefancik 2017 참조

회복적 정의가 인종차별을 받은 사람들의 일상적이고 전체적인 사회 정의의 필요들을 충족시켜주는 역할을 잘 할 수 있는지에 관해서는 의문의 여지가 있다. 인종에 기반하여 선주민을 통제해 온 국가 기반의 사법 메커니즘이 걸어온 오랜 역사를 고려해 볼 때, 몇몇 사람들이 회복적 정의가 이러한 역사적 패턴을 깰 수 있을지 그 가능성을 의심하는 것은 그리 놀라운 일이 아니다 Agozino 2004; Tauri 2014 타우리2014와 같은 학자들은 신자유주의 시대 북미 대륙이 자신들의 영토임을 주장하고 선주민들을 제거하는 식민지 정착 프로젝트를 수행하기 위해 조금 덜 폭력적으로 보이는 수단을 추구하는 또 다른 국가 시스템의 부분으로 회복적 정의를 바라보기 때문이다. 회복적 정의가 하향식, 국가 주도의 과정으로 시행될 때, 그것은 선주민들을 유럽식 사법 규범에 동화시키기 위한 시도이자 선주민들의 저항을 누그러뜨리는 것으로 사용될 수 있다.

또 다른 한편, 어떤 학자들은 회복적 정의 안에 인종차별 비판 이론의 기준 중 일부를 충족시킬 가능성이 있음을 본다. Gavrielides 2014; Williams 2013 페미니즘의 경우처럼, 회복적 정의의 관계성과 서사적 풍성함에는 인종차별을 받은 사람들의 독특한 목소리가 회복적 정의 대화모임을 통해 제대로 들려질 수 있게 만드는 잠재력이 존재한다. 그러나 학자들은 그러한 회복적 정의 과정이 지역과 공동체의 통제 속에서 그리고 문화적으로 적절한 환경 아래에서 일어나게 할 필요성이 있으며, 그렇게 함으로써 국가의 목표가 회복적 정의의 변혁적 잠재력을 유린하지 않도록 해야 한다고 조심스럽게 권고한다. Williams

회복적 정의와 성소수자 공동체

성소수자LGBTQ 공동체와 성소수자 문제는 대체로 전체 형사사법 조사연구에서 가시적으로 드러나지 않았었다. 이 점에 있어서 회복의 정의도 다르지 않다. 형사사법제도를 거치는 성소수자들 비율이 과도하게 높은데 성소수자 청소년, 인종차별을 받고 있는 성소수자들, 트랜스젠더나 성정체성이 명확하지 않은 사람들, 집이 없이 노숙하는 성소수자들 등이 특히 그렇다. 그수가 이렇게 많은 이유는 다양하고 복합적인데, 이들 각자가 가족과 학교에서 배제되고, 취업 기회가 거부되고, 주거 선택권이 제한되고, 성소수자를 지속적으로 적대시하는 사회 속에서 여러가지 상황을 맞닥뜨려야 하기 때문이다. 이러한 차별은 성소수자들이 어떻게 감시되고 처벌받는지에 관해 살펴보면 더 분명하게 드러난다. 예를 들어, 미국 몇몇 주의 외설법은 성소수자들사이의 합의된 성을 주된 표적으로 삼을 뿐만 아니라, 소수 인종, 특히 소수인종 성소수자들을 마약 사용과 연관시키고 있다. Center for American Progress 미국진보센터 2016

수감은 성소수자들에게 특별한 위협으로 작용하는데, 교정시설에 있는 동안 이들은 독방에 감금될 가능성이 높고 동료 수용자로부터 많은 성폭행을받는 등 가혹한 대우와 학대를 당할 가능성이 높기 때문이다. 미국진보센터 2016에 따르면 미국에서 일반 수용자의 2%가 다른 수용자에게 성폭행을 당한경험이 있다고 보고하고 있으며 트랜스젠더의 경우에는 24%에 달한다. 모욕이나 부적절하게 불리는 것에 더해 이러한 부당함을 당하게 된다.

다시 말하지만, 회복적 정의에는 성소수자 경험에 관한 더 큰 이해를 증진하기 위한 의사소통 및 관계적 역학이라는 잠재력이 존재한다. 그렇다고 이 것이 좋은 결과를 보장해주는 것은 아니다. 회복적 정의가 공동체에 기반을 두고 있으므로 성소수자들이 가해자이자 피해자로서 자신들의 경험을 말할 수 있는 안전하고 생산적인 공간을 이들을 거부하고 가해하고 모욕하고 소외 시켜온 공동체가 제공할 것이라고 쉽게 가정해서는 안된다. 아주 많은 성소 수자가 가족과 지역사회로부터 거부를 당한 경험과 현실을 감안한다면, 성소 수자 가족과 이웃을 거부한 사람들에게 이들을 받아들이고 지지하는 교육을 받게 하는 기본 작업이 이뤄지지 않는 한 회복적 정의가 성소수자의 치유와 재통합에 이바지할 가능성은 낮다. 물론 성소수자들을 수용하도록 장려함으 로써 이들의 물질적 필요에 관한 결손을 메워주고, 이들을 차별하지 않는 사 업주와 집주인과도 교류할 필요를 채워주고, 이들이 편견의 결과로 실직자와 노숙자가 되어 고통을 겪지 않도록 해야 한다. 회복적 정의는 성소수자들의 지역공동체 네트워크를 장려하고 강화하는 데 중요한 역할을 감당할 수 있으 며, 만약 회복적 정의의 실무자와 지지자가 스스럼없이 성소수자들과 직면하 는 일에 친숙해진다면 그런 역할을 감당할 수 있을 것이다.

회복적 정의와 사회 계급

회복적이라는 용어에는 무엇인가 회복할 것이 있다는 전제가 깔려있지만 누군가의 사회적 관계망 전체와 조화를 이루며 살려는 중산층의 이상 안에 존재하기보다는 심각한 빈곤과 구조적 폭력에 시달리고 있다면 과연 무엇을 회복할 수 있을까라는 비판이 종종 제기된다.

전출입이 적기 때문에 이웃들과 가족들이 관계적으로 연결되어 있는 경제 적으로 안정된 공동체 안에서는 가해자가 긍정적인 길을 걷고자 할 때 자신의 가족 뿐 아니라 이웃들의 도움도 기대할 수 있을 것이다. 그러나 안정적인 일자리보다 마약 거래를 통한 경제 활동의 기회가 더 많은 지역에 산다면 어떻게 할 것인가? 물론, 그러한 공동체에도 역경을 극복하고 견디어나가는 모델이 되는 많은 사람들이 있으며, 선주민 보호구역처럼 여전히 강력한 네트워크를 보여주기도 한다. 그러나, 경제권 박탈이나 게토화와 같은 구조적 폭력은 범죄 없는 더 나은 삶으로 가는 길을 제한한다는 측면에서 여전히 심각한 영향을 미친다. Anderson 1999; Wacquant 2001 참조 이러한 상황에서 가해자는 그들의 사회적 재통합을 도울만한 사회적 네트워크, 자원 또는 시간을 갖지 못할 수 있다. 경제적 불평등은 재통합 과정을 더 어렵게 만드는데 가해자가 사회적 자본, 즉 다시 죄를 짓지 않고 살아갈 수 있게끔 지원하는 사회적 네트워크 없이 일자리나 주거 문제를 스스로 해결해나가야 하기 때문이다. 회복적 정의가 제대로 작동하는지 아닌지를 가늠하는 척도로 재범에 초점을 맞추는 방식은 이러한 맥락에서 특히 문제가 많다. 누군가는 경제적 필요 때문에 범죄를 저지른다. 물건을 훔치기 위해 차고에 침입하거나, 돈을 벌기 위해 마약을 파는 범죄를 저지를 수 있다. 그 사람이 회복적인 정의를 만난다면, 피해자에게 끼쳐진 피해가 어떤지 이해하고, 그들이 저지른 행동에 관해 진정한 후회와 수치심을 느낄 수 있을 것이다. 그러나 만약 그 사람이 똑같은 경제적 상황 속에 처하게 된다면 그들이 다시 범죄를 저지르는 일은 전혀 놀랄 바가 못된다. 이러한 재범이 발견될 때, 단순히 회복적 정의가 실패했다고 말하기 보다는 모든 공동체 구성원들에게 필요한 자원을 제대로 제공하지 못한 우리의 경제 시스템이 실패했음을 지적할 필요가 있다.

이것은 우리가 회복적 정의를 제대로 이해하고자 할 때, 거기에는 사회 계급이라는 더 광범위한 맥락이 있음을 진지하게 생각해보도록 안내한다. 소위 무질서한 공동체에서 회복적 정의 프로그램을 진행하고자 할 때 나타나는 여러가지 문제점들 때문에 회복적 정의 관리자들이 서비스를 중상류층 범죄 자들에게 집중할 위험이 존재한다. 실제로, 어떤 사람이 회복적 정의에 적합한지 정하는 기준은 회복하기에 좋은 후보처럼 보이게 만드는 사회적 네트워크와 자원을 가진 가능성이 높은 사람들이나 경제적 지위가 높은 사람들에게 유리하다. 그러므로, 중상류층 청소년들은 회복적 정의 프로그램을 추천하는 판사, 변호사, 경찰관과 같은 사람들의 눈에 더 잘 띄게 될 것인데, 왜냐하면 그들이 피해를 보상할 수 있는 경제적 자원을 가지고 있을 뿐만 아니라 그들의 사회 계층적 성향도 약속을 지키고 실수를 만회할 준비가 되어 있는 것처럼 보이기 때문이다. 예를 들어, 중상류층 청소년들은 예의 바른 행동과 적어도 겉으로는 반성하는 듯한 말투가 몸에 배어있기 때문이다.

또한, 사회 계급이라는 차원은 배임이나 횡령과 같은 화이트칼라 범죄에 회복적 정의를 적용하려는 움직임에서도 확인할 수 있다. 이러한 계급관련 사례들은 여러 차원에서 꽤 매력적으로 보인다. 첫째로, 회복의 정의는 기업들에게 그들이 훔친 돈이나 물품의 일부를 되찾는 실질적인 방법으로 보여질 수 있다. 둘째, 고용주로부터 돈을 훔친 직원들은 전형적으로 어떻게 돈을 벌어서 빚을 갚을 수 있는지 잘 알고 있다. 마지막으로, 이 범죄자들은 대중에게 덜 위험한 존재들로 여겨지는데, 그 이유는 화이트칼라 신분으로서 그들이 저지른 범죄가 대중의 관심 밖에서 일어났으므로 덜 위험해 보이기 때문이다. 그러한 사건들이 회복적 사법 프로그램의 중요한 부분이 될 때, 가난한 범죄자들이 교도소를 가는 반면 화이트칼라 범죄자들은 회복적 정의를 적용받는 이중적 사법제도로 비쳐질 수 있다.

그럼에도 불구하고 사회 계급에 대한 문제 의식이 있는 회복적 정의는 여전히 가능하다. 경제적 특권의 유무에 따른 장단점이 회복적 정의 적용 여부 뿐만 아니라 그 잘못이 어떻게 일어났으며 어떻게 해결될 수 있을지 토론하는 자리에 함께 논의될 때 그렇다. 예를 들어, 회복적 정의 프로그램의 대표적 참여자들에게는 때때로 고용 훈련이나 사업 기회가 제공되어 그들이 삶을 다시 시작할 수 있도록 도움이 제공된다. 그러나 이러한 프로그램들이 참여자를 아무 하찮은 일자리에 막 배치하거나 인종, 나이, 계급 및 성정체성 등의 교차성에서 오는 장벽을 무시해서는 안된다. 이러한 프로그램들은 단순히 개인을 시스템 내의 가장 낮고 불안정한 위치로 몰아넣는 것이 아니라 구조적이고 경제적 폭력이라는 실질적인 장벽을 넘어 최소한의 생계에 필요한 개인 기술을 제공할 필요가 있다. 치유와 사람의 변화를 위해 개인이 치뤄야 할 비용들이 존재하는데 그걸 지불할 수 있는 각자의 조건은 다 다르다는 사실을 인지하고, 구조적 불평등에 의한 폭력이 만연하고 여기서 기인하는 불의가 미래에도 나타날 수 있음을 인식하기 위해 계급적 문제 의식이 필요하다.

회복적 정의와 나이

계급과 마찬가지로, 나이는 회복적 정의에 있어 대단히 중요한 맥락으로 존재한다. 다시 말하지만, 이 위계질서에서 가장 불이익을 받는 계층은 청소년youth들로 기존의 회복적 정의 프로그램들을 통해 차등적인 대우를 받는다.

청소년이란 범주는 그 자체가 사회적으로 꾸며진 발명품이다.Cote and Alla-har 1995 12세부터 18세까지의 연령그리고 이 범위는 지역에 따라 다를 수 있다과 이들보다 젊거나 나이 많은 연령을 분명하게 구분해야 할 생물학적 범주는 없다. 청소년은 우리의 젊은 시절'유년 시절'의 순수함과 그 이후에 우리가 드러낼 일상의 세상 사이에 있는 중간지대에 해당한다. 청소년기는 우리가 정체성을 찾고, 실험하고, 표류하면서도 규범적인 세계로 이행하면서 적절하게 사회화된 다른 편으로 나아가기를 희망적으로 바라는 일종의 과도기적 공간이라는 점에서 그나마 의미가 있다.

청소년은 회복적 정의가 가장 잘 작동하는 주요 연령대이다. 대부분의 정치적 관할권에서 회복적 정의가 고려될 때, 청소년은 전형적으로 첫 번째로 고려되는 대상이다. 왜 그럴까? 어떤 사람들은 청소년의 과도기적 특성 때문에 이들이 회복적 개입에 최적화되어 있다고 이야기한다. 젊은 사람들은 여러 면에 있어 여전히 형성 과정 중에 있으므로, 변화에 유연하고 개방적일 것이라고 여겨진다. 이 시점에서 그들의 초기 표류Matza 1990를 멈추고 법을 준수하도록 생활코스를 돌려놓고, "1차 일탈"이 자신의 "주된 정체성"을 범죄자로 받아들이는 "2차 일탈"의 영역으로 진입하는 것을 제어하는 방법3·5장 참조을 모색할 수 있다.

청소년에 관한 몇 가지 기본적인 전제는 청소년을 중심으로 한 회복적 정의를 작동하게 하는 논리적인 이유가 된다. 우선 청소년이라는 범주를 본질적인 것으로 취급한다. 즉, 청소년은 사회적으로 구성된 어떤 것이라기보다는 개인에 관한 기본적인 본질이나 진실로 취급된다. 따라서 청소년을 상대로 회복적 정의를 구현하는 것은 청소년의 범주를 재생산하고, 따라서 거버넌스의 특정한 형태를 적용할 수 있는 대상으로 재생산하는 역할을 한다. 우리는 거버넌스를 위해 특정 그룹을 구성하려는 시도를 항상 경계해야 하는데, 이는 이러한 분류가 특정 개인들에 대한 사회적 통제를 늘리기 때문이다. 실제로, 최근 들어 범죄자 그룹으로서 청소년을 바라보는 시각이 증가하고 있는데, 청소년 범죄에 대한 공포심 때문에 청소년 인구 전체를 "위험에 처한" 대상으로 묘사하고 있기 때문이다.Hogeveen and Minaker 2008 참조 "위험에 처한" 존재로서 청소년을 묘사하는 언어는 형사사법제도의 범위를 실제 범죄의 세계를 넘어 잠재적 범죄의 영역으로까지 확장시키는 역할을 한다. 이 경우 법을 준수하는 사회구성원들까지도 형사사법의 고려 대상으로 만들게 된다. "선발주자" 혹은 "건강한 아이"와 같은 프로그램들처럼 부모와 자녀 간의 유대감을 증진시키고 아이들의 사회성을 도울 목적으로 시작된 어린이 대상 프로그램들조차 초등학교 입학 전의 아이들까지도 잠재적 미래 범죄자로 보는 형사사법 논리에 따라 정당화되는 경우가 많다.

두 번째로, 너무 많은 회복적 정의 프로그램들이 여전히 그들의 사법 과정 안에서 청소년을 수동적인 대상으로 취급한다. 일반적으로 청소년은 어른들에게 둘러싸인 채로 회복적 정의 프로그램에 들어간다. 어른들은 이들에게 프로그램을 추천하고, 대화모임을 진행하며, 청소년 가해자를 지지하는 사람들로 모임에 참석한다. 최악의 지역사회 상호책임 패널 경우는 어린 가해자가 지역사회의 유명인사들을 모임에서 직접 대면하게 되는 상황이다.5장 참조 이런 모임에서 포용과 참여의 규칙이 무엇이든 간에, 청소년은 패널에 의해 "도덕적 꾸지람"을 받고 위축과 압박을 느끼기 쉽다.Crawford 2003 또한, 그 청소년들은 그들이 어떻게 행동해야 하는지, 어떻게 행동하지 말아야 하는지에 관한 단서를 어른들에게서 찾을 가능성이 높다. 대부분의 청소년 회복적 정의는 여러 세대가 함께 참여한다는 특성을 가지고 있고, 이러한 특성은 위에서 살펴본 바와 같이 개방적이며 강요하지 않는 참여라는 수사로는 덮을 수 없을 정도의 권력 불균형을 초래한다.

회복적 정의에 관해 좀 더 청소년 중심의 접근방법은 캐나다 앨버타 주 에드먼튼의 청소년 회복적 행동 프로젝트Youth Restorative Action Project, 이하 YRAP와 같은 프로그램에 의해 제공된다. 청소년에 의해 운영되는 YRAP는 어른들보다 젊은이들의 역량강화를 추구한다. 비록 YRAP는 형사사법제도가 추천하는 방식에 의존하고 있고 이를 위해 판사의 승인이 필요하지만, 그들 사이에 존재하는 갈등을 어떻게 처리하는 지에 관해서는 여전히 청소년들에게 많은 자율성을 부여하고 있다. 그것은 YRAP에서 마주하는 일상의 관행에서 청소년들을 주요 의사 결정권자로 만들기 위한 방식이다.

YRAP내의 청소년 및 청년들은 인종차별이나 성차별과 같은 지역 공동체 안에 존재하는 더 큰 이슈를 반영하는 사례를 선정하기 위해 노력을 기울였다. 예를 들어:

> 비교적 최근에 YRAP팀에 합류한 리프Riff는 다음과 같이 제안하였다. "저는 인종적 동기가 있는 범죄나 학대와 관련된 범죄라고 느끼는 사건을 선정하기 위해 투표합니다. 저는 그런 이슈를 전면에 내세우는 것이 중요하다고 생각했기 때문에 대게 찬성 쪽에 투표합니다." 이러한 사회적 불의를 중심으로 자원들을 동원함으로써 구성원들은 스스로가 어려움에 처한 청소년들의 교육과 화해를 위한 포럼을 제공하고자 했다. Hogeveen 2006:59

YRAP는 젊은이들에게 권한을 부여하고 그들의 역량을 강화시켜 특정한 갈등뿐만 아니라, 그들이 사는 곳에서 문제가 되는 중요한 이슈들과 관련해서도 주체행위자가 되게 한다. 이렇게 하는 것은 범죄와 피해자화에 관한 인종적 계급기반의 전제들뿐만 아니라, 청소년이라는 범주의 사회적 재구성을 포함해 청년들이 존재하는 다양한 문제에 도전하고 이의를 제기할 수 있는 공간을 만들기 위함이다. Hogeveen 2006

비록 표면적으로는 청소년 범죄가 회복적 정의의 실천을 위한 자연스러운 대상으로 드러나 보이지만, YRAP가 보여주었듯이 단순히 범죄를 저지르는 청소년들을 대상으로 새로운 도구를 제공하기보다는 젊은이들의 역량 강화를 포함하여 좀 더 넓은 차원의 역량 강화를 위해 회복적 정의를 자연 그대로 받아들이기 보다는 비판적으로 바라볼 필요가 있다.

지배구조들의 교차성

젠더, 인종, 성 정체성, 계급, 그리고 나이는 모두 회복적 정의가 제기하는 불의를 경험하게 만드는 지배구조들의 면모를 드러낸다. 특정 불의에 대한 전환적인 해결책을 추구하는 회복적 정의 실천가에게는 각각의 지배구조들이 도전이 된다. 그러나, 이러한 요소들은 서로 독립적이지 않다. 개인으로서 우리는 젠더뿐 아니라 성별, 계급, 인종, 나이도 가지고 있다. 대신에 우리는 이러한 구조들의 교차점에 위치해 있다. 어떤 사람들은 어떤 구조에서 특권을 누리는 위치에 있지만, 다른 곳에서는 억압을 당하는 위치에 있을지도 모른다. 예를 들어 백인 남성은 그의 인종과 젠더라는 위치에 있어서는 특권을 가지고 있을지 모르지만, 만약 그 남성이 나이 어린 노숙자라면 그를 주변인으로 볼 수도 있다. 이것이 바로 우리가 "교차성intersectionality"이라는 용어를 사용하는 이유이다. 우리에게 주어진 더 큰 과제는 구조들이 중복되고 서로 복잡하게 얽혀 있는 상황에 대처할 수 있게 우리의 이론과 실천사항들을 개선해나가는 것이다. 피해 상황과 정의에 관해 생각할 때 이와 같은 내용을 특별히 더 신경 써야 하는 이유는 피해자가 되었든 가해자가 되었든 형사사법제도 안으로 들어오는 사람들은 여러가지 축에서 주변화나 소외를 경험하기 때문이다.

"교차성"이라는 용어를 만든 킴벌리 크렌쇼Kimberle Crenshaw 1991는 매우 의도적으로 은유적인 용어를 선택하였다. 그녀는 한편에는 가부장제와 또 다른 한편에서는 지배적인 인종이라는 두 길 사이의 교차로에 서 있는 아프리카계 미국인 여성의 경험을 이용하기를 좋아한다. 이 교차성은 백인 여성이나 흑인 남성을 위해 발전한 이론들로도 설명할 수 없는 매우 참신하고 독특한 경험을 발전시켰다. 가부장제와 인종차별이 결합된 힘은 아주 독특한 방식으로 아프리카계 미국 여성들의 삶을 형성해 놓았다. 마찬가지로 거의 모든 회복적 정의의 만남은 아주 복잡한 교차로의 중심에서 일어날 것이다. 아만다Amanda 저자가 위니펙에서 회복적 정의 혹은 대안적 정의를 위해 일하는 직원들을 상대로 진행한 인터뷰에서 거듭 반복되었던 주제는 바로 유연성이다. 프로그램들은 참가자들의 다양한 구조적 위치에 맞추어 대응했다. 예를 들어, 오나쇼웨윈Onashowewin은 범죄로 기소된 선주민들에게 회복적 사법 실천을 제공하는 위니펙의 기관이다. 단순히 모든 사람에게 동일한 프로세스를 제공하는 것이 아니라, 사례를 진행하는 사람에게 맞춤 프로세스를 제공한다. 그들은 남성과 여성을 위한 워크숍을 제공하며, 선주민 청년들이 처한 상황들에 관해 특히 잘 아는 직원들과 함께 일한다. 오나쇼웨윈의 직원들은 다양한 구조의 교차점에서 함께 일하는 사람들을 지속적으로 이해하고 그들과 끊임없이 논의하였다. 한 직원이 지적했듯이, "만약 당신이 가난 속에 살고 있는 사람이든, 한 부모이든, 어떤 사람이 되었든 누군가의 삶을 들여다 본다면 다음과 같이 문제들이 있습니다. 주거, 교육, 일자리입니다. 중독 문제는 있을 때도 있고 없을 때도 있고, 때로는 자녀양육 기술이 문제일 수도 있습니다. 온갖 종류의 것들이 있습니다." Nelund 2016 아만다가 연구했던 회복적이고 대안적인 사법 프로그램들은 그들에게 맞는 정의 실천과 역량 강화를 통해 이러한 불평등의 문제에 역점을 두고 해결하고자 노력했다. 어떤 프로그램이든 그들이 파악한 억압의 구조적 조건을 해결할 수 있을 정도까지 노력했으나 더 큰 정치적 맥락에 의해 제한되는 것도 있었다.Nelund 2016

회복과 신자유주의 정치

회복적 정의의 경제적, 정치적 맥락과 관련하여 현대의 경제 및 정치적 삶을 지배하는 가장 두드러진 경향은 신자유주의이다. 신자유주의는 광범위한 현상으로 자리한다. 신자유주의라는 정치-경제적 맥락이 회복적 정의에 미치는 결과에 대해서는 신자유주의가 무엇인지를 묘사할 때 약간의 주의를 기울일 필요가 있다. 신자유주의는 논쟁의 여지가 있는 개념이기 때문이다.

지난 30년 동안 기업의 영향력은 더 유동화되고 세계화되었으며, 더 많은 투자에 적합하게 규제를 변화시키게끔 압력을 각 지역에 넣어왔다. 신자유주의 통화정책을 진전시키기 위해 활동하는 세계무역기구WTO나 국제통화기금IMF과 같은 기관들, 경제협력개발기구OECD, 헤리티지재단Heritage Foundation, 미국기업연구소American Enterprise Institute 등 국제 싱크탱크 그리고 콘퍼런스이사회, 씨디하우연구소, 캐나다최고경영자협의회Canadian Council of Chief Executives와 같은 캐나다 싱크탱크 등을 모두 포함하는 "신자유주의 인터내셔널",Wacant 2004:100은 신자유주의 경제 및 정치 원칙을 지구 끝까지 확산시켰다. 이 신자유주의 운동은 서구의 정부들을 상당 기간 지배해온 정치 철학인 자유주의와는 구별된다고 주장해왔다. 자유주의 아래에서는 자유방임주의적laissez faire 통치에 강조점을 두었는데, 이는 경제 및 사회 관계에 있어 국가의 개입을 후퇴시키려는 초창기 시도에 영감을 주었다. 그러나 20세기 후반에 이르러서는 규제되지 않은 자본주의가 가져온 어려움을 국가가 해결하라는 노동 계급의 요구를 통해 쟁취해낸 보건의료, 교육, 실업, 은퇴, 주택 등에 대한 국가 지원을 포함하는 복지에 대한 문제제기가 이뤄졌다. 이러한 복지국가 조항들은 제2차 세계대전 이후 서방 국가들에게서 지배적으로 나타났으며, 안정적인 국가 경제를 위해 자본주의 생산물로 노동자들에게 안전과 구매력을 제공하는 중요한 역할을 국가가 수행할 수 있음을 보여주었다.Tickell and Peck 1995 참조 그러나 1970년대 들어 이러한 정책들이 위기에 처한 것으로 인식되었는데, 이는 복지국가를 위한 사회적 프로그램들이 번거로워지고 기업과 투자자가 점차 유동화되고 세계화되면서 노동이나 환경정책 등의 사항을 규제하려는 국민국가의 시도가 부담으로 여겨지게 되었기 때문이다. 게다가 베를린 장벽의 붕괴와 구소련의 개방으로 공산주의적 대안이 소멸하게 되었고, 승리한 자본주의는 국가의 경제 개입을 더욱더 적극적으로 반대하게 되었다. 이렇게 마거릿 대처 전 영국 총리와 로널드 레이건 전 미국 대통령의 경제정책에서 비롯된 것으로 여겨지는 이 신자유주의라는 정치적 사유가 새로운 지배적 철학이 되었다. 다른 경제 제도들은 역사의 뒤안길로 사라졌다고 주장했고, 신자유주의는 "이제 대안은 없다"는 주문을 외우기 시작했다.

신자유주의는 특정 지역의 맥락에 맞게 경제 및 정치적 정책을 유연하게 사용하는 것이기 때문에 간단하게 설명할 수 있는 개념은 아니다. 여러 개의 '신자유주의'가 있음에도 불구하고, 우리가 이미 3장 회복적 정의의 에토스신념에서 언급했던 것처럼, 이 책에서 말하고자 하는 신자유주의 정신을 분명하게 인식할 수 있어야 한다. 신자유주의는 자본가들에게 자유로운 이동성과 최대한의 이익을 장려하는 방식으로 자본주의 체제를 감시하고 규제하는 역할을 하는 총체적인 담론과 실행 전체를 통칭하는 말이다.Hardt and Negri 2004

정치적 신자유주의는 경제적 세계화와 뒤얽혀 있다.Jessop 2002 신자유주의는 투자가 금지된 영역으로 보이는 노동, 환경 및 기타 규제를 와해시킬 정치적 전략으로 세계화를 제시하였다. 신자유주의는 개인의 일상생활을 지배하는 비용과 요구의 어떤 부분을 국가에서 제거하기 위해 책임을 국가에서 개인 활동가나 공동체 활동가들에게로 전환하여 운영하는 거버넌스나 정부 운영 전략도 제시한다. 다음은 로즈Rose 1996:41의 기록이다.

> [신자유주의적] 통치란… 국가를 비정부화하고, 정부의 실행을 제거하고, 전문 지식의 실질적 권위를 정치적 통치 기구들로부터 분리하고, 경쟁과 상호책임 및 소비자들의 욕구라는 합리성에 의해 결정되는 시장 안에서 전문가들을 재배치하는 것을 추구한다.… "공동체"는 사람들 사이의 도덕적 관계들을 개념화하고 관리하는 새로운 방식으로 등장한다.

신자유주의 에토스는 국가들에게 규제특히 기업의 이익 창출을 방해하는 규제들 수준을 줄이도록 요구하는 데 더해 시민과 공동체가 더 많은 자기 규제와 책임을 감당하도록 격려해서 이러한 행위자들을 신자유주의 경제 프로젝트에 끌어들이는 한편, 국가는 국가 경제를 주도하기 보다는 단순히 관리만 하게끔 그 역할을 축소하려고 한다. 예를 들어, 공동체와 개인들은 신자유주의적 후퇴의 결과를 관리하고 감시하는 것을 돕도록 요청받는다. 즉, 연금이 없어지고 더 많은 사람이 충분한 재정 또는 의료 지원을 받지 못하게 될 때 개별 공동체 구성원들은 그들의 이웃을 돌보고, "서로를 살펴주고," 이웃 감시 그룹을 형성하고, 지역사회 치안 유지와 공동체 정의에 참여하도록 권장된다.

경제와 사회의 개방과 자유를 제시하는 신자유주의 수사학에도 불구하고 신자유주의 에토스는 적용 면에 있어 강압적인 경우가 많다. 그렇다고 어떤 경우에도 국가들이나 행위자들이 그냥 자진해서 국영산업을 민영화하거나 더 많은 공공재를 사적 소유의 영역으로 밀어넣지는 않는다. 국가 소유의 발전사들과 같은 공공 산업이나 주택 공급과 같은 공공 서비스를 고집하거나 전통적 지식이나 유전자 정보의 특허권 인정 등에 저항하는 정부는 신자유주의의 공격을 정면으로 받아내야 한다. 특히 '개발도상국'들은 국제통화기금 IMF이 제시하는 긴축정책에 따라 원조의 대가로 국가가 운영하는 사회 서비스를 민영화한다거나, 글로벌한 상품화의 문을 열기 위해 설계된 여러 무역협정들에 사인하라는 요구를 받게 된다. 후자와 관련해 무역관련지식재산권에 관한 협정Agreement on Trade Related Aspects of Intellectural Property Rights, TRIPS, 무역관련투자협정Agreements on Trade Related Investment Measures, TRIMS 그리고 서비스 무역에 관한 일반협정General Agreement on Trade in Services, GATS의 출현을 목격하였는데 이러한 모든 협정은 생산품심지어 여기에는 생명을 가진 생물학적 존재도 포함된다에 적용되는 특허권을 통제하고, 고용이나 기술 이전 등을 통해 외국인 투자가 국가에 어느 정도의 이익을 가져오도록 강제하고, 의료사회보장제도와 같은 국가적 서비스를 보호하는 등의 정부 권한과 역할을 제한한다.Hart-Landsberg 2006 캐나다와 같은 국가조차도 북미자유무역협정NAFTA - 이 글이 쓰여지던 당시에는 캐나다-미국-멕시코 협정으로 바뀌어 국내 비준을 기다리고 있었음 조항에 따라 기업의 이익에 굴복할 수밖에 없었다. 북미자유무역협정에 따르면 기업들은 각 국가의 구매정책과 환경규제를 포함해 자유로운 이윤추구를 위협하는 것으로 인식되는 개입들에 대해 조인국들을 재소할 수 있게 되었다.

또한, 신자유주의 에토스는 충분히 유연해서 겉보기에 모순되는 정치철학이라 할지라도 운용 차원에서 얼마든지 녹여낼 수 있다. 이런 점에서 신자유주의 에토스는 복지국가에 관해 부분적으로 공격할 뿐, 전면적으로 사라지게 하려고 하지 않는다. 국가 복지 중 일부는 국가의 "왼손" 지시[Bourdieu 1998]에 따라 유지되지만,[Hartman 2005] 그러한 보호는 시민의 당연한 권리보다는 그들이 져야 할 책임 혹은 의무 등으로 재구성된다. 예를 들자면 이와 같은 맥락 속에서 다양한 실업자 지원책은 신자유주의 체제하에서 지속될 가능성이 농후한데, 왜냐하면 노동의 유연화에 기여하기 때문이다. 불규칙적이거나 일시적이거나 비공식적인 노동을 하는 사람들은 더더욱 그렇다. 그러나 위와 같은 혜택은 일자리가 아무리 불안정하거나 낮은 임금을 받더라도 시민은 일할 의무가 있다는 메시지를 강화하는 취업 촉진 프로그램과 결합되고,[Hartman 2005] 줄어든 실업급여가 더 이상 충분한 안전망을 제공하지 못하기 때문에 사람들을 빈곤 수준의 임금을 받는 일자리로 밀어내는 모습이 될 수 있다. 부분적으로 복지국가의 파편들이 보존되는 이유는 신자유주의의 모순, 반복되는 위기, 그리고 결과를 경감시키기 위함이다. 신자유주의의 결과에는 다음과 같은 내용들이 포함된다.

- 실업 및 불완전고용의 증가, 불안정한 노동 광범위한 증가 및 취업 포기자 증가
- 새로운 질병의 확산 및 생태계 파괴를 수반하는 질병의 심화 등을 포함한 서식지 파괴 및 지구의 생활성 저하를 초래하는 규제되지 않은 환경 황폐화의 악화
- 투자 유치를 위한 지역 간 규제 완화 제로섬 경쟁 심화와 그로 인한 국가 간, 그리고 국가 내 지역 간 불균형 악화

- 글로벌 금융시스템 내에서 커지는 변동성과 불안정성, 그리고 전 세계 적으로 빠르게 확산되는 하강하는 경제 순환 사이클과 위기
- 영토를 통제하는 민족국가의 힘이 초국가적 기관과 국제 협약에 의해 더욱 약화됨
- 대체로 각 개인이 자신의 안녕에 관해 책임을 져야 한다는 담론을 통해 신자유주의 통치성의 개인화 경향성이 커짐으로 사회적 결속력이 더욱 약화됨
- 가난한 사람들과 부자들간의 격차가 커짐
- 생명 형태, 식물, 종자 등을 포함하여 지금까지는 손길이 닿지 않았던 영역의 상품화
- 전쟁의 지형이 비전투요원에 관한 더 많은 빈도의 공격으로 전환됨에 따라 국제 수준의 경찰 활동이 격상되고 전쟁이 격화됨 그리고 전투요원과 비전투요원 사이의 경계선이 더욱 모호해짐
- 선거 정치에 관한 기업과 자본의 영향력이 커지면서 민주주의적 대표성 에 관한 냉소주의가 커지고 시민들의 정치 참여도가 낮아짐
- 기업의 이동성이 반드시 사람들의 이동성과 바로 연결되지 않지만 전쟁 의 흉포함이 점점 증가하는 것과 함께 경제적, 정치적 난민, 신분증이 없는 사람들, 보트 피플, 그리고 이동의 권리를 추구하는 사람들의 숫자도 증가됨
- 이전에 안전을 보장받던 그룹들이 경제적 혹은 사회적 배제정책으로 인 해 서구세계에서 복지국가 정책의 수혜를 받던 이전의 안정적이고 사회적인 지위 를 갑작스럽게 잃어버림

이 목록은 계속될 수 있지만, 이러한 경향은 신자유주의의 피해로 인해 촉발된 "존재론적 불안정성"Gidens 1991이 무엇인지 보여준다. 신자유주의가 이러한 위험과 불확실한 상황 때문에 사회적 부적응자로 내몰릴 수도 있는 사람들을 효과적으로 관리하기 위해 어떠한 사회 통제관리 방식에 기대지 않는 한, 이러한 불안감은 더 큰 사회적 불안정을 초래할 가능성이 높다. 예를 들어, 사람들이 생계 유지뿐만 아니라 자본주의 시장을 통해 판매되는 수많은 물건과 서비스를 더 절박하게 찾을수록 다른 합법적인 방법이 차단되면 범죄가 더 증가하게 될지 모른다. 전지구적인 차원과 지역적 차원에서 발생할 이러한 위험성을 해결하기 위해 사회를 통제하는 새로운 형태들이 등장하고 있다.Fraser 2003 한편으로, 국제형사재판소ICC, 유엔UN, 나토NATO 그리고 기타 단체들이 점점 더 국제적인 치안 활동에 관여하고 있다. 또 다른 한편에서는 지역 공동체 정의 프로그램, 대안적 분쟁 해결, 그리고 이와 유사한 프로젝트들을 통해 정의 문제를 해결하고 조정할 수 있도록 설계하여 공동체 구성원들을 참여시키고 있다.Fraser 2003 ; Hardt and Negri 2000

비판적인 범죄학자들과 사회법학자들은 종종 신자유주의 영향력의 확대와 회복적 정의의 부상이 우연히도 시기적으로 겹친다는 사실을 언급해왔다. 또한, 그들은 이 둘 사이에 겹치는 부분이 있음을 지적해왔다.Pavlich 1996b; Woolford and Ratner 2003 참조 예를 들어, 회복적 정의는 국가의 기초 구조와 개입을 줄여나가는 신자유주의 수사학에 부합하는 방식으로 국가 형사사법 권력의 이양과 분산화를 촉진시킨다. "자기의 테크놀로지"를 통해 자신의 형사사법 문제를 스스로 해결하도록 시민들에게 책임감을 부여하는 것은 말 잘 듣는 시민을 키우는데 도움이 된다. 회복적 정의와 같은 사회적 프로젝트들은 응보적 정의Pavlich 2005의 지배에 도전하는만큼 도리어 형사사법의 논리를 강화하고 개인을 신자유주의 시대에 적응시키는 역할을 할 잠재적 가능성을 가지고 있다. 사람들이 지역의 갈등 해결과 구조적 불평등 속에서 적응해 살아가는 문제에 집중하게끔 유도하는 것은 그들의 일상생활에 어려움을 초래하는 근원적 불의를 가리는 데 큰 몫을 할 수 있다.

그러나 신자유주의의 다른 측면들과 마찬가지로, 형사사법에 관한 입장 또한 유연하고 다각적임을 다시 한번 기억할 필요가 있다. 비록 신자유주의가 회복적 유형의 실천에 관한 여지를 주었지만 처벌이 어느 정도 실효성이 있어 보일 경우, 특히 경범죄자들의 경우에는 처벌을 포기하지 않는다. 사실상, 처벌은 신자유주의 체제 하에서 더 강화되는데, 이는 처벌이 계속해서 긍정적 가치를 발생시키기 때문이다. 여기서 긍정적 가치라 함은 범죄자의 교화가 아니다. 투옥이나 가혹한 형량이 교화라는 목표를 달성하는 경우는 별로 없다. 반대로 교정불가하다고 여겨지는 사람들을 준법사회를 위협하는 불안요소로 생각해 이를 제거하는데서 긍정적 가치가 발생한다.Wacquant 2009 이에 더해 신자유주의 정치인들이 범죄에 대한 강경하게 대응하는 패기 넘치는 모습을 보여준다는 상징적 가치도 있다. 늘 범죄를 두려워하는 모습으로 그려지는 시민들의 일상적 필요를 채워주고 있다는 정치인들의 인기몰이식 주장으로 사용될 수도 있다. 더욱이, 범죄의 선정성은 신자유주의의 경제적, 사회적 방치에 의해 발생하는 더 깊고 광범위한 피해들로부터 대중의 주의를 환기시키는 역할을 하기도 한다.

마지막으로, 미국의 영리 목적 교도소 숫자의 증가로 입증된 바 있는 것처럼 처벌은 신자유주에서 성장하는 산업 그 자체이기도 하다.Sterm 2006 미국의 사립 교도소는 2000년에서 2016년 사이 47% 늘었는데, 이는 교도소 전체의 증가율인 9%에 비하면 굉장히 큰 숫자다. 사립 시설의 증가율은 연방 교도 시설에서 가장 크게 나타났으며, 앞에서 언급한 47% 증가율에 포함되지 않은 민간 이민자 수용시설도 엄청난 증가율442%을 보였다. The Sentencing Project 2018 국가가 처벌을 민간 산업에 아웃소싱하는 경향은 정부 규모를 줄이려는 신자유주의 철학과 일치한다.

회복적 정의와 신자유주의의 관계에 대한 비판은 다음 장에서 좀 더 살펴볼 예정이다. 여기서 중요하게 짚고 넘어가야할 부분은 회복적 정의가 독특한 정치적, 경제적 환경 안에서 작동하고 있다는 사실과, 그 환경이 일상에서 회복적 정의가 진행되는 과정과 결과에 영향을 미치고 있다는 사실을 인지하고 있어야 한다는 점이다. 회복적 정의 기관들이 돌아가는 방식이 이를 설명해준다. 앞서 언급한 바와 같이, 회복적 정의 기관들은 비영리 단체 혹은 민간단체 형태로 운영되거나, 때로는 국가가 운영할 수도 있다. 사정이 어떻든지 간에, 회복적 정의 운영 기관은 자금 조달 및 사례 추천의 형태에 있어 정부 자원에 의존적이다. 자금과 사례 위탁에 있어서 신뢰할 수 있는 흐름을 꾸준히 보장하기 위해서, 회복적 정의 수행 기관들이 힘을 가진 권력가들에게 호소하고 의미를 잘 전달할 수 있는 언어를 사용하는 것은 중요하다. 회복적 정의가 필요하다고 주장하는 사람들이 위탁을 받기 원한다면, 회복적 정의가 추구하는 철학의 이상적인 측면에 집중하기보다는 신자유주의의 구미를 맞추는 방식으로 마케팅하는 편이 나을 것이다. 예를 들어, "상호책임"이라는 단어는 현대 신자유주의 시대에 큰 흐름을 만들어내고 있다. 정부기관과 그 하위기관에서부터 시민들에 이르기까지 모든 사람과 모든 것은 분명히 상호책임 관계 아래에 있다. 회복적 정의 기관들은 그들의 프로그램이 가해자와 피해자를 직면하게 하는 것이 그들이 초래한 피해에 관해 마땅히 책임을 져야 할 당사자에게 책임을 묻는 방법을 제공한다는 점을 정부에 강조한다.

가해자가 피해자에게 배상하도록 하는 것은 일반적인 형사사법제도를 통해 달성한 것보다 훨씬 폭넓게 책임을 지게 하는 형태이며, 불의를 금전적 용어로 전환하여 설명하는 것은 부분적으로 신자유주의의 보상 논리에 맞추어 정의를 경제적 거래로 변환시킨 것이라 할 수 있다. 또한, 회복적 정의 프로그램은 범죄 문제를 해결하기 위해 지역사회의 자원과 자원봉사자들을 사용하므로 정부의 시간과 돈을 절약할 수 있다는 사실을 강조해도 좋을 것이다. 제한된 정부 기금을 놓고 여러 기관이 경쟁하기 때문에, 비영리 기관 분야에서는 정부에 회복적 정의 사업을 신청할 때 적절한 용어를 사용해야 한다. 이러한 맥락에서, "준 시장quasi-market"Bartlett and Le Grand 1993 구조가 펼쳐지는데, 회복적 정의를 실행하고자 하는 기관들은 기관 유지를 위해 자신들이 제한된 자원을 얻어낼 수 있을 만큼 경쟁자를 능가하는 뭔가를 추구해야만 한다. 이것은 회복적 정의 관련 기관들이 제공하는 서비스와 관련하여 점점 그들이 주장하는 원칙적인 견해를 지켜나가기 어렵게 만들고, 정부의 욕구를 충족시키는 쪽으로 이끌고 있다.

이 모든 것이 의미하는 것은 회복적 정의 실무자들이 자신이 속한 기관의 안녕을 보장하기 위해 기꺼이 타협해야 할 것이 무엇이며 타협할 수 없는 것이 무엇인지에 관해 정통해야 한다는 뜻이다. 어떤 사람들은 회복적 정의의 원칙과 실천을 피해자, 가해자 그리고 지역사회에 너무나 필요한 것이기 때문에 설령 일부 원칙을 양보한다고 하더라도 아직까지는 잘 알려져 있지 않은 회복적 정의를 더 많은 사람들에게 소개할 필요가 있다고 생각한다. 그러나 이러한 타협은 다른 누군가에게는 회복적 정의의 변혁적인 잠재력을 오히려 사회 통제를 증가시키고 신자유주의 지배를 더욱 공고히 하는데 사용하는 변질이나 전용으로 다가올 것이다. 다시 말하자면 회복적 정의는 지역 공동체가 그 안에서 발생하는 범죄에 대한 더 많은 책임을 지게 하는 주어진 과제만 받아들여서는 안된다. 회복적 정의는 더 넓은 사회변화에 영향을 미칠 가능성이 있는 토론과 행동도 시작해야 한다. 신자유주의 정책을 반대하는 것이 회복적 정의 운동과 상관 없는 일이 되어서는 안된다. 예를 들어, 최저 생계비를 넘어서는 임금 수준이나 최소한의 복지 지원을 지키기 위해 노력할 필요가 있다. 이런 기본적인 보호 장치의 부재는 지역 공동체의 불안과 불안정의 핵심적 요인이 되기 때문이다.

회복적 정의의 문화, 의미 그리고 정치

문학평론가이자 사회이론가인 프레데릭 제임슨Frederic Jameson 1991은 말기 자본주의의 "문화적 논리cultural logic라는 유명한 말을 했는데, 그는 포스트모더니즘의 문화적 조건이 세계화된 자본주의 체제에 어떤 의미 있는 틀을 제공했는지 명확하게 설명하기 위해 이 용어를 사용하였다. 비판적인 학자들은 문화가 어떻게 사회 지배층을 보존하고 재생산하는 역할을 해왔는지 오랜 기간 동안 연구해 왔다. 문화는 우리에게 세상을 보고 해석하는 방법과 의미를 만드는 원천을 제공한다. 그러므로, 우리는 회복적 정의의 문화적 맥락을 무시해서는 안된다.

여기서 문화는 좁고 갇힌 의미로 이해되어서는 안된다. 클리포드Clifford 1988의 표현을 따르자면 문화는 원래는 매우 복잡한 일련의 관계에 여러가지 제한을 거는 "깊이 타협한" 개념이다. 문화는 딱 어떤 것이라기 보다는, 결코 완전히 고정되지 않은 가치들과 관행과 행동들을 느슨하게 모아놓은 것이자 "전용, 타협, 전복, 가면 쓰기, 날조, 재활용"클리포드 1988:338의 역사적 과정과 상호작용하는 것이다. 문화는 결코 하나로 통일될 수 없는데, 이는 문화 집단의 구성원들이 그들의 관습과 가치에 관해 서로 다른 관점과 해석을 가지기 때문이다. 그리고 문화적 실천과 가치는 그 집단이 새로운 도전에 직면하거나 새로운 영향에 노출됨에 따라 바뀔 수도 있다. 우리는 문화를 진행 중이고 변화하는 것으로 대해야만 한다. 그러나, 이러한 역동성에도 불구하고, 문화는 우리에게 세상을 이해하는 수단을 끊임없이 제공한다. 문화는 낯선 현재를 이해하고 해석하도록 이끌며 의미의 저장소가 된다. 2019년의 캐나다 사람으로 산다는 것과 1919년의 캐나다 사람으로 산다는 것의 의미는 다르겠지만, 우리는 많은 요소 중 여전히 우리의 역사논란은 있지만, 공유된 기준점, 그리고 예술과 문화적 삶에 기반하여 더 넓은 세계 속에서 우리의 위치를 이해할 수 있다. 어떤 캐나다 사람들은 이 의미의 저장소 덕분에 관용과 인권이라는 가치를 표현할 수 있으며, 또 다른 이들에게 그 의미는 정착 식민주의와 인종차별의 과오로부터 배우는 것일 수도 있다. 어느 경우든, 캐나다 문화의 역동성은 우리가 사는 세상을 이해할 수 있게 해주는 자원으로 작동한다.

회복적 정의를 지지하는 사람들에게 가장 중요한 것이 바로 의미의 시스템으로서의 문화이다. 현대 서구 사회는 종종 분노, 의심, 강화된 편협함이라는 특징을 가지고 있다. 이런 분위기는 정치인들이 범죄에 관한 대중의 염려를 이용하여 지지를 얻는 바텀스Bottoms 1995의 "대중적 징벌"이라는 개념과 아주 잘 맞아떨어진다. 선정적인 범죄가 발생하면, 가장 가혹한 처벌만을 요구하는 언론 전문가들과 라디오 발신자들의 말을 곧이 듣게 되는 일이 비일비재하게 일어난다. 이러한 현상은 트럼프 시대 들어 갱단과 살인자들이 미국에 들어오지 못하도록 예방한다면서 국경에 경계벽을 설치하였고 불신과 공포 분위기를 증폭시키는 것에서도 찾아볼 수 있다. 이러한 문화적 배경 속에서 범죄와 범죄자는 증가하는 우리의 불안 목록에서 특별한 자리를 차지하게 되었다. 정치인들과 언론은 불안에 반응하는 대중의 염려와 문화를 잘 이해한다. "폭력적일수록 인기를 끈다"는 격언처럼 그들은 우리의 두려움을 확인하고 격분시키기 위해 이야기를 제공함으로써 불안을 이용해먹는다. 또한, 정치인들은 우리의 불안을 이용하여 이익을 챙기며, 현대 생활의 위험요소들을 그들의 정치적 상대에게 떠넘기면서 대중들에게는 강경하게 대응하겠다고 약속한다.

그렇다면 회복적 정의는 어떻게 두려움의 문화에 맞서고 사람들의 마음을 편안하게 해줄 수 있을까? 부분적으로, 회복적 정의는 피해자와 공동체 구성원들이 가해자를 직접 만나 서로가 공통의 인간성을 갖고 있다는 사실을 확인하게 함으로써 두려움의 분위기를 바꾸고자 시도한다. 그러나, 무엇보다 회복적 정의는 문화를 변화시키기 위한 활동을 꾸준히 확장해 나가야 한다. 이러한 시도는 카리스마 있는 연사, 다큐멘터리 영화, 미디어를 통해 전달되는 이야기, 회복적 정의 대화모임에서의 감정적 참여를 포함해 그리고 회복적 정의에 관한 대중의 인식이 형성되는 다양한 현장들에서 실제로 이미 일어나고 있다. 이 책 처음에 소개한 르네 뒤로셰의 이야기가 그러한 사례다. 성공적으로 사회에 다시 적응한 후 수년 동안, 뒤로셰 씨는 수많은 학교 단체, 회의, 기관 및 공개 행사에서 '가해자'의 삶과 인간성을 주제로 일반 대중과 연결하는 노력을 기울이고 있다. 이러한 변혁적 시도들은 매우 중요하며 세상을 보다 관용적인 문화로 만들어나가려는 평화와 사회 정의를 위한 보다 폭넓은 운동으로 확장하고 연결할 필요가 있다.

회복적 정의와 인간이 아닌 주체들

2장에서, 우리는 지진으로 인해 피해를 입은 예를 사용하여 지진과 피해자 사이에 회복적 정의 대화모임이 성립할 수 없다면서, 이러한 자연적 재해를 회복적 정의의 기반으로 삼기에는 그 범위가 너무 넓다고 주장했다. 그러나, 이 사례는 인간이 아닌 다른 실체들은 회복적 정의와 아무런 관계가 없다는 이야기를 하려는 것이 아니다. 우리가 정의, 특히 형사사법에 관해 생각할 때, 우리는 너무나 자주 자연계와 사회계와 이를 구성하는 문화들이 서로 완전히 분리된 것처럼 생각하고 사건을 진행한다. 프랑스의 과학 철학자 브루노 라투르Bruno Latour 1991는 문화와 자연 사이에 첨예한 구분이 있는 것처럼 선을 그어대기 시작한 것은 이른바 유럽 사회들이 소위 말하는 근대에 들어서면서부터였다고 하였다. 우리의 문화 세계를 통합적으로 얽혀있는 실재로 보기보다는 자연계와 분리된 세계로 상상하는 행위를 라투르는 '순수화'라고 불렀다. 우리는 문화와 자연의 혼종들과 끊임없이 대면함에도 불구하고 이렇게 생각해 왔다. 예를 들어, HIV/에이즈와 같은 현상은 자연이 평형을 유지하기 위한 측면이 있으나 전적으로 자연적인 측면만 있다고 말할 수 없는데 이는 이러한 현상에 단지 생물학적 측면만 있는 게 아니기 때문이다. 오히려 에이즈의 확산과 그것과 싸우려는 우리의 노력 또한 독특한 문화적 렌즈를 통해 자연계를 인식하는 문화적 네트워크와 행위자들과 관련되어 있기 때문이다. 예를 들어, 밴쿠버 다운타운 이스트사이드에서 발생한 HIV/에이즈 확산에 관한 공포는 정맥 약물을 사용하는 사람들을 통해 병원균의 이동을 추적하는 것만으로 해결할 수 없었다. 대신 정맥 주사 약물 사용자가 상호 작용하고 그들의 공급체계를 서로 공유하는 방법에 관한 더 많은 지식을 필요로 했다. 이 문제에는 사회적 측면과 자연적인 측면이 상당히 얽혀 있었고, 이 둘을 함께 생각할 때에 비로소 주사 바늘 교환이나 안전한 주사 장소 등 현실 파악이 제대로 가능하게 되었다.

2017년 3월, 뉴질랜드 정부는 북쪽 섬에 있는 왕가누이강이 인간과 동일한 법적 권리를 갖고 있다고 인정했다. 그 지역에 사는 마오리족인 왕가누이 이위Whanganui iwi부족은 오랫동안 이 강을 자신들의 조상으로 여겨왔으며, 이 강을 보호하는 것을 스스로를 보호하는 것과 동일시해왔다.Roy 2017 그 강은 단지 마오리족의 소유였기 때문에 보호해왔을 뿐만 아니라, 그리고 그것이 단순히 해안 근처에 분포해 거주하는 마오리족의 존재를 유지하는 데 도움이 되기 때문에 보호된 것도 아니었다. 그것은 그 자체로 보호받을 권리가 있고, 마오리족과의 다각적인 관계 속에서 보호를 받아야 했다.박스 6.1 참조 다음은 왕가누이 이위 부족을 위해 수석협상가가 한 말이다.

박스 6.1 인간과 동일한 법적 권리가 주어진 뉴질랜드 강

마오리족은 140년간의 협상 끝에 왕가누이 강이 살아있는 존재로 취급받는 결과를 이뤄냈다. 뉴질랜드 강은 세계 최초로 인간과 동일한 법적 권리를 부여받게 되었다.

북쪽 섬에 위치한 왕가누이 지역의 마오리족은 뉴질랜드에서 세 번째로 큰 강을 자신들의 조상으로 인정받기 위해 140년 동안 싸워왔다.

수요일에 수백 명의 부족 대표들은 그들의 친족이라 여겨온 강들이 살아있는 독립체로서 법적 지위를 부여받고자 했던 그간의 노력이 통과되자 기쁨의 눈물을 흘렸다.

왕가누이 이위 부족의 수석 협상가인 제라드 알버트Gerrard Albert는 "우리가 이러한 식의 태도를 취하는 이유는 우리가 항상 강과 더불어 살아왔고 강을 조상으로 여기고 있기 때문"이라고 말했다.

"우리는 지난 100년 동안 소유권과 관리의 관점에서 강을 다루는 전통적인 모델이 아니라, 실체이자 전체로서 강을 대하고 접근하는 것이 올바른 방법이라는 것을 다른 모든 사람들이 이해할 수 있도록 법적으로 싸워왔습니다."

강의 새로운 지위는 만약 누군가가 그것을 학대하거나 훼손한다면 이제부터 부족을 해치는 것이나 강을 해치는 것 사이에 별반 차이가 없다는 뜻인데, 이는 그들이 하나이기 때문이다.

와탕기 협상 협약문을 작성한 크리스 핀레이슨Chris Finlayson은 이 결정은 뉴질랜드 역사상 가장 긴 소송에 종지부를 찍은 사건이라고 말했다. 핀레이슨은 성명서에서 "테 아와 투푸아Te Awa Tupua는 법적으로 사람에 상응하는 모든 권리와 의무, 책임에 있어 그들만의 법적 정체성을 갖게 될 것"이라고 말했다.

"강에 법적 인격을 부여한 접근방식은 매우 진기한 사례다.··· 그것은 전통과 관습, 실천을 통해 오랜 기간동안 테 아와 투푸아를 인격체로 인정해 온 왕가누이 강의 이위 부족이 갖고 있던 시각에 관한 반응이었다."

왕가누이 강을 대표하는 두 명의 후견인이 임명되었는데, 정부를 대표해서 1명, 왕가누이 이위 부족을 대표해서 1명이 임명되었다. 알버트는 모든 마오리 부족은 산, 강, 바다를 자신과 같이 우주의 일부로 여기고 있다고 했다.

이제 새로운 법은 그들이 견지해온 이러한 세계관을 존중하고 반영하며, 뉴질랜드의 다른 마오리 부족들이 왕가누이의 발자취를 따를 수 있는 선례가 되었다고 했다.

알버트는 "우리는 우주의 기원에 관한 계보를 추적할 수 있습니다. 그러므로 우리는 자연계의 주인이 아니라, 그것의 일부입니다. 우리는 이것을 우리의 시작점으로 여기며 살기 원합니다. 그리고 이것이 의미하는 것은 반개발, 반경제적 사용을 주장하는 것이 아니라, 강을 살아있는 존재로 보는 관점에서 모든 것을 시작하며 이러한 핵심 신념 아래 미래를 생각한다는 의미입니다." 라고 말했다.

8천만 뉴질랜드 달러의 재정적 보상이 합의 내용에 포함되었으며, 또한, 그 강의 법적 기준을 확립하기 위한 추가로 1백만 뉴질랜드 달러의 기부금도 주어졌다.

- 출처: Roy 2017)

우리는 지난 100년 동안 소유권과 관리의 관점에서 강을 다루는 전통적인 모델이 아니라, 살아있는 실체이자 전체로서 강을 대하고 접근하는 것이 올바른 방법이라는 것을 다른 사람들 모두가 이해할 수 있도록 법적으로 싸워왔다 Roy 2017: n.p.

법에서 생태권을 인정하려는 움직임이 점점 커지고 있다. 안전하고 지속가능한 환경에 관한 이러한 권리는 생태적 권리가 침해될 경우 시민들이 정부와 기업들을 상대로 고소할 수 있다고 주장한다. 일례로, 남미에서 가장 오염된 강 중 하나인 리아쿠엘로-마탄자Riachuelo-Matanza강 근처에 사는 백만이 넘는 아르헨티나인들이 깨끗한 물을 확보한 사례가 있다.

이러한 생태권은 100개 이상의 국가에서 확립되어 있는데, 이 점에서 캐나다는 국제적으로 뒤늦게 대처한 셈이다. 그러나 캐나다가 식민지 이전의 토착 법률 전통을 포함한 많은 법적 관할권에 의해 정의된다는 법적 다원주의라는 측면에서 캐나다인들이 선주민들의 자연에 대한 이해로부터 안내와 도움을 얻었던 방식을 참고할 필요가 있다. 타샤 허바드Tasha Hubbard 2014의 대평원에 사는 선주민과 버팔로 사이의 관계에 관한 연구는 수많은 연구 중 한 가지 예에 불과하다. 대평원의 선주민들은 종종 버팔로를 최초의 사람들로 묘사하며 그들 자신의 인격과 더불어 가치 있는 집단으로 정의한다. 버팔로, 강, 연어 혹은 무엇에 적용하든, 여기서 말하는 인간성의 개념은 이러한 실체들을 개별화하고 의인화하기 위한 것이 아니라, 오히려 그들이 서로를 지속가능한 관계로 묶어주는 중요한 관계의 일부로서 신성함을 인정하는 행위이다.

자연을 사회관계의 참여자로 인식하는 것은 속성상 적극적인 역할로써 그것이 인간 세계와 독립적으로 존재하면서도 이 세계와 얽힌 일련의 개체로 구성되어 있다는 것을 인정하는 행위이다. 정의에 관해 관계적으로 접근하는 회복적 정의는 인간과 인간 외적인 관계에 부족함 없이 참여함으로 이루어져야 한다. 특히 인류가 전 지구적 위협을 드러내는 태도로 환경을 물리적으로 마구 변화시켜온 인류세Anthropocene의 시대에는 더더욱 그렇다. 따라서 회복적 정의 대화모임에서 인간이 아닌 다른 실체가 어떤 식의 견해를 가질 수 있는지 질문할 수 있어야 한다.

회복적 정의는 단지 개인뿐만 아니라 협회나 공동체와 관련이 있으므로, 인간이 아닌 다른 세계가 우리 공동체의 일부임을 인정하는 일은 매우 중요하다. 갈등이 인간관계를 붕괴시키고자 위협할 때, 종종 인간 이외의 이해관계도 위험에 처해진다. 예를 들어, 사람들이 즐기고 전통적으로 공동생활의 중심으로 여겨왔던 지방 하천이 오염되는 것을 염려하는 주민들과 공장 사이의 갈등은 대개 공장주가 지역 주민들에게 훈련과 일자리를 제공하겠다고 약속하거나, 그들에게 하천 위협에 상응하는 보상을 약속하면 해결될 수 있다. 그러나 그런 회복적 정의의 경우에서는 그 누구도 하천이나 인간이 아닌 다른 동물구나 식물구의 입장에서 말하지 않았다. 여기서 회복적 정의는 갈등 해결 과정에 의해 영향을 받은 인간이 아닌 다른 개체들을 대신하여 말할 책임을 부여하도록 계획된 "로락스 원칙Lorax principle"을 수행하면 좋을 것이다.

또한, 도시 공간의 권리에 관한 갈등도 인간 외의 측면을 포함한다. 공원에서 캠핑하는 문제를 생각해보자. 캐나다 브리티시 컬럼비아주의 빅토리아에서는 노숙인 문제가 대두되어, 상대적으로 온화한 도시의 기후와 결합하여 해결책을 찾고자 하자 수많은 사람이 공원에서 캠핑하는 상황이 벌어졌다. 공원에서 노숙인들이 자리를 잡고 살게 되자 사람들 중 일부는 위험과 무질서에 관한 불만을 제기하였다. 여기서 우리는 같은 사회 내의 어떤 그룹들은 이러한 자연스러운 설정들에 관해 다른 비전과 관계를 표출할 수 있음을 알게 되었다. 어떤 사람들에게 공원은 시끄럽고 바쁜 도시 거리에서 벗어나 잠을 잘 수 있는 쉼터이자 안전한 장소였다. 반면 어떤 사람들에게 공원은 개와 함께 산책하고 운동하는 피난처이자 사색의 장소였다. 빅토리아 시청은 이러한 갈등에 대응하기 위해 "공원 규제 내규"를 만들어 공원길을 따라 텐트를 설치하지 않으며, 날씨가 허용하는 특정기간 동안 공원에서 텐트를 철거하라고 할 때까지 오후 8시부터 오전 7시까지 특정 공원에서 캠핑을 허용하였다. 이는 경쟁하는 문화와 자연의 얽히고설킨 관계를 협상하려는 합리적인 시도지만, 생태환경에 민감한 회복적 정의 대화모임에서 이를 다룬다면 어떻게 갈등이 해결됐을까? 그 공원은 나무들, 길, 수변 공간, 그리고 공유된 공간의 여러 다른 특징들을 형성하는 선들로 이루어진 자연계에 인간이 개입하여 아름답게 꾸민 혼합 공간이다. 빅토리아시는 인간 방문객들에 의해 경쟁의 공간이기도 하지만, 또한, 인간이 아닌 동물들을 위한 안식처이기도 하다. 갈등을 해결하는 데 있어서, 이 공원의 거주자들 중 일부는 자신들의 목소리를 충분히 표현하지 않았던 것으로 보인다.

그러기에 회복적 정의를 장려하고 시행하려 한다면, 고려해야 할 많은 상황적 요인이 있음을 알아야 한다. 사법적 관행을 바꾸는 프로젝트를 추진하려면 엄청난 구조적 도전을 직면해야 한다. 정체성, 계급, 정치, 문화, 생태에 관한 질문과 관련된 불균형은 단지 회복적 정의가 변혁의 정치에 어떻게 참여할지 생각할 때 마주해야 할 수많은 고려사항의 일부일 뿐이다.

그러므로 우리는 이 변혁의 잠재력을 고려하기 전에, 먼저 회복적 정의의 한계들이 무엇인지 정직하고 주도면밀하게 살펴보아야만 한다.

토론을 위한 질문

1. 젠더, 성정체성, 인종 또는 계급 등이 회복적 대화모임 참가자들에게 영향을 미치는 편견과 오해를 해결하기 위해 회복적 정의 프로그램이 실천할 수 있는 구체적인 전략은 무엇인가?

2. 우리는 정부 자금에 의존하는 회복적인 정의 관련 기관/단체들이 신자유주의 정신 안에 구속되어 있고 결국은 신자유주의를 위해 공헌하는 것이라고 주장한다. 당신은 이 문장에 동의하는가 동의하지 않는가? 만약 기관이나 단체들이 정부 자금과 위탁에 의존하지 않는다면 어떻게 될까?

3. 회복적 정의가 인간이 아닌 다른 주체들을 꼭 포함해야 하는가? 그렇게 하는 것이 필요한 시나리오에는 어떤 것들이 있는가? 이러한 행위자들을 수용하기 위한 회복적 정의 과정은 어떻게 바뀌어야 하며, 그들의 참여로 회복적 정의는 어떻게 바뀌겠는가?

7

회복적 정의에 대한 비판

    광범위한 지지에도 불구하고, 회복적 정의는 수년간 엄청난 관심과 비판을 받아왔다. 전형적인 회복적 정의 방식에 따라 회복주의자들은 지역사회 정의를 발전시키기 위해 필요한 대화의 방법으로서 비판과 자기비판을 받아들여 왔다. 심지어 그들은 가장 열렬한 비평가들을 회복적 정의 컨퍼런스에 초대하고 그들의 주요 관심사를 문서로 정리하여 토론하기까지 했다. 그러기에 회복적 정의가 비판하는사람들의 눈초리를 두려워하는 어떤 편협한 운동이라고 비난할 수는 없다. 또한 회복적 정의에 관한 비판 중 어떤 것은 훨씬 더 심각하고 유효한데 이와 같은 경우 단순히 회복적 정의의 개념과 절차를 살짝 고치는 정도가 아니라서 진지하게 고민해야 한다. 이번 장에서는 기술적 비판과 본질적 비판을 모두 다루고자 한다. 기술적 비판은 회복적 정의 발달에 따른 사소한 변경이나 수정을 통해 고칠 수 있는 내용들로써 회복적 정의가 놓치고 있는 것들과 오류가 무엇인지 보여줄 것이다. 이와 대조적으로, 본질적 비판은 회복적 정의의 태생적 모순과 위험, 그리고 이와 관련된 회복적 정의의 정신을 폭넓게 공략할 것이다. 본질적 비판에 대응하려면 회복적 정의는 재평가와 재창조라는 치열한 과정을 통과해야 할 것이다.

초기의 회복적 정의는 무언가에 명백하게 반대되는 개념들로 스스로를 정의내리려는 경향을 보였다. 하워드 제어의 초기 작업3장 참조에서 볼 수 있듯이, 응보적 정의와 구분되는 회복적 정의의 특성을 나열한 목록은 회복주의자들이 회복적 비전을 명확하게 보여주기 위해 일반적으로 취했던 방식이었다. 이것은 어떤 새로운 운동을 설명한다거나, 정체성을 형성하는 과정에서 일반적으로 취해지는 모습이라 할 수 있다. 우리는 종종 자신의 정체성을 파악하기 위해 우리가 아닌 것이 무엇인지 설명하곤 한다. 캐나다인들이 자주 자신들을 "미국인과 다르다"고 묘사하면서 자신들의 국가 정체성을 주장하는 것이 그 예이다.

그러나 회복적 정의를 설명하려 했던 이러한 경향은 회복적 정의에 관한 기술적이고 본질적인 비판으로 이어져 왔다. 이는 회복적 정의가 공식적인 형사사법제도CJS에 어느 정도 부속되어 있거나 부속되어야만 하는가에 관한 더 큰 질문도 제기한다.

기술적 비판

캐슬린 데일리Kathleen Daly 2003의 회복적 정의에 관한 비판은 해결할 수 없는 오류를 지적하기보다는 회복적 정의의 사상을 정교하게 만드는 것이 목표이므로 본질적인 비판이라기보다는 기술적인 비판이라고 볼 수 있다. Walgrave 2004; Roche 2007 참조 실제로, 데일리Daly의 주요 관심사는 회복적 정의에 대한 보다 현실적인 이해를 조장하는 것으로서 형사사법제도와 극명하고 부정확한 차별화를 피하고자 했다. 비판의 시작 지점에서 데일리는 회복적 정의를 공식적인 형사사법제도와 비교하면서 회복적 정의의 이상이 응보적 정의의 현실과 대조된다는 점을 언급하였다. 예를 들어, 가해자를 시설에 집어넣어고 더 큰 폭력과 친범죄적 태도에 노출시키는 경향이 있는 징역형이라는 처벌은 가해자를 올바른 길로 인도하여 돌봄의 공동체가 있는 공동체로 되돌리는 재통합의 이상에 반하는 것으로 설명한다. 물론, 가해자를 재통합하는 공동체는 현실에 대한 경험적 논평이 아니라 회복적 정의 구현의 이상이다. 현실에서는 이 재통합 과정이 고르지 않고 더디게 진행될 수 있으며, 공동체 구성원들이 적극적으로 나서서 도움을 주지 않는 경우라면 더더욱 그러하다.

대안적 사법 형태에 관한 이상적인 비전들은 그것을 실행할 때 매우 다르게 보이곤 한다. 실제로, 이러한 회복적 비전은 형사사법제도 안에서 운영하거나 두 제도를 병행하여 운영하도록 강요받을 때, 부패하기 쉽다. 퀘이커교도들과 같은 개혁 지향적인 영성 단체들이 한때 투옥을 지지했던 적이 있는데 그것은 감옥이 개인적인 변화를 촉진할 수 있는 이상적인 형태로서 범죄자들에게 조용한 개인적인 사색의 기회를 제공할 것이라고 믿었기 때문이다.Toews and Zehr 2004 그들이 정말로 엉뚱한 꿈을 꾸며 영적 차원에서 감옥을 옹호한 것은 이러한 제도들이 우리 사회의 가난한 사람들과 소수 집단을 가두어 놓는 거대한 창고가 될 것이라고는 조금도 상상하지 못했기 때문이다.Stern 2006

공식적 형사사법제도의 최악의 진실들을 집중조명하는 식으로 회복적 정의 입장에서 공식적 형사사법제도를 묘사하는 것도 그 제도가 실제 어떻게 작동하는지를 지나치게 단순화하는 처사다. 예를 들어, 형사사법제도를 전적으로 형식적이고 권위적인 것으로만 표현하는 것은 잘못이다. 유죄협상은2장 참조 변호사들과 그들의 고객들이 법원 절차 중에 합의할 수 있음을 보여준다. 형사사법제도는 비공식적인 협상과 타협의 기회를 제공한다. 또한, 판사들은 집행유예나 조건부 구형과 같이 가해자가 선고 조건을 지키는 한 지역

사회에 머물 수 있도록 하는 징역형 외의 다른 제재도 부과할 수 있다.

회복적 정의를 지나칠 정도로 이상적인 사법이라고 주장하거나 형사사법 제도의 잘못된 면을 지나치게 묘사하는 것은 결국 회복적 정의 운동에도 손해다.Daly 2003 실제로, 회복적 정의와 응보적 정의는 함께 작동하기 때문이다. 이 책 전체가 보여주듯이, 회복적 정의 프로세스에는 형사사법제도를 대표하는 사람들의 도움이나 조언을 필요로하는 몇 가지 주요한 측면이 있다. 절차를 검토하는 초기 담당자의 추천에서부터 프로그램을 운영하는 기관을 지원하는 기금, 그리고 회복적인 합의가 사법 기준에 부합하는지 여부를 검토하고 결정하는 판사들에 이르기까지 우리는 두 가지 방식이 서로 직접적으로 다투는 모습보다는 서로 협력하는 모습을 목격하는 경우가 더 많다. 다시 한번 크리스틴 해링턴Christine Harrington 1985의 표현을 빌리자면 회복적 정의의 대부분은 "법의 그늘 안"에서 작동한다고 할 수 있다.

예를 들어, 매니토바주의 할로우 워터Hollow Water에 있는 커뮤니티 홀리스틱 치유 서클Community Holistic Circles of Healing, 이하CHCH의 예로 돌아가 보자박스 4.4 설명 참조 할로우 워터는 캐나다 집단기숙학교가 초래한 피해의 잔재로 장기간의 폭력 순환에 시달리는 지역사회였다. 지역사회에서 소외된 채 집단기숙학교의 춥고 열악한 환경에서 자라난 젊은 세대들과 함께 사는 많은 아니시나베 아이들은 가족과 함께 살면서 받았어야 했던 사회화와 문화훈련을 받지 못했고, 좋은 부모가 되는 데 필요한 준비를 하지 못했다. 폭넓은 식민지배의 영향Ross 1996과 집단기숙학교에서 형성된 트라우마는 지역사회 내에서 보인 중독적인 삶에도 크게 이바지했다. 할로우 워터는 지역사회 내 성폭력과 가정 폭력이라는 전염병을 해결하기 위해 '피해자들'을 다시 지역사회로 되돌려 재통합시키는 서클 프로그램을 시작하였는데, 이는 더이상 사랑하는 사람이나 이웃에게 이들이 위험한 존재가 아님을 확실하게 해주었다. 이 프로그램에는 우선 피해를 끼친 사람들이 책임을 지게 하고 그들의 행동을 인정하게 하는 내용이 포함되어 있다. 만약 이들이 책임을 인정하거나, 만약 CHCH 팀이 피해를 끼친 사람들을 설득할 수 있다고 믿는다면, 이 사건을 담당한 판사가 "전통적인 선주민"들의 치료와 현대적인 치료 방법의 결합을 위해 피해를 끼친 사람이 지역사회에 남을 수 있도록 집행유예를 선고한다. 만약 어느 시점에서도 피해를 끼친 사람이 CHCH가 규정한 집행유예 명령을 이행하지 못하면 공식적인 재판과정인 형사사법제도로 되돌려진다.Lajeunesse 1996 그 과정 내내, 형사사법제도는 CHCH 참여를 강요하는 것처럼 부각된다. 캐나다 국립영화위원회 다큐멘터리인 "할로우 워터"Dickie 2000에서 우리는 딸들을 성추행한 범죄를 책임지는 조건으로 지역사회 내에서 집행유예를 선고받은 리처드 케네디Richard Kennedy가 CHCH 프로그램에 참여한 사례를 볼 수 있다. 케네디는 CHCH 프로그램 안에서 2년을 보낸 뒤 집행유예 기간이 거의 끝날 무렵, 그것도 추가 처리를 위해 형사사법제도로 복귀될 가능성이 높아진 즈음에서야 자신의 범행을 인정하였다. 비록 범죄자가 과거의 잘못을 받아들이기 쉽지 않고 이를 받아들이기까지 긴 과정이 될 수 있지만, 책임을 지겠다는 리처드 케네디의 결정에 형사사법의 위협이 일부 작용했을 가능성이 크다. 그럼에도 불구하고, 그 결과에는 지역사회와 국가 행위자들, 공식적인 정의와 비공식적 정의가 함께 혼합되어 작용하였다.

데일리Daly에게 회복적 정의는 그 자체로 형사사법제도와 겹치거나 적절한 교차지점을 제대로 보여주지 못함으로써, 새로운 사법으로써 선택할만한 장점들을 공식적으로 확신시켜주지 못하였다. 회복주의자들이 회복적 정의를 비징벌적이라고 주장한 것도 이러한 현상에 한 몫을 담당했다. 이러한 주장이 드러내는 합리성은 우리가 말하는 처벌과 보복이 정확히 무엇을 의미하는지와 맞물려 있다. 공동체 앞에 서서 잘못을 인정하는 것은 처벌의 한 형태인가 아닌가? 그것은 분명 불쾌감과 잠재적 수치심은 물론 당혹감을 불러일으키기 때문에, 가해자에게 어느 정도의 불쾌감을 주는 행위라는 차원에서 보면 많은 경우 회복적 정의는 징벌적이다. 일부 회복주의자들은 징벌적 처벌과 회복적 처벌의 차별점은 형사사법이 처벌을 제도적으로 부과하는 반면, 회복적 처벌은 가해자에게 어떤 형태의 제재를 받을 것인지에 관한 발언권이 부여한다는 사실이다. 그러나 공적인 사과나 사회봉사와 같이 어떤 형태를 띠든 상관없이 가해자에게는 일말의 불편함이 전달된다는 점에서는 그 두 가지가 다르지 않다. 만약 이것이 사실이 아니라면, 피해자들은 회복적 대화모임에 만족하지 못한 채 떠나갈 가능성이 더 높은 데, 이는 가해자가 야기된 피해에 관해 아무런 속죄도 하지 않았다고 느낄 것이기 때문이다.

더프R.A. Duff 2003는 회복적 정의가 오직 응보적 처벌을 통해서만 적절하게 성취될 수 있다고 주장하여 이 점에 더 관심을 가졌다. 더프에게 범죄란 우리 사회의 규범적 관계를 뒤엎는 행위이다. 우리가 갖고 있는 "상호 신뢰, 관심, 존중"이라는 공유된 가치는 잘못을 저지른 사람의 행위에 의해 교란되고 도전을 받으며, 이러한 가치들에 다시 헌신할 기회를 주는 것이 정의다. 그리고 "잘못을 뉘우치며 인정하고, 화해하고자 하는 열망"Duff 2003:389은 가해자가 이 공유된 가치를 중요하게 여긴다는 사실을 인정할 때만 사과를 통해 제대로 표현된다. 또한, 규범적 질서 위반의 강도에 따라 가해자 측에 지역사회봉사와 같은 힘든 노력을 요구할 수 있다. 그렇기에 더프의 비전에 따르면, 회복적 정의는 잘못에 관한 당사자들 간의 긍정적인 협력과 기분 좋은 분위기 창출에 머물러 있게 해서는 안된다. 회복적 정의는 진행자가 아무리 힘들어도 잘못을 저지른 사람에게 침해 행위의 참담한 본질에 관해 소통하고, 그로부터 참회를 이끌어내는 도덕적 견책의 공간이다.

더프Duff 2003와 데일리Daly 2003는 회복적 정의라는 개념 자체가 빈약하다고 증명하려 들거나 비판하려는 것이 아니라, 오히려 회복주의자들이 이야기하는 숭고한 주장들을 재고하게끔 하기 위한 것임을 우리는 알 수 있다. 이러한 비판은 회복적 정의에 관한 과장된 면들을 바로잡아야 회복적 정의가 일반 대중에게 정직한 성찰을 제시할 수 있다고 주장한다. 회복적 정의 실천가들과 지지자들은, 여러 면에서 이 조언을 가슴에 깊이 새겨야 한다. 실제로, 회복적 정의와 관련된 새로운 프로그램을 소개할 때 일반적으로 회복적 정의가 결코 범죄를 부드럽게 다루지는 않는다는 점을 반복해서 강조한다. 회복주의자들은 이렇게 주장함으로써 대중에게 가해자가 실제로 회복적 과정을 통해 불편함을 경험할 것이며, 수치심과 책임이라는 무거운 짐을 져야 한다는 점을 대중과 소통하고 있는 셈이다. 또한, 형사사법제도와 거리를 두려는 시도 대신 특별히 지역사회가 추천하는 제재를 받아들이거나 거부할 수 있는 최종권위를 가진 판사들을 존중하는 가운데 사법적인 감독이 있어야 한다는 점도 받아들이고 있다. 또한, 회복주의자들은 국가로부터 일정 수준의 협조 없이 회복적 정의 운영이 불가능하다는 점도 인식하고 있는데, 특히 지속적으로 사안들을 위탁받아야 하는 경우에 더 그렇다.

회복적 정의와 응보적 정의의 연관성을 보여주려고 하는 것이 아니라 중요한 역할을 수행하는 형사사법제도의 요소들을 회복적 정의가 폐기해버리는 상황들을 지적하는 기술적 비판도 있다. 몇몇 학자들은 회복적 정의 내에서 정당한 법적 절차에 대한 권리를 잃어버리는 것에 관해 염려해왔다.Levrant et al. 1999; Skelton and Frank 2004 등이 있다 특히 "죄가 입증될 때까지 무죄"라는 격언이 들어설 자리가 없는데 이는 회복적 정의 프로그램에 참여하기 위해서는 가해자로 지목된 사람이 자신의 죄를 처음부터 인정해야 하기 때문이다. 피고인이 법정에 서기 두렵거나 조금 더 친절해 보이는 회복적 정의 프로그램 참여를 보장받기 위해서 자신의 권리를 희생하고 충분히 법정에서 변호할 수 있는 기소 사안에 대해서도 유죄를 인정한다면 이는 심각한 문제다.

이외의 다른 우려들에는 회복적 정의가 형사사법 통제의 확대로 연결되는 것도 포함되어 있다. Van Ness and Strong 2002; Umbreit and Zehr 1996; Right 1991 형사 기소 대상 사건을 줄이고자 했던 과거의 여러 전환 프로그램들은 비공식적으로 처리되어야 했을 피해 사건들과 가해자들까지 형사사법 프로그램을 통해 처리함으로써 국가 사법의 개입 범위를 넓혀놓았다는 비판을 받아왔다. Cohen 1985 법을 잘 지키고 살던 앤드류의 형제들이 보여준 대조적인 모습은 이 지점을 설명하는 데 도움이 될 수 있다. 앤드류의 형이 아직 소년이었을 때 동네 가게에서 도둑질을 하다가 잡힌 적이 있었다. 경찰은 단지 그에게 겁을 주려는 목적으로 현장에 출동했다. 가게에 온 경찰관은 앤드류의 형을 엄중히 훈계한 다음 집에 계신 부모님께 인계했다. 부모가 알아서 잘 훈육할 것으로 기대했던 것이다. 그러나 불과 몇 년 후, 이번에는 앤드류의 여동생이 백화점에서 물건들을 훔치다가 붙잡혔다. 백화점 경비원이 경찰을 불렀고, 여동생을 체포한 경찰관은 그녀를 지역의 절도 예방 프로그램으로 보냈다. 그곳에서 앤드류의 여동생은 약간의 사회봉사를 하고 절도의 유혹에 관해 논의하기 위해 손버릇이 나쁜 또래 소녀들을 만났다. 앤드류가 불량한 형이나 여동생과 비교할 때 얼마나 잘 컸는지를 보여주는 것 외에도 이 예는 어떤 잘못에 관한 비공식적 대응으로서 실시한 전환 프로그램이 실제로는 어떻게 경미한 범죄에 관한 형사사법 대응의 증가로 이어졌는지 보여주었다.

회복적 정의 또한 재정 부담이 덜한 경범죄 대응책으로 사용될 수 있는 위험이 있다. 그 과정에서 그래피티라든가 좀도둑, 그리고 심지어 눈을 뭉쳐 던지는 사람들에게까지 사회적 통제 망을 넓혔다. 이는 이러한 개인들이 피해를 저지르지 않았다고 말하려는 게 아니라, 그들이 저지른 피해의 정도가 과연 국가의 개입을 필요로 하는가이다. 이러한 위반행위들을 다루기 위해 회복적 정의를 동원하는 것에 관해 사람들이 우려하는 것은 아무리 그 의도가 좋다 하더라도 청소년들의 사소한 일탈에 과도하게 반응함으로써 그들에게 낙인 찍는 결과를 가져올 수 있다는 점이다. 특히 대부분의 청소년들은 나이를 먹으며 이러한 행동들로부터 자연스럽게 멀어진다는 점을 고려하면 이러한 걱정은 더더욱 유효하다.Matza 1990 너무 자주, 또 너무 경미한 범죄에 지나치게 열정적으로 반응하는 것은 가해자로 하여금 범죄자 정체성을 받아들이게 할 위험성을 증가시키며, 더 쉽게는 그들이 받은 양형 선고의 조건을 위반할 가능성을 높이는 결과를 초래한다. 왜냐하면 회복적 과정으로 인해 가해자들은 더 많은 감시를 받게 되기 때문에 다시 잡힐 위험도 더 커지기 때문이다.Levrant et al. 1999

마지막으로 논의할 가치가 있는 기술적 비판은 바로 회복적 정의가 비례성이 떨어지는 양형 선고로 이어질 수 있다는 점이다.Ashworth 2003 고전 범죄학, 특히 "처벌은 범죄에 적합해야 한다"는 세자르 베카리아Cesare Beccaria의 조정 원칙의 영향으로 우리는 저지른 행위의 심각성과 받은 형량 사이에 관계가 있을 것이라는 기대를 갖고 있다. 게다가, 우리는 이 관계가 우리 사회 전체에 동일하게 적용되기를 바란다. 여기서 이러한 상황을 가장 잘 설명해주는 가상의 예시를 들어보자. 똑같은 환경에서 자란 일란성 쌍둥이가 있다. 약 1년 정도 서로 떨어져 살던 쌍둥이는 도박 빚을 갚기 위해 고용주로부터 서로 다른 시점에 각각 2,000달러를 횡령하였다. 우리 중 그 누구도 진행된 두 개의 재판에서 한 명은 실형을 받고 다른 한 명은 사회봉사와 도박 중독 상담 명령을 받게 될 것이라고 기대하지 않을 것이다. 실제로 두 형량에 차이가 난다면, 우리는 두 번째 판사에게 왜 이전 사건을 처리한 판사의 형량과 차이가 나는지 그 판결에 관한 근거를 묻고 싶을 것이다. 그러나 일반적으로 회복적 정의는 양형 지침이나 과거 판례에 얽매이지 않는다. 대신 회복적 정의가 강조하는 것은 특정 피해를 창의적으로 해결하기 위해 이해 당사자들의 공동의 노력에 중점을 두고 있으며, Shafe 2007; Right and Masters 2002 창의성은 양형의 일관성을 담보할 수 있는 좋은 방법이 아니다. 앞의 예에서, 각자의 회복적 정의 대화모임을 통해 두 쌍둥이가 서로 전혀 다른 제재를 받게 되는 상황도 얼마든지 일어날 수 있다.

회복적 정의에 최종 사망선고를 내리는 것이 이 비판들의 의도가 아니며, 비례성이 떨어지는 양형과 같은 일부 비판들은 현존하는 사법 시스템에 대해서도 똑같이 제기될 수 있다. 이러한 비판은 회복적 정의 이론과 실천에서 자칫 놓칠 수 있지만 꼭 다뤄야 하는 문제들에 대해 주의를 환기하고자 하는 것뿐이다. 회복적 정의와 응보적 정의가 교차되는 지점의 미묘한 맥락까지 이해하려는 노력과, 처벌의 의미를 다시 한번 구성해볼 때 이 두 시스템의 극명한 차이를 해소할 수 있다. 피고인이 회복적 정의 프로그램을 시작하기 전에 자신을 대변해 줄 피고측 변호사를 만나 자신의 권리에 대해 충분히 설명을 듣게 함으로써 정당한 사법 절차 준수에 더 많은 주의를 기울일 수 있다. 형사사법 영향력의 확대 문제는 징역형을 받을 사람들만 회복적 정의의 대상으로 삼고, 그렇지 않은 경우에는 국가와 거리를 두고 프로그램을 진행함으로써 국가를 대신해 일하고 있다는 인상을 주지 말아야 한다. 마지막으로 양형의 비례성 문제와 관련해서는 판사들에게 회복적 정의 제재를 검토하게 하는 방법이 있다. 그러나 양형의 차이는 각 범죄가 지닌 아주 독특한 배경을 반영하기에 문제 삼아서는 안된다고 회복주의자들이 주장하는 경우들도 있다. Braithwaite 1994

기술적 비판에 대해 회복적 정의가 할 수 있는 여러 대응들은 회복적 정의와 그 에토스가 위에 언급된 문제들을 포함한 불의와 비판에 대해 유연하게 대처할 수 있다는 사실과, 이러한 비판이 정의 및 사법 실행을 발전시키고 개선할 기회를 준다는 사실을 다시 한번 보여준다. 회복적 정의의 심장부를 향해 던지는 본질적 비판에 대해서는 이렇게 대응하기가 더 어려울 것이다.

본질적 비판

본질적 비판은 회복적 정의의 본질이나 실체에 이의를 제기한다. 이러한 의미에서 본질적 비판은 현재 사회적 맥락에서 회복적 정의의 이론과 실천이 실행 불가능하거나 심지어 위험한 시도라고 주장하면서 그 핵심 전제를 공격한다. 예를 들어 점차적으로 이러한 비판이 확대되는 것에 관해, 일부 학자들은 회복적 정의를 통해 국가의 통제 확대가 필수불가결한 것은 아닌가 궁금해하기도 한다. 회복적 사법 절차가 공식적인 형사사법제도 안에서 지나치게 철저하게 그 기반을 굳히는 것처럼 보이는데, 이는 사례, 운영기금, 그리고 심지어 그 용어피해자, 가해자, 범죄와 같은 용어까지 형사사법제도에 의존하고 있기 때문이다. 더욱이 이전 장에서 설명한 신자유주의 조건들은 국가에 부담이 되는 기관들, 즉 법원과 교도소에만 의존하지 않고 인구를 통치하는 새로운 방법을 모색하도록 이끈다. 이러한 요인들은 앞서 언급한 자금 조달과 자원을 위해 다른 기관과 경쟁해야 하는 '유사 시장' 조건 아래 서비스 제공 및 비영리 단체를 운영하고 있다는 점6장 참조과 결합되어 있다. 그러한 조건 때문에 기관들은 권력을 가진 사람들의 필요와 이념적 성향에 호소할 수 있도록 자신들의 프로그램과 이상을 양보해야 하는 압박을 받게 된다. 예를 들어, 캐나다의 브리티시 컬럼비아 주의 회복적 정의에 관한 연구에서, 울포드와 래트너Woolford and Ratner 2003는 지역에 있는 캐나다 대형마트Great Canadian Superstore의 좀도둑을 다루는 프로그램으로 선정되었던 회복적 정의 기관을 알게 되었다. 이 기관은 지속적인 관계를 보장하기 위해 기관 소개 팸플릿에 이 대형마트의 광고를 게재하는 단계까지 검토하고 있었다. 브리티시 컬럼비아 주의 다른 많은 지역사회 정의 단체들과 마찬가지로, 이 기관은 얼마 안 되는 지방정부의 보조금을 지원받아 프로그램을 시작하였다. 그러나 그들의 일은 정부나 기업의 추가 지원 없이는 유지하기 어려운 것처럼 보였다. 이러한 압력이 작용하고 있는 상황에서 회복적 정의의 핵심 원칙과 실천 사항은 쉽게 변질될 우려가 있으며, 국가 기관들에 의해 전적으로 또는 부분적으로 포섭될 가능성도 있다.Levrant et al 1999; Mika and Zehr 2003

심지어 포섭이 이루어지기 이전부터 회복적 정의는 이미 사회 통제의 공범이라고 주장하는 사람들도 있다. 이러한 주장을 하는 많은 학자는 프랑스의 철학자이자 사회역사가인 미셸 푸코의 영향을 받았다. 푸코는 개인의 의지와 행동을 형성하는 데 영향을 끼친 개념으로서 16세기에 시작된 거버넌스governance라는 방식을 묘사하였는데, 이는 그가 말년에 개발한 개념으로 "삶을 문제시하고 이를 실천으로 옮기고자 했던"Rose 1993, 288 "통치성governmentality"을 말한다.Foucault 1991,1994 통치성은 "다양한 목적을 위한 규범이라는 특정한 설정에 따라 우리 행동의 의도적 측면에 관해 어느 정도 영향을 미치는 어떤 시도"Dean 1999: 10와 관련되어 있다. 그러므로 푸코에 따르면 거버넌스는 단순히 국가의 힘을 통해 발생하는 것이 아니라, 오히려 우리 개인의 선택을 인도하는 이면의 보이지 않는 가정들로 사고방식의 확산을 통해 발생한다. 즉, 거버넌스는 생각할 수 있는 경계를 좁히므로 규범적 선택들의 제한된 조합 안에서 가능한 개별적 의사 결정으로 짜맞추어진다. 이와 같이 정부의 통치 논리는 "피통치자들이 스스로 자유롭고 합리적으로 행동하도록 장려되어 새로운 형태에 부응하도록 책임지게 하는" 식으로 영향을 끼침으로 개인의 정신 안에서 구체화되어 사상과 행동을 제한한다.Bruchell 1993:276 예를 들어, 범죄 및 위험 예방 문제에 관한 공교육은 시민들이 자신의 재산과 안녕을 더 잘 보호할 수 있도록 준비시키는 방향으로 정해진다. 이러한 교육을 통해, 사람들은 도난을 대비하기 위한 차량 경보장치, 주택 경보장치 등을 구입하고, 다른 신변 보호 행동과 더불어 특정 시간대에 도시의 특정 지역 방문을 피하는 것을 상식으로 여기게 되었다. 이러한 훈련을 통해, 우리는 자기관리와 안전관리에 관한 책임감을 높이고, 더 중요하게는 범죄와 위험 예방에 관련하여 우리의 삶을 들여다보기 시작했다. 우리는 국가에게 더이상 우리의 안전을 보증해주는 역할을 하도록 요구하지 않는다. 대신 안전의 이슈는 시민이 스스로 해결해 나가야 하는 의무로 여긴다. 동시에, 우리에게 좀 더 신중한 안전조치를 취하도록 만드는 경범죄를 저질러서 체포된 범죄자들을 비판적인 사고 오류와 중독 프로그램의 대상으로 여기기 때문에 그들을 덜 '위험한' 사회구성원이 되도록 훈련시킬 수 있다. 그러기에 거버넌스는 이제 더이상 정부와 경찰의 소관이 아니게 되었고, 그것 또한 지역적이고 개인적인 문제로 이해되고 있다.

조지 파브리치George Pavlich 2005는 회복적 정의가 여러 통치성에 참여한다고 묘사했다. 회복적 정의의 첫 번째 통치성은 회복적 정의 대화모임의 참가자들로 하여금 자신들이 경험한 범죄나 정의와 관련하여 그들의 행동이 어떠했는지 조사하고 재구성해보도록 장려한다. 예를 들어 가해자에게는 자신의 행위에 관한 책임을 묻고, 피해자에게는 범죄가 자신에게 어떠한 영향을 끼쳤는지를 표현해 합리적인 배상을 요구하게끔 하고, 지역사회 구성원들에게는 피해자의 치유와 가해자의 사회적 재통합에 참여하게 한다. 이러한 거버넌스는 단순히 실제 대화모임에서 논의되는 그들의 행동에만 영향을 미치는 것이 아니라 그들의 미래 행동에 관한 지침으로도 의도된다. 이러한 개인적인 거버넌스의 목표는 국가에 부가적인 이익을 가져다주는데, 왜냐하면 회복적 가치와 실천을 받아들이고 내면화하는 개인들이 국가를 이러한 책임에서 자유롭게 풀어주고 비용과 거버넌스의 업무까지 줄여주기 때문이다. 예를 들어, 만약 이웃들이 지역사회 모임에서 청소년들이 스스로 문화예술을 파괴하는 행위, 이웃 감시 프로그램, 그리고 자원봉사자들이 운영하는 방과 후 프로그램 등을 다룬다면 국가는 이런 서비스에 얽매이지 않아도 되기 때문이다.

회복적 정의 통치성의 두 번째 방식은 이 과정에 참여하는 사람들에게 세상특히 범죄을 이해하는 방식으로써 회복적 정의가 보다 합리적이고 이해가 가는 것이 되게 만든다. 만약 회복적 정의가 우리의 행동을 통치하기 위한 것이라면, 그것은 먼저 범죄와 형사사법에 관한 사고방식을 변화시킬 수 있어야만 한다. 이러한 변화는 형사사법의 핵심 구성 요소들을 재구성하거나 재정의함으로써 이루어진다. 파브리치는 그 핵심 구성 요소들을 질의응답 형식으로 정리했다.

1. **무엇이 통치되는가?** 공식적인 형사사법과는 달리, 회복적 정의는 범죄보다는 피해를 다루어야 한다고 주장하는데, 그 이유는 주된 관심의

대상은 국가법의 위반이 아니라 개인과 공동체가 겪는 피해이기 때문이다.

2. **누가 통치를 받는가?** 지배를 받게 될 사람들은 범죄와 범죄에 의해 영향을 받은 당사자 모두, 즉 피해자, 가해자, 그리고 공동체 구성원들이다.

3. **누가 통치하는가?** 형사사법의 실행을 통해서는 판사와 변호사가 권한을 행사하는 개인들이지만, 회복적 정의는 기관들이 피해자, 가해자, 공동체 구성원들에게 힘을 부여한다.

4. **적절한 통치방식은 무엇인가?** 회복적 거버넌스는 과거에 초점을 맞추는 대신 미래를 지향한다. 따라서 잘못한 사람을 처벌하는 질문은 적고, 범죄의 반복을 피하는 방법을 알아낼 수 있도록 이해 당사자들 간에 대화를 창조하는 데 더 많은 관심을 갖는다.

그렇다고 파브리치가 이러한 회복적 정의의 통치성이 형사사법제도의 진정한 대안이 될 수 있다고 보지는 않았다. 그들은 여전히 형사사법제도가 정의하는 '범죄'를 통치하고, 소외된 사람들을 목표로 삼고, 형사사법의 감시자들과 전문가들에게 힘을 실어주며, 현상 유지보다는 조금 더 낫고 조금 더 평화롭게 미래를 추구한다. 이와 같이 파브리치는 회복적 정의가 근본적으로 형사사법제도와 형법에 의존하고 있다고 주장한다. 이것은 관계나 작동방식에 있어 회복적 정의가 형사사법제도의 모든 것을 잘못된 것이라 표현하는 경향성을 띠는 문제 그 이상에 해당한다. 더 중요한 것은, 회복적 정의가 형사사법제도의 개념적이고 실용적인 경향성 안에 갇혀 그 지배력에 대한 진정한 대안을 제공하지 못한다는 데 있다. 예를 들어, 비록 회복적 정의가 피해로 고통받는 피해자와 공동체 구성원들에게로 우리의 관심을 돌리지만, 그럼에도 불구하고 회복적 정의는 여전히 범죄 행위를 정의하기 위해 형법에 의존한다. 따라서 회복적 정의는 형법에 명시되지 않은 피해는 물론 구조적 폐해를 스스로 해소하지 못한다.

만약 회복적 정의가 형법에서 사용하는 좁은 의미들에서 벗어나지 못한다면, 엄청난 피해를 야기시키는 중대한 불의에 관해서는 침묵할 가능성이 높다. 예를 들어, 앨버타 타르 샌즈Alberta Tar Sands라는 회사는 앨버타와 캐나다 경제뿐만 아니라 앨버타 북부의 환경에도 충격적인 영향을 미쳤다. 가장 문제가 되는 환경 피해 사례 중 하나가 포트 맥머레이Fort McMurray에서 북쪽으로 260km 떨어진 포트 치페위안Fort Chipewyan 마을에서 발생했는데, 의사들은 희귀 담관암을 포함해 선주민들이 예상보다 훨씬 높은 비율로 암을 앓고 있다는 사실을 확인했다. 포트 치페위안은 아싸바스카 강Athabasca River의 물줄기가 유입되는 아싸바스카 호수Lake Athabasca 연안에 자리하고 있으며, 강물이 위험한 수준의 비소, 수은, 다환식 방향성 탄화수소를 함유하고 있는 것으로 조사됐다. 이곳의 지역사회가 직면한 문제들은 타르를 함유한 모래들Tar Sands에서 비롯된다. 즉 아직 절대적인 증거는 없었으나 모래의 아스팔트 역청을 원유로 변환하는 과정에서 생긴 결과다. 원유 처리에는 많은 양의 오염수가 발생하는데, 이 오염수가 다 제대로 처리되거나 가둬지지는 않는다. 과연 이러한 갈등에도 회복적 정의가 설 자리는 있는가? 특히 공식적인 형사사법제도의 중요한 대안이 되고, 특히 어떤 전환적인 결과를 가져오겠다는 목표를 가진 회복적 정의는 잠재적으로 엄청난 재앙을 일으킬 이러한 불의를 해결할 수 있어야 한다. 이렇게 많은 사람의 목숨을 앗아가는 불의한 상황은 비록 아직은 현행법상 처벌하기 어려울지라도, 또는 그런 상황이기 때문에 특별히 더 다룰 필요가 있을 것이다.

이처럼 회복적 정의는 거대한 사회적 피해를 초래하는 구조화된 불평등을 해결할 수 있어야만 한다. 성별 임금 격차나 신자유주의적 복지 삭감 정책으로 인해 증가하는 빈곤의 여성화는 많은 어머니들의 생계 유지 및 자녀 부양 어려움을 가중시키고 있다. 이러한 절대적 빈곤에서 파생되는 사기와 기타 범죄 사건들을 다룰 때, 과연 회복적 정의는 단순히 범죄 행위에만 집중하고 성별에 의한 불이익은 무시해도 되는가? 그렇지 않다면, 더 야심 차게, 회복적 정의가 한부모 가정을 돕는 국가 보조 보육과 최저 소득 및 기타 정책에 관한 토론과 실천을 위한 공간을 마련할 수 있지 않을가?

파브리치2001년는 공동체와 정의에 관한 회복적 정의 개념들에도 문제를 제기한다. 파브리치는 회복적 정의의 공동체 개념은 배타적일 수 있다고 보는데, 특히 '돌봄의 공동체'나 '아주 작은 공동체'일지라도 상황은 마찬가지다. '공동체'라는 용어 자체가 정해진 물리적, 혹은 상징적 공간을 암시하기 때문에 그 공간에 속하지 않는 사람들은 그 경계를 넘어 존재한다는 의미로 한계가 정해진다. '돌봄의 공동체' 조차도 가족이나 지인 중심으로 규정되는 경우가 많으며, 그 공동체에 포함될 수 있는 사람은 제한된 소수로 한정된다. 윤리적으로 말하자면, 파브리치는 우리와 그들을 나누는 생각, 즉 우리 대 그들 개념에서 회복적 정의가 출발하는 것은 문제가 있다고 여긴다. 여기서 '우리we'는 이 돌봄 공동체에 속해 있는 구성원들로 서로에 대한, 서로를 위한 책임을 공유하지만 '그들they'은 우리 공동체의 일부가 아니기 때문에 우리는 그들에 대해서는 아무런 의무가 없다고 생각하게 되기 때문이다. 이와 대조적으로 파브리치는 공동체 대신 환대의 개념을 추천한다. 이렇게 하는 이유는 훌륭한 주인은 자신의 손님을 환영하고 알아가도록 추구하는 사람이며, 그래서 서로 다르고 잘 모르는 사람들에 관해 열려있기 때문이다. 환대의 개념은 공동체라는 폐쇄적인 공간보다 관계 형성에 훨씬 희망적이라는 것이 파브리치2001, 2007의 생각이다.

또한, 파브리치는 회복적 정의 옹호자들에게 타협의 과정을 거친 기초 위에 대안적 정의를 세우는 행위는 위험하다고 경고한다. 위에서 언급했듯이, 그는 정의에 관한 회복적 개념이 형사사법의 추론에 지나치게 의존한다는 것을 발견하고, 대신 회복주의자들에게 형사사법 개념들로부터 자유로운 태도로 형사사법의 "개념적 지평"과 "계산적" 정의를 넘어 새로운 정의에 관한 감각을 형성해 나가라고 제안한다. Pavlich 2005: 106, 116 이러한 의미에서 파브리치의 야망은 형사사법의 현대적 구성을 뛰어넘어 제대로 생각할 수 있도록 우리에게 비판적 해체주의라는 도구를 제공한다. 파브리치는 이러한 새로운 정의의 지평이 어떤 것인지 설명하지 않고, 설명하기 원하지도 않는다. 파브리치의 비판적 프로젝트는 우리의 생각과 행동의 한계를 제거하고 다른 정의의 가능성에 관한 새로운 논의의 장을 여는 것이기 때문에, 그는 미래에 정의가 정확히 어떤 모습이어야 하는지 규정하기를 꺼린다. 대신에 그는 데리다의 해체주의 정신에 발맞춰 불의에 반응하기 위해서는 그 불의의 구체적, 지역적 상황을 고려해야 한다고 제안한다. 예를 들어, 어떤 사람이 폭력적인 공격으로 다른 사람의 손에 의해 고통을 받고 있다면, 우리는 피해자가 누구인지, 가해자가 누구인지, 어떤 법을 위반했는지 등과 같은 선입견을 갖고 이런 갈등에 개입하지 말아야 한다. 오히려, 앞서 말한 훌륭한 주인처럼, 갈등 상황에 놓인 각 사람과 상황의 특별성을 이해하기 위해 노력해야 한다. 무엇에 의해 폭력이 시작되었는가? 당사자 양측이 폭력을 어떻게 경험하였는가? 이러한 폭력 행위의 원인이 된 문화적, 경제적, 사회적, 정치적 요인은 무엇인가?

이러한 질문들은 회복적 정의 실무자들이 하는 질문들과 완전히 다르지는 않지만, 공식적인 형사사법제도에서는 논의 대상이 아닌 것들이다. 공식적 형사사법제도는 불의가 일어난 특정한 사건에 적용될 수 있는 해석과 그러한 사건에서 도출되는 의미들만 만들어가는 경향성을 가지고 있기 때문이다.

비판과 회복적 정의의 정치학

우리가 이 책에서 언급하는 비판의 내용은 얼마되지 않지만, 회복적 정의에 관한 비판은 회복적 정의의 정치학을 이해하고 방향을 전환하는 데 매우 중요하다. 이렇게 회복적 정의를 비판하는 것은 현재 회복적 정의의 실천과 이미 사용되고 있는 회복적 정의를 기술적으로 감독함에 있어 실제로 정치적 장애물들이 무엇인지 확인하는 데 도움이 될 뿐만 아니라, 비판을 통해 우리가 회복적 정의의 기본적인 가정들이 무엇이었는지 질문해보도록 하기 위함이다.

예를 들어, 우리는 사법 영향력의 확대라는 비판을 통해 회복적 정의가 정치적으로 불확실한 위치에 놓여 있기 때문에 지속적으로 포섭될 위험에 처해 있다는 것을 알 수 있다. 기술적 비판을 통해 우리는 회복적 정의를 실행하는 기관들이 운영상 직접 마주치게 되는 압력이 있음을 실무자들이 알고 관심을 기울여야 하며, 실행기관이 부패하거나 타협하게 될지 모르는 사안들에 저항할 수 있도록 요구할 수 있다. 그러나, 사법 영향력 확대를 포섭을 위한 구조적인 경향성이라는 본질적 비판으로 확대하면 회복주의자들의 선한 의도로만으로 이 문제가 쉽게 해결되지 않음을 알 수 있다. 이때, 회복적 정의를 충실히 실현하지 못하도록 막는 사회 및 정치적 상황들을 공격할 수 있는 폭넓은 사회운동이 필요하다. 현재 상황에서, 이것은 우선 이전 장에서 다루었던

표 7.1 회복적 정의에 관한 비판

기술적 비판	본질적 비판
• 공식적 형사사법제도가 가진 최악의 모습에 집중하기 때문에 회복적 정의가 형사사법제도를 묘사하는 방식은 그것이 실제로 어떻게 작동하는지를 너무 단순화시켜서 보여준다	• 지나칠 정도로 철저하게 공식적인 형사사법제도 안에 고정되어 있음
• 회복적 정의는 응보적 정의를 통해서만 제대로 달성될 수 있다	• 신자유주의적 환경 속에서 국가는 법원과 감옥에만 의존하지 않고 사람들을 통제하는 새로운 방법을 찾으려고 함
• 정당한 법적 절차와 같은 형사사법제도의 요소들을 버리는 것	• 회복적 정의는 사회적 통제 프로젝트에 연루되어 있다
• 사법 영향력의 확대	• 여러 통치성에 참여한다
• 비례적이지 않은 양형	• 형사사법제도의 개념적이고 실용적인 경향에 갇혀있기 때문에, 형사사법제도의 지배력에 관한 진정한 대안을 제공하는 데 실패함
	• 배제의 가능성이 있는 공동체 개념에 대한 문제들

지배구조에 관한 반대 투쟁을 벌여야 한다는 뜻이다. 일상에서 함께하는 사람들의 고통, 어려움, 그리고 즉각적인 필요에 반응해야 하는 회복적 정의 지지자들과 실무자들에게 이러한 요구까지 하는 것은 과할 수 있다. 그러나 불의의 더 깊은 원인을 해결하지 않으면 그들은 항상 응급처치와 같은 일만 하게 될 것이다.

또한, 회복적 정의와 응보적 정의를 극명하게 대비되는 개념으로 보는 것을 비판하는 사람들을 통해 우리는 공식적 형사사법제도에 완전히 반대되는 개념이자 대안으로서 회복적 정의를 제시하는 것은 아무리 좋게 표현해도 진실되지 못한 처사임을 알게 되었다. 그러나, 만약 우리가 파브리치의 본질적 비판에 좀 더 귀를 기울인다면 이 문제를 해결하기 위해서는 회복적 정의가 응보적 정의에게 진 빚에 대해 정직해지는 것을 넘어 보다 더 근본적이고 급진적인 접근이 필요하다. 파브리치는 공식적 형사사법제도의 한계에 제한되지 않고 정의를 다시 상상해 보자고 제안한다. 회복적 정의가 변혁적이기 위해서는 피해자와 가해자 개념이나 형사법과 그 실행 방식과 같은 것들에 대한 헤게모니적 개념화와 형사사법이라는 개념을 넘어서야 한다. 파브리치의 솔선을 따르려면 회복주의자들은 회복적 에토스의 기본 전제를 다시 질문하는 정도로 회복적 정의 사고를 꺼내어놓고 치열하게 비판할 수 있어야 한다.

토론을 위한 질문

1. 이번 장에서 우리는 기술적 비판에 관해 상당히 많은 것을 개관해보았다. 이 외에도 어떤 다른 비판들이 있는가?

2. 더프의 주장을 생각해보라. 회복적 정의는 처벌을 포함해야 하는가? 그렇지 않다면 처벌에 관한 대안은 있는가?

3. 당신은 파브리치의 비판에 동의하는가? 회복적 정의가 근본적으로 형사사법제도에 의존하는가? 당신의 말로 답변해 보라.

8

변혁과 회복적 정의의 정치학

회복적 정의에 관한 비판을 진지하게 받아들이고, 현재 회복적 정의가 작동하고 있는 환경의 교차적, 신자유주의적, 인간 중심적, 그리고 응보적 맥락에 대응하며 씨름해야 할 질문은 다음과 같다. '포섭과 정부의 완전한 통제에 맞서 싸우기 위해 회복적 정의는 어떻게 정치적 영향력을 발휘할 수 있을까? 또한, 가난 퇴치 단체, 페미니스트, 환경운동가, 선주민 활동가, 흑인생존권Black Lives Matter, 노동 운동, 반신자유주의 단체 등과 같은 사회 정의 이슈와 불의를 극복하는 목표를 가진 다른 단체들과 보다 더 넓은 의미의 변혁transformation을 가능케 하기 위해 어떻게 함께할 수 있을까?

사회적 피해의 문제에 어떻게 접근할 것인가에 관한 질문에 대해 회복적 정의가 국가와 경쟁한다는 점 때문에 설리번과 티프트 Sullivan and Tifft 2006:5는 회복적 정의를 "전복적"이며 하나의 "반란"이라고 표현하였지만, 그들은 이러한 전복적 성격이 꺾여 위축되거나 희석될 수 있다는 점 또한 인식하였다. 실제로, 그 유연성 덕분에 회복적 정의는 매우 보수적인 정치 안에서도 얼마든지 적용이 가능하다. 회복적 정의는 길거리 범죄나 청소년, 그리고 온전히 개인적인 선택의 결과로 인식되는 범죄들에 관해 가해자에게 책임을 묻는 일들에 집중할 수 있으며, 실제로 그런 경우가 많다. 이런 점에서 회복적 정의는 범죄를 가능하게 하는 구조적 상황들을 거의 고려하지 않은 채 범죄 행위와 피해 경험을 개인의 문제로 치환하는 이념적 목적에 맞게 사용될 수 있다. White 2008

일부 회복주의자들은 회복적 정의가 비정치적일 수 있는 가능성을 가졌다는 점을 장점으로 본다. 반 네스와 스트롱Van Ness and Strong 2002:156은 "보수적이지도 진보적이지도 않은 회복적 정의"를 제안했다. 데일리와 이마리지온Daly and Immarigeon 1998:31도 "사회운동으로서의 회복적 정의는 경제적 합리성, 기업가적 활동 그리고 '소비자의 역량을 강화한다'는 측면에서 볼 때, '신자유주의'와 민주사회주의의 풀뿌리 형태를 모두 포용할 수 있다"고 밝힌 바 있다. 실제로 회복적 정의는 보수적으로 재정을 운용하고 정부 축소를 원하면서도 강한 사회 통제 전략을 구사하는 신자유주의 국가들의 환영을 받아왔다. Braithwaite 2003 최근에, 매니토바 보수당 정부는 회복적 정의의 사용을 장려하겠다는 의사를 공개적으로 표명한 바 있다.Taylor 2018 그러나 이 발표가, 그 증상뿐만 아니라 범죄의 뿌리를 척결하는 변혁적인 회복적 정의에 필요한 빈곤퇴치나 탈식민지화로 실현되지는 않았다. 회복적 정의 프로그램이 작동되도록 사회 서비스에 필요한 자금 지원을 늘려야 하는 세부적인 사항도 포함되지 않았다. 게다가, 동일한 정부가 성인 가해자들과 함께 일하는 매니토바의 존 하워드 협회John Howard Society of Manitoba에서 운영했던 성공적인 회복적 결의안 프로그램을 중단한 여파로 사람들은 회복적 정의에 관한 새로운 약속은 청소년과 하층 범죄자들만 대상으로 하는 것은 아닌지 궁금하게 만들었다.

회복적 정의의 정치적 적응력은 강점이라기보다는 약점이라고 주장할 수 있다. 회복적 정의가 불의한 지역 상황과 그 인과 관계에 적용하여 부당한 상황에서 나타나는 특정 필요와 도전을 해결해줄 수 있다는 점은 칭찬받아 마땅하지만, 이러한 정치적 유연성은 사회적 정의를 실행하기 위한 비전이 부족하다는 증거로 보여질 수도 있다. 회복적 정의는 즉각적으로 불의의 폐해를 완화시키는 기술에 불과하며, 비록 경미한 범죄를 다루는 덜 번거로운 수단을 제공해주지만 정말로 사회가 열망할만한 정의에 관한 지속적인 비전을 제공하지는 못할 것이기 때문에 회복적 정의는 어떤 지배적인 정치 틀에도 들어맞을 수 있다고 주장할 수 있다. 정의에 대한 비판적이고 대안적 비전이 없다면, 우리는 회복적 정의에게 우리 사회를 통치하는 지배 관계에 이바지하는 것 이상을 바랄 수 없다. 예를 들어, 회복적 정의 원칙을 적용했던 2003년 캐나다의 청소년 형사사법 법안Youth Criminal Justice Act, 이하 YCJA를 살펴보자. 세르게 샤르보노Serge Charbonneau 2004는 YCJA가 회복적 정의를 실천하는 대화모임을 권고하였음에도 불구하고, 폭력적이고 반복해서 죄를 짓는 청소년 범죄자들에게는 징벌적으로 대응할 여지가 있다고 주장하였다. 청소년 사법에 관한 이러한 이중적 접근은 회복적인 제재와 응보적인 제재를 하나로 묶어 놓는 결과를 낳았고, 경미한 범죄에 관한 초기 대응에는 회복적 회합을 적용하고, 보다 심각하다고 인식되는 사건에 관해서만 공식적 형사사법제도의 법원 기반 자원을 활성화하는 모습으로 정착되었다. 407개의 운영 프로그램 중 27개만이 성인만을 독점대상으로 프로그램을 제공하게 된 사실이 보여주듯이 YCJA는 캐나다의 회복적 정의를 성장시키는 데 도움을 주었다. 나머지 프로그램들은 청소년 사법에 적용되었지만, 그 중 많은 수는 "보다 덜 심각한" 죄들을 형사사법제도에서부터 "비사법적인 대응"으로 전환시킬 목적으로 회복적 정의를 제공하게 되었다. Llewelyn 2018 공식적 형사사법제도에서는 취급하지 않았을 사건들로 그 적용 범위를 제한당하는 것처럼 회복적 정의는 이런 식으로 희석되고 포섭된 형태의 정의가 될 수 있다. 따라서 회복적 정의는 지배적인 형사사법제도를 보완하고 지원하는 주변적인 역할, 즉 저렴한 비용으로 자잘한 것들을 처리하는 정도의 역할 정도만 하게 되었다. 이러한 주변적인 존재로서의 회복적 정의는 형사사법제도의 성별, 계급 기반 또는 인종적 차원에 의문을 제기할 힘이 거의 없다.

수많은 회복주의자들에게 회복적 정의에 대한 이러한 식의 미래는 야망을 포기하게 만드는 저주일 뿐이다. 회복주의자들은 더 생산적이고 긍정적인 사회 갈등을 만드는 방향으로 향해가는 광범위한 변혁 운동의 일부로 회복적 정의를 이해한다. 이들은 사회적 관계를 통해 혁신적인 공동체의 변화를 촉진하는 회복적 정의에 헌신하기 때문에 공동체주의자communitarian라고 불리기도 할 것이다. Wolford and Ratner 2003 이들에게 창의적이고 소통하는 관계는 사회 세계를 변화시키는 기초인데, 이는 사회의 평화 앞에 놓인 장애물과 도전들에 정면으로 맞서는 문제해결을 통해 배움이 이뤄지기 때문이다. 이와는 대조적으로, 회복적 정의를 형사사법이라는 도구 상자 안의 또 다른 도구일 뿐이며, 형사사법제도를 변혁하기보다는 이를 돕고 지원하는 수단으로 이해하는 회복적 정의 실무자들이 있는데 이들을 정부주의자governmentalist로 부르기도 한다. Wolford and Ratner 2003 이전 장에서, 우리는 절도 예방의 역량을 강화하는 캐나다 대형마트와 제휴한 회복적 정의 프로그램에 관해 언급하였다. 이것은 정부주의자들이 사용한 정책의 한 예이다. 우리가 조사한 다른 사례에서, 우리는 경미한 범죄만을 다루는 데 만족하거나 청소년 범죄자들을 도덕적으로 만들기 위해 지역사회 상호책임 패널들을 사용하는 회복적 정의 기관들을 만나기도 했다. 이 모든 그룹은 정부주의자들로 이해될 수 있는데, 왜 냐하면, 그들은 범죄자들 사이에서 무비판적인 통치성을 발전시키고, 보다 회유적이고 비파괴적인 방식으로 그들의 행동을 통제하는 방법을 계획한 것 처럼 보이기 때문이다. 하지만 이 기관들은 범죄가 발생하게 된 배경으로서 권력의 광범위한 맥락을 탐구하거나 피해자와 범죄자들에게 그들이 사회적 불평등에 관해 질문하는 역량을 강화하는 데는 거의 관심을 보이지 않았다.

존 브레이스웨이트John Braithwaite 2002는 사회 정의 운동과 행정 실무자들을 구분하게 되었고, 회복적 정의 운동의 다른 부분들을 진척시키기 위해 사용 한 목표들 사이에서도 이러한 대조적인 모습들이 존재함을 포착하였다.Mika and Zehr 2003: 138-139, Van Ness and Strong 2002, Sharpe 2004이 제안한 "회복적 가능성의 연 속성"도 살펴보라 따라서, 회복적 정의의 세계가 공동체와 정의 대 거버넌스와 행정 중심 프로그램으로 양분되는 예시들을 여러 지역에서 확인할 수 있다.

어떻게 하면 사람들이 좀 더 분명하게 정의가 무엇인지에 관한 대화를 계 속 진행하면서 회복적 맥락의 사회 정의에 관한 비전을 진전시킬 수 있을까? 파브리치Pavlich 2007는 모든 회복적 맥락들에 적용할 수 있는 어떤 보편적 회 복적 정의 원칙을 개발하려는 경향성에 관해 적확하게 비판한 적이 있다. 그 렇게 고정되어 있는 "올바른 가치"를 통해 회복적 정의를 이끈다면 이 가치들 은 구체적인 불의 사례들에 접근할 때 우리에게 제한을 걸고 우리의 두 손을 묶는 역할을 할 수도 있다. 회복적 정의의 가장 매력적인 두 가지 특징은 유연 성과 구체적 상황에 충분히 주의를 기울인다는 점이다. 불변하는 회복적 정 의 원칙 확립으로 인한 더 큰 문제는 회복적 정의 사고가 고착화될 수 있다는 점이며, 이는 회복적 정의의 원칙과 실천을 적절하게 비판하거나 성찰하지 못하도록 만드는 결과로 이어질 수 있다. 회복적 정의는 스스로의 모습을 항상 새롭게 만들어가는 중이므로 대체로 이러한 경직성에 저항할 가능성이 매우 크다. 회복적 정의의 항시적 유동성과 "차이의 정치"를 지지하고 포용해 온 제르노바와 라이트Zernova and Wright 2007:104는 회복적 정의 내부에 존재하는 차이들에 관하여 다음과 같이 이야기한다.

> 회복적 정의는 그 옹호자들에게 다양성을 제거하여 일치된 비전을 개발하는 데 초점을 맞추는 것이 아니라, 차이와 함께 살아가고 투쟁하는 법을 배우는 데 초점을 맞출 때 더 많은 유익을 줄 수 있을 것이다. 어떤 사람들은 형사사법을 개선하는 것으로써 회복적 정의를 발전시키는 게 자신의 임무라고 느낄 수 있을 것이다. 또 어떤 사람들은 회복적 정의가 더 공정한 사회를 건설하게 하는 더 큰 목표를 추구하게 해야 한다고 믿을 수도 있다.

그러나 여전히 질문은 남아 있다. 만약 차이에 의해 정의되고, 계속 정체성을 형성해 나가는 상태에 머문다면 어떻게 회복적 정의가 변혁하는 역할을 할 수 있는가? 혁명의 초기 단계에서 일어나는 변혁에 대해 우리가 받은 가르침은 그러한 변화가 혁명 이데올로기에 푹 빠져있는 선구자들에 의해 실현된다는 사실이다. 회복적 정의가 유사한 대본을 따르지 않는데 어떻게 변혁을 가져올 수 있는지 질문하는 사람들이 있다. 그러나 "사회주의 이후의 시대"Fraser 1997에는 변화를 강제할 하나의 통일된 이데올로기가 더이상 존재하지 않는다. 대신 우리에게는 교차성 갈등과 신자유주의 시대의 냉담함과 잔인함을 놓고 비슷한 고민을 하는 다양한 일련의 행위자들이 있을 뿐이다. 이러한 개인과 집단에게 주어진 과제는 공동의 목적을 가지고 일하면서 그들의 다름에 관해 협상할 수단을 찾는 것이다. 그러기 위해서는 어떤 문제는 배제하고 어떤 문제는 특별 대우하는(예를 들어 성 불평등을 간과하면서 계급 억압을 부각시키는) 이념의 폐쇄성이 가지는 위험성을 경계해야 한다. 장기간의 신자유주의적 규제 완화, 시장 침체, 환경파괴와 같은 세계적인 혼란이 가중되는 상황 속에서 사회변화를 촉구하는 수많은 불만의 목소리들이 터져나오는 지금 이 시기는 회복주의자들이 그 대열에 참여하기에는 더없이 좋은 시기다.

그러나 회복주의자들은 단순히 변혁의 급진적인 비전을 추구하며 형사사법제도 안에서 당장 해결해야 할 필요들을 무시할 수는 없다. 변화를 열망하는 회복적 정의 프로그램조차도 현재 세계에 참여하고 기존 참여자들에게 이익이 되는 분명한 서비스들을 제공해야 한다. 따라서 형사사법을 개혁하려는 일상적인 시도와 변혁 프로젝트를 굳이 분리할 필요가 없다. 목표는 더 큰 변혁 중 하나일 수 있지만, 전과자들은 여전히 일이나 아파트를 구하는 일을 돕는 것과 같은 지역사회에 재통합되기 위한 도움이 필요하고, 피해자들은 여전히 치료 서비스와 같은 범죄의 폐해를 극복하기 위한 지원이 필요하며, 공동체는 여전히 두려움에서 벗어날 때 기능을 더 잘하게 되어 있다. 비록 가능한 것이 무엇인지에 관한 우리의 생각을 편협하게 하거나 엄격하게 내버려 둘 필요는 없겠지만, 형사사법을 개선하는 일은 미래 세계를 위한 우리의 비전을 폭넓게 진행해야 한다는 차원에서 넓은 대화의 일부로 자리하게 해야 한다.

변혁적 정의

회복적 정의의 미래를 열어두고 불확실한 상태에서 변혁의 목표를 표현해야 한다는 것은 일견 모순을 추구하는 것처럼 보인다. 뿐만 아니라, 당장의 필요와 변혁을 추구하려는 목표 사이의 균형을 유지하기 위해, '사회 정의'

와 '변혁'이라는 용어를 다듬어야 한다. 일반적으로 우리는 사용하는 사회적 정의라든가 변혁보다는 '변혁/전환적transformative 정의'에 중점을 두는데, 이는 그것이 상상 가능하거나 실현 가능한 목표여서라기보다는 진행 중인 프로젝트로서 정의의 능동적인 성질을 잘 담아내기 때문이다. 다시 말해, 사람들이 보고 싶어하는 미래의 정의가 어떤 모습인지 규정할 수 없고, 사회공학적으로 정의로운 세상에 관한 비전을 설계하려는 시도가 너무나도 자주 부패와 권위주의, 재앙으로 끝나는 것이 세계사에서 얻을 수 있는 중요한 교훈이기 때문이다.Scott 1998 나치즘과 스탈린주의는 정해진 목표를 이루기 위해 어떤 수단이든 정당화시켜 놓은 정의의 비전에 관한 두 가지 사례일 뿐이다. 그러므로 파브리치가 밝힌 것처럼 우리의 변혁적 정의에 관한 개념은 미래 세계가 어때야 하는지에 관해 완전하고 명쾌한 정의로 표현되지 않는다. 그러나 우리는 변혁적 정의를 추구하는 데 도움이 되는 몇 가지 기본 지침을 생성할 수 있도록 불의의 본질에 관해 충분히 알고 있어야 한다. 그러나 여기에서 회복적 정의 운동의 완전한 목표나 최종적인 목표로서 이러한 지침이나 이정표를 제시하지는 않을 것이다. 그런 식으로 우리의 창의성을 엄격히 제한하기 보다는 우리의 생각과 행동에 길잡이가 될 수 있는 불의와 대응 방안의 다양한 범주가 되기를 바란다.

우리는 1장에서 회복적 정의가 개인적, 사회적 변화의 기회를 제공한다는 말로 변혁에 대한 잠정적인 이해를 제시하였다. 회복적 정의는 우리 사회의 문제들에 관한 집단적 토론의 가능성을 제공하며, 이러한 토론을 통해 우리는 우리 자신에 관해 배울 수 있고, 변화하는 우리 자신에게 노력을 집중할 수 있을 뿐만 아니라, 더 나은 세상으로 나아가도록 하는 변화를 위해 필요한 것이 무엇인지, 그리고 우리 사회에 관한 보다 더 깊은 이해를 얻을 수 있다. 이러한 의미에서, 회복적 정의의 변혁적 잠재력은 사람들로 하여금 불의의 원인들에 관해 깊이 숙고하게 하는 그 과정 속에 있다. 그러나, 회복적 정의 대화모임이 필연적으로 자기와 세계에 관해 비판적인 모습을 하리라고 기대하는 것은 순진한 생각일 것이다. 대화모임이 기존 지배 관계를 합리화하지 못하도록 가로막는 것은 무엇인가? 예를 들어, 가부장적 지배체제가 공동체 생활에 유익하다고 생각하는 공동체는 배우자 학대 문제를 통해 공동체 안에 널리 퍼져 있는 여성들에 대한 지배를 드러내고자 하는 회복적 대화모임을 거부할 수 있다. 그리고 문제 제기한 여성이 그냥 자신의 역할을 받아들이고 분란을 일으키지 않도록 압력을 가할 수도 있다.Acorn 2004 회복적 정의에는 중대한 정치적 내용이 꼭 포함되는 것이 아니기 때문에 이러한 점에서 몇 가지 변혁적 지침을 만들 필요가 있다.

인식, 재분배 그리고 대표성

낸시 프레이저의 1997, 2000 정의에 관한 3차원 이론은 적어도 일부 변혁적 지침을 위한 시작점이 되었다. 프레이저에게 있어서 불의는 일반적으로 인식, 재분배, 그리고 대표성이라는 반응 중 하나 혹은 그 이상을 요구한다. 인식이란 문화적 상징과 관련된 불의에 대응하기 위해 필요한 것이다. 누군가가 당신을 잘못 인식할 때, 사람들은예를 들어 네히요 Nehiyaw 선주민을 "인디언"이라고 부르는 것과 같이 당신에게 잘못된 정체성을 덮어씌울 수 있으며 인종차별적 표현의 예처럼 잘못된 정체성에 근거하여 당신의 사회적 지위를 평가절하할 수 있다. 문화적 상징에 근거한 불의는 사회적 배제, 강요된 동화, 심지어는 말살을 시도할 수도 있다. 많은 경우 범죄의 본질적인 불의와 관련하여 일종의 오인이 작동하는데, 이는 범죄가 개인의 권한과 그에 따른 역량을 약화시키기 때문이다. 브라이스웨이스트와 쁘티의 언어를 빌리자면, 이는 개인이 지닌 "통제권dominion"의 감각을 박탈하기 때문이다.Braithwaite and Petit 1990 오인이 발생할 때는 인식을 다시 작동시켜야 한다. 예를 들어, 만약 어떤 사람이 폭행성적 또는 비성적을 당했다면, 정당한 대응은 그들의 신체적 온전함과 안전에 관한 권리를 인정해 주는 것이다. 만약 어떤 사람이 인종차별적 증오 범죄의 피해자라면, 그들은 최소한 자신들이 동등한 인간적 가치를 가지고 있음을 인정받고 싶어한다.

그러나 프레이저는 문화적·상징적 불의에 관해 반응할 때 인식은 동조적이거나 혹은 변혁적일 수 있다고 지적한다. 동조적 인식은 피상적인 경향이 있다. 왜냐하면, 그것은 잘못된 인식에 뿌리를 둔 패턴화된 문화적·상징적 불의를 다루지 않기 때문이다. 예를 들어, 인종차별에 관한 동조적 보상은 대상 인물이나 집단의 평등에 대한 공식적인 인정을 제공할 수 있지만, 우리의 인종적 사고의 잘못된 패턴, 즉 인종이라는 논쟁적인 이슈가 실제로 존재하며 여기서 발생하는 다양한 가능성들에 도전하는데까지는 거의 나아가지 못한다. 위와 같은 경우, 학교 사물함에 휘갈겨 쓴 인종차별적 욕설을 발견한 소수 인종 학생이 범인이 잡혔을 경우 받게 되는 동조적 보상은 가해자가 사물함을 청소하고, 사과하고, 인종차별 폐해에 관한 반성문을 작성하는 것이다. 여기에서 강조점은 개인의 행동을 교정하는 것이지 학교나 사회에 존재하는 인종차별이라는 더 넓은 맥락과 과정을 다루려는 시도가 아니다. 이와 대조적으로, 변혁적 접근은 문화적 불의에 관한 뿌리를 탐구함으로써 상징적 지배구조에 도전하려고 할 것이다. 위 사건에 대한 대응이 변혁적이 되기 위해서는 회복적 정의 모임에서 인종차별적 낙서로 학교 재산을 훼손한 사람으로부터 사과와 반성문을 받아내는 것 이상의 뭔가를 하고 싶을 것이다. 이 사건을 다루는 회복적 정의 모임은 학교와 지역사회의 인종적 긴장을 훨씬 광범위하게 조사하여 그들의 근원을 이해하고 학생들이 인종으로 사람들을 분류하는 일에 관해 비판적으로 생각하도록 동기 부여할 필요가 있을 것이다. 그러한 프로젝트는 인종차별의 구조적 차원, 인종차별의 뿌리, 그리고 그 결과에 관해 학생과 지역사회 구성원을 교육하고자 할 것이다. 예를 들어, 인종차별적 낙서의 피해자가 선주민 학생이었다고 가정해보자. 이 사건을 선주민 지역사회에 불이익을 주고 그들을 평가절하하는 방식들이 어떻게 식민주의의 영향을 받았는지에 대한 논의 뿐 아니라 그럼에도 불구하고 선주민들이 자신들이 속한 공동체에 가해진 도덕적으로 비열하고 인종차별적 폭력 속에서 어떻게 지속적이고 강인하게 저항해왔는지를 살펴보는 교육의 기회로 삼을 수 있을 것이다. 간단히 말해 이러한 노력이 목표하는 바는 인종에 따라 평가하는 기존의 시스템을 흔들어 놓자는 것이다.

그럼에도 불구하고, 갈등이 단지 문화적이기만 한 경우는 많지 않다는 사실을 위의 예들과 함께 언급해야만 하겠다. 상징적 지배 방식은 물질적 박탈이라는 시스템으로 연결되고 이를 강화한다. 예를 들어, 선주민에 대한 인종차별의 경우, 선주민 문화를 평가절하한다는 의미는 동등한 가치와 지위를 가진 인간 그룹에 대한 모욕에 그치지 않는다. 이런 차별은 지금도 계속되는 선주민들의 영토에 대한 정착민들의 식민주의적 몰수의 빼놓을 수 없는 부분을 차지하고 있기도 하다. 캐나다와 미국의 정착 식민지 프로젝트 초기부터 선주민들은 자신의 영토를 지켜오던 청지기로서의 지위를 부정당하고 말소되어 평가절하되었고 결국 정착민에 의해 대체되었다.Tuck and Yang 2012; Wolfe 2006 상징적 어려움은 물질적인 결과를 낳는다. 이러한 결과들은 단지 지배당하는 구성원들의 물질적 상태 뿐만이 아니라 그들이 영토와 생태계와 맺는 관계에도 영향을 미친다. 이러한 이유 때문에 변환적 인식이 적극적으로 받아들여질 때조차도 인식 그 자체로는 불의를 바로 잡기에 충분하지 않다.

재분배는 사회·경제적 성격을 가진 폭력이 벌어진 경우에 필요하다. 사회·경제적 불의에는 경제적 착취에 의한 피해, 생산 기여도를 반영하지 않는 낮은 임금 등 경제적 보상으로부터의 소외, 민족·성별·인종 집단이 특정 직업에서 배제되거나 남성이 여성 동료보다 승진 가능성이 높은 방식 등 그리고 타 집단과 관련된 물질적 박탈 여성이 비슷한 일을 하는 남성보다 적은 임금을 받는 경향 등 등이 있다. Faraser 1997 범죄적 불의 또한 본질적으로 사회·경제적 문제를 포함하는 경향이 있는데 범죄의 동기가 되는 환경을 제공한다거나 제대로 된 급여를 받는 직업을 찾을 수 없기 때문에 경제적 보상 시스템에서 소외되는 가해자 등 범죄의 결과로 이어지기도 한다. 범죄의 결과로 피해자가 물질적으로 빼앗기고 어려움에 처하는 경우 등 문화적·상징적 불평등에 관한 응답과 마찬가지로, 사회·경제적 불평등의 여파로 제공되는 재분배 구제 방법의 형태 또한 동조적이거나 변혁적이 될 수 있다. 동조적 형태의 자원 재분배는 소액의 배상금이나 이를 대신하는 공동체 작업처럼 소규모의 표면적 보상만을 제공한다. 한편 전환적 형태의 재분배는 우리 일과 관련된 경제와 시스템의 더 깊은 구조조정을 열망할 것이다. 그러한 접근방법은 우리 사회의 광범위한 불평등 시스템을 바로잡아야 할 것이고, 이 불평등은 사회적 불의와 그로부터 자라나는 범죄의 모판 역할을 한다. 회복적 접근이 변혁적이 되려면 단순히 가해자가 피해자에게 돈이나 서비스를 재분배하는 것보다 더 많은 것이 발생해야 한다. 대신 불의를 가능하게 한 사회적 여건에 관한 깊이 숙고할 필요가 있다. 범죄의 근원에는 빈곤, 사회적 해체, 경제적 소외와 같은 문제가 있는데 문제를 해결하지 않는 한 공동체가 스스로 평화롭게 공존할 수 있는 여건을 만들기 어렵다. 이와 같이 변혁적인 회복적 정의 프로그램은 틀림없이 지역사회 빈곤 문제를 해결하고 모든 지역사회 구성원들을 위한 생활 임금을 옹호하기 위해 빈곤퇴치 단체들과 함께 일하는 것에 관심을 가질 것이다. 변혁적인 회복적 접근법은 단순히 보상에 관한 합의에서 멈출 수 없다. 그러므로 그것은 공정한 경제 참여에서 구조화된 배제 패턴에 문제를 제기하는 방향으로 나아가야 한다.

마지막으로 언급할 최종 구제방법인 **대표성**은 정치적 구도 형성과 의사 결정 과정에 개인이나 집단이 사회적 소속감이나 참여를 부정당했을 때와 같은 정치적 불의가 발생했을 때 필요하다. 단체나 개인이 정치적 문제에 대해 목소리를 낼 수 없거나 정치적 소속을 거부당한다면, 이는 민주사회 내에서 기본권을 박탈당하는 것이다. 이 부당함에 관한 반응은 다시 한번 동조적이거나 변혁적일 수 있다. 동조적 대표성의 경우 이전에 배제되었던 개인이나 그룹의 참여가 시스템에 너무 큰 영향을 끼치지 못할만큼만 형식적인 목소리를 낼 수 있게 한다. 이는 피해자 영향 진술서와 같은 도구들을 제공하는 처방으로, 재판 절차에서 피해자가 배제되는 것을 바로잡되 단순히 피해자의 관점에 관한 자문을 포함하는 것만 아니라, 그럼으로써 국가 형사사법이라는 틀의 합법성을 강화하는 역할까지 한다. 이와 대조적으로, 변혁적인 접근방법은 사회 안의 특정 그룹과 개인에 관한 참여를 거부하는 대표성 시스템을 비판하려는 것이다. 이러한 의미에서, 회복적 정의는 이미 참여에 대한 불의에 관해 훨씬 더 혁신적인 접근방식을 구축하고 있다. 왜냐하면, 회복적 정의는 이미 피해자와 가해자, 지역사회 구성원의 적극적인 의사결정 참여를 승인하고 있기 때문이다. 그러나 이것은 회복적 정의가 이러한 점에서 더 이상 변혁적이 될 수 없다는 말은 아니며, 그 노력은 정의와 관련된 의사 결정에 더 광범위한 형태로 대중의 참여를 촉진하는 방향으로 나아갈 수 있다는 말이다.

예를 들어, 선주민 공동체 안에서 시행되는 혁신적인 회복적 정의 프로그램은 선주민들을 위한 자기 결정권의 형태로 더 많은 대표성을 위해 권력을 압박할 수 있다. 현대의 양형서클은 지역의 사법과정에서 선주민들의 목소리에 관해 동조적 대표성을 제공하지만, 같은 상황에서 변혁적인 대표성은 공동체 생활 안에서 발생하는 정치적, 법적 문제에 대한 공동체의 통제와 관련될 것이다. 만약 그들이 그렇게 하기로 선택한다면, 주거, 중독, 폭력, 기숙학교의 유산과 같은 그들의 삶 한가운데에서 겪는 많은 불의에 관한 처방을 찾을 수 있도록 공동체에 힘을 부여해 줄 것이다.

이러한 분석적 안내판은 전환적인 회복적 정의가 나아갈 방향을 제시한다. 인정, 재분배 그리고 대표성이란 측면에서 각각의 경우, 동조적 처방과 변혁적 처방을 구분하는 것은 불의에 대한 대응의 적절성을 측정하고 회복적 정의 프로그램을 위한 길잡이가 되어줄 것이다. 더 나아가, 이러한 길잡이는 당면한 피해에 관해 손쉬운 대응보다는 기존의 지배체제와 환경들에 관한 철저한 질문을 요구하는 변혁적 이상을 제공해줄 것이다. 불의에 대해 말하면서 변혁적 접근까지 가지 못한다면 깊은 문화적, 구조적, 정치적 뿌리를 무시하고 문제의 표면만 긁는 경향으로 흐르고 말 것이다.

잘못된 인식, 힘의 잘못된 분배, 혹은 잘못된 대표성이라는 불의가 서로 교차하는 상황 또한 존재한다. 따라서 각각 선택한 처방의 전략은 서로에게 영향을 미칠 것이다. 프레이저Fraser 1997는 인식, 재분배, 대표성과 관련된 변혁적 전략들이 가장 서로 잘 맞는 편이며, 동조적 전략과 변혁적 전략의 조합은 서로 모순되거나 변혁적 노력이 그에 상응하는 동조적 접근에 의해 상쇄되는 결과를 초래할 수도 있다고 말했다. 이를 달리 표현하자면 회복적 정의 프로그램이 선주민 빈곤의 문제를 보다 더 광범위하게 해결하고자 변혁적 재분배 전략을 추구한다고 했을 때, 여러 인종 그룹 중 하나로 선주민 정체성을 인정하는 동조적 전략을 취했다면, 그 최종적인 효과는 전환적 재분배 전략이 억울하게 땅을 빼앗긴 선주민들에 대한 정당한 보상이 아니라 특정 민족 집단에게 특별한 시혜를 베푸는 것으로 보이게끔 선주민 문제를 축약시키는 것이 될 수 있다.

이 지점에서 언급해야 할 한 가지 주의사항이 있다. 프레이저가 우리에게 제공하는 것은 정의에 관한 우리의 의도를 평가하기 위한 분석틀이다. 다른 분석 틀과 마찬가지로, 그것은 단순화된 것이다. 또한, 다른 이론적 관점과 마찬가지로, 그것은 해체에 관해 열려있으며 오류가 있을 수 있는 틀로 이해되어야 한다. 예를 들어, 우리가 정의를 범주를 나누고 설명하려 할 때우리는 범주 사이의 복잡성을 제대로 포착하지 못할 수 있다. 영토를 빼앗는 행동은 단순한 불평등한 분배의 문제인가 아니면 그들의 정체성, 즉 그들의 영토 관계에 묶여있는 선주민 집단의 문화에 관한 공격인가? 그리고 그 영토 자체의 대표성에 관한 요구는 어떠한가? 그것은 깊은 생태계에 영향을 미치는 정치적 결정에 목소리를 제대로 내는가? 또한, 프레이저의 프레임은 특정 국가의 국경 내에서의 주권을 놓고 경쟁하는 국가를 포함한 여러 주체들 간의 갈등을 전면적으로 다루지 않고 자유민주적 국민국가 틀을 당연시하는 유럽 자유주의 철학 전통에 기반을 두고 있다. 선주민들이 정의에 대해 주장하는 내용들도 역시 이 프레임에 문제를 제기한다. 이러한 지침들은 변혁적 정의를 논의하기 위한 몇 가지 출발점을 제공해 준다. 그러나 전환적 노력의 핵심 이해관계자들, 즉 불의를 경험한 단체와 개인과의 대화에서 지속적인 비판과 수정을 받아야만 진정한 변혁적 잠재력에 도달할 수 있다.

위에서 언급한 주의사항과 우리가 제시한 지침에도 불구하고 사람들은 여전히 '그러면 변혁적인 정의란 무엇인가?'라고 질문할 수 있을 것이다. 타당한 질문이지만 우리의 대답은 모든 독자를 만족시키지 못할 수도 있다. 위에서 언급한 지침들이 우리가 줄 수 있는 정의의 전부이고, 이미 이야기했듯이 이 지침들은 비판적 성찰과 평가에 대해 열려있는 개괄적인 뼈대에 불과하기 때문이다. 우리가 더 나은 세상을 향해 끊임없이 실천해나가는 모습 그 자체가 변혁적 정의다. 수많은 불의의 맥락과 각자의 시기적, 지역적 변수들까지를 고려해볼 때, 모든 상황에 다 들어맞는 하나의 변혁적 정의 개념을 처방하는 것은 불가능하다. 대신 우리에게 남겨진 것은 인간과 인간이 아닌 피해자들의 다양성이 끊임없이 증가하는 가운데 이들과 관련해 정의로운 삶을 추구해 나가는 것이다. 비록 그들의 필요를 완전히 충족시키는 것이 불가능하더라도 우리는 책임있게 그들의 정의에 관한 필요를 충족시키려고 노력해야 한다. 이는 자크 데리다가 정의에 관해 논할 때 "불가능의 경험"이라고 표현했던 역설 중 하나다. 우리는 결코 다른 사람의 인생 경험에 우리 자신을 온전히 얹어 놓을 수 없기 때문에 완전한 소통은 불가능하지만, 제한된 소통을 통해서나마 한 개인이 살아가는 불의의 경험이 정의 구현으로 연결될 수 있도록 노력해야 한다. 행동하지 않는 것을 받아들일 수 없지만, 우리 행동의 한계를 인식하지 않는 것 역시도 오만이다. 따라서 정의에 접근하기 위해 실용적인 의사소통 환경을 만들기 위해 노력하는 것과 동시에 자신이 생각하는 정의의 대해 질문을 던지는 비판적 입장으로 자주 돌아가야 한다. 이것은 이 책을 쓰는 우리의 접근방법과 다르지 않다. 당신은 현재 『회복적 정의의 정치학』 개정판을 읽고 있다. 이 책은 초판의 저자들이 최선을 다했음에도 불구하고 기존 책의 문제 제기 방식에 담겨있던 젠더, 계급, 정착민-식민주의를 비롯한 여러 편견을 수정하기 위한 노력을 담고 있다. 이 개정판에도 오류가 있을 것이다. 회복적 정의라는 주제에 학생들을 참여시키지 않은 채, 이 주제에 관해 우리의 생각이 완벽하게 정리될 때까지 기다리는 것은 충분하지 않다. 그러나 우리가 최종 결론을 지을 수 있기나 한 것처럼 말하고 행동하는 것 또한 정직하지 못한 일이다. 한 권의 책을 통해 사회변화를 증진하고 적극적으로 개입하기를 추구하는 동안 추후 상당한 수정이 필요함을 인식하듯이 변혁적 정

8.1 불의에 관한 반응

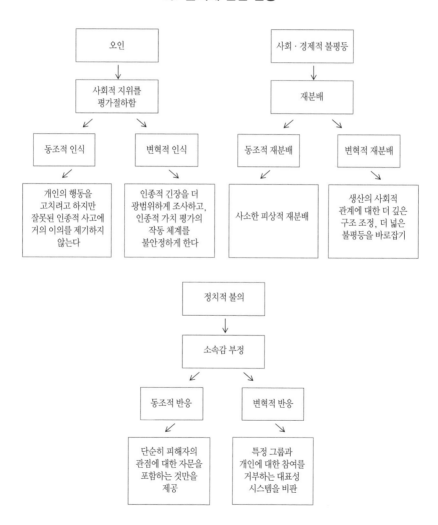

의에는 거침없는 비판과 함께 일상적인 참여가 필요하다. 변혁적 정의는 더 많은 목소리를 내고 더 많은 투쟁을 증식시키는 과정이다. 이것은 자기 생각이 화석처럼 굳어지는 것을 거부하면서 사회변화를 위해 행동하는 프로젝트다. 그러나 변혁적 정의는 고통받는 사람들의 요구를 전부 다 전달하는 척하면서 그들의 목소리를 마음대로 유용하지 않는 방식으로 불의로 인해 고통받는 사람들을 위한 정의를 요구한다. 변혁적 정의는 사람들의 고통에 관한 공감을 표하며, 이러한 공감에 더해진 겸손은 우리가 세상 안에서 행동하는 방식뿐만 아니라 세상에 대하여 주어진 가정들을 흔들어 놓도록 만든다.LaCapra 1999

우리가 이러한 유형의 변혁적 동기를 어떻게 실천하는지에 관한 예는 부분적이나마 페미니스트 반폭력 운동에서 찾을 수 있다. 주류 페미니스트 그룹들은 젠더에만 너무 편협하게 집중한 나머지 다른 형태의 불평등 이슈들을 희생시키고 있다는 비판을 받고 있다. 결과적으로 그들은 성폭행이나 친밀한 파트너 폭력과 같은 성적인 형태의 폭력에 관한 대응으로 형사사법제도에 지나치게 의존하게 될지 모른다.Bernstein 2010; Bumiller 2008 특히 인종차별을 받는 여성들은 형사사법제도와의 동행이 인종차별을 받는 가난한 남성들과 공동체들을 희생시켜왔다고 목소리를 높이고 있다.Richie 2015 형사처벌에 비판적인 페미니스트들은 피해에 대응할 수 있는 대안 방식들을 찾고 있다. 그러나 많은 사람에게 회복적 정의는 적절한 대안이 아니다.Kim 2018 그들은 우리가 여기서 논의하는 것과 같은 한계, 특히 회복적 정의가 형사사법제도 내에서 작동하고 이를 지지함으로써 기껏해야 동조적 형태의 정의로 남아 있는 방식을 지적한다. 이에 반해 다양한 그룹과 공동체들은 젠더화된 폭력을 해결하기 위해 변혁적 정의 실행을 사용하고 있다. 필라델피아의 필리 스탠드업Philly Stand Up, PSU이 그 예이다. 이들은 성폭력 피해를 입은 사람들과 성폭력을 이용해 타인에게 해를 입힌 사람들을 돕는 소규모 단체다. 대면 만남을 진행하고 피해자의 요구를 충족시키고 개인에게 상호책임을 묻는 데 집중하는 그들의 작업은 회복적 정의와 비슷해 보이지만 그들은 명시적으로 회복적 정의를 거부한다.

> 변혁적 정의는 우리의 성폭행 관련 업무를 경제적 정의에서부터 급진적인 정신건강에 이르기까지, 그리고 가장 실질적으로는 교도소 폐지에 이르기까지 다양한 정치적 프로젝트 및 우리 삶의 경향성과 직접적으로 연결하는 개념적 장치를 제공하였다. 변혁적인 정의의 틀에서 일한다는 것은 필리 스탠드 업이라는 프로그램이 성폭행을 부추기는 더 광범위한 억압 체계예: 인종차별, 남성우월주의, 자본주의, 교도소-산업 복합체를 인정한다는 것을 의미한다. Kelly 2011:49

이 단체는 이 동일한 불의함에 헌신하는 사람들과 연대하여 사회운동을 전개하고 공교육을 실시하며 정기적인 자율교육을 실시하고 있다. 다시 말하지만, 이 예가 혁신적인 정의가 앞으로 나아가기 위해 어떤 모습이어야 하는지에 관한 생각들을 확정해주지는 않지만, 우리에게 혁신적 정의 실현이 불가능한 꿈이 아니라는 것을 알 수 있게 해준다. 박스 8.1에서는 인사이트!INCITE!를 포함해 변혁적인 정의를 실현하려고 노력하는 사람들과 그룹들을 소개하고 있다.

박스 8.1 인사이트!: 어떻게 공동체 내의 폭력을 해결할 것인가?

우리는 지역사회 내 폭력을 해결하기 위해 경찰을 부르고 형사사법제도에 의존하라고 배워왔다. 그러나, 만약 경찰과 교도소가 사회의 안전성을 높이기는커녕 우리를 상대로 폭력을 조장하거나 자행한다면, 경찰과 감옥에 의존하지 않는 가운데 어떻게 가정 폭력·성폭력·아동학대 등 지역사회 내의 폭력을 해결할 수 있는 전략을 만들 수 있을까?

폭력에 관한 지역사회 기반의 대응 방법을 개발하는 것은 중요한 선택사항 중 하나이다. 공동체의 상호책임은 지역사회 내의 폭력을 해결하기 위해 경찰이나 교도소에 의존하는 전략이 아닌 공동체 의존 전략이다. 공동체의 상호책임이란 친구, 가족, 교회, 직장, 아파트 단지, 이웃 등의 지역사회가 다음과 사항으로 함께 일하는 과정을 말한다.

- 학대와 억압에 저항하고 안전과 지지, 상호책임을 장려하는 가치와 실천 방안들을 창조하고 긍정한다.
- 공동체 구성원들이 자신의 행동을 설명하고 행동을 변화시킬 수 있는 프로세스를 창조하여 학대 행위를 해결하기 위한 지속가능한 전략을 개발한다.
- 억압과 폭력을 강화하는 정치적 조건을 변화시키기 위해 지역사회의 모든 구성원과 지역사회 자체의 지속적인 발전에 헌신한다.
- 자기 자신의 결정권을 존중하는 폭력적인 표적이 되는 지역사회 구성원들에게 안전과 지원을 제공한다.

인사이트!에서는
- 여성, 트랜스젠더, 유색인종 성소수자들을 위한 공간을 유지한다.
- 해방을 위한 투쟁에서 우리의 정치적 분석과 공동체 행동을 중심에 놓는다.
- 해방을 위한 투쟁의 한가운데 선주민들을 위한 통치권을 지지한다.
- 여성, 트랜스젠더, 유색인종 성소수자들과 우리 지역사회를 억압하는 모든 형태의 폭력에 반대한다.

- 국가가 여성, 트랜스젠더, 유색인종 성소수자들과 우리 사회를 억압하는 폭력의 핵심 조직임을 인정한다.
- 여성, 트랜스젠더, 유색인종 성소수자들을 상대로 식민주의, 경찰의 만행, 이민정책, 출산 통제 등을 포함한 폭력이 표현되고 있음을 인정한다.
- 인종차별, 성차별, 계급주의, 이성애, 능력주의, 노인 차별, 트랜스포비아, 그리고 다른 모든 형태의 억압에 반대하는 해방 투쟁을 연결한다.
- 여성, 트랜스젠더, 유색인종 성소수자들 사이에 연대를 지지한다.
- 문화 간의 차이를 인정하고 존중한다.
- 공동체 조직과 행동의 창조적 모델을 장려한다.
- 공유된 리더십과 의사 결정을 증진한다.
- 우리의 운동을 포섭하려는 힘이 존재함을 인식하고 저항한다.
- 우리의 행동 뿐만이 아니라 조직에서 일하는 방식으로 이러한 원칙들을 지지하라.
- 이러한 원칙을 장려하고 우리 조직 내의 억압적인 개인 및 제도적 관행을 효과적으로 해결하기 위해 조직 전체가 참여하는 프로세스 창출을 지지한다.
- 인사이트! 활동을 위해 연방이나 주 정부에게 지원을 요구하지 않는다.

자료: https://incite-national.org/community-accountability/

변혁의 정치학

비록 유동적이지만 이러한 정의를 참고하면서 회복적 정의가 마주한 도전을 살펴봐야 한다. 회복적 정의의 정치적 영향력이 커지게 되면서 회복적 정의를 정치적 지배와 통치의 도구로 사용하려는 노력들, 즉 동조적 잠재력은 강화하고 변혁적 정의를 향한 운동들은 옆으로 밀어내려는 시도들도 더 강력해졌다. 우리가 이러한 경향성과 싸우는 전략을 짜기 위해서는 정치의 세 가지 측면 즉, 1) 회복적 정의의 정치적 맥락, 2) 회복적 정의에 내재되어있는 거버넌스의 정치, 3) 전략적 정치 행동의 한 형태로서의 회복적 정의로 다시 돌아가야 한다. 이러한 회복적 정의의 세 가지 전략적 요소들을 고려하는 것이 변혁적 정의를 향해 멈추지 않고 나아가려는 사람들에게 몇 가지 지침을 제공할 수 있을 것이다.

회복적 정의의 정치적 맥락

내내 강조해 왔듯이, 회복적 정의는 정치적 맥락 속에서 작동한다. 정치적 맥락을 이해하는 것이 변혁적 회복적 정의를 구현하는데 있어서 필수적인 이유는 이러한 정치적 맥락이 변혁적 접근법에서 다뤄야 할 구조적 및 문화적 조건을 형성하기 때문이다. 예를 들어 현재 형사사법의 신자유주의적 맥락에서 동조적 형태의 인정, 재분배, 대표성을 고려하겠다는 의지를 갖는 모습을 보며 우리는 신자유주의 정부의 유연성을 확인할 수 있다. 실제로 사람들이 피해자를 더 중요하게 인식하고, 피해자에게 기금을 재분배하는 배상 및 보상 프로그램을 개발하고, 피해자 대표성의 한 형태로서 피해자 영향 진술서가 보다 폭넓게 사용되는 상황 등은 신자유주의 시대 안에서 발생한 일이다.Wolford and Ratner 2008a 이러한 노력 중 어느 것도 신자유주의 사회질서를 위협하지 않는다. 사실, 그들은 정반대의 결과를 낳는다. 범죄 피해자들을 위한 모든 처방은 신자유주의적 세계관을 보완하는 피해자 개념을 구축하는 데 도움이 된다. 피해자는 가해자의 악행 외에 이렇다 할 이유 없이 부당한 대우를 받은 고립된 개인으로 대표된다. 이러한 피해자에게는 개인적인 차원에서의 배상과 피해자 영향 진술서를 통한 의사 및 감정 표현이 필요한 것으로 인식되지만, 그 외의 피해자로서 할 수 있는 행동들은 크게 제한된다.즉, 이 모델에서는 용서나 보복을 원하지 않는 피해자가 설 자리가 거의 없다 그렇다면 비록 피해자가 아예 무시되었던 이전 시대에 비해서는 상황이 개선되었음에도 불구하고, 피해자에 대한 현대적 접근은 여전히 동조적인 수준에 머물러 있다. 왜냐하면, 피해자는 여전히 고립된 채 고통받는 사람이고 그들의 경험은 광범위한 사회 구조적 문제의 징후와는 전혀 상관이 없다는 세계관을 재현하기 때문이다.

회복적 정의는 이렇게 동조적인 목적으로 사용될 수 있으므로 신자유주의 정권에 의해 포섭되기에 적합하다. 회복적 정의를 통해 법원에 대한 비판과 걱정을 조용히 처리할 수 있다. 회복적 정의는 경미한 범죄들을 다루는데 들어가는 비용을 줄여줌으로써 신자유주의자들이 더 심각하다고 여기는 범죄에 응보적 제도가 에너지와 자원을 더 쓸 수 있게 도와준다. 이처럼, 회복적 정의는 국가의 징벌적 폭력을 대체하지 않는다. 대신에 그런 폭력을 써도 된다고 여겨지는 사건들에 집중할 수 있도록 돕는 역할을 한다. 이러한 의미에서 회복적 정의는 신자유주의 정부가 지닌 통치 전략의 잠재적 모순을 극복하는데 유용하게 사용될 수 있다. 신자유주의 정부는 범죄에 대해 강경한 태도를 유지해야 하지만, 형사사법제도를 관리하기에는 엄청나게 비용이 많이 들고 번거롭다는 사실도 잘 알고 있다. 따라서 회복적 정의는 이러한 정부들로 하여금 논란이 적은 범죄를 시스템에서 벗어나게 하는 동시에, 가장 큰 공적 위험들을 대표하는 사람들에게 그들의 자원을 집중할 수 있게 한다. 이런 의미에서 회복적 정의는 신자유주의 국가가 보다 협력적인 회복적 사법 절차를 이용해 일부 범죄자들을 '왼손'으로 은밀하게 통치할 수 있도록 하는 한편, '위험한' 다른 사건들은 공적인 '오른손'의 징벌적 힘으로 통치하도록 돕는다. Wacquant 2001 ; Bourdieu 1998

또한, 동조적 측면의 회복적 정의는 사회가 위험을 지정하는 주된 패턴에 개입하는데 실패했다. 국가의 '오른손' 처벌은 직접 혹은 잠재적으로 거리 범죄에 연루되어 있기 때문에 '위험하다'고 인식되는 노동자 계급, 소수 인종, 주변부 청소년에게 주로 적용된다. 한편, 생명의 손실과 받아들이기 힘든 큰 공적 및 사적 비용을 초래하는 기업 범죄는 형사사법의 관심을 별로 끌지 못한다. 다시 메이플 리프 푸드의 사례로 돌아가 보자면, 리스테리아증 발병의 피해자들에게 조문과 합의금을 지급하는 마이클 매케인의 행동은 대중의 인정을 받을 수 있었다. 그러나, 일각에서는 '위험하다'고 인식했을 메이플 리프 푸드의 행동은 국가의 처벌을 받지 않았다. 이는 메이플 리프가 식품 안전 관리 책임을 식품업계의 손에 많이 넘겨주도록 보수당 정부에 로비한 기업 중 하나였기 때문이기도 하다. 보수당은 그들의 신자유주의 이념 성향에 맞게 식품 업체들이 스스로 감시하도록 허용함으로써 정부와 기업 돈을 절약해주고 대중은 식품 관련 질병이 발생할 수 있는 더 많은 위험에 노출되게끔 내버려 두었다.Canadian Press 2008 이러한 이유와 또 다른 이유로 회복주의자들은 그들의 관할구역에서 통치의 논리를 형성하는 신자유주의 담론을 비판적으로 인식하고 그들의 회복적 정의 프로그램이 신자유주의의 바다에 휩쓸리고 사회적으로는 점점 커지는 불균형에 이바지하지 않도록 전략을 마련해야 한다.

그러나 지금까지의 살펴본 신자유주의에 관한 묘사가 드러내는 한 가지 문제점은 6장에서 언급했듯이 신자유주의가 획일적인 통치 철학이 아니라는 점이다. 신자유주의는 그것의 특정한 맥락에 자신을 스스로 적응시키는 논리를 갖고 있다. 이 때문에 학자와 학생들이 특정 지역과 관할구역 내에서 신자유주의의 지역적 윤곽에 관한 상세한 연구를 수행함으로써 회복주의자들을 교육하는 역할을 할 수 있어야 한다.

동조적 회복적 정의는 가난, 성별, 인종 및 성소수자 개인들의 부당한 경험에 대해 립서비스식 인식만 제공할 수 있기 때문에 지배적 교차방식을 확장하는 데 사용될 수 있다. 그렇게 함으로써 회복적 정의는 그러한 개인들을 진정시키거나 덜 파괴적으로 만드는 일을 할 수 있으며, 그들을 지배하는 근본적인 맥락과는 싸우지 않은 채 특정 정의 요구에 관한 표면적인 포용과 생각을 제공할 수 있다. 예를 들어, 겉으로는 트랜스젠더에 혐오적이지 않은 회복적 정의가 트랜스젠더들이 겪는 주거와 고용 문제를 해결하지는 않는 것이다. 그리고 인종에 관한 블라인드 채용 등의 관행을 도입하려는 회복적 정의 프로그램은 북미 내의 백인 우위 시스템에 관해 아무런 문제를 제기하지 않을 것이다. 이러한 것들은 회복적 정의가 운영되는 맥락의 중요한 측면이며, 결국 교차하는 지배 형태 제거를 추구하는 다른 집단들과 연합하지 못한다면 회복적 정의는 항상 우리 사회의 중대한 불의에 작은 연고나 발라주는 역할을 하는 위치에 머물고 말 것이다.

거버넌스로서의 회복적 정의

위 내용과 연결된 또 하나의 고민은 회복적 정의가 그 자체로 거버넌스 양식이라는 것이다. 회복적 정의는 개인이 스스로를 더 잘 통치할 수 있도록 통찰력과 도구를 제공한다. 이것은 그 자체로는 나쁜 것이 아니다. 미셸 푸코 1994가 "자기 돌봄"라고 언급한 것 우리의 정체성에서 나오 반사적 감각으로서 권력이 우리의 정신과 몸에 가하는 압력의 작동방식에 제동을 걸 수 있다. 그러나 만약 회복적 정의가 사람들에게 수동적이 되고 비대립적이 되도록 요청한다면, 회복적 정의가 장려하는 내면화된 자기 거버넌스는 사회적 통제를 강제하여 부담이 될 수 있다. 갈등 해결 기술이 변화보다는 달래고 진정시키는 데 사용될 수 있다는 사실은 이미 몇몇 비판적인 학자들에 의해 언급되었다.Dick 2006; Pavlich 1996a, 1996b; Wolford 2005 예를 들어, 회복적 정의 기술을 배운 대학 행정감찰관은 일종의 학생-교수간 갈등 조정자로서 기능할 수 있다. 만약 교수가 여학생을 성추행한 혐의로 고발됐다면 대학 행정감찰관은 당사자가 문제를 해결할 수 있도록 비밀리에 회의를 소집할 수 있다. 고발당한 교수는 자신의 행동이 여학생들을 불편하게 만든다는 사실을 깨닫고, 학생들은 교수가 더이상 부적절하게 행동하지 않을 것이라는 신뢰를 약간이나마 되찾을 수도 있다. 그러나 이러한 일련의 대응은 대학 캠퍼스의 현 상황을 그대로 보존하는 데 놀라울 정도로 편리하다. 교수 권력, 냉랭한 분위기, 성희롱 문제 등의 이슈들이 단순한 대인 관계 갈등으로 치부된 이 사건이 해결됨으로써 모두 묻히는 것이다. 마찬가지로 공동체 내에 만연한 성폭력과 중독을 다루는 선주민 부족은 캐나다 정착민에 의한 식민주의와 기숙학교의 역사가 이러한 상황이 벌어지는데 있어 중요한 역할을 했다는 것을 잘 알고 있을 것이다. 그럼에도 불구하고 그들은 폭력과 실질적인 학대를 받은 개인들과 가족의 치유라는 당면한 관심사를 다루는 데만 그들의 노력을 집중하도록, 그리고 그들이 경험한 캐나다 정착 식민주의를 폭넓게 시간을 들여 비판하지 못하도록 양형서클 과정을 통해 국가의 문지기 역할을 하도록 권장되거나 요구받을 수 있다. 이런 식으로 매 단계 단계마다 회복적 정의의 전환적인 힘은 당면한 문제를 해결하자는 실용주의물론 충분히 이해는 가지만에 의해 축소되고 대체되는 것으로 보인다.

일상적인 용어로 말하자면 갈등의 본질을 숙고하며 이 갈등이 생산적인 목적에 도움이 될 수 있는지 아닌지와는 관계없이 반사적으로 주어진 갈등을 해결하라는 방식이 권장되지 않는 한, 효과적으로 소통하고 스스로 갈등을 해결하는 방법을 배우도록 장려하는 회복적 정의에 어떤 내재적인 문제가 있는 것은 아니다.

이러한 이유들로, 회복적 정의는 그 자체로 거버넌스를 제공한다는 사실을 인정해야 하고, 잘 통치하도록 노력해야 한다. 길Gil 2006:509은 이 문제를 다음과 같이 논한다.

> 전문적 서비스 상황들 뿐 아니라 일상 속의 사회적 만남에서 비판적 의식을 확장하는 것은 정치적 담론을 포함한다. 사람들이 사회적, 혹은 일터에서 상호작용할 때 그들의 행동과 대화는 현 사회 상황과 일반적인 인간관계의 패턴에 순응하거나 혹은 문제를 제기할 수 있다. 사람들이 '정상적'인 기대에 따라 말하고 행동할 때 그들은 기존의 사회질서와 사회의 '상식'이라는 의식을 자기도 모르게 강화한다.

길Gil에 따르면 회복적 정의는 "비판적이고 깨인 의식의 출현"이 가능하도록 기회들을 창출해 내야 한다. 그러한 의식은 단순히 우리의 사회 및 정치 세계의 규범적 관계를 반복 재생산하지는 않을 것이다. 대신에 그러한 의식은 불합리한 세계에 의문을 제기하고 대안적 가능성을 찾도록 영감을 불어넣어 줄 것이다. 회복적 정의가 제대로 통치하려면 프로그램 참여자들이 일상 속에서 불공정한 규범과 관행에 문제를 제기할 수 있는 비판적 주체가 되도록 독려해야만 한다. 그것은 동조적으로 봉합하는 방식의 한계를 넘어서는 갈등 해결을 추구할 때만 가능하다. 그리고 그것은 갈등을 무의식적으로 억누르기만 하는 사람이 그렇지 않을 수 있도록 도와줄 때만 가능하다. 그러한 사람이 자신의 내면화된 습관과 세상에 대한 가정을 평가하는 주체가 되고 일상적인 세상에 깊이 뿌리내린 지배의 패턴들에 개입하기 시작할 때만 회복적 정의 거버넌스가 제대로 작동할 것이다.

회복적 정의와 전략적 정치 행동

회복적 정의 이론가들은 자주 관념적 변화, 즉 새로운 렌즈나 패러다임 전환의 필요성을 엄청나게 강조한다. Zehr 1990; Redekop 2007 위에서 언급했듯이 우리가 변혁적 정의를 적극적으로 지지한다면, '비판적이고 깨인 의식'과 같은 새로운 관념적 변화가 중요하다. 이는 세계에 관한 새로운 시각을 가질 수 있는 공간을 여는 데 비판적 의식이 필요하기 때문이다. 그러나 마찬가지로 사회변화를 촉진하기 위한 정치적 전략도 필요하다. 회복적 정의가 사회적 운동으로서 기능하도록 만드는 것은 매우 중요한데 이는 운동의 수준에 있어서 회복적 정의에는 네트워크화된 구조적 폭력을 분열시키는 요소들이 있기 때문이다. 다음 사안들은 전환적으로 회복적 정의를 추구하는 사람들에게 유용한 일련의 전략적 슬로건들이다.

1. **회복적 강점을 활용하라.** 회복적 정의가 다른 사법 절차와 가장 명확하게 구별되는 실천적인 모습은 개방적이고 다자간 의사소통을 강조한다는 점이다. 범죄 및 사회 정의라는 광범위한 주제들뿐만 아니라 불의에 관한 특정한 사안에 대해 시민들이 생각과 감정을 전달할 수 있는 장을 만들고자 시도할 때, 회복적 정의와 숙의민주주의 이론은 거버넌스에 시민역량을 증진시키려 한다는 점에서 겹친다. Parkinson and Roche 2004, Dzur and Olson 2004, Braithwaite and Petty 1990; 제3장과 6장 참조 파킨슨과 로슈Parkinson and Roche 2004: 506는 회복적 정의를 "실천력 있는 협의체로서의 역동적인 풀뿌리 사례"로 이해하였다. 그러나, 그들은 회복적 정의가 아직 포용성, 참가자들 사이의 평등, 전환적인 힘, 범위와 결단력, 상호책임의 심의 기준을 완전히 충족했다고 보지는 않았다. 따라서 숙의민주주의 이론은 회복적 정의에게 그 실천의 민주적 적절성을 측

정할 수 있도록 평가 도구를 제공한다. 평가를 위한 질문은 다음과 같다. 즉 꼭 참가해야 할 사람들을 모두 참여시킬만큼 회복적 정의는 충분히 개방적이 었는가? 참가자들 간의 평등을 보장하기 위해 충분한 대책을 마련했는가? 참 가자들에게 그들의 삶과 세상에 변화를 가져올 수 있도록 의미 있는 변혁/전 환적 힘을 제공했는가? 민주적 의사결정이 모든 인구에 걸쳐 시행되도록 범 위를 확대했는가? 우리가 민주적 결정을 내리며 공동의 책임을 질 수 있도록, 민주적 상호책임을 보장하는 통로를 만들고 있는가? 회복적 정의는 여러 형 태로 이러한 모든 질문에 긍정적으로 대답하기 위해 노력하고 있지만, 여전 히 이러한 이상을 실현해 나갈 수 있도록 더 깊이 고민해야 한다. 그러나 이러 한 선략적 슬로건은 단순히 회복적 정의에 관한 내부 평가용 이상임을 알아 야 한다. 왜냐하면, 회복적 정의가 어떻게 공개적으로 자신을 드러내는지와 도 중요한 관련이 있기 때문이다. 만약 회복적 정의가 그들이 속한 현대 신자 유주의 형태를 넘어 민주주의 원칙을 확장하고 활성화하는 더 큰 운동의 일부 라면, 그것은 우리의 민주주의 제도를 변화시키고자 하는 다른 단체들과 파 트너십을 맺어야 할 것이다. 그러므로 회복적 정의는 참여적 숙의민주주의가 무엇을 의미하는지에 대한 좀 더 광범위한 공개 토론에 참여해야 한다. 이처 럼, 인종차별과 민족적 긴장, 젠더화된 빈곤, 공동체 경제발전, 그리고 이와 비슷한 다른 문제들이 고립된 특정 기관들에 떠맡겨지는 동안, 가난한 이웃과 함께 하는 회복적 정의 기관은 단순히 공동체 생활의 범죄 요소들을 다루는 데만 전념해서는 안된다. 만약 토론과 숙의를 증진하는 것이 회복적 정의가 잘하는 일이고, 만약 회복적 정의를 통해 다뤄지는 범죄 문제가 이러한 기관 들이 다루는 주제들과 직결되어 있다면 서로 연결된 문제들로서 빈곤, 인종, 성 불평등 및 범죄를 해결하기 위한 폭넓은 숙의 과정을 함께 마련해야 한다.

2. 아이디어만으로는 충분하지 않다. 일부 회복적 정의 문헌에는 만약 우리의 아이디어가 충분히 매력적이고 도덕적 사고 체계영적인 것이나 그 외의 것들까지 포함하는에 굳건히 뿌리내리고 있다면, 우리는 필연적으로 사람들을 개종시켜 그들에게 회복적 정의의 빛을 보여주게 될 것이라는 느낌이 있다. 불행히도, 아이디어만으로는 생각과 행동의 패권적 패턴을 바꾸기에 충분하지 않다. 구두 합의가 이루어지고 누군가가 회복적 정의가 좋은 아이디어라고 인정한다고 해도, 거기에는 여전히 다루어져야 할 습관화되고 제도화된 뿌리 깊은 실천의 장벽이 존재한다. 그러므로 회복적 정의는 생각뿐만 아니라 깊게 뿌리박힌 습관을 바꾸기 위해 노력해야 한다. 일상생활에서 참여적이고 숙의적인 실천 사항들을 장려하고자 노력해야만 한다. 이것은 특정 범죄가 발생했을 때, 회복적 정의가 단순히 피해자 가해자 조정을 하는 것 이상이어야 한다는 것을 의미한다. 그것은 또한 지역의 주민 참여 회의, 공개포럼, 지역단위의 자문회의, 그리고 다른 지역에서의 의사결정 및 문제해결에 관한 훈련을 할 수 있어야 한다는 뜻이다. 여기에서 민주적 참여란 공개 토론에서의 참여만을 의미하는 것은 아니다. 때로는 공론화의 지형을 넓히기 위해 좀 더 급진적인 개입이 필요하다. 전혀 공론화하지 못하는 의제들에 대해서는 시민불복종, 시위, 법적 이의제기 등이 필요하다. 이런 종류의 저항 행동은 회복적 세계관에 반하는 것처럼 보일 수 있지만, 그렇게 행동하지 않을 때 우리의 걱정거리에 대한 충분한 논의를 가로막는 사회적·역사적 상황에 부딪힐 수도 있다. 로자 파크스가 백인 승객들을 위한 버스 좌석에 앉기로 결정한 것은 시민불복종 행위였고 이는 더 많은 시위로 이어지는 도화선이 되었다. 비록 이러한 시위들은 직접적인 의미에서는 회복적이지 않지만, 인종 간 평등 문제를 논의하기를 꺼리는 정치적 질서를 공개적으로 파고드는 데는 큰 도움

이 된다. 이런 의미에서 대립적으로 행동하는 것이 협력의 여건을 조성하고 인간의 행동 패턴을 재편성하는 데 도움이 되기도 한다. 과연 희생자들과 전과자들이 이웃들의 잔인한 빈곤 문제를 해결하기 위해 시청으로 함께 행진할 수 있을까? 회복적 실무자들이 그들의 지역사회에서 더 나은 사회적 서비스를 로비하기 위해 같은 마음을 가진 기관들과 함께 할 수 있을까? 평범한 사람들이 가시적인 이익을 얻어낼 수 있도록 범죄와 불의의 근원을 공격하는 모습으로 드러나야 한다.

3. 반대하는 사람들이 있다. 앞의 슬로건에 이어 이야기하자면 회복적 정의가 모든 사람에게 이익이 된다면 참 좋을 것이다. 그러나 안타깝게도 기존의 형사사법제도에 깊이 관여되어 있는 사람들이 있다. 현재의 제도는 그들에게 지위, 권위, 합법성, 그리고 부를 제공한다. 심지어 이것은 정부가 주도하는 타협되고 희석된 얼굴을 한 회복적 정의 프로그램에서도 마찬가지다. 어떤 사람들은 보복해도 된다는 생각에 대해 감정적으로 애착을 갖고 있으며 그러한 감정을 쉽게 포기하지 못할 것이다. 실제로, 다문화 사회 속에는 보복이 깊이 뿌리박힌 문화적 토양 속에 살고 있는 문화권도 있음을 인정해야 한다. 회복적 시스템은 많은 사람들에게 어떤 파열적인 충격으로 경험되는데, 예를 들어 누군가에게는 물질적인 이익을, 다른 누군가에게는 그들이 오랫동안 세상을 이해해왔던 감수성을 깨부수는 대상일 수 있다. 지역 교도소에서 일하는 것이 고용의 대부분을 차지하는 도시들이 존재한다. 이와 같이 응보적인 문화 안에서 오랫동안 살아온 직장인들이 있다. 아주 오랫동안 자신들의 사회적 공포에 대한 처방전은 콘크리트 벽들과 철창에 있다고 믿어온 사람들이 있다. 회복적 정의에 있어서 고통 없는 변화는 없다. 그러기에 회복주

의자들은 모든 그룹을 대화의 일부로 만들기 위해 끊임없이 노력을 기울여야 한다. 개인에게 있어 응보적 정의에 관한 정서적, 문화적 애착에서 손을 떼는 일과 세대를 불문하고 사람들의 마음이 비징벌적 정의의 이상을 향하도록 하는 장기 프로젝트는 긴 시간을 필요로 할 것이다. 대조적으로, 현재의 형사사법제도에서 깊은 경제적, 정치적 이익을 가진 사람들, 즉 일자리와 소득을 광범위한 감옥 제도에 의존하는 사람들이나 '법과 질서' 이슈에 눈길을 줌으로써 정치적 자본을 얻는 신자유주의 정치인들은 회복적 정의의 동조적인 형태 외에는 그 무엇도 허락하지 않을 것이다.

4. 전문적 정당성보다는 참여를 추구하라. 전문화는 갈등 해결 서클에 있어 하나의 기준이 되어가고 있다. 회복적 정의를 진행하는 지역의 비전문가들을 확보하는 것이 더 나은지, 아니면 적절한 회복적 정의 실행을 확실히 하기 위해 특정한 훈련이 필요한 지에 관한 긴 논쟁의 결과는 후자가 승리한 것으로 보인다. 그리고 훈련을 받고 전문적인 기준을 마련하는 것이 많은 상황에 많은 도움이 된다는 것을 부인할 사람은 아무도 없다. 갈등은 복잡한 현상이며, 사람들은 자신의 길을 걸을 때 맹목적으로 느낌을 따르기보다는 모임을 가능한 한 잘 준비하여 진행하길 원한다. 그렇다고 평가된 진행자의 자질이 그들의 전문적 지위에 기반해야 한다는 것을 의미하지는 않는다. 손에 든 자격증이 진행자의 자격을 확립하기에 충분하면 안된다. 그보다는 모임에 참가한 사람들의 관점이 더 중요해져야 한다. 진행자가 참가자들에게 힘을 실어주었는가? 참가자들이 회복적 정의 과정에 만족했는가? 진행자는 더 광범위한 구조적 불의를 고려하도록 토론을 진행하였는가? 이러한 질문들은 진행자들의 정당성을 결정할 때 중심이 되어야 한다. 더 나아가 진행자 교육은

변호사 등 갈등해결 전문가의 전형적인 기준과는 다른 기준을 지향해야 한다. 예를 들어, 다이크Dyke 2006:530는 "구조적 차원이 종종 무시되는 핵심 이유 중 하나는 많은 회복적 정의 프로그램이 그들의 훈련을 거의 대인관계 의사소통 기술 개발에만 집중하기 때문"이라고 지적하였다. 진행자들은 구조적 불균형이 무엇인지 알고 해결하도록 전혀 훈련되지 않았다. 그들은 특정 개인의 문제를 광범위한 사회적 불평등과 연결해보도록 훈련되지 않았다. 또한, 그들은 정부의 본질과 이념적 전제를 어떻게 다루어야 하는지 평가하는 것에 관한 그 어떤 조언도 받지 않았다. 정리하자면, 회복적 정의에 전문가를 참여시키는 문제는 변혁적 정의의 포섭 혹은 희석을 초래하는 모습으로 귀결될 필요는 없다. 올슨과 듀르Olson and Dzur 2004: 151에게, "민주적 전문가들은 참가자들을 배치하고, 과정을 공유하고, 전문적 행동을 제약하고 지시하는 규범을 구축함에 있어 자신들의 권한 영역을 개방하려고 노력한다."전문적 영역에서 회복적 정의 원칙들이 수용되는 내용을 확인하려면 2006년 Shepland et al의 글을 보라 이러한 의미에서 회복적 정의 실무자들의 전문적 지위란 회복적 정의 대화모임들을 더 잘 규제하기 위해 갖추어야 할 권위의 상징이 아니라, 보다 생산적인 논의를 진행하기 위한 수단이어야 한다.

5. 연결하고 네트워크 하라. 다시 한번 다이크2006: 542를 인용하자면, "변혁적 실천은 회복적 정의 기관들이 지역사회의 시민 단체 및 사회운동 단체들과 책임 있는 관계를 발전시키는 데 시간과 에너지를 투자하는 것을 보게 될 것이다." 우리가 이러한 그룹들과 함께 관계를 맺으며 일한다는 사실을 인식한다면, 고립무원에서 일하는 태도를 갖거나 가끔 그들을 반대하려 드는 경향이 줄어들 것이다. 이것은 "연결하고 네트워크 하라"라는 슬로건에 잘 드

러나 있다. 일련의 비슷한 목표를 향해 일하는 많은 사회적 활동가들과 그룹들이 있다. 회복적 정의의 동조적 실천은 사회적 조건과 불의를 분리시켜 볼 수 있게 해준다. 대조적으로, 변혁적 실천은 이러한 불의를 사회의 드넓은 맥락과 상관 없는 고립된 장소에서는 다루기 어려운 더 큰 그림의 일부로 이해한다. 따라서 회복적 정의 단체들은 지역사회 경제발전, 빈곤퇴치, 반인종주의, 페미니스트, 성소수자, 그리고 이와 비슷한 단체들의 공동목표를 고려하기 위해 형사사법의 영역을 넘어서는 네트워크를 형성해야 한다. 그들의 활동을 연결함으로써, 이들 단체들은 여러 위치에서 국가와 시민 사회에 압력을 가하여 지배적인 생각과 행동 패턴을 전환하기 위해 좀 더 광범위한 노력을 기울일 수 있다.

6. **계속해라.** 회복적 정의에 있어 완성이라는 단어는 사치다. 회복적 정의는 언제나 개선될 여지가 있으며, 항상 더 발전할 수 있는 이상이다. 그렇게 생각하지 않는 것은 현상에 안주하고 너무 편안해지도록 놓아버리는 것이다. 이러한 이유로 변혁적 정의는 경제적 재분배, 문화적 인식, 사회적 대표성의 완전한 실현으로 끝나지 않는다. 이러한 프로젝트 하나하나는 의도하지 않은 결과를 초래할 것이며, 더 나은 세상을 추구하는 중에 새로운 불의가 발생할 수도 있다. 이러한 가능성에 열려있지 않은 변혁/전환적 정의는 교조주의라는 위험한 덫에 빠질 수 있는데, 교조주의에 의해 이상화된 비전은 문제와 모순이 있다는 증거들이 드러나도 그 비전을 필사적으로 붙잡고자 할 것이다. 우리의 지역사회를 위해 어떤 새로운 자원을 성공적으로 확보했든지 간에, 우리는 계속해서 이러한 성과를 비판적으로 평가하고 더 앞으로 나아가야 한다. 예를 들어, 소외된 지역 사회 구성원에게 소액 대출 및 기타 자금 지

원 인센티브를 제공하는 새로운 커뮤니티 프로그램은 회복적 정의 기관이 다른 지역 단체와 협력하여 이루어낸 성공일 수 있다. 그러나 이럴 경우에도 그 기관은 여전히 이러한 대출이 어떻게 분배되는지 면밀히 검토해야 한다. 그것들이 모든 지역사회 구성원들에게 동등하게 이용 가능한가? 프로그램에서 제외된 그룹이 있는가?

7. 성찰에 전념하라. 모든 비판으로부터 보호되어야 하는 회복적 정의의 핵심 조항은 없다. 성찰적 참여란 우리 생각의 그 어떤 요소라도 잘못되었다면 기꺼이 맞서야 한다는 의미이며, 여기에는 회복적 정의 에토스를 이끌어가는 전제들도 포함된다. 우리의 목표는 이러한 가정들 안에 도사리고 있는 은밀한 정치를 드러내고 예전의 이해가 실패했을 때 회복에 관한 새로운 이해를 도모하는 모습이어야 한다. 심지어 회복적 에토스조차도 비판에 열려있어야 하는데, 사회적 균열을 치유하는 소통의 힘에 관한 맹목적인 신앙이 때때로 그러한 균열의 기저에 있는 구조적 불평등을 가면으로 가릴 수 있기 때문이다. 그런 경우는 마치 "다 이야기하라. 그러나 구조적으로 내재된 사회적 불의의 형태까지 너무 깊이 파고들지는 말아라"는 말과 같다.

마지막 생각들

지금까지 우리는 세계에 대한 두 가지 개념, 즉 개방적이고 불확실한 과정의 세계와 구조화된 패턴으로 막강한 권력체제를 유지해온 규칙적인 세계를 탐색하고자 노력해왔다. 이것들은 얼핏 모순적으로 보이겠지만, 일반적인 패턴들은 분별이 가능하더라도 사물은 계속 변화한다. 회복적 정의는 이 불안정한 상태를 받아들이고, 어느 정도의 불확실성을 허용해야 한다. 그러나 여전히 패턴들이 더 나은 방향으로 변할 수 있다는 개념에 전념해야 한다.

결론적으로 회복적 정의 안에서는 여러 모순된 부분들이 경쟁하고 있다. 지금 당장은 현재의 사회질서에 동조하는 쪽이 이기고 있는 것으로 보이며 우리가 보기에 이는 불행한 일이다. 회복적 정의의 잠재력은 더 큰 무언가의 일부가 되는 것이다. 다른 사회 정의 운동과 연결할 수 있는 정치를 통해 회복적 정의는 변혁/전환적 정의를 향한 꿈을 계속 꿀 수 있을 것이다.

토론을 위한 질문

1. 6장 나이, 젠더, 인종, 성적 정체성에서 구조적 불의 중 한 항목을 선택하라. 불평등한 위치에 놓인 가해자에게 회복적 정의는 어떻게 동조적 정의와 전환적 정의의 방식으로 각각 반응할 수 있을까?

2. 사회운동으로서 회복적 정의가 마주하는 실질적인 장벽은 무엇인가? 회복적 정의가 힘을 발휘하도록 만들 수 있는 기회에는 어떤 것들이 있는가?

3. 우리는 회복적 정의가 사람들이 세상에 대해 내면화된 습관과 전제들을 평가하고, 지배 패턴을 방해할 수 있는 주체가 되도록 도와야 한다고 주장한다. 회복적 정의가 불편하게 느껴지게 만든 범죄, 갈등, 피해, 불의 또는 정의와 관련된 전제나 습관이 있는가? 당신은 지배의 패턴을 방해하기 위해 어떻게 회복적 정의에 관한 지식을 당신 삶의 다양한 측면으로 가져올 수 있는가?

참고문헌

Abel, Richard L. 1982. "The Contradictions of Informal Justice." In R. Abel (ed.) *The Politics of Informal Justice: The American Experience* Volume 1. New York: Academic Press.

Achilles, Mary, and Lorraine Stutzman−Amstutz. 2006. "Responding to the Needs of Victims: What Was Promised, What Has Been Delivered." In D. Sullivan and L. Tifft (eds.), Handbook of Restorative Justice: A Global Perspective. London and New York: Routledge.

Acker, James R. 2006. "Hearing the Victim's Voice Amidst the Cry for Capital Punishment." In D. Sullivan and L. Tifft (eds.), *Handbook of Restorative Justice: A Global Perspective*. London and New York: Routledge.

Acorn, Annalise E. 2004. *Compulsory Compassion: A Critique of Restorative Justice*. Vancouver: ubc Press.

Adam, Heribert. 2001. "Divided Memories: Confronting the Crimes of Previous Regimes." *Telos* 118: 87−109.

Adelberg, Ellen, and Claudia Currie (eds.) 1987. *Too Few to Count: Canadian Women in Conflict with the Law*. Vancouver: Press Gang Publishers.

Agamban, Giorgio. 1993. *The Coming Community*. Minneapolis: University of Minnesota Press.

Aggestam, K. 1995. "Reframing International Conflicts: 'Ripeness' in International Mediation." *Paradigms*, 9, 2: 86−106.

Agozino, Biko. 2004. "Imperialism, Crime, and Criminology: Towards the Decolonization of Criminology." *Crime, Law, and Social Change*, 41, 4: 343−358.

Ahladas, Yiota, and Ben Sachs−Hamilton. 2008. "Community Is No Cliché: It Works… the Burlington Way." *Yes Magazine*. ⟨http://yesmagazine.org/article.asp?ID=2538⟩.

Ahmed, Sara. 2004. *The Cultural Politics of Emotion*. New York: Routledge.

Alcoff, Linda, and Laura Gray. 1993. "Survivor Discourse: Transgression or Recuperation?" *Signs: Journal of Women in Culture and Society*, 18: 260−90.

Alexander, Jeffrey C. 2004. "On the Social Construction of Moral Universals: The

'Holocaust' from War Crime to Trauma Drama." In J. Alexander, R. Eyerman, B. Giesen, N.J. Smelser and P. Sztompka (eds.), *Cultural Trauma and Collective Identity*. Berkeley: University of California Press.

Anderson, Elijah. 1999. *The Code of the Street: Decency, Violence and the Moral Life of the Inner City*. New York and London: W.W. Norton.

Arvin, Maile, Eve Tuck, and Angie Morrill. 2013. "Decolonizing Feminism: Challenging Connections Between Settler Colonialism and Heteropatriarchy." *Feminist Formations*, 25, 1: 8−34.

Ashworth, Andrew. 2003. "Responsibilities, Rights and Restorative Justice." In G. Johnstone (ed.), *A Restorative Justice Reader: Texts, Sources, Context*. Cullompton, UK: Willan Publishing.

Backhouse, Constance, Donald McRae, and Nitya Iyer. 2015. *Report of the Task Force on Misogyny, Sexism and Homophobia in Dalhousie University Faculty of Dentistry*. ⟨https://cdn.dal.ca/content/dam/dalhousie/pdf/cultureofrespect/DalhousieDentistry−TaskForceReport−June2015.pdf⟩. Accessed September 26, 2018.

Balfour, Gillian, and Elizabeth Comack. 2014. "Introduction." In Gillian Balfour and Elizabeth Comack (eds.), *Criminalizing Women: Gender and (In)Justice in Neo−Liberal Times*, 2nd edition. Halifax: Fernwood Publishing.

Barnett, Randy. 1977. "Restitution: A New Paradigm of Criminal Justice." *Ethics*, 87, 4: 279−301.

Bartky, Sandra Lee. 1990. *Femininity and Domination: Studies in the Phenomenology of Oppression*. New York: Routledge.

Bartlett, W., and J. Le Grand. 1993. *Quasi−Markets and Social Policy*. Basingstoke: Palgrave Macmillan.

Bauman, Zygmunt. 2001. *Community: Seeking Safety in an Insecure World*. Cambridge: Polity Press.

Benhabib, Seyla. 1992. *Situating the Self: Gender, Community and Postmodernism in Contemporary Ethics*. New York: Routledge.

___. 1996. "Toward a Deliberative Model of Democratic Legitimacy." In S. Benhabib (ed.), *Democracy and Difference: Contesting the Boundaries of the Political*. Princeton, NJ: Princeton University Press.

Bernstein, Elizabeth. 2010. "Militarized Humanitarianism Meets Carceral Feminism: The Politics of Sex, Rights, and Freedom in Contemporary Antitrafficking Campaigns." *Signs: Journal of Women in Culture and Society*, 36, 1: 45−71.

Blackstone, William. 1765. *Commentaries on the Laws of England*. Vol. 1. Oxford: Clarendon Press.

Bonta, James, Jennifer Rooney, and Suzanne Wallace−Capretta. 1998. *Restorative Justice: An Evaluation of the Restorative Resolutions Project*. Ottawa: Solicitor General of Canada.

Borrows, J. 2016) "Heroes, Tricksters, Monsters, and Caretakers: Indigenous Law and legal Education." *McGill Law Journal*, 61, 4: 795−846.

Bottoms, A.E. 1995. "The Philosophy and Politics of Punishment and Sentencing." In C. Clarkson and R. Morgan (eds.), *The Politics of Sentencing Reform*. Oxford: Clarendon Press.

___. 2003. "Some Sociological Reflections on Restorative Justice." In A. von Hirsch, J. Roberts, A.E. Bottoms, K. Roach, and M. Schiff (eds.), *Restorative Justice and Criminal Justice: Competing or Reconcilable Paradigms?* Oxford, UK: Hart Publishing.

Bouffard, Jeff, Maisha Cooper, and Kathleen Bergseth. 2017. "The Effectiveness of Various Restorative Justice Interventions on Recidivism Outcomes Among Juvenile Offenders." *Youth Violence and Juvenile Justice*, 15, 4: 465−480.

Bourdieu, Pierre. 1987. "The Force of Law: Toward a Sociology of the Judicial Field." *Hastings Law Journal*, 38: 805−853.

___. 1990. *The Logic of Practice*. Cambridge: Polity Press.

___. 1998. *Acts of Resistance: Against the Tyranny of the Market*. New York: New Press.

Braithwaite, John. 1989. *Crime, Shame and Reintegration*. Cambridge, UK: Cambridge University Press.

___. 1994. "Thinking Harder About Democratizing Social Control." In J. Alder and J. Wundersitz (eds.), *Family Conferencing and Juvenile Justice: The Way Forward of Misplaced Optimism?* Canberra: Australian Institute of Criminology.

___. 1999. "Restorative Justice: Assessing Optimistic and Pessimistic Accounts." *Crime and Justice: A Review of Research*, 25: 1−127.

___. 2002. *Restorative Justice and Responsive Regulation*. New York: Oxford University Press.

___. 2003. "Restorative Justice and a Better Future." In G. Johnstone (ed.), *A Restorative Justice Reader: Texts, Sources, Context*. Cullompton, UK: Willan Publishing.

Braithwaite, John, and Kathleen Daly. 1994. "Masculinities, Violence and Communitarian Control." In T. Newburn and E. Stanko (eds.), *Just Boys Doing Business? Men, Masculinities and Crime*. London: Routledge.

Braithwaite, John, and Stephen Mugford. 1994. "Conditions of Successful Reintegration Ceremonies: Dealing with Juvenile Offenders." *British Journal of Criminology*, 34, 2: 139−171.

Braithwaite, John, and Philip Petit. 1990. *Not Just Desserts: A Republican Theory of Criminal Justice*. Oxford: Clarendon Press.

Brockes, Erin. 2018. "As Sylvia Plath Knew, If You're Going to Be a Victim, You'd Better Be a Good One." *The Guardian*, November 1. 〈https://www.theguardian.com/commentisfree/2018/nov/01/woman−victim−credible−christine−blasey-ford⟩.

Brooks, Roy L. 2003. "Reflections on Reparations." In J. Torpey (ed.), *Politics and the Past: On Repairing Historical Injustices*. Lanham, NJ: Rowman and Littlefield.

Browning, Christopher R. 2004. *The Origins of the Final Solution: The Evolution of Nazi Jewish Policy*, September 1939-March 1942. With contributions by Jürgen Matthäus. Lincoln, NE: University of Nebraska Press and Yad Vashem, Jerusalem.

Bruce, Jasmine. 2013. "Understanding 'Back Stage' and 'Front Stage' Work in Restorative Justice Conferences: The Benefits of Using Ethnographic Techniques." *Current Issues in Criminal Justice*, 25, 1: 517-526.

Bumiller, Kristin. 2008. *In an Abusive State: How Neoliberalism Appropriated the Feminist Movement Against Sexual Violence*. Durham: Duke University Press.

Burchell, Graham. 1993. "Liberal Government and Techniques of the Self." *Economy and Society*, 22, 3 (August): 267-282.

Burger, Chief Justice Warren. 1979. "Address Before the National Conference on the Causes of Popular Dissatisfaction with the Administration of Justice, April 7-9, 1976." Reprinted in A.L. Levin and R.R. Wheeler (eds.), *The Pound Conference: Perspectives on Justice in the Future*. St Paul, MN: West Publishing.

Burgess-Proctor, Amanda. 2006. "Intersections of Race, Class, Gender, and Crime: Future Directions for Feminist Criminology." *Feminist Criminology*, 1, 1: 24-47.

Butler, Judith. 1990. *Gender Trouble: Feminism and the Subversion of Identity*. New York: Routledge.

Cameron, Angela. 2006. "Stopping the Violence: Canadian Feminist Debates on Restorative Justice and Intimate Violence." *Theoretical Criminology*, 10, 1: 49-66.

Canadian Press. 2008. "Deregulating Food Inspection Too Risky: Union." ctv News, November 8. ⟨AW: https://www.ctvnews.ca/deregulating-food-inspection-too-risky-union-1.339451⟩.

Card, Claudia. 2010. *Confronting Evils: Terrorism, Torture, Genocide*. Cambridge: Cambridge University Press.

cbc News. 2009. "Manitoba Métis Win Hunting Rights Case." cbc News, January 8. ⟨https://www.cbc.ca/news/canada/manitoba/manitoba-m%C3%A9tis-win-hunting-rights-case-1.784627⟩.

Center for American Progress. 2016. *Unjust: How the Broken Criminal Justice System Fails LGBT People*. Boulder, CO: Center for American Progress.

Charbonneau, Serge. 2004. "The Canadian Youth Criminal Justice Act 2003: A Step Forward for Advocates of Restorative Justice?" In E. Elliott and R.M. Gordon (eds.), *New Directions in Restorative Justice: Issues, Practice, Evaluation*.

Cullompton, UK: Willan.

Christie, Nils. 1977. "Conflicts as Property." *British Journal of Criminology*, 17, 1: 1-15.

___. 1986. "The Ideal Victim." In E.A. Fattah (ed.), *From Crime Policy to Victim Policy*. London: MacMillan.

Christodoulidis, Emilios A. 2000. "'Truth and Reconciliation' as Risks." *Social & Legal Studies*, 9, 2: 179-204.

Chunn, Dorothy, and Dany Lacombe (eds.) 2000. *Law as a Gendering Practice*. Oxford: Oxford University Press.

Clifford, James. 1988. *The Predicament of Culture: Twentieth-Century Ethnography, Literature, and Art*. Cambridge, MA: Harvard University Press.

Cohen, Albert K. 1965. "The Sociology of the Deviant Act." *American Sociological Review*, 30: 5-14.

Cohen, Stanley. 1985. *Visions of Social Control: Crime, Punishment, and Classification*. Oxford: Polity Press.

Cole, Tim. 1999. *Selling the Holocaust: From Auschwitz to Schindler, How History Is Bought, Packaged, and Sold*. New York: Routledge.

Columbia Law School. 2017. "Kimberlé Crenshaw on Intersectionality, More than Two Decades Later." ⟨law.columbia.edu/pt-br/news/2017/06/kimberle-crenshaw-intersectionality⟩.

Comack, Elizabeth. 2014. "Part II Introduction." In Gillian Balfour and Elizabeth Comack (eds.), *Criminalizing Women: Gender and (In)Justice in Neo-Liberal Times*, 2nd edition. Halifax, NS: Fernwood Publishing.

Comack, Elizabeth, and Gillian Balfour. 2004. *The Power to Criminalize: Violence, Inequality, and Law*. Halifax, NS: Fernwood Publishing.

Consedine, Jim. 1995. *Restorative Justice: Healing the Effects of Crime*. Lyttleton, NZ: Ploughshares.

___. 2003. "The Maori Restorative Tradition." In Gerry Johnstone (ed.), *A Restorative Justice Reader: Texts, Sources, Context*. Cullompton, UK: Willan Publishing.

Cote, Jim, and Anton Allahar. 1995. *Generation on Hold: Coming of Age in the Late Twentieth Century*. New York: nyu Press.

Coy, Patrick G., and Timothy Hedeen. 2005. "A Stage Model of Social Movement Co-optation: Community Mediation in the United States." *The Sociological Quarterly*, 26: 405-435.

Crawford, Adam. 2003. "The Prospects for Restorative Youth Justice in England and Wales: A Tale of Two Acts." In K. McEvoy and T. Newburn (eds.), *Criminology, Conflict Resolution and Restorative Justice*. Houndsmills, Basingstoke, Hampshire: Palgrave Macmillan.

Crawford, Adam, and Tim Newburn. 2002. "Recent Developments in Restorative

Justice for Young People in England and Wales: Community Participation and Representation." *British Journal of Criminology*, 42: 476-485.

Crenshaw, Kimberle. 1991. "Mapping the Margins: Intersectionality, Identity Politics, and Violence against Women of Color." *Stanford Law Review*, 43, 6: 1241-1299.

Cunneen, Chris. 1997. "Community Conferencing and the Fiction of Indigenous Control." *Australian and New Zealand Journal of Criminology*, 30: 292-311.

___. 2002. "Restorative Justice and the Politics of Decolonisation." In E. Weitkamp and H. Kerner (eds.), *Restorative Justice: Theoretical Foundations*. Cullompton, UK: Willan Publishing.

___. 2006. "Exploring the Relationship Between Reparations, the Gross Violation of Human Rights, and Restorative Justice." In D. Sullivan and L. Tifft (eds.), *Handbook of Restorative Justice: A Global Perspective*. London and New York: Routledge.

___. 2007. "Reviving Restorative Justice Traditions." In G. Johnstone and D.W. Van Ness (eds.), *Handbook of Restorative Justice*. Cullompton, UK: Willan Publishing.

Curtis-Fawley, Sarah, and Kathleen Daly. 2005. "Gendered Violence and Restorative Justice: The Views of Victim Advocates." *Violence Against Women*, 11, 5: 603-638

Daly, Kathleen. 2003. "Restorative Justice: The Real Story." In Gerry Johnstone (ed.), *A Restorative Justice Reader: Texts, Sources, Context*. Cullompton, UK: Willan Publishing.

___. 2006. "The Limits of Restorative Justice." In D. Sullivan and L. Tifft (eds.), *Handbook of Restorative Justice A Global Perspective*. London and New York: Routledge.

Daly, Kathleen, and Russ Immarigeon. 1998. "The Past, Present, and Future of Restorative Justice: Some Critical Reflections." *Contemporary Justice Review*, 1: 21-45.

Daly, Kathleen, and Julie Stubbs. 2006. "Feminist Engagement with Restorative Justice." *Theoretical Criminology*, 10, 1: 9-28.

Dean, Mitchell. 1999. *Governmentality: Power and Rule in Modern Society*. London: Sage.

Delbo, Charlotte. 1995. *Auschwitz and After*. New Haven, CT: Yale University Press.

Delgado, Richard, and Jean Stefancik. 2017. *Critical Race Theory*, 3rd edition. New York: New York University Press.

Derrida, Jacques. 1992. "Force of Law: The 'Mystical Foundation of Authority.'" In D. Cornell, M. Rosenfeld, and D.G. Carlson (eds.), *Deconstruction and the Possibility of Justice*. London: Routledge.

Deutsch, M. 1973. *The Resolution of Conflict: Constructive and Destructive Process-*

es. New Haven, CT: Yale University Press.

Diani, Mario. 1992. "The Concept of Social Movement." *The Sociological Review*, 40, 1: 1–25.

Dickie, Bonnie. 2000. *Hollow Water* (film) National Film Board of Canada.

Dietrich, Noelle. 2018. "The Closure Factor: An Autoethnographical Analysis of the Justness of Restorative Justice after Murder." *Unpublished MA thesis*, University of Manitoba.

Dignan, James, Anne Atkinson, Helen Atkinson, Marie Howes, Jennifer Johnstone, Gwen Robinson, Joanna Shapland, and Angela Sorsby. 2007. "Staging Restorative Justice Encounters Against a Criminal Justice Backdrop: A Dramaturgical Analysis." *Criminology & Criminal Justice*, 7, 1: 5–32.

Dryzek, J.S. 2000. *Deliberative Democracy and Beyond*. Oxford: Oxford University Press.

Duff, R.A. 2003. "Restorative Punishment and Punitive Restoration." In Gerry Johnstone (ed.), *A Restorative Justice Reader: Texts, Sources, Context*. Cullompton, UK: Willan Publishing.

Duguid, S. 2000. *Can Prisons Work? The Prisoner as Object and Subject in Modern Corrections*. Toronto, ON: University of Toronto Press.

Durkheim, Emile. 1984 [1933]. *The Division of Labour in Society*. New York: Free Press.

Dyck, David. 2006. "Reaching Toward a Structurally Responsive Training and Practice of Restorative Justice." In D. Sullivan and L. Tifft (eds.), *Handbook of Restorative Justice: A Global Perspective*. London and New York: Routledge.

Dzur, Albert W., and Susan M. Olson. 2004. "The Value of Community Participation in Restorative Justice." *Journal of Social Philosophy*, XXXV, 1 (Spring): 91–107.

Elias, Robert. 1986. *The Politics of Victimization: Victims, Victimology and Human Rights*. Oxford: Oxford University Press.

Elliott, Elizabeth, and Robert M. Gordon (eds.) 2005. *New Directions in Restorative Justice: Issues, Practice, Evaluation*. Cullompton, UK: Willan Publishing.

Ewick, P., and S.S. Silbey. 1998. *The Common Place of Law: Stories of Popular Legal Consciousness*. Chicago: University of Chicago Press.

Fattah, Ezzat A. (ed.) 1992. *Towards a Critical Victimology*. New York: St. Martin's Press.

Federal–Provincial–Territorial Working Group on Restorative Justice. 2016. *Restorative Justice in the Canadian Criminal Justice Sector*. Ottawa: Correctional Services Canada.

Fein, Helen. 1993. *Genocide: A Sociological Perspective*. London: Sage Publications.

Fisher, R., and W. Ury. 1991. *Getting to Yes: Negotiating Agreement Without Giving In*, 2nd edition. New York: Penguin Books.

Fishkin, J.S. 1991. *Democracy and Deliberation: New Directions for Democratic Reform.* New Haven, CT: Yale University Press.

Fisk, Milton. 1993. "Introduction: The Problem of Justice." In M. Fisk (ed.), *Key Concepts in Critical Theory: Justice.* New Jersey: Humanities Press.

Fitzpatrick, Peter. 1995. "The Impossibility of Popular Justice." In S. Engle Merry and N. Milner (eds.), *The Possibility of Popular Justice: A Case Study of Community Mediation in the United States.* Ann Arbor: University of Michigan Press.

Foucault, Michel. 1977. *Discipline and Punish: The Birth of the Prison.* New York: Pantheon Books.

___. 1991. "Governmentality." In G. Burchell, C. Gordon and P. Miller (eds.), *The Foucault Effect: Studies in Governmentality with Two Lectures by and an Interview with Michel Foucault.* Chicago: University of Chicago Press.

___. 1994. Ethics, *Subjectivity and Truth.* New York: New Press.

Frank, Anne. 1995 [1947]. *The Diary of a Young Girl.* New York: Doubleday.

Fraser, Nancy. 1992. "Rethinking the Public Sphere: A Contribution to the Critique of Actually Existing Democracy." In Craig Calhoun (ed.), *Habermas and the Public Sphere.* Cambridge, MA: mit Press.

___. 1997. *Justice Interruptus: Critical Reflections on the "Postsocialist Condition."* New York: Routledge.

___. 2000. "Rethinking Recognition." *New Left Review,* 3 (May−June): 107−120.

___. 2003. "From Discipline to Flexibilization? Rereading Foucault in the Shadow of Globalization." *Constellations,* 10, 2: 160−171.

Gaarder, Emily. 2015. "Lessons from a Restorative Circles Initiative for Intimate Partner Violence." *Restorative Justice,* 3, 3: 342−367,

Galaway, B., and J. Hudson (eds.) 1996. *Restorative Justice: International Perspectives.* Monsey, NY: Criminal Justice Press.

Garfinkel, Harold. 1956. "Conditions of Successful Degradation Ceremonies." *American Journal of Sociology,* 61: 420−424.

Garland, David. 2001. *The Culture of Control: Crime and Social Order in Contemporary Society.* Chicago: University of Chicago Press.

Gavrielides, Theo. 2007. *Restorative Justice Theory and Practice: Addressing the Discrepancy.* Helsinki: European Institute for Crime Prevention and Control.

___. 2014. "Bringing Race Relations into the Restorative Justice Debate: An Alternative and Personalized Vision of 'the Other.'" *Journal of Black Studies,* 45, 3: 216−246.

Giddens, Anthony. 1991. *Modernity and Self−Identity: Self and Society in the Late Modern Age.* Stanford, CA: Stanford University Press.

Gil, David G. 2006. "Toward a 'Radical' Paradigm of Restorative Justice." In D. Sullivan and L. Tifft (eds.), *Handbook of Restorative Justice: A Global Per-*

spective. London and New York: Routledge.

Gilligan, Carol. 1982. *In a Different Voice: Psychological Theory and Women's Development*. Cambridge: Harvard University Press.

Goffman, Erving. 1993/1959. *The Presentation of Self in Everyday Life*. New York: Anchor Books.

___. 1967. *Interaction Ritual: Essays on Face-to-Face Behavior*. New York: Pantheon Books.

Goldschmidt, Siegfried. 1945. *Legal Claims Against Germany*. New York: Dryden Press.

Goodhand, Margo. 2017. *Runaway Wives and Rogue Feminists: The Origins of the Women's Shelter Movement in Canada*. Halifax and Winnipeg: Fernwood Publishing.

Goschler, Constantin. 1991. "The United States and Wiedergutmachung for Victims of Nazi Persecution: From Leadership to Disengagement." In A. Frohn (ed.), *Holocaust and Shilumim: The Policy of Wiedergutmachung in the Early 1950s*. Washington, DC: German Historical Institute.

___. 2004. "German Compensation to Jewish Nazi Victims." In J.M. Diefendorf (ed.), *Lessons and Legacies IV: New Currents in Holocaust Research*. Evanston, IL: Northwestern University Press.

Gramsci, Antonio. 1971. *Selections from the Prison Notebooks* (Selections) New York: International Publishers.

Gustafson, David L. 2016. "Victim Offender Mediation Program Fraser Region." *Community Justice Initiatives Association Annual Report*, Fraser Region, British Columbia, pp. 6-7.

Habermas, Jürgen. 1984. *The Theory of Communicative Action: Reason and the Rationalization of Society*, volume 1. Boston: Beacon Press.

___. 1989. *The Structural Transformation of the Public Sphere*. Cambridge, MA: Polity Press.

___. 1990. *Moral Consciousness and Communicative Action*. Cambridge, MA: mit Press.

___. 1999. *Between Facts and Norms: Contributions to a Discourse Theory of Law and Democracy*. Cambridge, MA: mit Press.

Haig-Brown, Celia. 1988. *Resistance and Renewal: Surviving the Indian Residential School*, Vancouver: Tillacum Library.

Hampton, Jean. 1998. "Punishment, Feminism, and Political Identity: A Case Study in the Expressive Meaning of Law." *Canadian Journal of Law and Jurisprudence*, 11, 1: 23-45.

Hannah-Moffat, Kelly, and Margaret Shaw. 2001. *Taking Risks: Incorporating Gender and Culture into the Classification and Assessment of Federally Sentenced Women in Canada*. Ottawa: Status of Women.

Hardt, Michael, and Antonio Negri. 2000. *Empire*. Cambridge, MA: Harvard University Press.

___. 2004. *Multitude: War and Democracy in the Age of Empire*. New York: Penguin.

Harrington, Christina B. 1985. *Shadow Justice: The Ideology and Institutionalization of Alternatives to Court*. Westport, CT: Greenwood Press.

Harris, Nathan, Lode Walgrave and John Braithwaite. 2004. "Emotional Dynamics in Restorative Conferences." *Theoretical Criminology*, 8, 2: 191−210.

Hart−Landsberg, Martin. 2006. "Neoliberalism: Myths and reality." Monthly Review, 57, 11. ⟨http://www.monthlyreview.org/0406hart−landsberg.htm⟩.

Hartman, Yvonne. 2005. "In Bed with the Enemy: Some Ideas on the Connections between Neoliberalism and the Welfare State." *Current Sociology*, 53, 1: 57−73.

Hay, Colin. 2006. "Political Ontology." In R.E. Goodin and C. Tilly (eds.), *The Oxford Handbook of Contextual Political Analysis*. Oxford: Oxford University Press.

Hayner, Priscilla B. 2002. *Unspeakable Truths: Facing the Challenge of Truth Commissions*. New York and London: Routledge.

Herf, Jeffrey. 1997. *Divided Memory: The Nazi Past in the Two Germanys*. Cambridge, MA: Harvard University Press.

Herman, Susan. 2004. "Is Restorative Justice Possible Without a Parallel System for Victims?" In H. Zehr and B. Toews (eds.), *Critical Issues in Restorative Justice*. Monsey, NY and Cullompton, UK: Criminal Justice Press and Willan Publishing.

Hofrichter, Richard. 1982. "Neighborhood Justice and the Social Control Problems of American Capitalism: A Perspective." In Richard Abel (ed.), *The Politics of Informal Justice: The American Experience*, volume 1. New York: Academic Press.

___. 1987. *Neighborhood Justice in Capitalist Society: The Expansion of the Informal State*. New York: Greenwood.

Hogarth, John. 1971. *Sentencing as a Human Process*. Toronto: University of Toronto Press.

Hogeveen, Bryan. 2006. "Unsettling Youth Justice and Cultural Norms: The Youth Restorative Action Project." *Journal of Youth Studies*, 9, 1: 47−66.

Hogeveen, Bryan, and Joanne Minaker. 2008. Youth, *Crime and Justice: Issues of Power and Justice*. Toronto: Pearson.

Hogeveen, Bryan, and Andrew Woolford. 2006. "Critical Criminology and Possibility in the Neoliberal Ethos." *Canadian Journal of Criminology and Criminal Justice*, 48, 5: 681−702.

Hubbard, Tasha. 2014. "Buffalo Genocide in Nineteenth−Century North America: 'Kill, Skin, and Sell.'" In Andrew Woolford, Jeff Benvenuto, and Alexander

Hinton (eds.), *Colonial Genocide in Indigenous North America*. Durham: Duke University Press.

Hudson, Barbara. 2003. *Justice in the Risk Society*. London: Sage.

___. 2006. "Beyond White Man's Justice: Race, Gender and Justice in Late Modernity." *Theoretical Criminology*, 10, 1: 29-47.

Hunt, Ronald. 2000. "Conferencing a Serious Arson Case." ⟨https://www.iirp.edu/news/conferencing-a-serious-arson-case⟩.

Illich, Ivan. 1977. *Towards a History of Needs*. New York: Pantheon Books.

Illich, Ivan, Irving Zola, John McKnight, and Harley Shaiken. 1977. *Disabling Professions*. London: Marion Boyars.

incite! ⟨https://incite-national.org/⟩. Accessed May 7, 2019.

Jameson, Frederic. 1991. *Postmodernism, or, the Cultural Logic of Late Capitalism*. Durham, NC: Duke University Press.

Jelinek, Yeshayahu A. 1990. "Political Acumen, Altruism, Foreign Pressure or Moral Debt: Konrad Adenauer and the 'Shilumim.'" *Tel Aviver Jahrbuch für Deutsche Geschichte* 19: 77-102.

Jessop, Bob. 2002. "Liberalism, Neoliberalism, and Urban Governance: A State-Theoretical Perspective." *Antipode*, 34, 3: 452-472.

Johnson, Holly, and Karen Rodgers. 1993. "A Statistical Overview of Women and Crime in Canada." In Ellen Adelberg and Claudia Currie (eds.), *In Conflict with the Law: Women and the Canadian Justice System*. Vancouver: Press Gang Publishers.

Johnstone, Gerry. 2002. *Restorative Justice: Ideas, Values, Debates*. Devon, UK: Willan Publishing.

___. 2004. "How, and in What Terms, Should Restorative Justice Be Conceived?" In H. Zehr and B. Toews (eds.), *Critical Issues in Restorative Justice*. Cullompton, UK: Willan Publishing.

Johnstone, Gerry, and Daniel Van Ness. 2007. "The Meaning of Restorative Justice." In G. Johnstone and D.W. Van Ness (eds.), *Handbook of Restorative Justice*. Cullompton, UK: Willan Publishing.

Kant, Immanuel 1873. *Fundamental Principles of the Metaphysics of Morals*. London: Longmans, Green, & Co.

Kay, Jonathan. 2009. "The Folly of Native Sentencing Circles." *National Post*, January 20.

Kay, Judith W. 2006. "Murder Victims' Families for Reconciliation: Story-Telling for Healing, as Witness, and in Public Policy." In D. Sullivan and L. Tifft (eds.), *Handbook of Restorative Justice: A Global Perspective*. London and New York: Routledge.

Kelly, Esteban L. 2011. "Philly Stands Up: Inside the Politics and Poetics of Transformative Justice and Community Accountability in Sexual Assault Situations."

Social Justice, 37, 4: 44−57.

Kilty, Jennifer. 2014. "Examining the 'Psy−Carceral Complex' in the Death of Ashley Smith." In Gillian Balfour and Elizabeth Comack (eds.), *Criminalizing Women: Gender and (In)Justice in Neo−Liberal Times*, 2nd edition. Halifax: Fernwood Publishing.

Kim, Hubert. 1999. "German Reparations: Institutionalized Insufficiency." In Roy L. Brooks (ed.), *When Sorry Isn't Enough: The Controversy over Apologies and Reparations for Human Injustice*. New York: New York University Press.

Kim, Mimi. 2018. "From Carceral Feminism to Transformative Justice: Women−of−Color Feminism and Alternatives to Incarceration." *Journal of Ethnic & Cultural Diversity in Social Work*, 27, 3: 219−233.

Konowal, Charles. 1997. *Glimmer of Hope* (film) National Film Board of Canada.

Koontz, Claudia. 2003. *The Nazi Conscience*. Cambridge, MA: Belknap Press.

Kriesberg, Louis. 2008. "Waging Conflicts Constructively." In S. Byrne, J. Senehi, D. Sandole, and I. Staroste−Sandole (eds.), *Conflict Resolution: Core Concepts, Theories, Approaches and Practices*. London: Routledge.

Kritz, Neil J. 1995. *Transitional Justice: How Emerging Democracies Reckon with Former Regimes*. Washington, DC: United States Institute of Peace Press.

Krog, Antjie. 1998. *Country of My Skull: Guilt, Sorrow, and the Limits of Forgiveness in the New South Africa*. New York: Three Rivers Press.

Kueneman, Rodney. 2008. "The Origins and Role of Law in Society." In Rick Linden (ed.), *Criminology: A Canadian Perspective*, volume 5. Toronto: Thomson−Nelson.

Kurki, L. 2000. "Restorative Justice and Community Justice in the United States." *Crime and Justice*, 27: 235−303.

LaCapra, Dominick. 1999. "Trauma, Absence, Loss." *Critical Inquiry*, 25, 4: 696−727.

Lajeunesse, Therese. 1996. *Evaluation of Community Holistic Circle Healing, Hollow Water First Nation, Volume 1: Final Report*. Manitoba: Thérèse Lajeunesse & Associates.

Laroque, Emma. 1997. "Re−Examining Culturally Appropriate Models in Criminal Justice Applications." In Michael Asch (ed.), *Aboriginal and Treaty Rights in Canada: Essays on Laws, Equality, and Respect for Difference*. Vancouver: ubc Press.

Latimer, J., C. Dowden, and D. Muise. 2001. *The Effectiveness of Restorative Justice Practices: A Meta−Analysis*. Ottawa: Department of Justice, Canada.

Latour, Bruno. 1991. *We Have Never Been Modern*. Cambridge: Harvard University Press.

Levi, Primo. 1989. The Drowned and the Saved. New York: Vintage International.

Levrant, S., F.T. Cullen, B. Fulton, and J.F. Wzniak. 1999. "Reconsidering Restorative Justice: The Corruption of Benevolence Revisited?" *Crime and Delinquency*, 45: 3-27.

Lewis, Ruth, Rebecca Emerson Dobash, Russell Dobash, and Kate Cavanagh. 2001. "Law's Progressive Potential: The Value of Engagement with the Law for Domestic Violence." *Social & Legal Studies*, 10, 1: 105-130.

Llewellyn, Jennifer. 2007. "Truth Commissions and Restorative Justice." In G. Johnstone and D.W. Van Ness (eds.), *Handbook of Restorative Justice*. Cullompton, UK: Willan Publishing.

____. 2018. "Realizing the Full Potential of Restorative Justice." Policy Options, May. ⟨http://policyoptions.irpp.org/magazines/may-2018/realizing-the-full-potential-of-restorative-justice/⟩.

Llewellyn, Jennifer, Bruce Archibald, Donald Clairmont, and Diane Crocker. 2013. "Imagining Success for a Restorative Approach to Justice: Implications for Measurement and Evaluation." *Dalhousie Law Journal*, 36, 2: 281-316.

Llewellyn, Jennifer, and Robert Howse. 1998. *Restorative Justice: A Conceptual Framework*. Ottawa: Law Commission of Canada.

Llewellyn, Jennifer, Jacob MacIssac, and Melissa MacKay. 2015. *Report from the Restorative Justice Process at the Dalhousie University Faculty of Dentistry*. ⟨https://cdn.dal.ca/content/dam/dalhousie/pdf/cultureofrespect/RJ2015-Report.pdf⟩. Accessed September 26, 2018.

Maglione, Giuseppe. 2017. "Embodied Victims: An Archaeology of the 'Ideal Victim' of Restorative Justice." *Criminology & Criminal Justice*, 17, 4: 401-417.

Maier, Charles S. 1988. *The Unmasterable Past: History, Holocaust, and German National Identity*. Cambridge, MA: Harvard University Press.

Mamdani, Mahmood. 2000. "The Truth According to the trc." In I. Amadiume and A. An-Na'im (eds.), *The Politics of Memory: Truth, Healing & Social Justice*. London: Zed Books.

____. 2001. *When Victims Become Killers: Colonialism, Nativism, and the Genocide in Rwanda*. Princeton, NJ: Princeton University Press.

Marchak, Patricia. 2008. *No Easy Fix: Global Responses to Internal Wars and Crimes against Humanity*. Montreal and Kingston: McGill-Queen's University Press.

Marshall, Tony F. 1999. *Restorative Justice: An Overview*. London: Home Office, Research Development and Statistics Directorate.

Martinson, R. 1974. "What Works? Questions and Answers about Prison Reform." *The Public Interest*, Spring: 22-54.

Matthews, Roger (ed.) 1988. *Informal Justice?* London: Sage.

Matza, David. 1990. *Delinquency and Drift*. New Brunswick, NJ: Transaction.

Maxwell, Gabrielle, and Allison Morris. 1993. *Family, Victims and Culture: Youth Justice in New Zealand*. Wellington: Special Policy Agency and Institute of Criminology, Victoria University of Wellington.

Maxwell, Gabrielle, Allison Morris, and Hennesey Hayes. 2006. "Conferencing and Restorative Justice." In D. Sullivan and L. Tifft (eds.), *Handbook of Restorative Justice: A Global Perspective*. London and New York: Routledge.

Maynard, Robyn. 2017. *Policing Black Lives: State Violence in Canada from Slavery to the Present*. Halifax & Winnipeg: Fernwood Publishing.

McCold, Paul. 2006. "The Recent History of Restorative Justice, Mediation, Circles, and Conferencing." In D. Sullivan and L. Tifft (eds.), *Handbook of Restorative Justice: A Global Perspective*. London: Routledge.

McCold, Paul, and Benjamin Wachtel. 1998. "Restorative Policing Experiment: The Bethlehem Pennsylvania Police Family Group Conferencing Project." Pipersville, PA: Community Service Foundation.

McCold, Paul, and Ted Wachtel. 1998. "Community Is Not a Place: A New Look at Community Justice Initiatives." *Contemporary Justice Review*, 1, 1: 71–85.

___. 2002. "Restorative Justice Theory Validation." In E. Weitkamp and H. Kerner (eds.), *Restorative Justice: Theoretical Foundations*. Cullompton, UK: Willan Publishing.

McEvoy, Kieran, and Anna Ecksson. 2006. "Restorative Justice in Transition: Ownership, Leadership, and 'Bottom–Up' Human Rights." In D. Sullivan and L. Tifft (eds.), *Handbook of Restorative Justice: A Global Perspective*. London and New York: Routledge.

McEvoy, Kieran, and Tim Newburn. 2003. "Criminology, Conflict Resolution and Restorative Justice." In K. McEvoy and T. Newburn (eds.), *Criminology, Conflict Resolution and Restorative Justice*. Houndsmills, Basingstoke, Hampshire: Palgrave Macmillan.

McGlynn, Clare, Julia Downes, and Nicole Westmarland. 2017. "Seeking Justice for Survivors of Sexual Violence: Recognition, Voice and Consequences." In E. Zinsstag and M. Keenan (eds.), *Restorative Responses to Sexual Violence: Legal, Social and Therapeutic Dimensions*. London: Routledge.

McGlynn, Clare, Nicole Westmarland, and Nikki Godden. 2012. " 'I Just Wanted Him to Hear Me' : Sexual Violence and the Possibilities of Restorative Justice." *Journal of Law and Society*, 39: 213–240.

McLachlin, Beverly. 2004. "Judging in a Democratic Society." *Sixth Templeton Lecture on Democracy*, University of Manitoba, June 3.

Meierhenrich, Jens. 2008. *The Legacies of Law: Long–Run Consequences of Legal Development in South Africa, 1652–2000*. Cambridge, MA: Cambridge University Press.

Merton, Robert. 1938. "Social Structure and Anomie." *American Sociological Review*, 3, 5: 672–682.

Miers, David. 1989. "Positivist Criminology: A Critique." *International Review of Victimology*, 1: 3–22.

Mika, Harry, and Howard Zehr. 2003. "A Restorative Framework for Community Justice Practice." In K. McEvoy and T. Newburn (eds.), *Criminology, Conflict Resolution and Restorative Justice*. Houndsmills, Basingstoke, Hampshire: Palgrave Macmillan.

Mill, John Stuart. 1993 [1861]. "On the Connection Between Justice and Utility." In M. Fisk (ed.), *Key Concepts in Critical Theory: Justice*. New Jersey: Humanities Press.

Miller, Susan, and LeeAnn Iovanni. 2013. "Using Restorative Justice for Gendered Violence: Success with a Postconviction Model." *Feminist Criminology*, 8, 4: 247-268.

Milloy, John S. 1999. *A National Crime: The Canadian Government and the Residential School System, 1879 to 1986*. Winnipeg, MB: University of Manitoba Press.

Mills, C. Wright. 1959. *The Sociological Imagination*. New York: Oxford University Press.

Minow, Martha. 1999. *Between Vengeance and Forgiveness: Facing Genocide and Mass Violence*. Boston: Beacon Press.

Monture-Angus, Patricia. 1999. *Journeying Forward: Dreaming First Nations' Independence*. Halifax, NS: Fernwood Publishing.

Moore, D.B., and T.A. O'Connell. 2003. "Family Conferencing in Wagga Wagga: A Communitarian Model." In G. Johnstone (ed.), *A Restorative Justice Reader: Texts, Sources, Context*. Cullompton, UK: Willan Publishing.

Morris, Ruth. 1994. *A Practical Path Toward Transformative Justice*. Toronto: Rittenhouse.

Morrison, Brenda. 2006. "School Bullying and Restorative Justice: Toward a Theoretical Understanding of the Role of Respect, Pride, and Shame." *Journal of Social Issues*, 62, 2: 371-392.

____. 2007. "Schools and Restorative Justice." In G. Johnstone and D.W. Van Ness (eds.), *Handbook of Restorative Justice*. Cullompton, UK: Willan Publishing.

Moses, Siegfried. 1944. *Jewish Post-War Claims*. Tel Aviv: Irgun Olej Merkaz Europa.

Murphy, Jeffrie G., and Jean Hampton. 1988. *Forgiveness and Mercy*. Cambridge, UK: Cambridge University Press.

Nader, Laura. 1990. *Harmony Ideology: Justice and Control in a Mountain Zapotec Village*. Stanford, CA: Stanford University Press.

Naffine, Ngaire. 1987. *Female Crime: The Construction of Women in Criminology*. Winchester: Allen & Unwin.

Nancy, Jean-Luc. 1991. *The Inoperative Community*. Minneapolis: University of Minnesota Press.

Napoleon, Val. 2004. "By Whom, and by What Processes, Is Restorative Justice Defined?" In H. Zehr and B. Toews (eds.), *Critical Issues in Restorative Justice*. Cullompton, UK: Willan Publishing.

Nelund, Amanda. 2016. "Engendering Alternative Justice: Criminalized Women, Alternative Justice, and Neoliberalism." PhD diss. University of Manitoba.

___. 2017. "The Marginalised Woman: Thinking Beyond Victim/Offender in Restorative Justice." *Restorative Justice*, 5, 3: 408−419

Niven, Bill.2002. *Facing the Nazi Past: United Germany and the Legacy of the Third Reich*. London and New York: Routledge.

Novick, Peter. 1999. *The Holocaust in American Life*. Boston: Mariner Books.

Offe, Claus. 1997. *Varieties of Transition: The East European and East German Experience*. Cambridge, MA: mit Press.

Olson, Susan M., and Albert W. Dzur. 2004. "Revisiting Informal Justice: Restorative Justice and Democratic Professionalism." *Law & Society Review*, 38, 1: 139−176.

Osiel, Mark. 1999. *Mass Atrocity, Collective Memory and the Law*. New Brunswick, NJ: Transaction.

Parkinson, John, and Declan Roche. 2004. "Restorative Justice: Deliberative Democracy in Action?' *Australian Journal of Political Science*, 39, 3: 505−18.

Pavlich, George. 1996a. *Justice Fragmented: Mediating Community Disputes Under Postmodern Conditions*. London: Routledge.

___. 1996b. "The Power of Community Mediation: Government and Formation of Self." *Law and Society Review*, 30: 101−27.

___. 2001. "The Force of Community." In H. Strang and J. Braithwaite (eds.), *Restorative Justice and Civil Society*. Cambridge: Cambridge University Press.

___. 2005. *Governing Paradoxes of Restorative Justice*. London: GlassHouse Press.

___. 2007. Ethics, Universal Principles, and Restorative Justice." In G. Johnstone and D.W. Van Ness (eds.), *Handbook of Restorative Justice*. Cullompton, UK: Willan Publishing.

Peachey, Dean E. 2003. "The Kitchener Experiment." In G. Johnstone (ed.), *A Restorative Justice Reader: Texts, Sources, Context*. Cullompton, UK: Willan Publishing.

Pennell, Joan, and Gale Burford. 2002. "Feminist Praxis: Making Family Group Conferencing Work." In H. Strang and J. Braithwaite (eds.), *Restorative Justice and Family Violence*. Cambridge, UK: Cambridge University Press.

Pepinsky, Harold E., and Richard Quinney (eds.) 1990. *Criminology as Peacemaking*. Bloomington, IN: Indiana University Press.

Phlean, Bryan. 1998. "Hollow Water Healing: Straightforward, Honest." *Windspeaker*, January 1.

Picard, Cheryl A. 1998. *Mediating Interpersonal and Small Group Conflict*. Ottawa: Golden Dog Press.

Pitts, Gordon. 2008/2018. "The Testing of Michael McCain." Globe and Mail. November 28/updated April 30, 2018. 〈theglobeandmail.com/report-on-business/the-testing-of-michael-mccain/article598005/〉.

Pollard, Sir Charles. 2001. " 'If Your Only Tool Is a Hammer, All Your Problems Will Look Like Nails.' " In H. Strang and J. Braithwaite (eds.), Restorative Justice and Civil Society. Cambridge: Cambridge University Press.

Power, Samantha. 2002. *"A Problem from Hell": America and the Age of Genocide.* New York: Basic Books.

Pranis, Kay. 2005. *The Little Book of Circle Processes: A New/Old Approach to Peacemaking.* Intercourse, PA: Good Books. 『서클 프로세스』(대장간 역간)

Pross, Christian. 1998. *Paying for the Past: The Struggle over Reparations for Surviving Victims of the Nazi Terror.* Baltimore: Johns Hopkins University Press.

Ptacek, James (ed.) 2010. *Restorative Justice and Violence Against Women.* Oxford: Oxford University Press.

Putnam, Robert. 2000. *Bowling Alone: The Collapse and Revival of American Community.* New York: Touchstone.

Puxon, Grattan. 1981. "Gypsies Seek Reparations." *Patterns of Prejudice*, 15: 21–25.

Rawls, John. 1971. *A Theory of Justice.* Cambridge, MA: Belknap Press of Harvard University.

___. 1993. "Justice as Fairness: Political not Metaphysical." In M. Fisk (ed.), *Key Concepts in Critical Theory: Justice.* New Jersey: Humanities Press.

Raye, Barbara E., and Ann Warner Roberts. 2007. "Restorative Processes." In G. Johnstone and D.W. Van Ness (eds.), *Handbook of Restorative Justice.* Cullompton, UK: Willan Publishing.

Redekop, Paul. 2007. *Changing Paradigms: Punishment and Restorative Discipline.* Scottdale, PA: Herald Press.

Richards, Kelly. 2011. "Restorative Justice and 'Empowement': Producing and Governing Active Subjects through 'Empowering' Practices." *Critical Criminology*, 19: 91–105.

Richie, Beth. 2015. "Reimagining the Movement to End Gender Violence: Anti-Racism, Prison Abolition, Women of Color Feminisms, and Other Radical Visions of Justice." *University of Miami Race & Social Justice Law Review*, 5, 2: 257–273.

Robinson, Nehemiah. 1944. *Indemnification and Reparations – Jewish Aspects.* New York: Institute of Jewish Affairs.

Roche, Declan. 2007. "Restitution and Restorative Justice." In G. Johnstone and D.W. Van Ness (eds.), *Handbook of Restorative Justice.* Cullompton, UK: Willan Publishing.

Rose, Nikolas. 1993. "Government, Authority and Expertise in Advanced Liberalism." *Economy and Society*, 22, 3 (August): 283–99.

___. 1996. "Governing 'Advanced' Liberal Democracies." In A. Barry, T. Osborne, and N. Rose (eds.), *Foucault and Political Reason: Liberalism, Neo-liberalism and Rationalities of Government*. ucl Press.

___. 1999. *Powers of Freedom: Reframing Political Thought*. Cambridge, UK: Cambridge University Press.

Ross, Rupert. 1996. *Returning to the Teachings: Exploring Aboriginal Justice*. Toronto: Penguin Books.

Rossner, Meredith. 2011. "Emotions and Interaction Ritual: A Micro-Analysis of Restorative Justice." *British Journal of Criminology*, 51: 95-119.

___. 2013. *Just Emotions: Rituals of Restorative Justice*. Oxford: Oxford University Press.

Rousseau, Pierre. 2009. *NP Editor*, February 2.

Roy, Eleano Ainge. 2017. "New Zealand River Granted Same Legal Rights as Human Being." The Guardian, March 16. ⟨theguardian.com/world/2017/mar/16/new-zealand-river-granted-same-legal-rights-as-human-being⟩.

Rypi, Anna. 2017. " 'You Don't Have to Say Straight Out…' : Directed Impression Management at Victim-Offender Mediation Pre-meetings." *Sociological Focus*, 50, 3: 261-276.

Sagi, Nana. 1980. *German Reparations: A History of the Negotiations*. Jerusalem, Israel: Magnes Press, Hebrew University.

Schrastetter, Susanna. 2003. "The Diplomacy of Wiedergutmachung: Memory, the Cold War, and the Western European Victims of Nazism, 1956-1964." *Holocaust and Genocide Studies*, 17 (Winter): 459-479.

Scott, James C. 1998. *Seeing Like a State: How Certain Schemes to Improve the Human Condition Have Failed*. New Haven: Yale University Press.

Sebba, Leslie. 1980. "The Reparations Agreements: A New Perspective." *Annals of the American Academy of Political and Social Science*, 450: 202-212.

Selva, L.H., and R.M. Böhm. 1987. "A Critical Examination of the Informalism Experiment in the Administration of Justice." *Crime and Social Justice*, 29: 43-57.

The Sentencing Project. 2018. *Capitalizing on Mass Incarceration: US Growth in Private Prisons*. Washington: The Sentencing Project.

Seven Generations Education Institute. 2015. "Seven Grandfather Teachings." ⟨http://www.7generations.org/?page_id=2396⟩.

Shapland, J., A. Atkinson, H. Atkinson, E. Colledge, J. Dignan, M. Howes, J. Johnstone, G. Robinson, and A. Sorsby. 2006. "Situating Restorative Justice Within Criminal Justice." *Theoretical Criminology*, 10, 4: 505-532.

Shapland, Joanna, Gwen Robinson, and Angela Sorsby. 2011. *Restorative Justice in Practice: Evaluating What Works for Victims and Offenders*. London and New York: Routledge.

Sharpe, Susan. 2004. "How Large Should the Restorative Justice 'Tent' Be?" In H. Zehr and B. Toews (eds.), *Critical Issues in Restorative Justice*. Cullompton, UK: Willan Publishing.

____. 2007. "The Idea of Reparation." In G. Johnstone and D.W. Van Ness (eds.), *Handbook of Restorative Justice*. Cullompton, UK: Willan Publishing.

Sherman, Lawrence, and Heather Strang. 2007. *Restorative Justice: The Evidence*. London: The Smith Institute.

Sherman, Lawrence, Heather Strang, Evan Mayo-Wilson, Daniel J. Woods, and Barak Ariel. 2015. "Are Restorative Justice Conferences Effective in Reducing Repeat Offending? Findings from a Campbell Systematic Review." *Journal of Quantitative Criminology*, 31, 1: 1-24.

Shonholtz, Raymond. 1984. "Neighborhood Justice Systems: Work, Structure and Guiding Principles." *Mediation Quarterly*, 5: 3-30.

Simmel, Georg. 1908. *The Sociology of Georg Simmel*. (K. Wolff, ed.) New York: Free Press.

Skelton, Ann, and Cheryl Frank. 2004. "How Does Restorative Justice Address Human Rights and Due Process Issues?" In H. Zehr and B. Toews (eds.), *Critical Issues in Restorative Justice*. Cullompton. UK: Willan Publishing.

Stern, Vivian. 2006. *Creating Criminals: Prisons and People in a Market Society*. London: Zed Books.

Strang, Heather. 2001. *Victim Participation in a Restorative Justice Process*. Oxford: Oxford University Press.

Stuart, Barry. 1996. "Circle Sentencing: Turning Swords into Ploughshares." In B. Galaway and J. Hudson (eds.), *Restorative Justice: International Perspectives*. Monsey, NY: Criminal Justice Press.

Stuart, Barry, and Kay Pranis. 2006. "Peacemaking Circles: Reflections on Principal Features and Primary Outcomes." In D. Sullivan and L. Tifft (eds.), *Handbook of Restorative Justice: A Global Perspective*. London and New York: Routledge.

Stubbs, Julie. 2002. "Domestic Violence and Women's Safety: Feminist Challenges to Restorative Justice." In Heather Strang and John Braithwaite (eds.), *Restorative Justice and Family Violence*. Cambridge: Cambridge University Press.

Sullivan, Dennis, and Larry Tifft. 2001. *Restorative Justice: Healing the Foundations of Our Everyday Lives*. Monsey, NY: Willow Tree.

____. 2006. "Introduction: The Healing Dimension of Restorative Justice: A One-World Body." In D. Sullivan and L. Tifft (eds.), *Handbook of Restorative Justice: A Global Perspective*. London and New York: Routledge.

Supreme Court of Canada. 1975. Murdoch v. Murdoch, 1 S.C.R. 423 Date: 1973-10-02. ⟨https://scc-csc.lexum.com/scc-csc/scc-csc/en/item/5346/index.do⟩.

Sykes, Gresham M., and David Matza. 1957. "Techniques of Neutralization: A Theory of Delinquency." *American Sociological Review*, 22, 6: 664−670.

Tauri, Juan M. 2009. "An Indigenous Perspective on the Standardisation of Restorative Justice in New Zealand and Canada." *Indigenous Policy Journal*, xx, 3 (Fall): 1−24.

___. 2014. Criminal Justice in Contemporary Settler Colonialism. *African Journal of Criminology and Justice Studies*, 8, 1: 20−38.

Tavuchis, Nicholas. 1991. *Mea Culpa: A Sociology of Apology and Reconciliation*. Stanford, CA: Stanford University Press.

Taylor, Jillian. 2018. "Restorative Justice at the Centre of Manitoba's New Plan to Keep People out of Jail." cbc News, 9 March. 〈http://www.cbc.ca/news/canada/manitoba/manitoba−justice−system−modernization−strategy−1.4568641〉.

Teitel, Ruti. 2000. *Transitional Justice*. New York: Oxford University Press.

Thom, Brian. 2006. "The Paradox of Boundaries in Coast Salish Territories." *Paper presented at Indigenous Cartographies and Representational Politics: an International Conference*. Ithaca, NY: Cornell University, March 3−5.

Tickell, A., and J.A. Peck. 1995. "Social Regulation after Fordism: Regulation Theory, Neoliberalism and the Global−Local Nexus." *Economy and Society*, 24, 3 (August): 357−386.

Toews, Barb, and Howard Zehr. 2004. "Preface." In H. Zehr and B. Toews (eds.), *Critical Issues in Restorative Justice*. Cullompton, UK: Willan Publishing.

Torpey, John. 2001. "'Making Whole What Has Been Smashed': Reflections on Reparations." The Journal of Modern History, 73 (June): 333−358.

___. 2003. "Introduction." In J. Torpey (ed.), *Politics and the Past*. Oxford: Rowman and Littlefield Publishers.

___. 2006. *Making Whole What Has Been Smashed: On Reparations Politics*. Cambridge, MA: Harvard University Press.

Truth and Reconciliation Commission. 1996. *Amnesty Hearing Transcripts: Killing of Griffiths Mxenge, Part 1*. Durban, South Africa: Truth and Reconciliation Commission.

Tuck, E., and K.W. Yang. 2012. "Decolonization Is Not a Metaphor." *Decolonization: Indigeneity, Education & Society*, 1, 1: 1−40.

Turk, Austin. 1969. *Criminality and Legal Order*. Chicago: Rand McNally.

Tutu, Desmond. 1999. *No Future Without Forgiveness*. New York: Image, Doubleday.

Umbreit, Mark, Robert B. Coates, and Betty Vos. 2006. "Victim Offender Mediation: An Evolving Evidence−Based Practice." In D. Sullivan and L. Tifft (eds.), *Handbook of Restorative Justice: A Global Perspective*. London and New York: Routledge.

Umbreit, Mark, and Howard Zehr. 1996. "Restorative Family Group Conferences:

Differing Models and Guidelines for Practice." *Federal Probation*, 60, 3: 24–29.

United Nations. 2007. *Handbook of Restorative Justice Programs*. New York: United Nations.

United Nations Economic and Social Council. 2000. Basic Principles on the Use of Restorative Justice Programmes in Criminal Matters. Adopted by the Social Council and its Substantive Session of 2002/12. ⟨https://www.un.org/ruleo-flaw/blog/document/basic-principles-on-the-use-of-restorative-justice-programmes-in-criminal-matters/⟩.

Van Ness, Daniel. 1993. "New Wine and Old Wineskins: Four Challenges of Restorative Justice." *Criminal Law Forum*, 4, 2: 251–276.

Van Ness, Daniel, and Karen Heetderks Strong. 2002. *Restoring Justice*. Cincinnati: Anderson.

Van Wormer, Katherine. 2009. "Restorative Justice as Social Justice for Victims of Gendered Violence: A Standpoint Feminist Perspective." *Social Work*, 54, 2: 107–116.

Villa-Vicencio, Charles. 2006. "Transitional Justice, Restoration, and Prosecution." In D. Sullivan and L. Tifft (eds.), *Handbook of Restorative Justice: A Global Perspective*. London and New York: Routledge.

Wacquant, Loïc. 2001. "The Penalization of Poverty and the Rise of Neoliberalism." *European Journal on Criminal Policy and Research*, 9, 4 (Winter): 401–412.

____. 2004. "Critical Thought as Solvent of Doxa." *Constellations*, 11, 1 (Spring): 97–101.

____. 2009. *Punishing the Poor: The Neoliberal Government of Social Security*. Durham: Duke University Press.

Walgrave, Lode. 2002. "From Community to Domination: In Search of Social Values for Restorative Justice." In E. Weitekamp and H.J. Kerner (eds.), *Restorative Justice: Theoretical Foundations*. Cullompton, UK: Willan Publishing.

____. 2004. "Has Restorative Justice Theory Appropriately Responded to Retribution Theory and Impulses?" In H. Zehr and B. Toews (eds.), *Critical Issues in Restorative Justice*. Cullompton, UK: Willan Publishing.

Walkate, Sandra. 1989. *Victimology: The Victim and the Criminal Justice Process*. London: Unwin Hyman.

____. 2006. "Changing Boundaries of the 'Victim' in Restorative Justice: So Who Is the Victim Now?" In D. Sullivan and L. Tifft (eds.), *Handbook of Restorative Justice: A Global Perspective*. London and New York: Routledge.

Weber, Max. 1946. *From Max Weber: Essays in Sociology*. (H.H. Gerth and C. Wright Mills eds.) New York: Oxford University Press.

Weisel, Elie. 2006 [1972]. *Night*. New York: Hill and Wang.

Weitekamp, Elmar. 2003. "The History of Restorative Justice." In G. Johnstone (ed.), *A Restorative Justice Reader*. Cullompton, UK: Willan.

White, Rob. 2008. "Restorative Justice, Inequality, and Social Change." In C. Brooks and B. Schissel (eds.), *Marginality & Condemnation: An Introduction to Criminology*, 2nd edition. Black Point, NS and Winnipeg, MB: Fernwood Publishing.

Wiebe, Rudy, and Yvonne Johnson. 1999. *Stolen Life: The Journey of a Cree Woman*. Toronto: A.A. Knopf Canada.

Williams, Michelle Y. 2013. "African Nova Scotian Restorative Justice: A Change Has Gotta Come." *Dalhousie Law Journal*, 36, 2: 419–459.

Wilson, Richard. 2001. *The Politics of Truth and Reconciliation in South Africa: Legitimizing the Post-Apartheid State*. Cambridge, UK: Cambridge University Press.

Wolfe, P. 2006. "Settler Colonialism and the Elimination of the Native." *Journal of Genocide Research*, 8, 4: 387–409.

Woolford, Andrew. 2005. *Between Justice and Certainty: Treaty-Making in British Columbia*. Vancouver: University of British Columbia Press.

____. 2019. "Decriminalizing Settler Colonialism: Entryways to Genocide Accusation and Canadian Absolution." In George Pavlich and Matthew Unger (eds.), *Entryways and Criminalization*. University of Alberta Press.

Woolford, Andrew, and James Gacek. 2016. "Genocidal Carcerality and Indian Residential Schools in Canada." *Punishment & Society*, 18, 4: 400–419.

Woolford, Andrew, and R.S. Ratner. 2003. "Nomadic Justice: Restorative Justice on the Margins of Law." *Social Justice*, 30: 177–194.

____. 2005. "Selling Mediation: The Marketing of Alternative Dispute Resolution." *Peace and Conflict Studies Journal*, 12, 1: 1–21.

____. 2008a. *Informal Reckonings: Conflict Resolution in Mediation, Restorative Justice and Reparation*. London: Routledge-Cavendish.

____. 2008b. "Mediation Games: Justice Frames." In S. Byrne, J. Senehi, D. Sandole, and I. Staroste-Sandole (eds.), *Conflict Resolution: Core Concepts, Theories, Approaches and Practices*. London: Routledge.

____. 2015. *This Benevolent Experiment: Indigenous Boarding Schools, Genocide and Redress in Canada and the United States*. Lincoln and Winnipeg: University of Nebraska Press and University of Manitoba Press.

____. 2018. "Decriminalizing Settler Colonialism: Entryways to Genocide Accusation and Canadian Absolution." In George Pavlich and Matthew Unger (eds.), *Entryways and Criminalization*. Edmonton: University of Alberta Press.

Woolford, Andrew, and Stefan Wolejszo. 2006. "Collecting on Moral Debts: Reparations, the Holocaust, and the Porrajmos." *Law & Society Review*, 40, 4: 871–902.

Wright, Martin. 1991. *Justice for Victims and Offenders: A Restorative Response to*

Crime. Milton Keynes: Open University Press.

Wright, Martin, and Guy Masters. 2002. "Justified Criticism, Misunderstanding, or Important Steps on the Road to Acceptance." In E. Weitkamp and H. Kerner (eds.), *Restorative Justice: Theoretical Foundations*. Cullompton, UK: Willan Publishing.

Yazzie, R., and J.W. Zion. 2003. "Navajo Restorative Justice: The Law of Equality and Justice." In G. Johnstone (ed.), *A Restorative Justice Reader: Texts, Sources, Context*. Cullompton, UK: Willan Publishing.

Youngblood Henderson, James Sa' ke' j, and Wanda D. McCaslin. 2005. "Exploring Justice as Healing." In W.D. McCaslin (ed.), *Justice as Healing: Indigenous Ways*. St. Paul: Living Justice Press.

Zehr, Howard. 1985. "Retributive Justice, Restorative Justice." *New Perspectives on Crime and Justice: Occasional Papers of the MCC Canada Victim Offender Ministries Program and the MCC U.S. Office of Criminal Justice*, September (4)

＿＿＿. 1990. *Changing Lenses: A New Focus for Crime and Justice*. Scottdale, PA: Herald.『우리 시대의 회복적 정의』(대장간 역간)

＿＿＿. 1995. "Justice Paradigm Shift? Vales and Visions in the Reform Process." *Mediation Quarterly*, 12, 3 (Spring): 207–216.

Zernova, Margarita, and Martin Wright. 2007. "Alternative Visions of Restorative Justice." In G. Johnstone and D.W. Van Ness (eds.), *Handbook of Restorative Justice*. Cullompton, UK: Willan Publishing.

Zinsstag, Estelle, and Marie Keenan (eds.) 2017. *Restorative Responses to Sexual Violence: Legal, Social, and Therapeutic Dimensions*. London and New York: Routledge.

Zweig, Ronald W. 1987. *German Reparations and the Jewish World: A History of the Claims Conference*. Boulder, CO: Westview Press.